우리 회사를 위한 —

인공지능 도입 실무 가이드북

비전문가를 위한 실용서

AI GUIDEBOOK

우리 회사를 위한 —

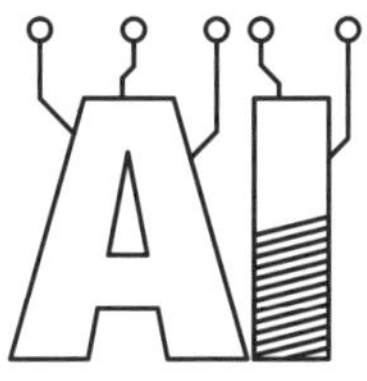

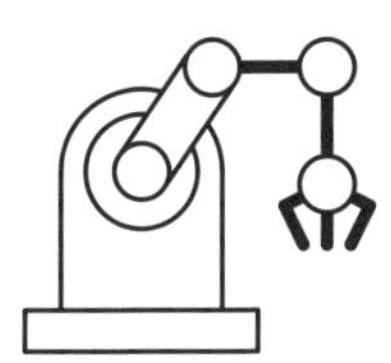

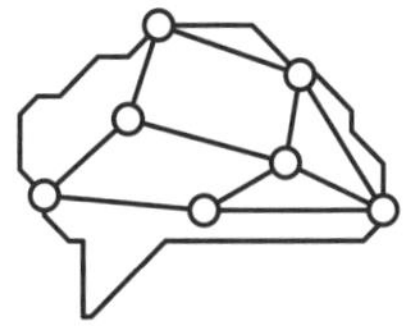

인공지능 도입 실무 가이드북

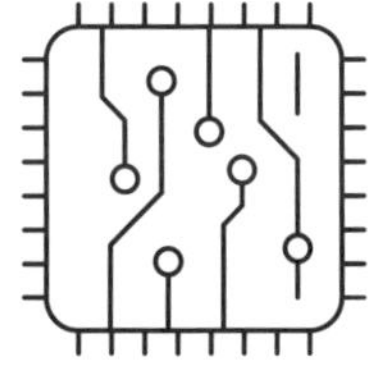

비전문가를 위한 실용서

AI GUIDEBOOK

서문

ChatGPT가 나온 뒤에 세상은 충격에 빠졌다. 실무자로서는 마치 알파고가 이세돌을 이겼을 때만큼 충격의 도래처럼 느껴질 정도이다. 언론에서도 인공지능 이야기가 나오지 않은 날이 드물 정도로 이슈였다. 전 세계적으로도 ChatGPT 출시 이후 수많은 인공지능 서비스들을 경쟁적으로 출시하고 있다. 알파고 출시 이후 인공지능이 이 정도로 화두가 된 적은 처음이다.

알파고 출시 이후 10여 년간 인공지능의 발전은 정말 눈부실 만큼 발전했다. 실무자로서는 따라가는 것도 벅찰 만큼 자고 일어나면 새로운 논문이 나오고 증명되는 일이 반복되었다. 최근에는 자고 일어나면 새로운 서비스가 쏟아지는 수준에 이르렀다.

그런 현상에도 불구하고 우리 회사는 인공지능과 거리가 멀어 보인다. 분명 언론에서는 세상의 격변이 곧 올 것처럼 논의하고 있다. 사람들을 만나면 ChatGPT 이야기가 빠지지 않는다. 마치 메타버스, 블록체인, NFT, 코인 열풍이 불던 때와 같은 정도로 많이 논의되는데 이상하게 막상 우리 회사는 큰 변화가 없다. 왜 그럴까?

인공지능은 어렵다. 그리고 인공지능을 적용하기도 어렵다. 또한 인공지능을 해석하기도 어렵다. 어렵다 보니 외면하고 싶지만 우리는 인공지능을 외면할 수는 없다. 인공지능이 세상을 변화시키고 있기 때문이다. 그러므로 인공지능이 만드는 변화의 물결에 올라타야 한다. 변화를 주도하지 않더라도 기회를 얻으려면 변화의 물결에 올라타야 하는 수밖에 없다.

그런데도 많은 회사는 인공지능은 적용하지 못해 변화의 물결에 올라타지 못하고 있다. 왜냐면 인공지능을 적용할 수 있다는 것은 많은 장애물을 극복해야만 얻을 수 있는 과실과 같기 때문이다. 인공지능을 적용하기 위해서는 생각보다 많은 장애물을 만나게 된다. 이는 인공지능 전문가를 보유한 회사도 마찬가지이다. 회사는 각 분야의 전문가들이 모여 서로의 목표를 위해 유기적으로 얽혀 최종적으로 거대한 목표를 향해 움직인다. 그 과정에서 각 분야의 전문가들이 서로 소통해야 하는 일이 생기는데 가장 소통하기 어려운 것이 전문성이 뚜렷한 분야이다.

인공지능은 전문성이 뚜렷하여 비전문가는 이해하기 어려운 분야이다. 소통을 잘하려면 서로가 어떤 이야기를 하는지 잘 이해할 수 있어야 하는데 인공지능은 전문성이 뚜렷하므로 어떤 이야기를 하는지 이해하기가 어려운 경우가 많다. 쉽게 이해하기 어렵기 때문에 업무에 적용하기 어렵다. 최근 "비전공자를 위한 인공지능"이라는 타이틀을 달고 많은 책이 출판되고 있다.

하지만 책을 읽고 나면 그래서 '내 업무나 실무에 어떻게 적용해야 하지?'라는 의문점이 들고는 한다. 아무래도 도서 한 권에 인공지능에 대한 내용을 모두 담기 어렵기 때문이며 처한 환경과 해결해야 하는 문제가 모두 달라 생기는 일이다. 그러다 보니 막상 업무와 실무에 적용하려고 하면 생각 이상으로 적용하기가 어렵고 적용하려고 해도 많은 장애물에 부딪히다 보면 "어떻게" 적용할 수 있는지에 대해 갈증이 생길 것이다.

본 도서는 업무와 실무에 인공지능을 적용한다는 의미를 더욱 자세히 논하기 위해 집필되었다. 자세한 인공지능에 대한 내용을 서술하지 않고 그보다는 인공지능을 실무에 적용하는 데 필요한 것들을 더 중점적으로 논하였다. 즉, 비전공자가 아니라 비전문가를 위해 집필하였다. 회사에서 실무를 하고 있지만 인공지능을 적용하기 어려운 비전문가를 위해 타 도서에서 논하지 않은 내용을 중점적으로 논한다.

이해하기 어려운 인공지능이지만 인공지능이 어떤 잠재력을 가지고 있고 좋은 효과를 얻기 위해 어떤 상황에서 사용해야 좋을지를 알아야 한다. 인공지능을 잘 활용하려면 적재적소에 인공지능을 도입하는 것이 중요하기 때문이다. 비즈니스 관점에서 인공지능을 활용하여 게임체인저가 되려면 적재적소에 인공지능을 사용하여 문제를 해결할 수 있어야 한다. 인공지능을 이해하기 어렵지만 언제 어떻게 적용할 수 있고 적용할 때 생기는 어려움을 어떻게 극복할 수 있는지를 알아야 우리 회사에 어렵지 않게 적용할 수 있다.

인공지능은 인류를 윤택하게 할 수 있는 도구이다. 이러한 도구를 많은 사람이 잘 사용해야 인류 문명의 발전이 더욱 가속화될 수 있다. 그러므로 도구에 대한 설명도 중요하지만, 도구를 언제 사용해야 하고 사용할 때 생기는 문제에 대해 논하는 것도 중요하다. 본 도서는 이러한 내용을 많은 사람에게 이야기하고 인공지능을 더 많은 사람이 실제 생활 속에서 사용해서 세상이 좋은 방향으로 나아갈 수 있기를 바라는 마음으로 집필되었다. 그러므로 인공지능을 회사에 도입하기가 어렵다고 느낄 때 본 도서를 적극적으로 활용할 수 있길 바란다.

추천사

인공지능이 화두가 ChatGPT로 이제 일반적인 용어가 되었고, 프롬프트 엔지니어라는 새로운 직군도 생겨났습니다. 현업에서 인공지능을 도입할 때 우선 막막한 부분에 대해서, 해당 책에서 다양한 이해관계자들의 입장에서 어떻게 하면 효율적으로 서비스를 적용할 수 있을지 언급해주는 부분이 인상 깊었습니다. 이 책은 인공지능에 기술적인 요소도 최신기술 기반으로 쉽게 설명됩니다.

LLM, Bard, OpenAI, 빅테크 기업의 사례를 통해서, 거대 인공지능을 일반 SW와 다르게 바라보아야 하는 매개변수 즉 파라미터에 대해서도 이해도를 높여줍니다. 인공지능을 처음 접하고, 방향성을 잡을 때도 도움이 되고 실제 전문가 협업분들이 중요하게 생각하시는 기술적인 기반도 다질 수가 있습니다.

서비스 기획자분들도 이 책을 통해서, 새로운 인공지능 적용 시 고려해야 하는 다양한 기술적, 법률적, 서비스적, 비용적인 측면을 미리 간접 체험해보고 중간에 일어날 위험 요소를 줄일 수 있는 책이라고 생각됩니다.

- **박윤서**, 백앤드개발자

인공지능의 베이직이라 해도 과언이 아닙니다. 이 책은 '이 책을 통해 얻어 갈 수 있는 것들'로 시작하여 독자로 하여금 어떤 자세로 이 책을 읽어야 하는지 쉽게 설명해줍니다. 또한 독자의 유형마다 읽는 챕터 순서를 달리 함으로써 개개인에게 좀 더 섬세하게 느껴졌습니다. 기술적인 단어로 집필된 것이 아닌 일상적인 단어로 표현함으로써 쉽게 인공지능에 다가갈 수 있도록 기회를 마련한 책입니다. 책을 다 읽는 데 오랜 시간이 걸리지 않았습니다. 금세 읽히는 책이 바로 이 책입니다. 요즘 chatGPT와 인공지능이 주목받고 있습니다. 이 책을 다 읽고 나면 이에 대한 실마리를 얻을 수 있습니다.

- **김연주**, IT 3년차 주니어개발자

인공지능은 이미 우리의 삶 곳곳에 적용되어 다양한 서비스로 삶의 질을 높여주고 있습니다. 최근 ChatGPT의 등장과 활용성은 IT 종사자가 아닌 분들에게도 큰 파장을 만들었고, 그 파장은 인공지능에 대한 관심으로 이어지게 되었습니다. 주변에서도 인공지능에 대한 관심이 높아져 프로그래밍을 공부하시는 분들이 늘어나기 시작했지만, 정작 기술 활용에 대한 뚜렷한 가이드가 없다 보니 목적 없는 공부로 끝나는 것이 대부분인 것 같습니다.

해당 도서에서는 인공지능이 무엇인지에 대한 개념부터 실제 어떻게 활용되고 있고 내가 활용할 수 있는지 등 다양한 관점의 방법을 설명하고 있습니다. 시대의 흐름에 맞춰 막연히 공부를 시작하시는 비전문가들에게 해당 도서로 인공지능에 대한 배경을 먼저 이해하시는 것을 추천해 드립니다.

- **양민혁**, 빅데이터, AI 분석 및 기획 데이터사이언티스트

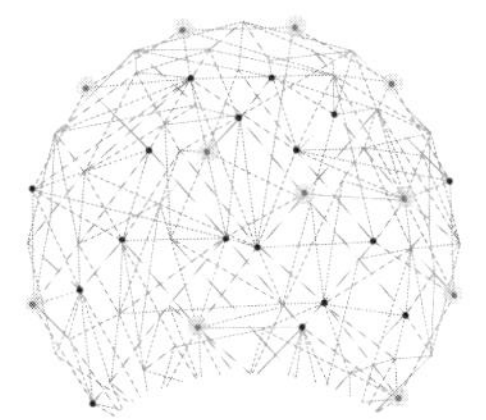

당부의 말

비전문가가 본 도서를 읽다 보면 이해하기 어려운 순간이 있을 수 있다. 그럴 땐 그냥 넘어가도 좋다. 내용에 대해 모두 이해하지 않아도 좋다. 우리의 목적은 인공지능을 적용할 때 알아야 하는 것들을 알고 문제가 생기면 어떻게 대처하는 것이 좋은지를 알기 위함이다. 그러므로 자신이 직접 만나지 않은 문제들에 관해서 서술하는 내용을 모두 이해하지 않아도 좋다. 직접 문제를 만나게 되었을 때 이 도서를 펼쳐 내용을 본다면 그때 이해되는 부분이 생길 수도 있다.

인공지능은 워낙 전문 분야이기 때문에 내용을 이해하기 어려울 수 있고 한 권에 모든 내용을 담기 어려워 설명이 친절하지 못하게 느껴질 수 있다. 그럴 때는 그냥 넘어가면 된다. 인공지능에 관한 내용이 아니라 인공지능을 언제 어떻게 사용하면 좋은지와 인공지능을 적용하려다 보면 생길 수 있는 문제들이 어떤 것이 있고 극복은 어떻게 할 수 있는지에 대해서만 이해하면 된다. 그러므로 이해하기 어려운 내용은 완벽하게 이해하지 않아도 일단 넘어가자. 만약 본 도서에서 논하고 있는 문제를 직접 마주하게 된다면 그때 이 도서를 펼쳐 읽으며 극복해 볼 수 있도록 하자.

대상 독자

본 도서는 다음과 같은 상황을 고민하는 비전문 실무자를 위해 집필되었다.

인공지능이 뭐지?
인공지능을 실무에 적용하기 어려운 이유가 뭐지?
인공지능을 실무에 적용할 때 조심해야 하는 것은 뭐지?
인공지능은 언제 사용해야 할까?
인공지능은 어떻게 활용할 때 좋을까?
어떻게 하면 인공지능을 실무에 적용할 수 있을까?
인공지능으로 인해 어떤 변화가 생길까?
변화를 기회로 만들려면 어떻게 해야 할까?

본 도서는 코드가 없다. 본 도서는 인공지능을 "개발"하는 방법이 아니라 "적용"하는 방법에 대해서 논하는 도서이다. 물론 인공지능을 개발할 수 있는 지식수준이라면 큰 도움이 된다. 하지만 인공지능을 개발하는 역량과 적용하는 역량은 다르므로 개발하는 방법을 몰라도 도움이 된다.

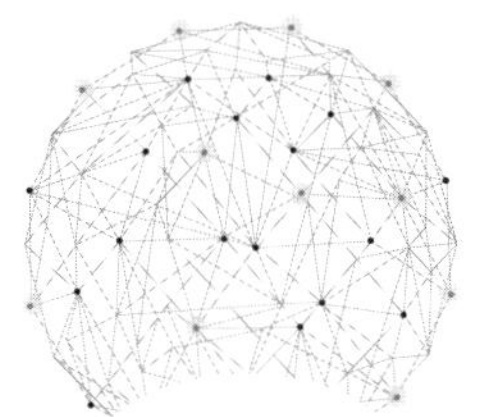

감사의 글

도서를 집필하기로 결심하였지만, 집필을 시작하자 매일 어려움을 겪는 쉽지 않은 과정이었다. 그러나 주변의 지지와 응원이 있었기에 출간까지 힘을 내어 마무리할 수 있었다. 매주 주말과 휴가마다 집필하여 함께 많은 시간을 같이 못 보내도 이해하고 물심양면으로 지지해 준 사랑하는 정연 그리고 항상 끝없이 격려하고 지지해 주신 양가 부모님에게 깊은 감사의 인사를 드린다.

이 도서를 읽어 주시는 모든 분에게도 감사의 인사를 드린다. 읽기에 유익한 도서를 만들기 위해 최대한 노력했다. 이를 통해 더욱 좋은 세상을 만드는 데 조금이나마 이바지했으면 좋겠다. 본 도서를 읽고 인공지능에 대한 이해를 높이고 각자의 조직에서 뛰어난 역량을 발휘하실 수 있기를 기대한다. 본 도서를 읽고 좋은 인사이트를 얻어 가기를 바란다.

다듬어지지 않은 글에서 가능성을 보고 집필을 제안해 주신 비제이퍼블릭의 조부건 편집자님과 대표님께 감사드린다. 정제되지 않았는데도 불구하고 가능성을 보고 제안해 주셔서 이렇게 빛을 볼 수 있게 되었다. 그리고 어려운 주제였음에도 불구하고 교정/교열 작업, 표지/내지 디자인, 조판 작업을 도와주신 모든 분께도 감사의 인사를 드린다.

저자 소개

이규남

도전과 공유의 가치를 중요하게 생각한다. 인공지능 업계에 수년간 있으면서 데이터 분석가, 데이터 사이언티스트, 리서치 엔지니어를 거쳐 MLOps 엔지니어까지 다방면으로 관련 경험을 쌓아 왔다. 특히 인공지능 업무 다방면에 걸쳐 관심이 있다. 인공지능 구조를 설계하고 구현하는 작업, 모델을 안정적이고 효율적으로 배포하고 유지관리하는 작업, 실제 서비스하도록 배포하기까지의 전 과정에 관심이 많아 최근 다양한 업무 영역을 넓혀 가고 있다. 최근에는 MLOps 엔지니어와 리서치 엔지니어의 일을 함께하고 있다. 항상 새로운 것에 관심이 많아 적극적으로 공부하고 업무에 활용하고 있다. 습득한 지식을 지속해서 공유하고자 노력한다.

現) 국내 대기업 MLOps Engineer

前) 한국인공지능협회 전문위원

前) 미래에셋대우 DATA SCIENTIST

前) 빅데이터 공학 석사

前) 정보통계 / 심리학 학사

https://kyunam.modoo.at

목차

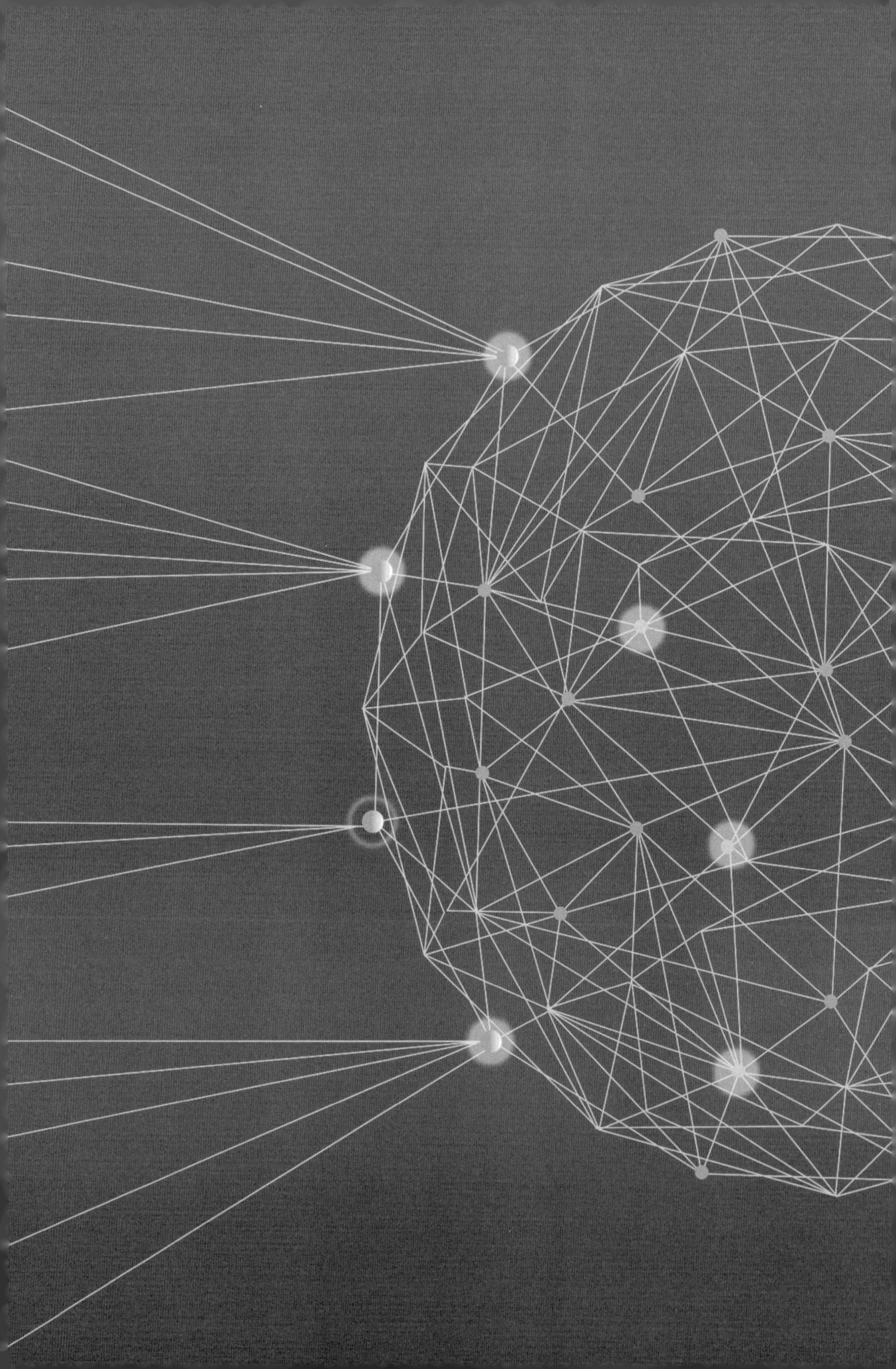

1장

이 책을 통해 얻어 갈 수 있는 것들

1.1 업무나 서비스에 처음 적용해 보려는 비전문가

1.2 업무나 서비스에 적용해 본 비전문가

1.3. 인공지능이 가져올 미래 사회의 기회가 궁금한 사람

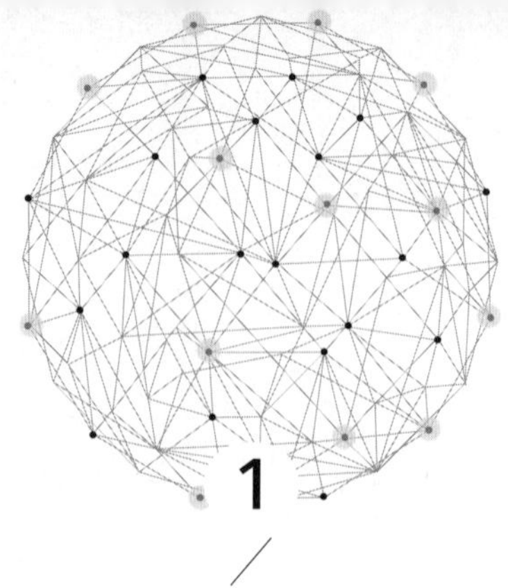

1 / 이 책을 통해 얻어 갈 수 있는 것들

인공지능이 만드는 변화의 물결이 생각보다 거세다. 인공지능 업계에 있던 모든 이가 ChatGPT로 인해 충격받은 것이 사실이다. 물론 이 정도 수준의 미래를 너머 정말 사람 같은 인공지능이 오겠다고 생각했지만 그 시기가 이렇게 빨리 올 줄은 몰랐다는 것이 업계에서 이야기되고 있는 부분이다.

알파고가 세상에 충격을 준 지 10여 년이 좀 지난 지금 시점에서 ChatGPT가 다시 한번 세상에 충격을 주었고 GPT4, Bard가 연이어 출시되고 있다. 마치 알파고 이후 논문들이 말 그대로 쏟아지고 있던 시대를 넘어 이제는 각종 서비스가 쏟아지는 시대를 만난 것과 같다. 이제는 학문을 넘어 우리의 삶 속에서 만날 수 있게 된 것이다. 인공지능은 이제 변화를 겪는 것이 아니라 변화를 만드는 주체가 되었다.

세상은 인공지능에 의해 변화하겠지만 아직 우리의 업무와 서비스에 인공지능을 적용하기는 어렵다. 왜 그럴까? 당 도서는 그러한 사람을 위해 기획되었다. 인공지능이 가져올 미래에 대비해 도구로 잘 활용하고 싶은데 그렇게 하는 데 어려움을 겪는 사람을 위해 집필했다.

필요에 의해 인공지능에 대한 내용을 일부 비전문가도 이해할 수 있도록 다루고는 있지만 사실 그런 내용을 이해할 필요는 없다. 우리는 비전문 실무자이고 우리의 업무와 서비스에 인공지능을 적용할 것이므로 인공지능에 대한 내용보다는 실무적으로 생길 수 있는 여러 가지 내용을 더 자세히 보는 것이 좋다.

당 도서의 모든 내용을 읽고 모두 기억하지 못해도 좋다. 모두 이해하지 못해도 좋다. 그래도 상관없다. 인공지능을 업무나 서비스에 적용하다 보면 여러 가지 문제에 부딪히게 되고 그때 당 도서를 펼쳐 내용을 읽으면 이해가 될 수 있을 것이며 어떻게 해결해야 할지 실마리가 잡힐 것이다.

비전문가인 우리는 인공지능의 내용에 대해 깊게 알 필요가 없다는 것을 기억하자. 당 도서에 소개된 수준으로만 읽어도 인공지능 개발자와 협력해서 일하는 데 큰 무리가 없을 것이다. 당 도서를 읽고 많은 사람이 인공지능을 업무에 도입해 인공지능의 혁신을 겪을 수 있기를 바란다. 그로 인해 인류의 삶이 한층 더 변화할 수 있기를 바란다.

1.1 업무나 서비스에 처음 적용해 보려는 비전문가

이 책을 읽으려는 사람 중 어떤 사람은 현재 비전문가이지만 인공지능이 만든 변화의 물결을 목도하고 업무나 서비스에 적용하려는 사람일 것이다. 인공지능은 아직 무엇인지 모르겠지만 업무나 운영하는 서비스에 적용해 효과를 보고 싶어 할 것이다.

그러나 인공지능을 적용하는 것은 생각보다 어려운 일이다. 왜냐하면 인공지능을 만드는 것도 사람이고 적용하는 것도 사람이므로 소통이 쉽지 않은 것이 사실이며 인공지능을 적용하는 제반 인프라가 되어 있지 않은 경우가 많기 때문이다. 그러므로 인공지능을 적용하는 것이 왜 어려운지, 그래도 적용해야 하는 이유, 적용할 때 어떤 문제가 생길 수 있는지와 극복할 방법을 소개한다.

1) 3챕터 "우리 부서에 인공지능을 적용하기가 어려운 이유"
2) 4챕터 "그런데도 우리 부서에 인공지능을 도입해야 하는 이유"
3) 5챕터 "우리 부서에 인공지능을 도입할 때 생기는 문제와 극복 방안"
4) 2챕터 "인공지능 패러다임의 변화"
5) 6챕터 "인공지능으로 인해 변화하는 사회 그리고 기회

위의 순서는 처음 적용하려는 비전문가에게 추천하는 책을 읽는 순서이다. 처음 적용하려는 비전문가라면 먼저 3챕터 "우리 부서에 인공지능 적용하기가 어려운 이유"를 읽기를 권한다. 왜냐하면 적용할 때 인공지능 자체를 적용하는 것이 왜 어려운지를 알아야 인공지능을 적용하는 일정을 설계하거나 유의해야 할 점을 미리 알 수 있기 때문이다.

또한 인공지능 자체가 만능이 아니라는 것을 아는 것은 매우 중요하다. 만약 이를 모른다면 모든 문제에 일단 인공지능을 적용해서 해결하려고 할 것이다. 그럴 경우 인공지능을 사용해서 문제를 해결해서 얻을 수 있는 효과를 최대화하기는 어려울 수 있다.

그 후 4챕터 "그런데도 우리 부서에 인공지능을 도입해야 하는 이유"를 읽기를 권한다. 왜냐하면 인공지능을 적용해서 어떤 형태로든 이익(비즈니스 성과, 업무 경감 등)이 있어야 하므로 장점에 대해 알면 어떤 문제를 해결하려고 인공지능을 적용하는 것이 최적인지에 대해 알 수 있기 때문이다.

위 챕터들을 읽고 어떤 종류의 어려움이 있는지를 알았다면 어떤 것들을 대비해야 하는지를 알았을 것이다. 또한 어떤 문제에 인공지능을 적용할 때 최적의 효과를 낼 수 있는지 알았을 것이다.

그다음으로는 5챕터 "우리 부서에 인공지능을 도입할 때 생기는 문제와 극복 방안"을 권한다. 왜냐하면 3챕터인 인공지능을 적용하는 어려움은 인공지능을 다루는 것 자체에 대한 어려움이었다면 이번 챕터는 더욱 실무적인 입장에서 인공지능을 도입할 때 생길 수 있는 소통, 인프라, 법률 등의 내용을 포함하고 있기 때문이다. 즉, 실무적 입장에서 사내에 인공지능을 도입할 때 생길 수 있는 문제들과 이에 대한 극복 방법이 저술되어 동일한 문제에 처하게 되면 참고하고 극복할 수 있기를 권한다.

2챕터 "인공지능 패러다임의 변화"에 대해서는 언제든지 가볍게 읽으며 인공지능의 패러다임 변화와 국내외에서는 어떤 시도를 하고 있는지를 참조하는 것도 좋다. 기술적인 내용들에 대해서는 인공지능 개발자가 알 내용이므로 이해할 필요가 없다. 다만 어떤 시도들이 있었는지를 알면 처음 적용해 보는 입장에서 어떤 문제들을 해결하며 서비스가 나오고 있는지를 파악하기 쉽다.

마지막으로 6챕터 "인공지능으로 인해 변화하는 사회 그리고 기회"는 앞으로 어떤 기회가 있을지를 고민해 보고 이를 커리어에 녹이려고 고민해 보는 것도 좋다.

1.2 업무나 서비스에 적용해 본 비전문가

이 책을 읽으려는 사람 중 어떤 사람은 현재 비전문가이지만 인공지능이 만든 변화의 물결을 목도하고 업무나 서비스에 적용했던 사람일 것이다. 이미 서비스를 적용했고 또 적용하려고 하는 사람이 대상이다. 인공지능이 무엇인지를 알고 한번 적용해 보아 사내에 인공지능을 적용한다는 것이 어떤 의미인지를 알고 있을 것이다.

어떤 사람은 소통, 지식 등으로 협력에 어려움을 겪어 추가 적용이 고민되기도 할 것이다. 그런 사람을 위해서 더욱 잘 협력할 방법에 대해서도 저술했으니 안내에 따라 읽어 보기를 권한다.

1) 5챕터 "우리 부서에 인공지능을 도입할 때 생기는 문제와 극복 방안"
2) 4챕터 "그런데도 우리 부서에 인공지능을 도입해야 하는 이유"
3) 3챕터 "우리 부서에 인공지능을 적용하기가 어려운 이유"
4) 6챕터 "인공지능으로 인해 변화하는 사회 그리고 기회"
5) 2챕터 "인공지능 패러다임의 변화"

위의 순서는 이미 적용해 본 비전문가에게 추천하는 책을 읽는 순서이다. 그런 사람에게는 먼저 5챕터 "우리 부서에 인공지능을 도입할 때 생기는 문제와 극복 방안"을 권한다. 왜냐하면 이미 인공지능에 대해 알고 있어 도입할 때 생기는 여러 문제와 아직 겪지 않은 많은 문제와 이에 대한 극복 방안에 대해 습득하면 업무 시 도움이 될 것이기 때문이다.

물론 모든 상황이 동일하지 않아 저술된 방법이 통하지 않을 수 있다. 하지만 여러 가지 해결 가능성이 있는 방안에 대해 참고하면 혼자 고민하는 것보다 해답을 찾는 것이 더 수월할 수 있다. 즉, 책에서 이야기하는 방법과 내 경험과 혼합해 사용한다면 유사한 문제에 도달했을 때 해결하는 것이 더욱 원만한 해결책을 찾을 수 있을 것이다.

그리고 4챕터 "그런데도 우리 부서에 인공지능을 도입해야 하는 이유"를 읽기를 권한다. 왜냐하면 이미 인공지능을 적용해서 문제를 해결했을 텐데 어떤 종류의 문제를 더 해결할 수 있는지를 알면 어디에 더 적용해야 할지를 알 수 있기 때문이다.

마지막으로 3챕터 "우리 부서에 인공지능을 적용하기가 어려운 이유"를 읽기를 권한다. 왜냐하면 인공지능을 적용할 때 인공지능 개발자와 협력할 텐데 인공지능 자체에 대한 어떤 어려움이 있는지를 알면 자신이 경험한 어려움 외에도 어떤 것이 있는지를 알고 미리 대비할 수 있기 때문이다. 물론 한번 겪어 보아 어느 정도 알고 있을 것이다. 그러므로 가장 마지막으로 읽기를 권유했다.

그리고 6챕터 "인공지능으로 인해 변화하는 사회 그리고 기회"를 읽고 앞으로 어떤 기회가 있을지를 고민해 보는 것도 좋다. 마지막으로 2챕터 "인공지능 패러다임의 변화"는 가볍게 읽으며 국내외에서는 어떤 시도들이 있는지를 참조하는 것도 좋다. 기술적인 내용들에 대해서는 이해할 필요가 없다. 다만 어떤 시도들이 있는지를 알면 내 업무와 서비스에 접목할 때 아이디어를 얻을 수도 있어 알면 좋다.

1.3 인공지능이 가져올 미래 사회의 기회가 궁금한 사람

이 책을 읽으려는 사람 중 어떤 사람은 현재 비전문가이고 인공지능을 업무나 서비스의 적용 유무와 관계없이 인공지능이 만든 변화의 물결에 내 커리어를 향상하려고 어떻게 행동해야 하는지 궁금해하는 사람일 것이다. 즉, 변화하는 사회에서 '내'가 어떻게 행동해야 하는지 궁금해하는 사람일 것이다.

1) 6챕터 "인공지능으로 인해 변화하는 사회 그리고 기회"
2) 4챕터 "그런데도 우리 부서에 인공지능을 도입해야 하는 이유"
3) 3챕터 "우리 부서에 인공지능을 적용하기가 어려운 이유"
4) 5챕터 "우리 부서에 인공지능을 도입할 때 생기는 문제와 극복 방안"
5) 2챕터 "인공지능 패러다임의 변화"

그런 사람에게는 먼저 6챕터 "인공지능으로 인해 변화하는 사회 그리고 기회"를 권한다. 인공지능으로 변화하는 사회의 여러 가지 모습을 각 분야로 분화해 어떻게 변화할지와 그 변화에 따라 비전문 실무자로서 어떤 기회를 잡을 수 있는지에 대해 서술했다. 물론 이 외에도 많은 기회가 있을 수 있지만 다양한 의견을 듣고 여러 기회를 검토할 수 있다는 측면에서 도움이 될 것이다.

그 뒤로는 4챕터 "그런데도 우리 부서에 인공지능을 도입해야 하는 이유"를 읽기를 권한다. 인공지능이 업무와 운영하는 서비스에 어떤 장점을 가져다줄 수 있는지를 읽고 인공지능을 도입해서 문제를 해결할지 말지에 대해 고민해 볼 수 있기 때문이다.

고민하고 도입을 결정하면 3챕터 "우리 부서에 인공지능을 적용하기가 어려운 이유"를 읽기를 권한다. 인공지능 자체에 대한 관점에서 도입이 어려운 이유를 미리 알면 이를 극복할 수 있도록 여러 가지 운영이나 개발 정책을 고려해 볼 수 있기 때문이다.

그 뒤 5챕터 "우리 부서에 인공지능을 도입할 때 생기는 문제와 극복 방안"을 권한다. 실제 도입할 때 생길 수 있는 문제들을 통해 어떤 방면으로 기여할 수 있을지를 고민해 보고 이를 커리어에 녹이는 것도 좋다. 예를 들어 자신이 사내 변호사라면 법적인 고려 사항에 대비하도록 여러 작업을 하면서 이를 커리어에 녹여 인공지능의 적용과 관련한 법률 업무의 준전문가가 되는 것도 좋다.

이 유형 집단의 사람도 마찬가지로 2챕터 "인공지능 패러다임의 변화"는 가볍게 읽으며 인공지능에 대해 이해하고 여러 사례를 참조하는 것도 좋다. 기술적인 내용들에 대해서는 이해하지 않아도 좋다. 다만 어떤 시도들이 있는지를 알면 앞으로 어떤 시도들이 더 있을 것인지에 대해 흐름을 알 수 있어 좋다.

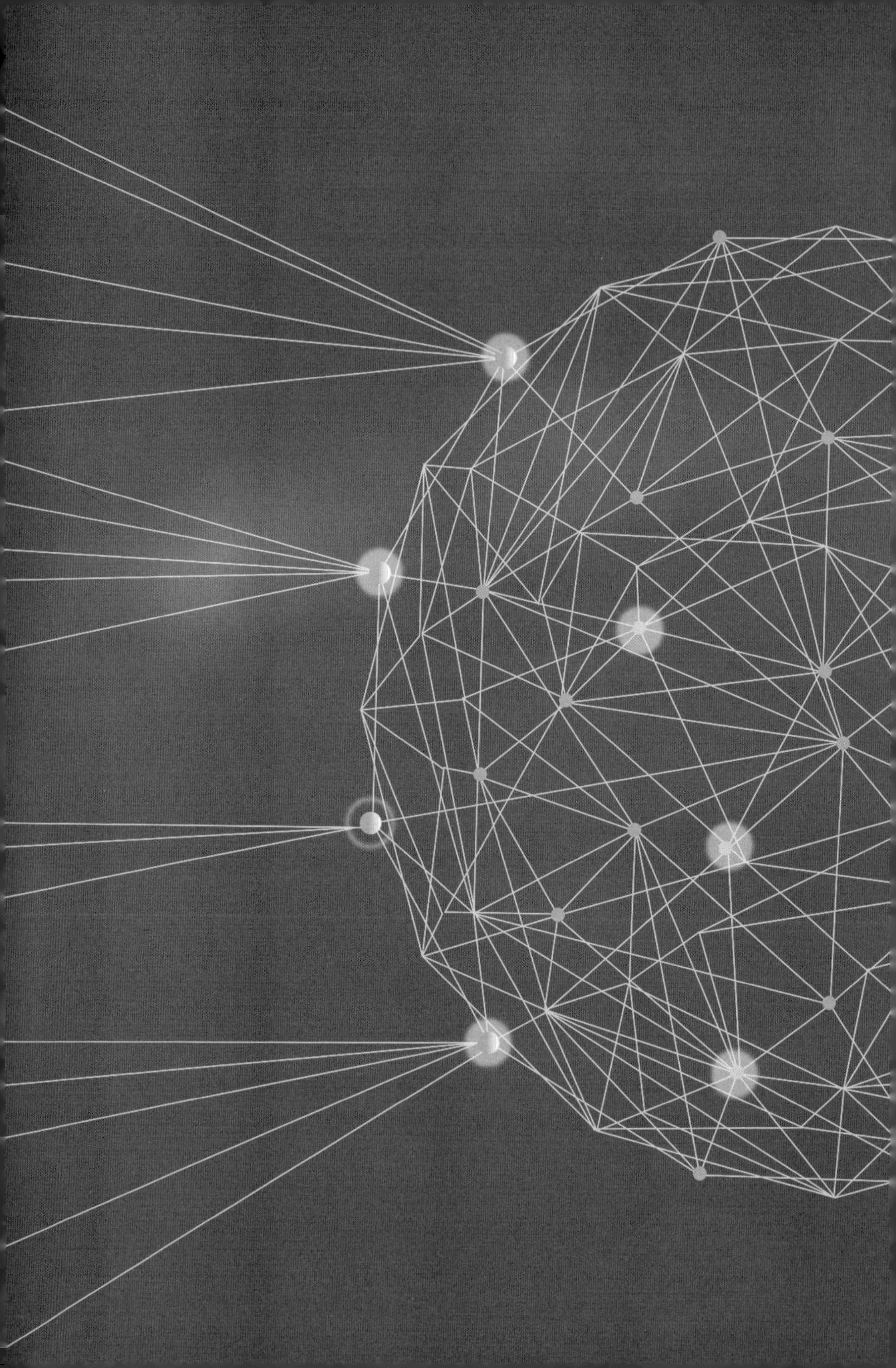

2장

인공지능 패러다임의 변화

2.1. 마이크로매니징, 규칙 기반 인공지능

2.2. 자가 학습, 패턴 기반 인공지능

2.3. 초거대 인공지능의 등장

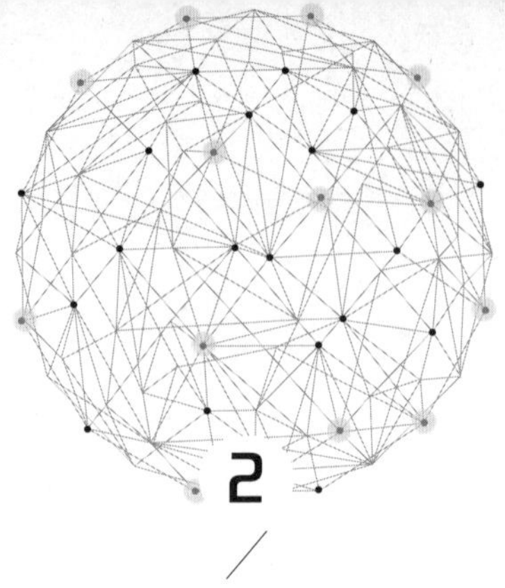

2

인공지능 패러다임의 변화

바야흐로 인공지능 시대가 시작되었다. 알파고를 시작으로 ChatGPT까지 이제는 일반 사람들도 한 번쯤 인공지능에 대해서 들어 볼 정도로 대중화되었다. 인공지능을 모르는 것은 마치 시대에 뒤떨어진 듯한 느낌마저 들며 필수 교양이라고 생각될 만큼 논평이 이루어지고 있다. 부모들은 자녀에게 인공지능에 대해 배우라고 이야기하곤 한다. 심지어 취업 준비생들은 면접을 준비할 때 인공지능에 평가받기도 한다.

21세기 들어 어떤 한 학문 분야가 이 정도로 논의된 적이 있을까 싶다. 개인적으로는 인공지능 신드롬이라고 불러도 될 정도이다. 이처럼 인공지능은 일상생활에서까지 널리 회자되고 있다. 인공지능에 대해 몰랐던 사람들도 친구들을 만나 이야기하다 보면 인공지능에 대해서 접하는 경우가 더러 있다.

또한 언론에 생각보다 좋은 성능을 보이는 인공지능이 사례화되고 자주 보도되고 있어 자연스럽게 접하게 된다. 그리고 그런 인공지능의 결과를 일반 사람들이 쉽게 접해 볼 수 있는 시대가 되었다. 뜨거운 감자였던 ChatGPT도 일반 사람들이 그저 웹사이트에 접속해 사용해 보면 놀라운 결과를 볼 수 있다.

그러다 보니 사람들은 인공지능이 마치 모든 것을 해결해 줄 수 있을 거라는 생각마저 하고는 한다. 인공지능이 가져올 미래에 대해서 불안해하는 동시에 인공지능에 대해서 알고 싶어 한다. 누군가는 그러한 세상을 보면서 우려를 표하기도 한다. 그러나 아무리 일반인에게 알려졌다고 하더라도 ChatGPT와 같이 쉽게 접할 수 있는 인공지능의 결과물에 대해서만 간략하게 느낄 수 있을 뿐 일반적인 대중이 내용을 알기는 어렵다.

언론에 내보여진 모습들은 기자가 자극적으로 작성한 뉴스가 많아 내용을 신뢰하기가 어렵다. 이 챕터는 그러한 사람들을 위해서 인공지능에 대해 간략하게 소개하는 챕터이다.

2.1 마이크로매니징, 규칙 기반 인공지능

인공지능은 무엇일까? 인공지능의 개념은 말 그대로 인공적인 지능이다. 기계가 인간과 같은 능력을 갖추도록 하려는 기술 일체를 인공지능이라고 한다. 기계가 인간과 같은 능력을 갖춰야 할 필요가 있을까?

기계가 인간과 같은 능력을 갖추게 되면 인간은 기계에 일을 맡기고 다른 일을 하면서 살아갈 수 있다. 혹은 인간이 위험해서 하지 못하는 일을 인공지능이 대신할 수도 있고 인간이 잘하지 못하는 일 중 기계가 잘하는 일을 인공지능에 골라서 시킬 수도 있다. 이러한 인공지능을 만드는 것은 인류의 목표였다.

인공지능이 인류의 목표였다고 이야기하면 거창해 보이지만 사실 우리가 항상 만나는 바퀴가 이와 같은 목적에 의해 탄생한 발명품이다. 바퀴는 고대 인류가 무언가를 옮길 때 더 쉽게 적은 힘으로 옮기려고 고민하다가 발명한 일종의 제품이다. 현대 물리학 이론에 의하면 물건이 바닥과 맞닿아 있을 때보다 굴릴 때 닿는 마찰력이 적게 발생한다는 사실을 알 수 있다. 그렇기 때문에 물건을 매번 바닥과 맞닿아 있는 상태로 밀면 바닥에 부딪혀서 깨지거나 상하는 경우가 많아서 굴려서 마찰력을 적게 발생하게 하고 물건을 굴리지 않고 옮길 방법으로 바퀴가 개발되었다. 개발된 바퀴는 물건을 굴리지도 않고, 물건을 바닥에 놓고 미는 것만큼 마찰력이 발생하지도 않아 적은 힘으로 무거운 물건을 옮길 수 있게 해 주었다.

이처럼 내가 어떤 일을 할 때 공수를 덜 들이고 할 수 있는 도구는 고대로부터 인류가 항상 추구해 오던 목표이다. 인간은 항상 일하지 않고 성과를 얻기를 바랐다. 그 성과가 고대에는 식량이었고 현대에는 돈이 되었을 뿐이다. 그러므로 항상 내가 일을 덜 하고 성과를 얻을 수 있는 방법을 찾아왔고 인공지능은 이러한 목표 가운데 탄생한 한 도구로서 가치를 가지고 있다.

본 도서에서는 이러한 인공지능에 대해 논할 것이며 특히 이 챕터에서는 규칙 기반의 인공지능에 대해 알아볼 예정이다.

2.1.1. 규칙 기반 인공지능의 등장과 활약

규칙 기반 인공지능은 말 그대로 인간의 지식을 규칙으로 정의해 문제를 해결하거나 결정을 내리는 인공지능 시스템이다. 규칙 기반이라 인간이 사전에 정의해 둔 규칙을 기반으로 작동한다. 그러므로 인간이 모든 규칙을 정의해 주어야 한다. 즉, 당시의 인공지능을 만들던 연구자들은 정보를 빠르게 조회하는 식으로 해결하려고 했던 것 같다. 세상에 존재하는 모든 지식을 모아서 이를 빠르게 조회해 적합한 결과를 산출하는 식으로 인공지능을 만들려고 했다.

보통은 주로 전문가들의 사전 지식을 기반으로 규칙을 정의하거나 수집된 데이터를 직접 분석해 규칙을 찾아 시스템에 반영해 둔다. 예를 들면 오타를 수정하는 규칙 기반 인공지능이 있다고 한다면 오타에 대한 정의를 모두 정의해 두고 해당 오타가 들어오면 표준어로 변환해 준다. 즉, 오타를 수정하는 규칙 기반 인공지능은 인간이 사전에 오타에 대해서 모두 정립해야 사용할 수 있다.

규칙 기반 인공지능은 만들기 간단해서 만들어 사용하기 시작한 역사가 꽤 긴 인공지능이다. 규칙 기반 인공지능은 수행하려는 행동의 수에 따라 규칙을 정해야 하지만 역설적으로 그렇기 때문에 매우 안전한 인공지능이다.

만약 내가 신호등에 따라 이동하는 자동차를 만들려고 한다고 하자. 일단 먼저 데이터를 수집할 텐데 내 앞에 있는 신호등의 색과 같은 정보를 수집할 것이다. 그런 뒤 신호등의 색에 따라 빨강이면 정지, 노랑이면 감속, 초록이면 운행과 같이 세 가지 상황에 따른 행동을 수행할 수 있도록 규칙 기반 인공지능을 만들었다고 하자.

어떤 조건이 되면 행동을 수행하도록 만드는 것이라 간단하게 만들 수 있고 안전하다. 안전하다는 것이 무슨 뜻일까? 어떤 조건이 되면 행동을 수행한다는 간단한 규칙이라 같은 상황일 때 다른 행동을 하지 않을 것이다. 그러므로 내가 의도한 대로만 행동해서 갑자기 다른 행동을 하는 경우가 없다. 즉, 행동에 대해서 통제하는 것이 가능하다.

개발하는 사람이 규칙을 변경하거나 업데이트하지 않으면 규칙이 변경되지 않아 행동에 대한 통제를 잘할 수 있어서 갑자기 다른 행동을 하는 등의 위험성이 적다. 또한 필요한 행동만을 규칙으로 만들어 둘 수 있어 모든 경우에 행동을 정의할 필요가 없다. 따라서 행동이 많지 않은 경우 개발을 빠르게 할 수 있어서 비용 효율적이다.

규칙 기반 인공지능은 직관적이고 왜 행동하는지가 명확해 이해하기 쉽다. 왜 그런 행동을 하는지에 대한 이유가 명확하다는 것은 좋은 장점이다. 어떤 인공지능을 업무나 서비스에 적용해서 효과를 보고 싶다고 하자. 내가 필요한 건 어떤 상황에 어떤 행동을 했으면 좋겠다는 것이다.

이때 동일한 상황인데 갑자기 다른 행동을 하게 되면 왜 그런 일이 발생하는지에 대해 파악하는 것이 가장 먼저 해야 할 일일 것이다. 그런데 왜 그런 일이 발생하는지 파악하기 어렵다면 인공지능을 신뢰하고 믿기가 쉽지는 않을 것이다. 그러므로 왜 그런 행동을 하는지에 대해 명확하게 알 수 있고 통제가 쉽다는 점은 규칙 기반 인공지능이 가지는 장점이다.

규칙 기반 인공지능이 활발히 적용되던 분야는 전문가 시스템이다. 규칙을 정의하려고 전문가들의 지식을 모아 저장하고 사용자가 질의하면 적절한 지식을 탐색해 제공하는 형식이었다. 상당히 많은 규칙 기반 인공지능이 개발되었고 또한 성과를 올렸다. 탐색해서 제공하는 형식이므로 규칙 외의 정보를 제공하지 않는 장점이 있었을 뿐 아니라 전문가가 규칙을 만들어 제공되는 정보에 대한 신뢰도를 확보할 수 있었다. 이러한 장점들을 등에 업고 많은 전문가 시스템이 개발되면서 일반 대중에게도 인공지능의 효과가 체감되기 시작했다.

2.1.2. 규칙 기반 인공지능의 한계

규칙 기반 인공지능은 한때 모든 것을 해결할 수 있으리라 생각될 정도로 각광받았다. 그만큼 규칙 기반 인공지능은 개발 난이도는 매우 간단하고 그에 비해 효과적이었기 때문이다. 전문가의 노하우가 담겨 있어 효과적으로 작동하지만 개발은 간단하다. 하지만 개발 난이도가 낮은 것에 비해 수행하려는 행동이 많아질수록 개발 시간은 많이 소요될 수 있다. 왜냐하면 전문가가 가지는 모든 지식을 개발해야 하므로 난이도는 낮지만 시간은 오래 소요될 수 있다.

또한 모든 상황을 예측하고 대처하기 어렵다는 단점이 있다. 특히 모든 상황에 대한 행동을 수행할 수 있도록 개발하려고 할수록 개발 시간과 난이도가 너무 올라갔다. 게다가 규칙이 쌓이면 쌓일수록 예외 처리를 해 주기도 하고 유지 보수도 해 줘야 하므로 운영 관리 면에서 공수가 많이 들어가는 측면이 있었다.

결정적으로 현실 세상에서 규칙으로만 통제하기에는 무한대에 가까운 상황이 존재했다. 그러므로 이를 한 개 한 개 전부 다 처리할 수 없게 되었고 결국 특정 상황에서만 사용할 수 있는 인공지능이라는 것으로 인해 회자하는 사례가 점점 적어지기 시작했다. 규칙을 정해서 행동하게 한다는 것은 행동에 대한 통제를 명확히 할 수 있다는 장점이 있었지만 해야 할 일만을 하도록 프로그래밍이 된 만큼 경직되었고 결국 제한된 능력만을 발휘했다. 따라서 범용적으로 사용하기는 어려웠다.

이러한 이유로 전문가의 지식을 규칙으로 만들어 저장하고 '탐색'하는 순수 규칙 기반 인공지능은 시대적 흐름을 더 이상 이끌지는 못하게 되었다. 하지만 필자의 생각에 향후에는 머신 러닝과 결합해 장단점을 취한 혼합형 인공지능은 언젠가 차세대 인공지능으로 각광받을 수 있다. 규칙 기반 인공지능은 장단점이 명확하다 보니 장점만을 극대화해 취할 수 있기 때문이다.

그러다 보니 최근 규칙 기반 인공지능을 머신 러닝과 결합해 사용하는 시도가 많아지고 있다. 규칙 기반 인공지능이 가진 장점을 취하고 단점은 머신 러닝과 결합해 보완하는 것이다. 반대로 머신 러닝이 가진 단점은 규칙 기반 인공지능이 가진 장점을 결합하고 단점은 보완하여 사용하는 시도가 많아졌다.

2.2 자가 학습, 패턴 기반 인공지능

앞에서 설명한 단점으로 인해 순수 규칙 기반 인공지능 외에 패턴 기반 인공지능이 부상하기 시작했다. 자가 학습은 인공지능이 스스로 규칙을 찾는 방법이라고 할 수 있다. 더 이상 규칙을 일일이 정의하지 않는 방법을 찾기 시작했다. 사전에 정의된 규칙으로 만들어 행동에 대한 통제가 쉽고 개발 난이도도 낮지 않다는 장점이 있었지만 아무래도 규칙을 하나하나 정의하고 만드는 것이 쉽지 않았다.

그러다 보니 대응 방안으로서 떠오른 것이 패턴 기반의 인공지능이라고 할 수 있다. 현재 혁신적인 성능을 보이고 자주 회자되는 ChatGPT도 패턴 기반 인공지능이라고 할 수 있다. 그만큼 패턴 기반 인공지능이 필요했고 차세대 인공지능으로 주목받고 있다. 어떤 부분에서는 인간보다도 성능이 뛰어나다고 검증되었고 인류가 해야 할 일의 상당 부분을 대체할 수 있을 거라 기대되고 있다.

본 챕터에서는 패턴 기반 인공지능에 대해 비전문가가 이해할 수 있는 수준으로 설명해 인공지능에 대한 이해도를 높일 예정이다.

2.2.1. 머신 러닝으로 인한 패러다임의 변화

앞에서 논한 바와 같이 순수 규칙 기반 인공지능이 실제 현실 세상에서 사용되려면 세상에 존재하는 모든 상황과 그에 대한 행동을 정의 내리고 규칙을 만들어서 개발해야 하므로 한계에 봉착하기 시작했다. 많은 부분을 아우를 수 있을 거로 생각했지만 현실 세상에서 사용하기에 많은 개선점이 필요하다는 것을 깨닫게 되자 연구자들은 다른 방법을 찾기 시작했다.

그로 인해 찾은 방법이 규칙을 인공지능이 스스로 찾게 만드는 방법이었다. 이는 인공지능에서 혁신적인 패러다임의 변화를 가져온 아이디어였으며 현재까지 잘 동작하는 매우 성공적인 아이디어라고 할 수 있다.

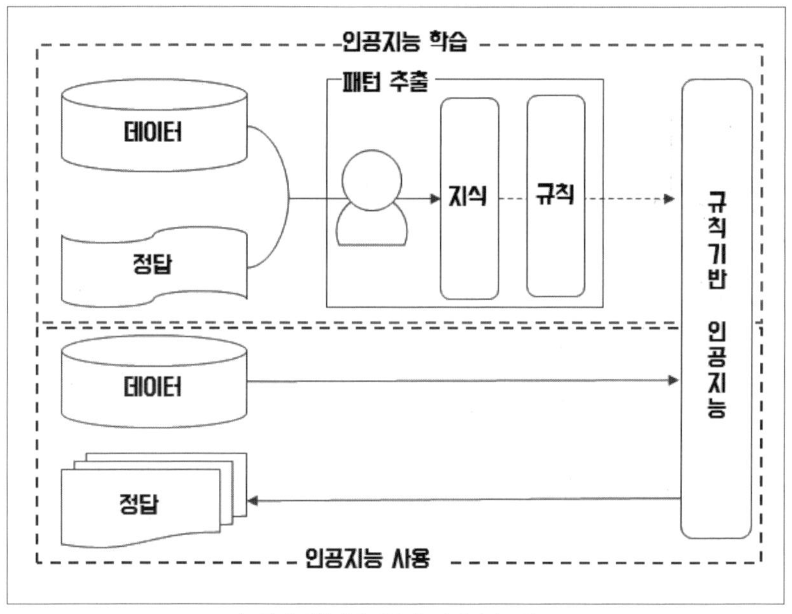

[그림 1] 규칙 기반 인공지능의 개념적 도식도

위의 그림은 규칙 기반 인공지능을 만들고 사용하는 방법에 대한 개념적 도식도로 규칙 기반 인공지능의 학습과 사용에 대해서 특징만 간략하게 알려 준다. 규칙 기반 인공지능은 인간이 데이터와 정답을 보고 학습한 지식을 규칙화해 사전에 정의한 규칙을 인공지능에 알려주고 데이터를 인공지능에 주면 인공지능이 규칙을 따라 데이터를 기반으로 연산해서 결과를 찾는 방법이었다. 즉, 기존에는 많은 양의 규

칙을 사전에 정의하고 인공지능이 이를 참조하도록 했다. 상황에 대한 데이터를 주면 그 상황에 맞는 규칙을 탐색한 뒤 그 규칙대로 연산해 결과를 사용자에게 보여 주는 형태였다.

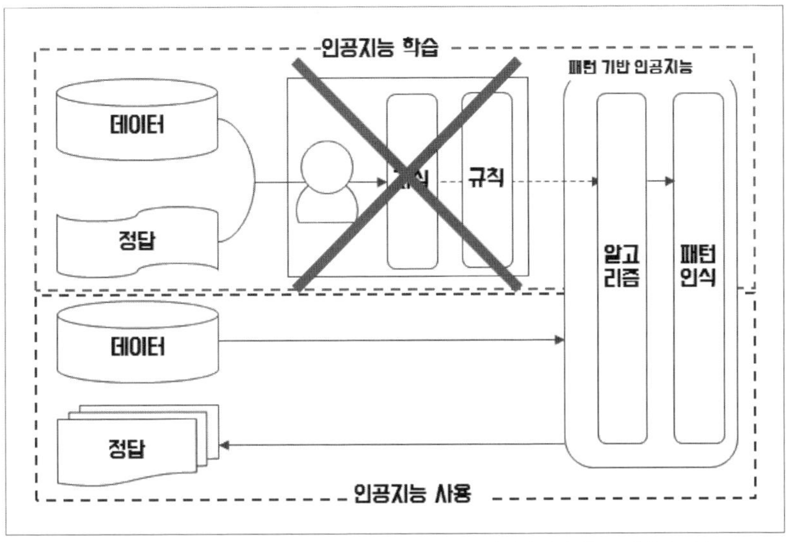

[그림 2] 규칙 기반 인공지능의 차이를 중점적으로 표현한 패턴 기반 인공지능의 개념적 도식도

위의 그림은 패턴 기반 인공지능의 머신 러닝에 대한 개념적 도식도로 규칙 기반 인공지능과의 차이를 보여 주려고 둘 간의 차이를 중점적으로 두드러지게 그린 도식도이다. 규칙 기반 인공지능과는 다르게 머신 러닝은 인공지능에 데이터와 결과를 주면 인공지능이 스스로 규칙을 찾는 방법이다.

그러므로 패턴을 사람이 추출하는 것이 아니라 데이터와 정답을 가지고 인공지능이 스스로 패턴을 인식한다. 즉, 규칙을 스스로 찾고 이러한 규칙들을 모아서 패턴을 인식할 수 있도록 만들어진 인공지능이다. 따라서 사람이 사전에 정의된 규칙을 주지 않아도 되고 많은 양의 규칙을 스스로 내재화할 수 있다. 즉, 규칙 기반 인공지능과 같이 규칙을 인공지능에 주지 않는다. 오직 데이터와 결과만을 인공지능에 준다.

패턴 기반 인공지능은 데이터와 결과를 바탕으로 패턴을 찾기 시작한다. 한 개나 두 개를 볼 때는 의미가 없지만 많은 양의 데이터 세트를 보면서 이런 형태의 데이터는 어떤 결과를 내는지에 대한 패턴을 학습한다. 그러면서 규칙 기반 인공지능의 한계를 극복할 수 있었다. 규칙에 정의되지 않은 경우에 행동할 수 없던 규칙 기반 인공지능과는 다르게 머신 러닝은 규칙을 데이터와 정답에서 찾으므로 수많은 데이터와 정답을 주면 사람이 기존에 생각하지 못한 경우도 잘 작동할 수 있다.

즉, 패턴을 추출하기 위해 사람이 직접 데이터와 정답을 보고 지식화해 규칙을 만들고 이를 모으는 방식으로 작동하도록 만든 것이 아니라 인공지능이 데이터와 정답을 보고 규칙을 스스로 찾고 이를 모아 패턴으로 정립하여 새로운 데이터를 주면 정답을 산출해 낼 수 있는 것이다.

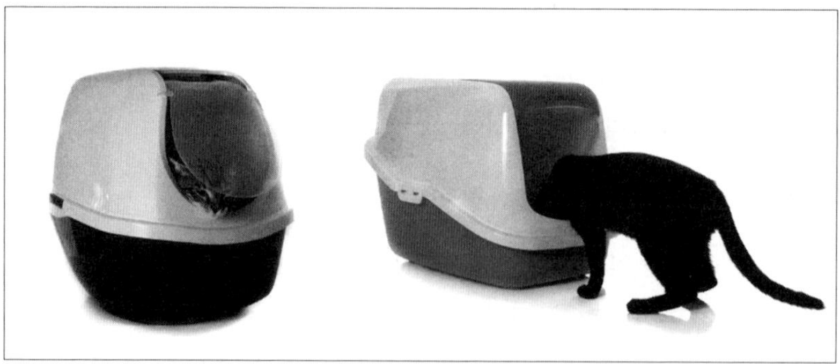

[그림 3] 규칙 기반 인공지능 한계 예시

위의 그림을 보자. 고양이가 플라스틱 박스에 들어가 있는 경우인데 규칙 기반의 인공지능은 이를 고양이로 인지하기는 매우 어렵다. 왜냐하면 고양이가 가지고 있는 많은 특성이 플라스틱 상자에 들어감으로써 사라지기 때문이다. 오른쪽의 경우 규칙 기반 인공지능을 사용하면 고양이인 것을 알아보기 어려울 것이다.

사람은 고양이임을 보자마자 알 수 있지만 규칙 기반 인공지능은 고양이인 것을 알기는 어렵다. 그 이유는 모든 규칙을 다 담아야 하는데 그 과정이 쉽지 않기도 하며 우리가 고양이를 고양이라고 인식하는 모든 메커니즘을 스스로 알고 규칙화해야 하므로 쉽지 않은 일이다.

하지만 패턴 기반 인공지능인 머신 러닝을 사용하면 머신러닝이 스스로 고양이의 특징을 잘 잡아내서 고양이인지 아닌지를 구별할 수 있게 된다. 예를 들어 학습 과정에서 고양이의 얼굴과 털과 몸의 굴곡과 같은 이미지의 특징을 잘 알아내서 고양이로서의 특징을 패턴으로 인식하고 이를 활용해 새로운 이미지가 주어지면 고양이로 구별하게 된다.

2.2.2. 딥 러닝으로 인한 패러다임의 변화

기존의 머신 러닝은 성능을 올리려고 특징을 사람이 추출해 주는 경우가 많았다. 물론, 위에서 이야기한 것과 같이 특징을 굳이 추출하지 않아도 머신 러닝이 패턴을 학습할 것이다. 그러나 더욱 성능을 뛰어나게 올리려면 인공지능이 잘 학습할 수 있도록 특징을 잘 추출해 주는 과정이 필요했다.

이 과정에서 우리가 흔히 만나는 엑셀 형태의 정형화된 데이터의 경우 파생 변수를 만드는 과정이 주로 이루어졌다. 예를 들어서 어떤 사람의 A 상품에 대한 가입 가망성을 단순히 가입한다, 안 한다는 분류 문제로 해결하려고 한다고 하자. 성별과 나이, B나 C 상품 구매 여부 등의 데이터가 있다면 있다면 나와 유사한 나이대에서 평균적으로 구매하는 상품 개수 대비 내가 구매한 B나 C 상품 비율과 같은 것들을 만들어서 내가 B, C 상품을 다른 사람 대비 구매를 더 한다, 안 한다는 것과 같은 새로운 변수들을 만들어 준다.

즉, 데이터를 그대로 학습시키는 것이 아니라 특성을 더욱 잘 학습할 수 있도록 특징을 만들어 준다. 만약 내가 만든 변수가 유의미하다면 인공지능이 더 잘 학습해 A 상품의 가입 가망을 잘 추정할 수 있을 것이다. 이처럼 규칙을 사람이 직접 만들어 주는 과정은 없앨 수 있었지만 성능을 최대한으로 올리려면 특징을 추출하는 과정이 필요했고 이를 위해 사람이 직접 투입되는 과정이 존재했다. 이에 대해서는 아래의 그림을 보자.

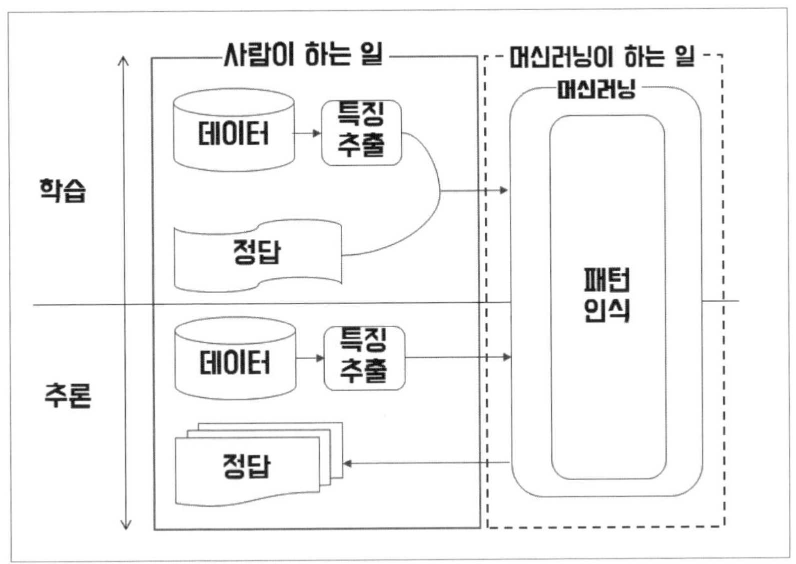

[그림 4] 머신 러닝 학습의 개념적 도식도

위의 그림은 딥 러닝과의 차이를 중점적으로 보여 주려고 머신 러닝을 학습하는 과정에 대해 개념적으로 그린 도식도이다. 그림을 보면 사람이 데이터와 정답을 준비하고 데이터에서 특징을 추출한다. 이 추출된 특징을 정답과 함께 머신 러닝으로 학습시켜 패턴을 찾는다. 이렇게 해서 새로운 데이터가 들어오면 머신 러닝에 동일한 형태로 주어야 하므로 특징을 추출하는 과정을 다시 거친 뒤(물론 자동화가 가능할 것이다)에 머신 러닝에 주어 추정한 정답을 얻는 과정을 거친다.

하지만 딥 러닝으로 인해 이러한 패러다임은 다시 한번 변화했다. 정확히는 딥 러닝의 엔드투엔드 철학(End-to-End)이 잘 작동하게 되면서 패러다임이 변화했다. 엔드투엔드 철학은 딥 러닝이 현재와 같이 성공 가도를 달리고 있는 원인이 된 철학이라고 할 수 있다. 엔드투엔드는 시스템의 복잡도를 줄이고 효율적인 학습을 가능하게 한다.

머신 러닝 학습에는 데이터에서 특징을 추출하는 과정을 포함한 전처리 과정과 인공지능을 학습시키는 학습 부분과 인공지능 성능 평가 부분이 있다. 딥 러닝은 특징을 사람이 추출하는 전처리 과정을 없애고 인공지능이 스스로 특징을 추출하도록 엔드투엔드 철학으로 만들어졌다.

그러다 보니 입력과 출력 사이의 모든 처리 단계를 하나의 딥 러닝으로 통합했다. 즉, 복잡한 처리 과정을 사람이 개입하지 않고 입력과 출력 사이에서 인공지능이 처리 과정까지 학습해 작업을 수행한다. 이에 대한 개념도를 한번 보자.

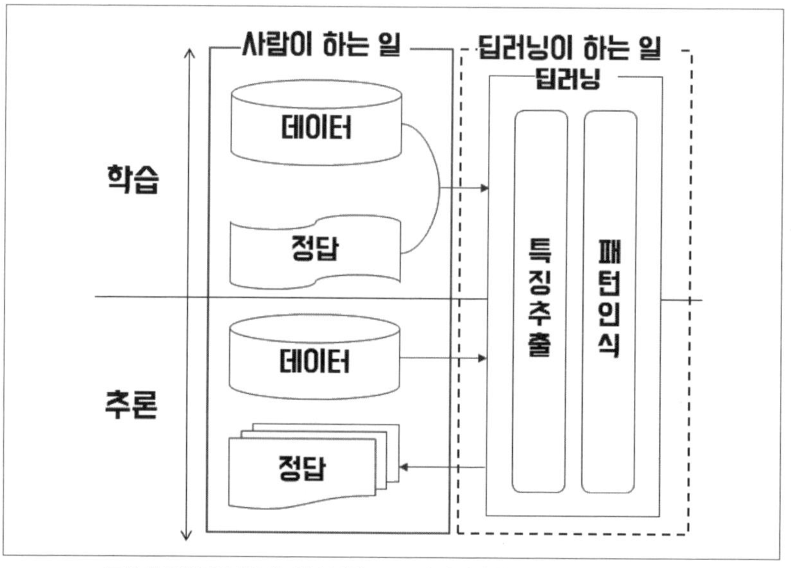

[그림 5] 머신 러닝과의 차이를 중점적으로 그린 딥 러닝 학습 과정의 개념적 도식도

위의 그림은 머신 러닝과의 차이를 중점적으로 보여 주려고 딥 러닝을 학습하는 과정을 개념적으로 그린 도식도이다. 그림을 보면 사

람이 데이터와 정답을 준비한다. 그 뒤 딥 러닝 학습에 주어 특징 추출과 패턴 인식을 한 번에 수행한다. 그렇게 해서 새로운 데이터가 들어오면 특징을 추출하는 과정과 패턴 인식 과정을 한 번에 거쳐 추정한 정답을 얻는다.

이러한 특징 추출과 패턴 인식을 인공지능이 스스로 수행하려고 딥 러닝은 입력 데이터를 적절한 수준의 추상화로 변환하는 여러 층의 신경망(Neural Network)을 사용한다. 이 신경망은 입력과 출력 사이의 복잡한 처리 과정을 모두 내부에서 수행하며, 중간에 추상화된 표현(Representation)을 학습해 최종 출력을 생성한다.

하지만 우리가 이러한 내용을 모두 알 필요는 없다. 비전문 실무자인 우리는 "딥 러닝은 엔드투엔드 철학을 가지고 특징 추출과 패턴 인식을 모두 하는 방식으로 발전해 패러다임을 변화했다."고 이해하면 된다.

2.3 초거대 인공지능의 등장

인간은 내 일을 대신해 줄 기계를 항상 꿈꿔 왔다. 이러한 꿈은 규칙 기반 인공지능에서 시작해서 머신 러닝의 발명을 촉발했다. 결국 머신 러닝의 하위 분야인 딥 러닝으로의 발전을 이끌었고 현재 파괴적으로 혁신할 기술 중 하나로 각광받고 있다. 이러한 딥 러닝도 일부 분야에서는 매우 잘 작동한다.

하지만 일부 분야만 정복했을 뿐 더 많은 과제를 정복하고 성능을 높이고 싶은 욕구는 계속해서 나오게 되었다. 딥 러닝의 태생상 인공지능의 크기를 키우면 데이터로 표현할 수 있는 추상화된 표현을 더 잘 감지하므로 좋은 성능을 낼 수밖에 없다.

특히 트랜스포머(Transformer)라는 인공지능 알고리즘이 나오게 되면서 대량의 데이터를 한 번에 처리할 수 있게 되었다. 트랜스포머 알고리즘은 어텐션(Attention)에 기반했다. 어텐션이란 각 데이터 사이의 연관 관계를 계산해 연산할 때 더 집중해야 하는 데이터를 찾아 집중하는 것이다.

이 과정을 통해 너무 많은 데이터 내에서 집중하지 않을 데이터들을 추려낼 수 있게 되었고 한 단계 더 성능의 발전이 이루어지게 되었다. 이를 능동적으로 활용한 알고리즘이 트랜스포머이고 이 알고리즘은 데이터를 병렬로 한 번에 연산하게 만들면서 학습 속도뿐만 아니라 성능 또한 폭발적으로 향상할 수 있게 되었다.

그런 흐름을 따라 기업들은 가지고 있는 자본과 역량을 총동원해 기존 인공지능의 크기와는 비교될 수 없을 만큼 거대한 초거대 인공지능을 개발하기 시작했다. 그리고 이런 인공지능 중 일부는 몇몇 과제가 아니라 더 많은 임의의 과제를 대부분 아우를 수 있는 알고리즘의 초기 단계로의 가능성을 보여 주기 시작했다.

단적으로 작은 파라미터를 가진 수준의 크기인 자연어 처리 딥 러닝이 할 수 있는 일보다 더 많은 파라미터를 가진 수준의 크기를 가진 딥 러닝이 더 많은 일을 할 수 있다. 이처럼 인공지능의 크기가 커질수록 할 수 있는 일이 많아진다.

일각에서는 이러한 초거대 인공지능을 AGI의 초기 모형이라고들

한다. AGI는 인공 일반 지능(Artificial General Intelligence)의 약자로 인간이 할 수 있는 모든 지적 작업을 수행할 수 있는 인공 지능의 최종 지향점의 형태를 의미한다. 정말 AGI의 초기 형태일지에 대해서는 갑론을박이 있을 수 있지만 그만큼 인공지능이 뛰어넘기 힘들었던 성능의 벽을 한 단계 허물었다는 신호로 받아들일 만하다.

이렇게 중요한 초거대 인공지능에 대해서는 다루지 않을 수 없다. 본 도서에서는 초거대 인공지능과 일반 딥 러닝을 다른 개념으로 보려고 한다. 일반 딥 러닝은 GPT3 이전 수준 크기의 인공지능이며 초거대 인공지능은 GPT3 이후에 나오고 있는 거대한 크기의 인공지능을 의미한다.

본 챕터에서는 국내외 초거대 인공지능의 개발에 대해서 논하려고 한다.

2.3.1. 국외

이러한 흐름에 힘입어 국내외 초거대 인공지능의 개발 경쟁이 붙기 시작했다. 국외의 대표적인 초거대 인공지능의 개발 사례로는 OpenAI의 유명한 ChatGPT와 GPT-3가 있다. 그리고 구글의 LaMDA, 마이크로소프트의 GODEL이 있다. 초거대 인공지능을 통해 인공지능의 성능을 높여 인간과 유사한 수준의 사고를 하는 것과 같은 결과를 얻으려고 노력하고 있다.

본 챕터에서는 OpenAI, Google, MS에서 각기 발표한 초거대 인공지능에 대해서 간략하게 다룰 것이다. 기술에 대해서 너무 깊게 들어가는 것은 본 도서의 대상인 비전문가의 이해도를 넘어서므로 간략하게만 다룰 예정이며 깊게 알아보는 것은 추가로 학습이 필요하다. 이 챕터에서는 해외에서는 이런 시도들이 있었다는 정도로만 이해해도 좋다.

2.3.1.1. OpenAI GPT-3, ChatGPT, GPT4

OpenAI에서 개발한 GPT-3는 대규모 언어 인공지능으로 "Generative Pre-trained Transformer 3"를 의미한다. 수천억 개의 매개 변수(인공지능이 데이터를 활용해서 학습하는 동안 조정되는 값)가 있는 대규모 언어 인공지능 중 하나이며 다양한 문장을 생성하려고 개발되었다. GPT-3는 기존에 있던 인공지능들보다 크기가 상당히 컸다. 이를 위해서 GPT-3는 방대한 양의 텍스트 데이터를 활용해 학습했다. GPT-3는 문장을 완성하고, 기사를 쓰고, 질문에 답하고, 컴퓨터 코드를 생성하는 등 다양한 과제에 사용할 수도 있다.

이것이 가능한 이유는 대규모 데이터로 학습한 거대한 크기의 초거대 인공지능이기 때문이다. 단어들 간의 특징을 배울 수 있는 기반을 마련하려고 수많은 데이터를 모으고 거대한 크기의 초거대 인공지능을 사용해 단어들 간의 특징을 실제로 학습할 수 있기 때문이다.

당시 세부 과제의 성능을 최신 파인 튜닝(사전에 학습한 초거대 인공지능을 세부 과제에 더 적합하게 추가 학습하는 과정) 방법과 비교해도 경쟁력이 있음을 논문을 통해 입증했다. 출시 당시, 만들어졌던 인공지능 중에서 매개 변수 개수의 크기가 큰 편에 속했으며 크기가 커서 성능이 좋아 전 세계 기업들이 초거대 인공지능을 만들려고 시도한 계기가 되었다고 해도 과언이 아니다.

OpenAI에서 개발한 ChatGPT의 큰 뼈대는 기존에 있었다고 할 수 있다. 기존에 있었다니 대체 무슨 말일까? 우리가 현재 놀라고 있는 ChatGPT는 사실 파인 튜닝의 결과물이라고 할 수 있다. 최초에 GPT-3라는 초거대 인공지능은 1,750억 개의 파라미터를 가지고 있었다. 이러한 GPT-3에서 더 나아가 사용자의 질문에 적절히 응답하는 것에 초점을 맞추고 만든 InstructGPT가 출시되었다. InstructGPT는 강화 학습 기법(보상을 통해서 인공지능 학습이 이루어지는 분야)을 도입해서 "적절한 응답"을 하도록 만들었다.

ChatGPT가 InstructGPT와 달라졌던 부분은 강화 학습과 관련된 부분이다. 데이터를 관리하는 인간 AI trainers가 유저와 인공지능의 대화를 모두 준비하여 새로운 대화 데이터를 대화 형식으로 변환한 InstructGPT 데이터 세트와 혼합하여 학습하였다. 즉, 사람의 피드백을 모사하는 보상(주입된 문장에 따른 인공지능 결과 보상)을 확보해 이를 통해 초기 모델이 사람이 더 선호하는 결과를 추론(인공지능 연산을 통해 적절한 값을 출력)하도록 학습을 진행했다.

이 과정을 통해 인간의 피드백을 도입해 더욱 인간이 원하는 결과를 내어 적합하게 응답하도록 만들었다. 이 과정을 통해 인간이 원하지 않는 혐오나 차별과 같은 발언을 하지 않도록 수정해 주었다. 자세한 내용이 궁금하다면 Technical Report(https://arxiv.org/abs/2303.08774)와 blog post(https://openai.com/research/gpt-4)를 참조할 수 있다. OpenAI는 개발 코드와 인공지능 파일을 공개하진 않아 Technical Report와 blog post를 참조하는 방법밖에 없다.

이렇게 ChatGPT는 InstructGPT와는 약간 다른 방법으로 만들어진 것이 언급되고 있다. GPT3, InstructGPT, ChatGPT는 사실 뒤로 갈수록 더 성능이 좋아진 인공지능이라고 말할 수 없다. 그보다는 세부 과제, 특히 ChatGPT는 이름에서 보여 주듯이 대화형 인공지능인 챗봇으로 개발된 인공지능이라고 하는 것이 더 적합한 표현이다.

OpenAI에서 발표한 Technical Report에 의하면 GPT4는 이미지와 텍스트를 입력받을 수 있는 초거대 멀티모달 인공지능이다. 멀티모달 기술은 텍스트 혹은 이미지와 같이 한 개 종류의 데이터를 사용하는 것이 아니라 여러 가지 데이터를 사용해서 텍스트와 이미지를 교차로 이해할 수 있도록 도와준다.

예를 들어 GPT4에서는 밀가루 이미지를 주고 "이 사진에 있는 재료로 만들 수 있는 음식을 알려 줘."와 같이 질의하면 밀가루로 만든 음식을 알려 주는 것과 같이 텍스트와 이미지의 관계를 이해할 수 있게 개발된 인공지능이다.

OpenAI에서 발표한 Technical Report에 의하면 GPT4는 실제 현실 세상에서 일어날 수 있는 다양한 일에 인간보다 능력이 부족하긴 하지만 모의 변호사 시험은 응시자 중 상위 10% 성적으로 합격했다. 또한 다양한 학술 데이터에서 테스트한 결과 인간 수준의 성능을 보여 주었다. GPT4에서 집중한 부분은 대규모 인프라를 구축하고 다양한 범위의 행동들을 최적화하는 방법을 개발하는 것이었다. 즉, 매우 큰 초거대 인공지능을 효율적으로 학습시키면서 멀티모달 과제에서도 높은 성능을 낼 수 있도록 최적화했다.

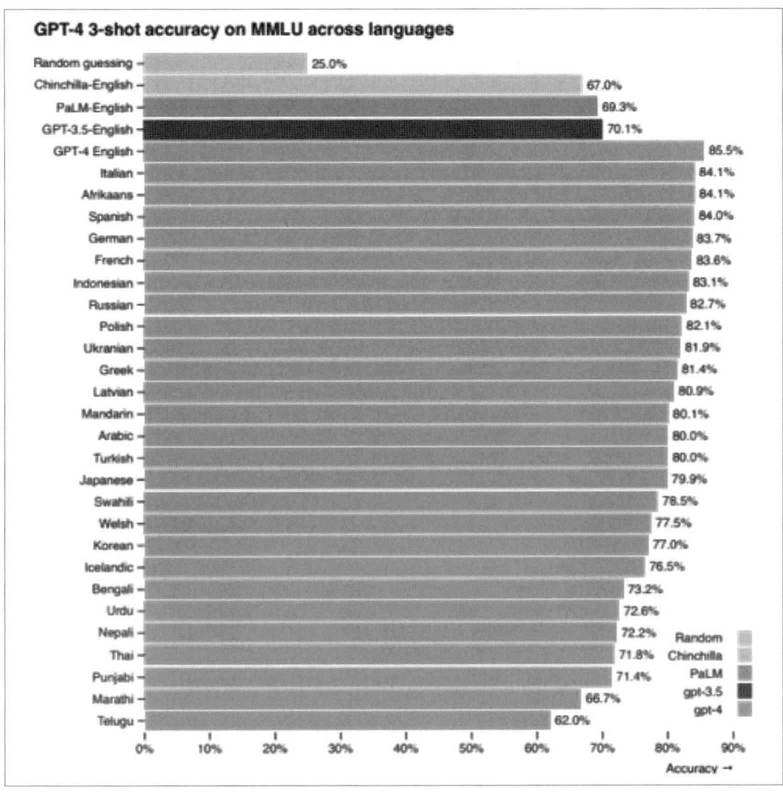

[그림 6] GPT4의 벤치마크 대비 대규모 다중 과제 언어 이해 성능 평가. OpenAI, “Gpt-4technicalreport,” 2023, https://cdn.openai.com/papers/gpt-4.pdf

OpenAI에서 발표한 Technical Report에 의하면 GPT4는 다양한 언어에서 성능이 매우 좋아졌다. 실제로 사용해 보면 한글로 질의하면 엉뚱하게 이야기하는 것이 많이 개선되었다. MMLU(초거대 AI의 언어 능력을 검증하는 테스트로 57가지 주제에 대해 AI 답변의 정답률을 평가하는 방식)로 검증한 결과를 보자. 영어만 고려해 볼 때 GPT3.5보다 더 성능이 훨씬 좋아진 것으로 보인다. 영어만 비교한 결과로 판단하는 이유는 동일한 언어로 테스트한 결과 수치로 비교해야 동등한 비교이기 때문이다.

또한 OpenAI의 Technical Report 성능 평가 자료에 의하면 영어로 한정할 때 구글에서 공개한 PaLM이라는 알고리즘 성능(69.3%)보다 GPT3.5 성능(70.1%)이 더 좋았지만 GPT4의 성능(85.5%)은 압도적으로 좋아졌다고 한다. 랜덤(25%)에 대비해서 3배 이상의 성능을 냈다. 다양한 언어에서 성능이 좋아진 것은 매우 고무적이라고 할 수 있다.

또한 27개의 언어 중 25개의 언어(English, Italian, Afrikaans, Spanish, German, French, Indonesian, Russian, Polish, Ukrainian, Greek, Latvian, Mandarin, Arabic, Tukish, Japanese, Swahili, Welsh, Korean, Icelandic, Bengali, Urdu, Nepali, Thai, Punjabi)가 단순 수치상으로 GPT3.5 영어보다 성능이 좋게 나왔다. 물론 성능을 단순 수치로 비교할 수는 없다. 왜냐하면 영어로 만들어진 데이터를 가지고 테스트하는데 각 언어를 번역기를 돌린 결과로 검증해 엄밀하게 말하면 공정하지 않은 비교이기 때문이다. 하지만 수치가 좋게 나왔다는 것은 그만큼 다양한 언어에서 성능이 나쁘지 않게 나왔다는 것으로 받아들일 수 있으며 매우 발전이 빠르다고 할 수 있다.

2.3.1.2. Google LaMDA, Bard

LaMDA는 구글에서 개발한 초거대 언어 인공지능이다. 중점적으로 염두에 두고 개발한 내용은 유해성 응답과 편견 있는 대답을 줄이는 것이었다. 이를 제거하려고 대규모 참여형 노동자(crowdworker)가 생성한 주석 데이터를 사용해 미세 조정(fine-turning), 즉 파인 튜닝하는 방식으로 개발되었다. 파인 튜닝이란 사전에 학습한 초거대 인공지능을 세부 과제에 더 적합하게 추가 학습하는 과정을 의미한다.

이러한 파인 튜닝을 통해 유해성 응답과 편견 있는 대답을 방지할 수 있었다. 또한 인공지능이 지식 소스를 참조할 수 있도록 개발해 사실적 근거를 강화했다. 아래의 그림은 구글에서 발표한 논문에서 공개한 LaMDA의 학습 방식이다. 텍스트 말뭉치에서 다음 텍스트 데이터에서 의미를 가지는 최소한의 덩어리를 예측하는 방식으로 만들어졌다.

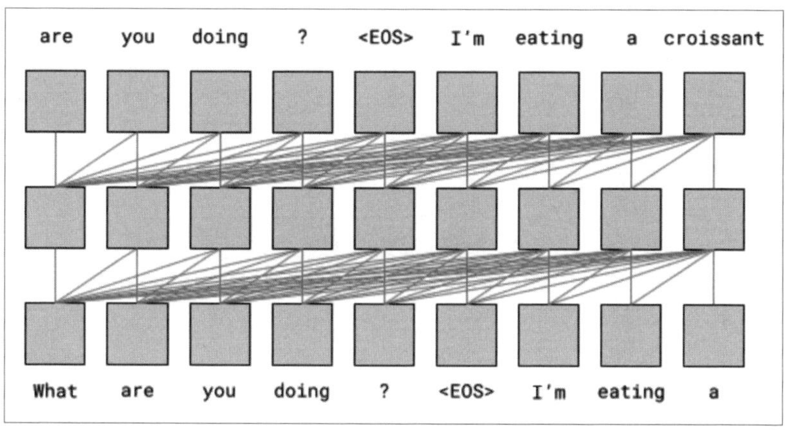

[그림 7] LaMDA의 사전 학습 단계의 개요. Thoppilan, Romal, et al. "Lamda: Language models for dialog applications." arXiv preprint arXiv:2201.08239 (2022)

이러한 사전 학습된 인공지능을 기반으로 파인 튜닝했으며 좀 더 대화형으로 적합하도록 파인 튜닝했다. 파인 튜닝한 인공지능이 외부 지식 소스를 참조할 수 있도록 설계된 부분은 아래의 그림과 같다. 이 그림 또한 논문에서 공개되었다.

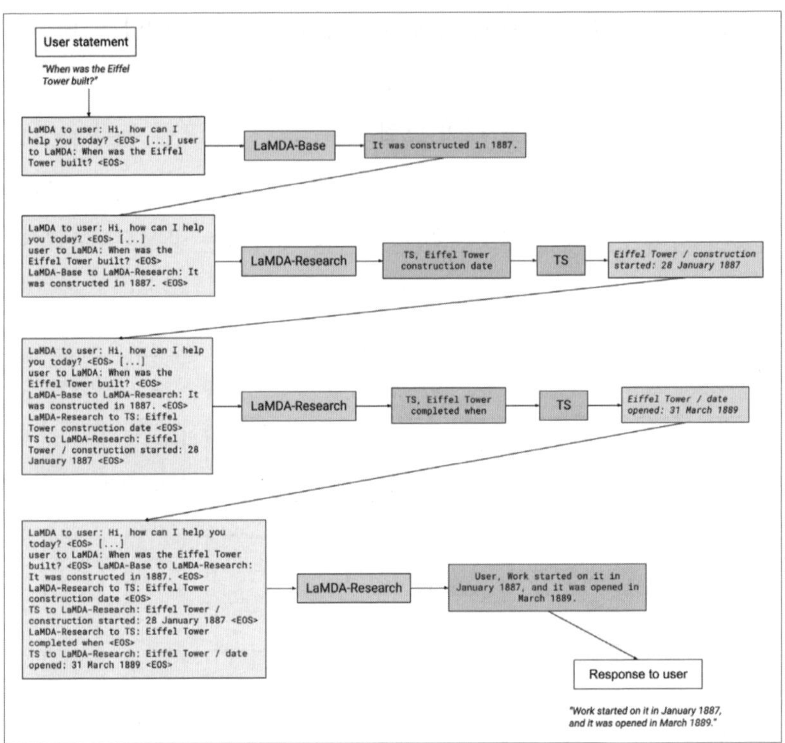

[그림 8] LaMDA가 외부 정보 검색 시스템과의 상호 작용을 통해 근거를 처리하는 방법. Thoppilan, Romal, et al. "Lamda: Language models for dialog applications." arXiv preprint arXiv:2201.08239, 2022

가장 먼저 LaMDA-Base라는 이름의 인공지능이 호출된다. LaMDA-Base라는 인공지능이 응답을 생성한 뒤 LaMDA-Research라는 이름의 인공지능이 순차적으로 호출된다. 그 후 LaMDA-Research가 출력한 첫 번째 단어에 의해 정보 검색 시스템에 문의하거나 사용자에게 응답하는 것 중에서 선택한다.

TS와 User 중 TS라는 단어를 처음으로 출력(예: TS, Eiffel Tower construction date)하면 정보 검색 시스템에 추가 질의하거나 User라고 응답하면 사용자에게 응답하는 식으로 작동한다. 즉, LaMDA-Base와

LaMDA-Research라는 두 개의 모듈로 동작한다. 결국 파인 튜닝과 지식 참조를 통해 더욱 안전한 결과를 생성하면서 사용자에게 더 정확한 결과를 줄 수 있도록 개발된다.

최근 구글은 베타 테스트가 끝난 바드(대형 언어 모델의 LaMDA 제품군을 기반으로 Google에서 개발한 대화형 생성 인공 지능 챗봇)를 공식적으로 오픈했다. 바드는 채팅할 수 있는 형태에서 사용할 때 검색으로 전환이나 받은 답변과 다른 답변을 볼 수 있는 기능을 제공한다. 바드가 생성할 수 있는 여러 종류의 답변을 사용자가 볼 수 있게 한다. 또한 무조건 신뢰하지 말라는 경고 문구가 하단에 기재되어 있다. 구글은 바드를 검색 결과를 보완하는 용도로 사용하기를 권유한다.

그래서 결과 내에 검색으로 전환하는 탭을 제공하고 답변의 다양성을 위해 다양한 답변을 볼 수 있는 기능을 제공한다. 사용자가 원하는 답을 얻도록 반복적으로 질의할 때 다양한 결과를 제공하여 원하는 답을 더 잘 찾을 수 있게 만들었다. 즉, 사용자가 질문에 대한 답을 보고 다시 질문하는 행위를 반복할 때 초기 답변에 대해 바드가 만들 수 있는 답변 중 어떤 답변을 기반으로 다시 질문할지를 선택할 수 있게 했다. 이는 질문을 반복하는 행위가 이어지게 될 때 초기 응답이 중요한데 이에 대해 사용자에게 선택지를 준 것으로 보인다.

2.3.1.3. Microsoft GODEL, 프로메테우스

Microsoft는 언어 모델인 '고델(GODEL, Grounded Open Dialogue Model)'을 공개했다. 고델은 먼저 대용량의 데이터로 사전 학습한 인공지능을 기반으로 최신의 정보를 반영하도록 대화 외부의 정보(예: 데이터베이스 또는 문서)를 응답에 활용할 수 있도록 개발되었다. 아래의 그림은 해당 내용을 공개한 논문의 그림이다.

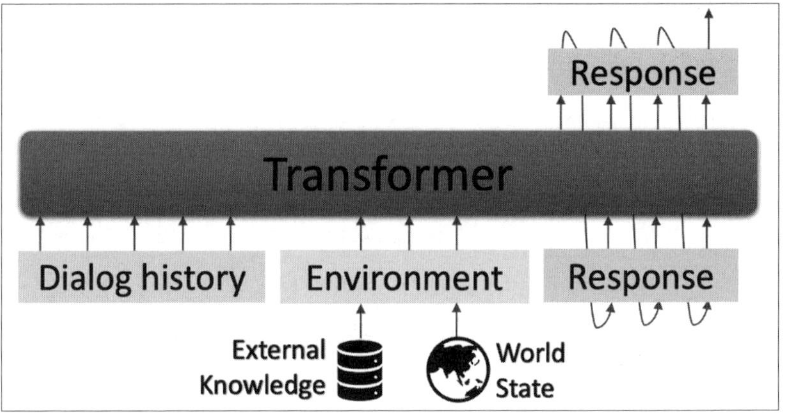

[그림 9] 외부의 정보를 응답에 활용하는 과정의 개요. Peng, Baolin, et al. "Godel: Large-scale pre-training for goal-directed dialog." arXiv preprint arXiv:2206.11309, 2022

User : I would like to find an expensive restaurant that serves Chinese food. System : sure, which area do you prefer ? User : Bellevue downtown. **<environment|> Multiple expensive Chinese restaurants in Bellevue downtown. =>** There are multiple restaurants meet your requirement. peony kitchen is a great Chinese Restaurant. Would you like to book a table there?

[그림 10] 중식당을 질의하자 외부 정보를 활용해 응답에 적용하는 예시. Peng, Baolin, et al. "Godel: Large-scale pre-training for goal-directed dialog." arXiv preprint arXiv:2206.11309, 2022

고델 또한 논문을 통해 당시 최신의 사전 학습된 인공지능을 파인튜닝한 인공지능보다 뛰어남을 증명했다. 고델은 현재 인공지능 개발 코드 및 데이터 처리 코드를 공개해 아무나 접근해 사용할 수 있도록 만들었다.

이어 MS는 OpenAI와 협력해 프로메테우스를 내놓았다. 프로메테우스는 주어진 대화 맥락 내에서 질문에 대해 답변을 제공하게 한다. 빙 오케스트레이터(빙과 GPT 기능을 활용하는 컴포넌트)로 관련 내부 질의를 선택하고, 각 빙 검색 결과를 활용한다. 따라서 빙 오케스트레이터가 관련성 있고 새로운 정보를 제공할 수 있다. 또한 최근 질문에 답하고 부정확성을 줄일 수 있다.

프로메테우스 모델은 빙에서 제공하는 데이터를 기반으로 추론하므로, 빙 오케스트레이터가 빙 데이터를 GPT에 넣어 추론하고 정보를 생성한다. 프로메테우스가 동작하는 원리에 대해 자세히 살펴보면 프로메테우스는 구체적으로 먼저 쿼리를 해석한다. 구어체와 같은 장황한 쿼리를 일반적인 검색 유형의 쿼리로 분해해 처리하고 콘텐츠를 더 빠르게 찾을 수 있도록 한다.

그리고 검색 색인을 활용하므로 최신 정보를 사용할 수 있게 해 주며 최신 정보의 답변 순서는 먼저 랭킹 알고리즘을 사용해서 답변에 표시할 콘텐츠와 답변을 제공하고자 사용해야 하는 문서를 불러온다. 그 뒤 답변 및 결과를 위해 날씨, 스포츠 경기 결과, 뉴스 상자, 지역 결과와 같은 최신 결과를 필요시 결합해 보여 줄 수 있게 해 준다. 마지막으로 ChatGPT와 달리 콘텐츠를 찾은 위치에 대한 링크와 인용을 제공한다.

빙 내에서 사용해 보면 대화의 스타일을 선택할 수 있다. 이는 ChatGPT에 존재하는 하이퍼파라미터인 Top-p를 의미하는 것처럼 보인다. Top-p는 인공지능이 생성하는 단어의 후보군 중에서 확률이 가장 높은 단어들의 집합 크기로 값에 따라 응답의 다양성과 일관성을 조정할 수 있다. 질의하면 답변해 주는데 답변에 링크를 달아 준다. 이 링크는 프로메테우스가 Bing 검색 결과를 활용해 태깅한 것으로 보인다. 전반적으로 오작동을 많이 신경 쓴 것으로 보인다.

2.3.2. 국내

국외의 초거대 인공지능 발표와 맞물려 국내의 기업들도 초거대 인공지능 개발에 착수했다. 네이버와 카카오의 초거대 인공지능이 대표적이다. 초거대 인공지능 개발 수준이 뒤처지지 않도록 노력하고 있다. 초거대 인공지능은 잠재성이 커서 먼저 정말 사람 수준의 뛰어난 인공지능을 개발하는 회사가 Winner Takes All 할 가능성이 높다.

이에 국내 기업들도 초거대 인공지능을 개발하려고 노력하고 있다. 국내의 모든 초거대 인공지능을 다룰 수는 없고 본 챕터에서는 대표적으로 네이버, 카카오에서 각기 발표한 초거대 인공지능에 대해서 간략하게 다룰 것이다.

기술에 대해서 너무 깊게 들어가는 것은 본 도서의 대상인 비전문가의 이해도를 넘어서므로 간략하게만 다룰 예정이며 깊게 알아보려면 추가로 학습이 필요하다. 이 챕터에서는 국내에서 이런 시도들이 있었구나, 하는 정도로만 이해해도 좋다.

2.3.2.1. Naver HyperClova

네이버는 한국어에 특화된 초거대 인공지능을 개발했다. 언어 모델로 한국어에 특화된 여러 기법을 적용했다. 대규모 초거대 인공지능이다 보니 GPT3와 같이 적은 데이터로 원하는 응답을 받을 수 있었다는 것을 입증할 수 있었다. 만들어진 인공지능은 네이버 사내에서 활용해 실제 상용 서비스를 해도 문제없는 수준의 품질임을 증명했다.

네이버는 논문으로 하이퍼클로버를 통해 초거대 언어 인공지능이 무엇을 할 수 있는지를 중점적으로 논의했으며 두 가지 방향을 제시했다. 하나는 코드 없는 인공지능 플랫폼을 출시해 코딩 없이 인공지능을 만드는 방향이다.

원래 인공지능 개발자가 개발하지만 단순히 비전문가가 초거대 언어 인공지능인 하이퍼클로버에 예시를 주는 등의 방법을 통해 간단한 인공지능을 개발할 수 있도록 도와준다. 또한 데이터 생성을 통해 인공지능의 성능을 끌어올리는 방법이다. 언어 인공지능을 학습하는 데 아주 많은 양의 데이터가 필요한데 하이퍼클로버를 통해 가공된 데이터들을 만들어 낼 수 있으며 이를 활용해 언어 인공지능을 학습할 수 있는 방향을 제시한다.

네이버는 초거대 언어 인공지능의 새로운 설계라기보다는 활용을 더 먼저 검증한 것에 가까우며 실제로 많은 부분에 활용할 수 있음을 검증했다. 향후에는 하이퍼클로버X를 출시할 예정이라고 하지만 현재 집필 단계(23년 1Q)에서는 아직 출시되지 않았다.

2.3.2.2. Kakao KoGPT

카카오도 KoGPT를 출시했다. 'KoGPT'는 한국어를 사전적·문맥적으로 이해하도록 이용자가 원하는 결괏값을 보여 준다. 네 가지 기능을 지원하고 있는데 첫 번째는 주어진 문장의 긍정과 부정 판단이다. 문장을 줄 때 이 문장이 긍정인지 부정인지에 대해 판단해 준다.

다음으로는 요약이다. 긴 문장을 주고 요약하라고 하면 KoGPT가 요약해 준다. 그리고 문장을 추론해 결론을 예측하는 기능도 제공한다. 문장을 주고 결론을 예측하라고 하면 KoGPT가 문장을 가지고 어떤 내용인지 파악하고 결과를 예측해서 반환해 준다.

마지막으로 질문하면 문맥을 이해해 답변하는 등 언어를 가지고 활용할 수 있는 과제를 수행할 수 있다. 카카오는 개발 코드와 데이터를 모두 공개해 일반인도 내용을 들여다볼 수 있다. 언론 발표에 의하면 카카오 또한 자사 제품에 KoGPT를 적용할 계획이라고 한다.

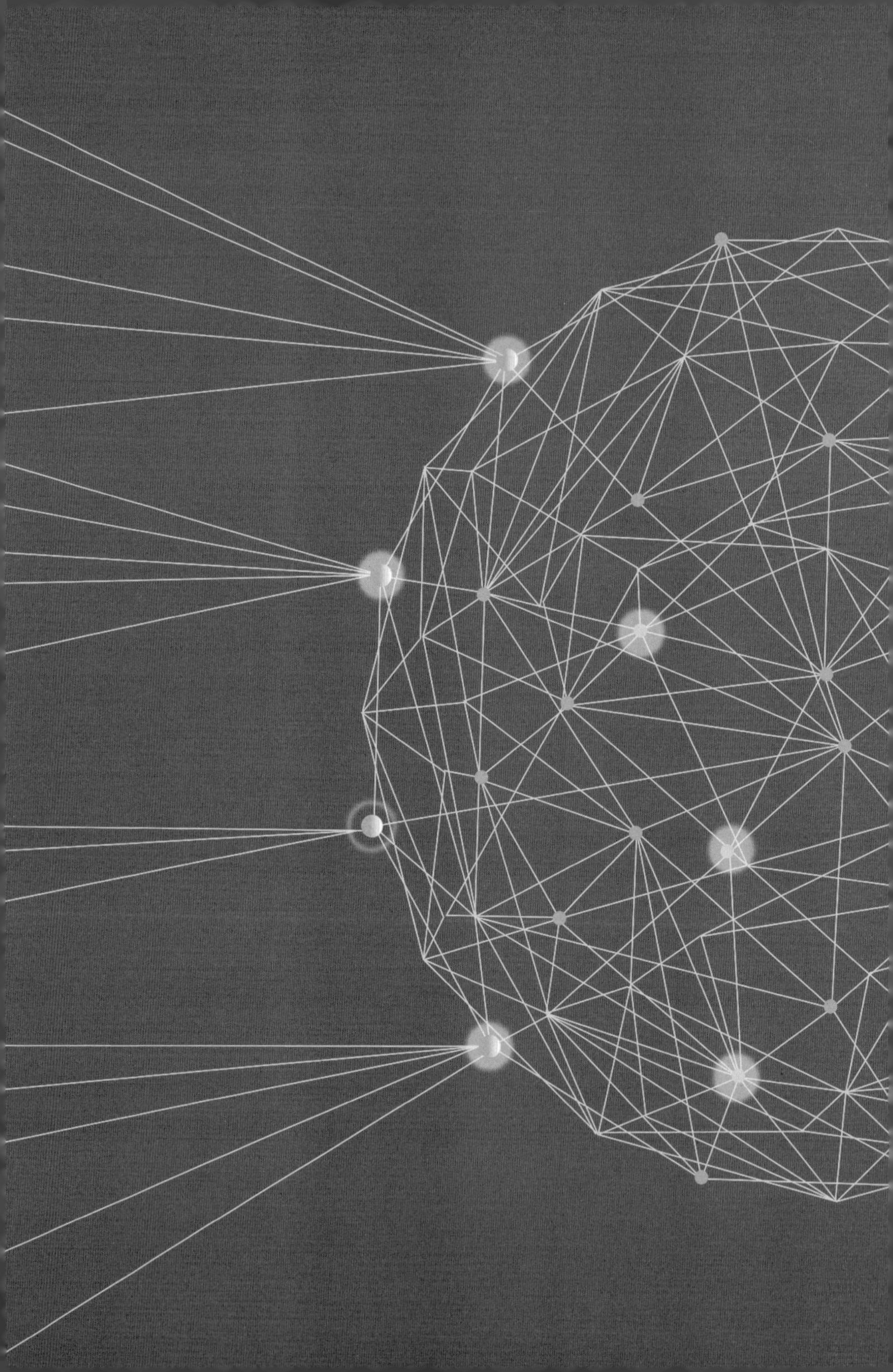

3장

우리 부서에 인공지능을 적용하기가 어려운 이유

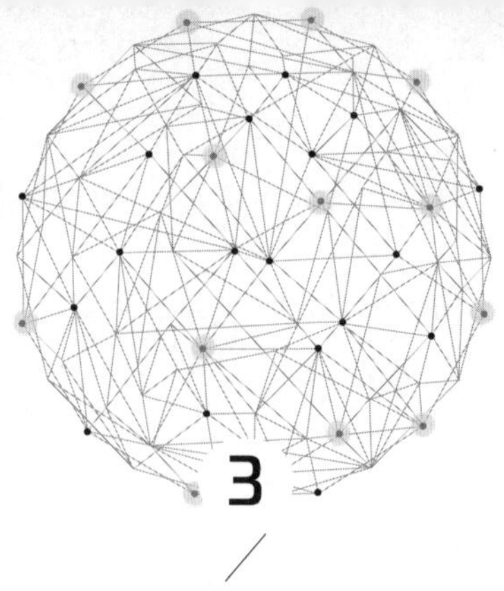

3

우리 부서에 인공지능을 적용하기가 어려운 이유

오늘도 이 과장은 지친 하루를 끝내고 퇴근했다. 집에 오자마자 뉴스를 보려고 소파에 앉아 티브이를 켜고 채널을 틀었다. 뉴스에서는 인공지능에 대한 이야기가 쏟아지고 있었다. 가만히 이야기를 들어 보니 인공지능이라는 것을 활용하면 생각보다 많은 것을 해결할 수 있는 것처럼 보인다.

그러다 보니 하고있는 많은 업무를 인공지능으로 대체하는 것이 가능할 것처럼 보여서 도입하고 싶은 마음이 들기 시작한다. 이 과장은 내일은 출근해서 인공지능을 업무의 대부분에 적용하기로 마음먹었다. 과연 이 과장은 인공지능을 잘 적용할 수 있을까? 답은 "모른다."이다.

인공지능을 적용하는 것은 수많은 것에 영향을 받는다. 예를 들어 데이터 존재 여부, 인프라 환경부터 레거시 시스템 개발 히스토리와 엔지니어의 역량까지 상당히 많은 부분이 복합적으로 적용된다. 그러므로 부서에 인공지능을 적용한다는 것은 결코 쉬운 일이 아니다. 인공지능은 마치 내가 가진 모든 문제를 해결해 줄 해결책이 될 수 있을 것 같다. 하지만 막연히 적용만 하면 될 거로 생각한다면 사막의 오아시스와 같이 인공지능을 신기루로 전락시킬 것이다.

인공지능을 적용할 때 극복해야 하는 문제는 너무나도 많다. 직접 일을 진행하다 보면 정말 많은 문제를 극복해야 한다. 문제를 정의하는 것은 물론 데이터 이슈, 보안과 신뢰, 개인 정보 이슈, 편견 등 수많은 문제를 극복해야 한다. 당 도서에서는 모든 문제를 논하지는 않을 것이다. 왜냐하면 기술적인 내용을 논해야 하는 문제도 꽤 많기 때문이다.

비전문 실무자가 업무와 서비스에 인공지능을 적용할 때 문제가 되는 것들에 대해 이번 챕터에서 논의할 예정이다. 일부의 내용이지만 비전문 실무자에게는 왜 적용이 어려운지에 대해 감을 잡을 수 있도록 도움이 될 내용들이다. 왜 극복해야 하는지에 대한 이유와 극복하는 방법에 대해서는 다른 챕터에서 논의할 예정이다.

3.1 사실 불완전한 ChatGPT

지금 ChatGPT가 매우 주목받고 있다. 우리의 삶의 양상을 파괴할 혁신적인 인공지능의 등장이라는 평가가 지배적이다. 과연 어떨까? 이카로스는 새의 깃털을 모아 실과 밀랍으로 날개를 만들어 하늘로 날아오른 신화 속의 인물이다. 이카로스는 너무 높이 날면 밀랍으로 만든 날개가 태양열에 녹아 추락할 수 있다는 것을 알면서도 높게 날아오른다. 그러다 태양의 뜨거운 열에 의해 밀랍이 녹고, 결국 날개를 잃고 떨어져 죽고 만다.

현재 ChatGPT가 매우 뜨거운 화제이다. 마치 ChatGPT를 사용하면 많은 문제가 해결될 것 같고 마치 터미네이터 영화에 나온 스카이넷의 초기 버전과 같은 모습으로 바라보는 사람까지 생기기 시작했다. 뛰어난 성능으로 많은 관심을 받았지만 그 관심이 지속될 만큼 완벽한 성능을 보일 수 있을까? 어쩌면 너무 높은 기대감에 비해서 중요한 성능 문제로 인해 관심 밖으로 밀려나는 때가 올 수도 있다.

과연 ChatGPT는 스카이 넷이 될 수 있을까? 혹은 날개를 잃은 이카로스처럼 추락할까? 사실 인공지능이라는 것은 만능이 아니다. 이에 관해 이야기하려고 바로 인공지능을 서비스/업무에 적용하는 것에 관해 이야기하지 않고 익숙한 ChatGPT에 대해 논할 것이다. 마치 만능처럼 보였던 ChatGPT가 불완전하다는 사실을 논의하면서 이에 대해 이해도를 높인 뒤 자세히 논할 것이다.

3.1.1. 데이터 부족과 한계

ChatGPT는 완벽한 결과만을 보여 줄까? 답은 "No"이다. ChatGPT를 사용하다 보면 데이터에 없는 내용을 물어보면 응답할 수 없다는 것을 알 수 있다. 예를 들어 서울에 사는 이OO 씨는 뭐 하는 사람이지? 라고 물어보면 데이터에 없는 경우 응답할 수 없다고 하거나 더 많은 정보를 달라고 한다. 더 많은 정보를 주면 엉뚱한 답변을 내놓거나 읽기에 매끄러운 응답을 줄 것이다. 하지만 학습하지 않은 것에 관해 물어봤으니 응답이 제대로 나오긴 어렵고 사람이 입력한 더 많은 정보와 적절히 혼합해 매끄러운 응답만 줄 뿐이다.

물론 ChatGPT는 매우 많은 데이터를 학습했다. 그러므로 대부분의 질문에 대해서 잘 응답하는 경우가 더 많다. 하지만 잘못된 정보를 진짜인 것처럼 응답하는 경우도 꽤 많이 존재한다. 예를 들어 ChatGPT에 역사적 사실이 아닌 것을 질문하면 잘못된 답변을 한다. 물론 완벽한 문법을 구사하지도 않는다. 아래의 예시를 한번 보자.

Q 거북선에 달린 증기 기관 장치는 역사적으로 어떤 영향을 끼쳤을까?

거북선에 달린 증기 기관 장치는 역사적으로 매우 중요한 영향을 끼쳤습니다.

증기 기관은 산업 혁명 초기에 발명된 혁신적인 기술 중 하나로, 이전에는 수력이나 바람력을 이용해 동력을 얻는 것이 일반적이었습니다.

그러나 증기기관의 개발로 기계식 운동력의 활용이 가능해졌고, 이를 이용해 열차, 선박, 공장 등 다양한 분야에서 혁신적인 발전이 이루어졌습니다.

거북선은 1873년에 처음으로 완성된 이후로 군함으로써 광범위하게 사용되었습니다.

거북선에 장착된 증기기관은 성능과 기동성을 크게 향상했습니다.

이러한 기술적 혁신은 조선 시대의 한국에서 이루어졌지만, 이를 이용한 군사적 성과는 일본에서 더욱 큰 역할을 했습니다.

일본은 19세기 후반부터 서구의 군사 기술과 혁신적인 발명품을 적극적으로 도입하기 시작했습니다.

일본은 거북선의 증기기관 기술을 적극적으로 수용하여 자국의 해군력을 강화하는 데 큰 역할을 했습니다.

이에 따라, 1894년에서 1895년에 일어난 첫 중·일 전쟁에서 일본은 거북선과 증기기관을 장착한 군함을 전장에 투입하면서 중국 해군을 대파시켰습니다.
이는 당시 동아시아 군사력 구도에서 큰 전환점이 되었습니다.
따라서, 거북선에 달린 증기기관 장치는 군사 기술력 발전에 큰 역할을 했으며, 일본의 군사력 증강에도 크게 기여했습니다.
또한 증기기관 기술은 군함뿐 아니라 다른 산업 분야에서도 큰 혁신을 가져온 기술 중 하나로 평가되고 있습니다.

일단, 증기 기관은 18세기 최초로 발명되어 산업 혁명에 중요한 역할을 한 인류 역사상 손꼽히는 발명 중 하나이다. 그런데 거북선은 16세기에 들어서야 이순신 장군이 사용했다. 시기가 맞지 않는 것을 바로 알 수 있다. 그러나 ChatGPT는 그러한 사실을 모르고 그럴듯한 응답을 한다. 거북선의 완성 시기도 잘못되었고 일본이 거북선을 활용해 일본의 군사력 증강에 기여했다는 역사적 사실이 아닌 사실을 이야기하고 있다.

대부분의 경우 ChatGPT는 자료의 요약과 전달에서 사람보다 뛰어난 부분을 보일 때가 많다. 그렇지만 학습하지 않은 범위를 질문하면 내용은 엉뚱한 답변을 보여 주는 경우도 꽤 많다. 하지만 문제는 위와 같이 모르는 사람이 읽으면 진짜와 같이 응답한다는 것이다. 그러므로 진실 여부를 파악하기 힘들다.

문장이 자연스럽지 않다면 그걸로 알 수라도 있을 것이다. 그러나 위와 같이 진실과 거짓이 혼재되어 읽기에 매끄러운 응답을 해 파악하기 더 어렵다는 점이다. 이런 문제는 특히 학습에 사용한 데이터가 잘못된 경우 더 커질 수 있다. 잘못된 데이터로 ChatGPT에 학습시키면 제대로 학습되지 않을 것이다. 제대로 학습되지 않은 ChatGPT가 응답하면 당연히 잘못될 수밖에 없다. 예를 들어 인터넷에서 검증받지 않은 데이터로 학습하면 인공지능은 잘못된 응답을 할 수 있다.

이와 유사하게 학습 데이터에 존재하기는 하지만 유의미한 수준으로 데이터가 많지 않은 주제를 물어보는 경우도 있다. 이때 인공지능은 높은 확률로 잘못된 응답을 할 것이다. 예를 들어 학습 데이터가 충분한 주제에 대해서는 ChatGPT는 매우 잘 응답할 수 있다. 항상 언급되는 주제에 대해서는 데이터가 많아서 학습이 잘된다.

하지만 학습 데이터가 충분하지 않은 어떤 주제에 관해 물어보는 경우 ChatGPT의 응답은 잘못될 수 있다. 이는 데이터가 부족해 제대로 학습할 수 없었기 때문이다. 예를 들어 영미권 문화에 데이터가 충분하지만 제3 세계의 특정 부족의 문화에 대한 응답을 요구하면 응답하지 못하거나 엉뚱한 답변을 내놓을 것이다.

이는 혹여나 데이터가 존재하더라도 너무 희소해서 응답을 제대로 할 수 없는 대표적인 예시이다. 인공지능이 데이터에 매우 의존적임을 반증한다. 또한 이와 동시에 데이터로 인해 ChatGPT가 불완전할 수 있다는 것을 보여 주는 사례이기도 하다.

그리고 ChatGPT는 중의적 표현에 약하다. 물론 아주 많은 데이터를 학습시킴으로써 ChatGPT는 문장 안에서 어느 정도 맥락을 파악해 중의적 단어가 어떤 의미인지를 어느 정도 파악할 수 있다. 그러나 사람만큼 완벽하지는 못하다. 인간은 글에서 맥락을 복합적으로 판단하는 데 큰 어려움을 겪지 않는다.

그러므로 인간은 중의적 단어에 대해서 의미를 잘 파악할 수 있다. 이러한 이유로 번역과 같은 과제에서 아직 인공지능이 대체하기 어려운 부분이 존재한다. 그리고 표현이 잘못된 경우에 매우 취약하다. 사람은 잘못 표현된 내용을 보고 문맥과 맥락 내에서 자신이 아는 사전 지식을 활용해 문장을 수정하고 이에 대해서 맞는 답을 내놓는 것이 매우 자연스럽지만, ChatGPT의 경우 잘못된 표현이 들어오면 어느 정도 처리해 주기는 해도 잘못된 응답을 하게 되는 경우가 더러 존재한다.

인공지능은 빠르게 발전하고 있으며 활용해 볼 만한 많은 결과물이 계속해서 나오고 있다. 특히 ChatGPT는 전 세계에 충격을 줄 만큼 뛰어난 성능을 보였다. ChatGPT는 어떻게 뛰어난 성능이 가능했을까? ChatGPT는 초거대 모형(기존과는 다르게 규모가 큰 인공지능)으로 파라미터(인공지능이 학습하는 동안 조정되는 값) 수가 이전 모형들과는 비교할 수 없을 만큼 매우 많다. 일반적으로 파라미터 수가 많을수록 복잡한 문제를 해결할 가능성이 커진다.

파라미터 수가 많다는 것은 인공지능이 많은 데이터를 기반으로 다양한 패턴을 더 많이 찾을 수 있다는 것을 의미한다. 물론 파라미터가 많은 것이 무조건 좋은 것은 아니다. 하지만 일반적으로 현실 세상의 여러 문제는 아주 높은 복잡도를 가지고 있어 많은 파라미터 필요하다.

예를 들어 ChatGPT가 해결하려는 문제인 언어 데이터의 경우 다양한 대화 주제(다양한 대화 주제로 인한 의미 파악과 추론 난이도 상승) 혹은 다양한 언어와 방언(다양한 언어와 동일 언어 내에서도 다른 의미를 가지는 방언 존재) 등과 같은 특징들로 인해 아주 높은 복잡도를 지닌다. 이때 해결하려는 문제와 데이터는 매우 복잡한 데 비해 인공지능은 간단한 패턴을 찾을 정도인 경우 당연하겠지만 좋은 성능을 보일 수 없다.

ChatGPT는 해결하려는 문제가 매우 복잡해졌고 그렇기 때문에 파라미터 수가 매우 많은 초거대 모형으로 만들면서 복잡한 패턴을 찾을 수 있게 되어 성능이 좋아졌다.

그러나 파라미터 수를 크게 늘린 ChatGPT는 성능이 좋지만 불완전한 면도 있다. 위에서는 복잡한 문제를 해결하려면 초거대 모형이 적합하다고 했는데 왜 불완전한 면이 생긴다는 걸까? 이는 인공지능의 시작점이라고도 할 수 있는 데이터의 한계와도 결부된 문제이기도 하다. 아직은 정말 사람과 같은 수준의 현실 세계에서의 많은 과제를 수행할 수 있는 결과물의 인공지능을 보장할 수는 없다.

물론 매우 뛰어난 성능을 보이고 일부는 사람보다도 뛰어나지만 다양한 많은 과제에 적용할 때 그 정도의 성능이 나오지 않는다. 또한 가끔 이상한 이야기를 그럴듯하게 하는 현상도 아직 꽤 있다. 이는 이미 논의한 바와 같이 데이터가 부족하거나 서로 상충하는 데이터들이 들어오는 등의 일이 일어나기 때문이다. 현실 세상에서의 데이터가 불완전한 경우가 많고 결국 불완전한 데이터에서 탄생하는 인공지능은 완전하기에는 어렵다.

그렇다면 현실 세계의 모든 데이터를 완벽하게 준비하고 이를 감당할 수 있는 매우 복잡한 모형이 있다면 가능하지 않을까? 사실 이런 논의는 큰 의미가 없다고 할 수 있다. 일단 현실 세계의 모든 데이터를 가진다는 것은 불가능하며 데이터에서 오는 오류를 완벽하게 없애는 것은 불가능에 가깝기 때문이다.

또한 모든 데이터가 있다면 현실 세계의 복잡한 데이터를 감당할 수 있는 초거대 인공지능을 사용할 필요 없이 데이터 내에서 검색만 할 수 있다면 해결되는 문제이기 때문이다. 그러므로 데이터는 불완전할 수밖에 없고 이러한 불완전한 데이터로 학습하는 모형은 아무리 파라미터가 많은 거대한 인공지능이어도 성능의 하락이 발생할 수밖에 없다.

그러다 보니 어느 정도 일반화(학습 데이터에만 성능이 좋고 다른 데이터에서는 성능이 하락하는 경우를 방지하려고 학습 성능을 일부 포기해 새로운 데이터에 대한 예측성을 높이는 방법)를 할 수밖에 없고 결국 어느 정도의 성능 한계는 발생한다.

3.1.2. 사용자의 미숙한 이해

ChatGPT는 개개인의 질문에 대해서 지속적인 훈련을 하는 것이 아니다. 최근 만난 인공지능에 대해서 잘 모르는 비전문가가 ChatGPT를 "훈련(Training)"해서 발전시키고 있다고 말하기에 도대체 "훈련"을 어떻게 시키는지 물어본 적이 있다. 이야기를 들어 보니 무언가를 질문하고 이에 대해서 더욱 자세히 추가로 질문하거나 답변 예시를 추가하는 방법을 사용하여 응답을 유도한 것을 ChatGPT를 "훈련"하고 있다고 표현한 것이다.

어떤 이야기인지 자세히 물어보니 무언가 단어의 정의를 알려 주고 그 정의를 다시 물어보면 대답한다는 것을 훈련한다고 표현한 것이다. 그러나 ChatGPT는 그렇게 짧은 시간 동안 훈련을 통한 파라미터의 업데이트는 없다고 봐도 무방하다. 인공지능에는 파라미터라는 개념이 있는데 이것은 훈련할 때 업데이트가 되는 값이다. 즉, 데이터와 정답을 주면 데이터와 정답에서 파라미터라는 것을 업데이트하는 과정을 거치면 업데이트되었다고 할 수 있다.

그러나 앞에서 이야기한 것의 경우는 정확히는 학습을 통한 업데이트가 아니라 문맥 내 학습이거나 사고 사슬 프롬프트(다단계 문제의 최종 답으로 이어지는 일련의 중간 단계를 생성하도록 유도해 대규모 언어 모델의 추론 능력을 향상하는 기술)를 수행한 것이다.

그러므로 내가 하는 대화가 실시간으로 훈련(파라미터 업데이트)되면서 인공지능이 업데이트되는 것은 아니다. 추론 단계에서 더 잘 대답할 수 있도록 추론 능력을 향상한 것이라고 할 수 있다. 이는 어떤 과제에서는 불안정한 성능을 낼 수 있어 훈련을 통해 업데이트하는 것이 가장 좋다. 이에 대해서 더 자세히 살펴보자.

ChatGPT는 대화하는 것을 어떻게 이어 가는 걸까? 사실 코드 수준으로 모두 공개한 것은 아니므로 완벽하게 알기는 어렵다. 하지만 추정해 볼 때 질문을 이어서 붙이는 식으로 동작하고 있는 것으로 추정된다. 즉, 우리는 대화하는 것 같지만 ChatGPT가 처음 응답하고 두 번째 응답할 때는 처음 응답한 내용까지 같이 붙여서 물어보므로 응답하게 된다. 즉, 사람이 질문을 입력할 때 더 많은 정보를 줌으로써 ChatGPT 내부적으로 자세한 정보가 더 들어오게 된다.

그럼으로써 출력문에 영향을 미칠 수 있는 정보가 더 많아지게 되고 입력문과 출력문과의 관계를 연산할 때 영향을 미치게 된다. 즉, 입력 문장에 정보가 많아짐으로써 훈련된 데이터를 기반으로 생성한 출력할 수 있는 출력 문장이 더 정확해질 수 있게 된다. 내가 하는 질문의 의도와 맥락을 파악시키면서 "훈련"하는 것이 아니라 추론을 잘할 수 있도록 더 많은 정보를 주는 것이다.

그러나 ChatGPT를 처음 접한 비전문가의 경우 더 많은 정보를 주니 그럴싸하게 응답하는 것을 보고 마치 실시간으로 훈련하는 것처럼 착각할 수 있다. 그러나 ChatGPT와 같은 거대 모형의 경우 실시간으로 파라미터를 업데이트하며 훈련하기는 매우 어렵다 보니 생각하는 것만큼 실시간으로 파라미터를 업데이트하며 훈련하면서 완벽을 향해 나아가고 있는 것은 아니다.

일반적으로 인공지능 모델을 훈련한다는 것은 파라미터를 업데이트(Gradient를 업데이트한다고도 한다)하는 과정을 의미한다. 사용자의 이해도가 낮은 상태에서 용어를 혼재하여 사용한다면 많은 문제를 일으킬 수 있다. 예를 들어 데이터가 없어 훈련하지 못한 내용을 훈련한다며 프롬프트로 준 뒤 파라미터 업데이트를 통한 훈련(Training)과 문맥 내 학습(In Context Learning)에 대해 이해가 부족해 명확한 용어를 사용 못하고 이야기하면 서비스에 적용하는 개발자는 파라미터 업데이트가 된 것으로 훈련했다고 착각하는 것과 같은 일이다.

이렇게 착각하게 되면 내가 대화하는 도중에 준 어떤 단어에 대해 정의해 준 뒤 다시 물어봤을 때 응답하는 걸 보고 누구나 물어보면 대답할 수 있게 훈련이 끝났다고 간주하게 될 것이다. 그러나 OpenAI는 이러한 경우를 대화가 끝나면 모든 정보를 없애도록 만들어 두었다. 왜냐하면 불특정 다수에게 공개하므로 불특정 다수의 내용을 곧바로 받아들여서 전체에 반영하면 인공지능의 응답이 이상해질 수 있기 때문이다.

OpenAI뿐 아니라 많은 기업이 인공지능을 공개한 뒤 이러한 문제를 방지하려고 대화가 끝나면 결과를 지우는 방식으로 개발할 것이다. 이 상태에서 실제 서비스에 반영하게 되면 당연히 응답할 거로 생각한 것을 응답하지 못하는 경우가 매우 많이 발생해서 큰 문제가 생길 것이다. 이처럼 실제로 훈련하려면 데이터를 사용해서 파라미터를 업데이트하는 과정이 필요하다.

하지만 많은 시간과 비용 소모로 인해 실시간으로 업데이트하는 것은 쉽지 않은 일이다. 따라서 실시간으로 업데이트되지 않았는데도 불구하고 훈련했다고 잘못 이해하게 되면, 서비스 중인 제품에 ChatGPT를 탑재할 수 있다. 그렇게 되면 제대로 훈련되지 않았는데도 불구하고 상용화 중인 제품에 탑재되어 많은 사용자에게 혼란을 겪게 할 수 있다.

여기까지 읽으면 궁금한 점이 생길 수 있다. 바로 문맥 내 학습(In-Context Learning)의 개념인데, 원하는 과제에 대한 간단한 설명이나 예시를 통해 어떤 과제를 수행해야 하는지를 추론 단계에서 '유추'하는 것을 본 적이 있을 것이다. 예를 들어서 "빨간 모자는 red 모자라고 하자, 노란 바지는 yellow 바지라고 할 거야. 그럼 노란 모자는 뭐라고 할까?"라고 ChatGPT에 물어보면 "노란 모자는 yellow 모자라고 할 수 있습니다."라고 응답한다. 즉, ChatGPT가 주어진 예시와 설명을 통해 답변할 때 추론 단계에서 적절한 답을 유추한다.

일종의 퓨 샷 러닝(Few Shot Learning, 몇 가지 예제만으로 학습하지 않았던 새로운 문제에 대해 빠르게 적절한 답을 산출하는 것)과 같이 작동한다. 사실 이에 대해서는 현재까지는 명확히 이것 때문이라고 밝혀진 바는 없다. 연구자들이 추측하는 바로는 매우 많은 데이터를 매우 거대한 인공지능이 학습하는 과정에서 학습에 사용된 맥락에 해당 내용이 포함되어 있거나 유사한 내용이 포함되어 추론할 때 이를 참조하는 것으로 추정한다.

물론 이러한 것들도 배운다(Learning)고 할 수 있지만 상용화하려면 인공지능의 파라미터를 업데이트해야 한다. 왜냐하면 이러한 방법은 한계가 있기 때문이다. 예를 들어 문맥 내 학습은 입력 데이터가 충분하지 않거나 정확하지 않은 경우 제대로 작동하지 않을 수 있다. 또한 이러한 방법은 문제를 해결할 수 있게 최적화되지 않아 일반적으로 성능이 낮을 수 있다.

사실 이런 경우에는 정확히 표현하면 ChatGPT가 아니라 비전문가가 방법에 대해 "학습"하는 것이라고 할 수 있다. 왜냐하면 예시와 설명을 해 주고 응답을 요구하면 추론할 때 유추한다는 것을 알게 되면서 예시와 설명을 해 주면서 응답을 요구하는 방법을 배웠기 때문이다.

즉, 퓨 샷 러닝하도록 데이터를 주는 방법을 학습해 문맥 내 학습을 사용한 것이라고 할 수 있다. 이러한 관점에서 잘못 사용하는 것을 피하고자 인공지능에 대해서 이해하는 것이 어느 정도 요구된다. 학습하지 않은 내용을 응답할 수 있는 인공지능을 사용하고 싶다면 이런 방식보다는 외부 지식을 참조할 수 있는 인공지능의 활용을 검토하기를 추천한다.

이처럼 ChatGPT를 사용할 때 이해가 미숙한 채 활용한다면 사고 사슬 프롬프트나 문맥 내 학습으로 모든 것이 해결할 수 있는 것으로 오인할 수 있다. 또한 업데이트하지 않고도 업데이트하는 것이라고 착각해 남용이나 오용할 수 있다. 그러므로 단순히 성능이 좋은 인공지능이 개발되었을 때 인공지능에 대한 이해 없이 함부로 적용하는 것은 문제가 될 수 있다.

비전문 실무자가 부서에 인공지능을 적용해서 업무와 서비스에 적용할 때 잘못된 이해를 바탕으로 기획하면 방향이 잘못되어 인공지능을 적용하기가 쉽지 않다. 사용자의 미숙한 이해에 대해서는 비전문 실무자의 입장에서는 쉽게 해결하기 어려운 부분이라 부서에 인공지능을 적용하는 게 쉽지 않은 일이다.

3.2 내 업무/서비스에 인공지능 탑재, 적용 난이도

앞 챕터에서의 논의를 통해 인공지능에 대해서 약간 알게 되었다. 그러나 인공지능을 활용해서 직접 업무해 보거나 적용해 본 것은 아니라서 잘 모르는 사람들은 실제로 인공지능을 적용하는 일을 하면 어떤 느낌일까 궁금해하는 경우가 많다. 인공지능을 적용하는 일을 한다는 것은 생각보다 매우 지루한 작업이 될 수 있고 어려운 난이도에 절망하기도 한다. 때로는 인공지능이 아니라 인공지능 외적으로 다른 난이도에 질식해 인공지능 자체를 다루는 것이 뒷전이 되기도 한다.

이러한 사실은 화려한 외면과 결과에 가려져 언론에 잘 조명되지 않는 편이다. 유튜브와 뉴스에는 자극적인 헤드라인으로 연봉이 얼마인지, 인공지능이 얼마나 대단한지를 많이 논하고 학원은 학원생을 유치하려고 한 달 만에 전문가가 될 수 있다거나 쉽게 전문가가 될 수 있다고 홍보하곤 한다. 어떤 성과는 그저 아무런 대가 없이 주어지는 것은 없다는 것을 우리는 모두 알고 있으면서도 간과하게 된다.

이러한 자극적인 광고들과 인공지능의 눈부신 발전이 우리가 이런 부분을 외면하게끔 유도하기도 한다. 이 챕터에서는 인공지능을 실무에 적용한다는 것이 어떤 의미인지, 어려움은 무엇이 있는지에 대해서 비전문가도, 실무자도 읽을 수 있는 내용을 준비했다.

3.2.1. 라이트 형제의 도전, 학습의 어려움

라이트 형제는 모두가 안 될 거라는 회의 섞인 시선에도 불구하고 비행기를 타고 날아오르려고 노력해 결국 날아오른 입지전적인 인물이다. 추락할 수 있다는 위험을 안고 직접 만든 비행기에 탑승하는 열정으로 성공해 냈다. 인공지능의 역사 또한 이와 같다.

최초로 인공지능이 언급(1900년대 중반 다트머스 회의)된 지 어느덧 60여 년이 흘렀다. 그동안 인공지능은 기대에 찬 시선을 얻고 온갖 신문에 도배된 적이 있다. 반대로 인공지능은 안 될 거라는 차가운 시선에 많은 연구자가 인공지능 연구를 떠나 다른 연구를 한 시기도 있었다. 이러한 극과 극의 시기를 지나 현재와 같이 높은 관심을 받고 좋은 성능을 보이는 것은 라이트 형제를 떠올리게 한다.

수많은 실패에도 끊임없는 도전 끝에 비행기를 만든 라이트 형제의 도전기와 인공지능의 역사는 한편으로는 닮았다. 앞에서 ChatGPT의 불완전성에 대해 논했지만 그런데도 우리는 ChatGPT의 성능을 보고 놀라지 않을 수 없다. 사람들이 생각하는 인공지능의 도래가 매일 가까워지고 있음을 실감하게 해 주었다.

인공지능 학습은 대체 왜 어려울까? 학습하려면 극복해야 할 몇 가지 문제가 존재한다. 먼저, 데이터이다. 학습하려고 해도 인공지능이 학습할 데이터가 없다면 학습은 불가능하다. 왜냐하면 인공지능은 인간이 정해 준 규칙이 아니라 데이터를 통해 패턴을 파악하는 방식으로 동작하므로 데이터가 없다면 패턴을 파악할 수 없기 때문이다. 그러므로 데이터를 준비하는 것은 매우 중요한 문제이다.

물론 양질의 데이터가 있다면 더 좋다. 양질의 데이터란 노이즈가 없는 데이터를 의미한다. 노이즈는 여러 가지 이유로 인해 생길 수 있는데 이미 노이즈가 있는 데이터가 수집된 경우가 있을 수 있고 전체 모수를 잘 반영하지 못하는 경우도 존재한다. 이 외에도 수많은 이유가 존재한다. 노이즈가 없는 데이터를 통해 인공지능을 학습한다는 것은 매우 큰 장점이므로 가능하면 노이즈가 없는 양질의 데이터를 준비해야 하는 것부터 극복해야 할 문제이다.

다음으로 극복해야 하는 문제는 인공지능의 복잡성이다. 보통 인공지능은 비전문가가 이해하기에는 복잡하다. 그러므로 전문 지식이 있는 전문성을 갖춘 인력이 필요하다. 기업은 인공지능 개발 작업에 필요한 직원을 고용하는 것뿐 아니라 교육하는 데 투자해야 할 수 있다. 이는 초거대 인공지능이 아니어도 마찬가지이다. 초거대 인공지능이 아니라고 하더라도 간단한 인공지능조차 비전문가는 이해하기 어려운 경우가 더 많다.

인공지능을 적용하려면 이러한 복잡성을 극복하고 개발하는 과정이 필요하다. 특히 복잡한 문제를 해결하려면 데이터도 더 많이 필요함과 동시에 인공지능도 복잡해져야 한다. 인공지능이 복잡해진다는 것의 의미는 많은 데이터에서 특징 혹은 패턴을 추출할 수 있을 만큼 충분히 민감하다는 것을 의미한다.

우리가 많이 접하는 초거대 인공지능은 이러한 민감도를 끌어올리도록 설계된 매우 복잡한 인공지능이다. 이러한 인공지능을 설계하고 학습할 수 있도록 해 주는 인력은 특히나 귀한 인력이고 그렇기 때문에 이런 인력을 구하는 것부터 어려운 문제이다.

초거대 인공지능을 학습시키려는 관점에서는 어떨까? 일반적으로 풀려는 문제가 복잡할 때 초거대 인공지능은 좋은 성능을 보인다. ChatGPT가 각광받은 이유도 이와 같다. 그러나 문제는 좋은 성능을 보이는 초거대 인공지능은 학습에 필요한 전제 조건이 있다. 예를 들어 초거대 인공지능은 당연하겠지만 아주 많은 양의 데이터가 필요하다. 이미 앞에서 논한 바 있지만 데이터가 필요한데 일반적으로 생각하는 것 이상으로 데이터가 "아주 많이" 필요하다.

또한 많은 범위의 문제에 대해 논할 수 있으려면 데이터가 다양해야 하며 앞서 언급한 것과 같이 가능한 노이즈가 없는 것이 좋다. 그러나 이러한 데이터를 확보하기는 매우 어렵다. 일단 "매우 큰" 데이터를 확보하는 것 자체가 어렵고 확보하더라도 품질이 좋지 않을수록 성능에 영향을 크게 준다. 아래의 그림을 한번 보자.

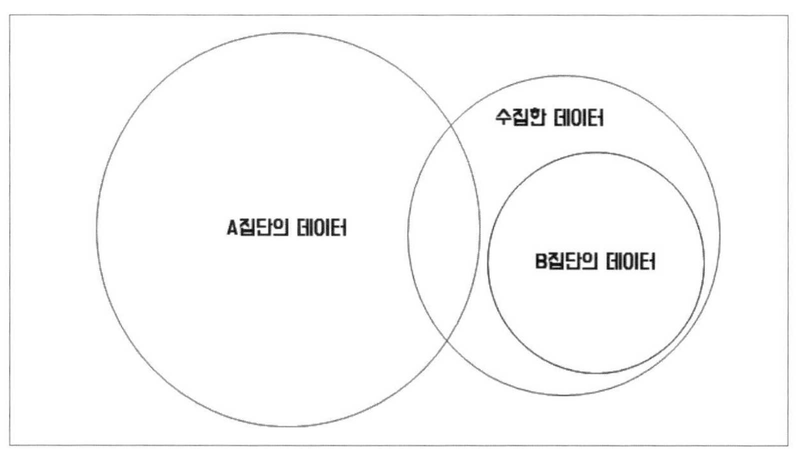

[그림 11] 데이터를 잘못 수집하는 예시

분석하려는 전체 사람들이 A 집단과 B 집단이 있다고 하자. A 집단 사람들의 데이터는 좌측 원만큼 존재한다. B 집단 사람들의 데이터는 우측 하단의 원만큼 존재한다. 그런데 자신이 수집한 사람들의 데이터들이 주로 B 집단의 사람들의 데이터라면 수집된 데이터로 만든 인공지능은 B 집단에 대해서는 잘 맞히겠지만 A 집단에 대해서는 잘 맞히지 못할 것이다.

그러므로 전체 데이터를 수집하는 것이 가장 좋다. 게다가 초거대 인공지능에 사용되는 데이터는 사람이 검토하고 처리해서 학습하기 어렵다. 데이터의 양이 너무 많다 보니 직접 처리하기가 어렵기 때문이다. 만약 사람이 직접 처리한 데이터로 학습한다고 하더라도 양이 너무 많아 일부 데이터를 처리하지 못할 수 있다. 만약 그럴 경우 처리되지 못한 게 남아 있다면 문제가 될 수 있다. 만약 편향된 데이터가 너무 많은 경우 어느 정도 처리해 주어야 하는데 처리해 주지 않는다면 편향된 학습을 할 수 있다. 아래의 글을 보자.

1) 외계인은 못생겼다.

2) 나는 못생긴 외계인이 싫어.

3) 외계인은 그냥 싫다.

4) 항상 외계인은 조심해야 해.

5) 외계인이 쳐다보는데 무서웠어.

6) 외계인은 참 착하고 순수해.

데이터를 모아 학습하다 보면 외계인과 관련된 6가지의 글들을 ChatGPT와 같은 자연어 처리 인공지능(텍스트와 데이터를 처리하고 해석하는 인공지능)에 주고 학습시킬 수 있다. 이 자연어 처리 인공지능은 외계인에 대해서 질의하면 외계인에 대해서는 긍정적인 답변을 하지 않을 가능성이 크다. 왜냐하면 외계인이 등장하는 문장이 총 6개인데 그 중 5개의 문장이 외계인에 대해서 부정적인 반응을 보이는 글이기 때문이다. 이처럼 특정 현상에 대해 편향된 사고를 하는 데이터들을 인공지능에 학습하도록 주면 인공지능은 이 편향마저 학습하게 된다.

또한 대용량의 데이터를 다루다 보면 데이터의 관리나 처리에도 리소스가 들어가서 많은 시간과 노력이 필요하다. 많은 시간이 소요되는 이유는 연산을 많이 하므로 계산하는 시간이 소모되기 때문이다. 아무리 빠르게 연산하더라도 하드웨어 스펙의 한계를 벗어날 수는 없다. 그러므로 엄청나게 많은 데이터로 학습하는 경우 아무리 컴퓨터가 인간보다 빠르다고 하더라도 그 데이터로 연산하므로 계산하는 데 시간이 많이 소모된다.

게다가 휴먼 리소스가 많이 들어간다. 인공지능이 거대하면 거대할수록 생각하지 못한 이유로 인해 오류도 발생하고 초거대 인공지능을 설계하는 인공지능 개발자의 노력이 많이 필요하기 때문이다. 이는 초거대 인공지능이 더 커지면 커질수록(파라미터가 많아질수록) 생기는 어쩔 수 없는 문제와도 같다.

앞에서 논한 바와 같이 현실 세상의 데이터는 매우 복잡하고 인공지능은 이에 영향받는다. 그러므로 대량의 데이터가 있을 때 이를 활용할 수 있는 정도의 복잡도(파라미터 수)를 가진 인공지능인 초거대 인공지능을 설계하고 학습하는 것은 성능에 영향을 미치는 매우 중요한 요소 중 하나이다.

GPT-3와 같은 초거대 인공지능은 수천억 개의 파라미터를 학습한다. 이에 따라 학습의 난이도가 상당히 상승한다고 할 수 있다. 파라미터가 많다고 왜 학습 난이도가 상승할까? 이를 알려면 먼저 파라미터에 대한 이해가 필요하다. 파라미터는 우리말로 하면 '매개 변수'로 인공지능이 데이터를 활용해서 학습하는 동안 조정되는 값이다. 이 값은 입력 데이터를 처리해서 결과와의 차이를 보면서 조금씩 조정을 반복해 나간다.

1) 3x+b=5	풀이 불가

예를 들어 위와 같은 3x+b=5라는 방정식을 풀이한다고 하자. x와 b에는 많은 값이 들어갈 수 있다. 정답을 만들려고 x에 1을 넣으면 b는 2가 될 것이고 x에 100을 넣으면 b는 -295가 될 것이다. 이처럼 찾으려는 미지수가 주어진 방정식 수보다 많으면 정답은 무한대에 수렴할 수 있다. 그러므로 미지수는 방정식의 개수보다 작아야 정답으로

수렴해 나갈 수 있다.

1) 3x+b=5
2) 2x+b=10

위의 식을 보자. 이제 미지수만큼의 방정식이 생겼다. 방정식을 풀어 보면 아래와 같이 풀이될 수 있다.

1) 3x+(10-2x)=5 2)의 식을 1)의 식에 대입
→x=-5, b=20

1)은 b=5-3x가 되므로 2)의 식을 1)에 대입해 보면 3x+(10-2x)=5이므로 3x+10-2x=5가 되어 풀이하면 결국 x는 -5가 되고 b는 20이 된다. 인공지능을 학습한다는 것은 이와 같다.

비유하자면 미지수가 인공지능에 있는 파라미터라고 할 수 있다. 파라미터는 인공지능이 학습할 때 업데이트되는 값으로 이에 따라 인공지능의 성능이 달라진다. 그리고 데이터를 비유하면 방정식이라고 할 수 있다. 그러므로 인공지능을 학습할 때 파라미터의 값을 찾아내려면 많은 데이터가 필요하다. 또한 파라미터가 많을수록 더 정교하게 값을 찾을 수 있다.

예를 들어 방정식이 10만 개로 표현할 수 있는 세상에서, 2개인 것보다는 8만 개의 방정식을 가진 사람이 더 많은 x와 같은 변수의 값을 더 많이 찾을 수 있어 값을 더 잘 예측할 것이다. 비유하자면 현실 세

상에서 값이 정수로 떨어지는 경우는 없다고 보면 되므로 값을 추정하는 데 필요한 미지수가 많이 필요하다고 할 수 있다. 따라서 주어진 데이터가 많으면 파라미터를 더 많이 넣어서 정교한 값을 찾아낼 수 있고 이는 인공지능의 성능을 높이는 데 도움이 된다.

인공지능의 학습 과정을 좀 더 살펴보자면 인공지능은 처음에 x에 100을, b에는 200을 넣어 볼 것이다. 보통 값은 랜덤하게 넣으므로 달라질 수 있으며 일단 처음에는 아무 값이나 대입해 보는 것으로 이해하면 된다. 그 후 100과 200을 대입한 결과와 방정식의 해를 각각 비교한 뒤에 얼마나 값과 차이가 나는지를 살펴볼 것이다. 그 후 차이를 줄이는 방향으로 점점 90, 70, 40 등 결과와의 오차를 줄이는 방식으로 학습하면서 조정해 나갈 것이다.

그런데 예시에서는 변수는 x와 b 두 개였지만 변수가 수십 개로 늘어나면 어떻게 될까? 해결해야 하는 경우의 수가 매우 많아지게 될 것이다. 물론 보통 미분을 활용해서 오차를 최소화하는 방향으로 학습한다. 쉬운 이해를 위해 이해하기 쉽도록 설명했다. 쉽게 설명하려고 많은 부분을 생략하고 설명했지만 학습 원리는 크게 벗어나지 않는다.

현실 세상에서는 값이 딱 정해지지 않아 인공지능의 크기가 크고 (파라미터가 많아지면) 데이터가 많을수록 성능이 좋아지며 인공지능의 크기가 크면 학습이 어려운 원리는 크게 벗어나지 않는다. 이와 같은 이유로 대용량의 데이터가 필요하므로 학습이 점점 어려워진다. 특히 현실 세상은 파라미터 수가 매우 많아야 해서 그만큼 데이터가 더 많아야 하고 점점 더 학습하는 난이도를 상승시킨다.

그럼으로써 현실 세계의 문제를 해결할 수 있는 수준의 복잡도를 가진 인공지능을 설계하고 학습하기는 매우 어려운 일이라고 할 수 있다. 물론 데이터가 부족해도 인공지능에 학습하라고 지시하면 학습하기는 한다. 하지만 랜덤하게 값이 주어진 파라미터들을 일부 업데이트하는 과정만 거칠 뿐 제대로 학습하기는 어렵다.

3.2.2. 인프라 환경 세팅의 난이도

인공지능을 학습시키려면 인프라 환경이 세팅되어 있어야 한다. 인프라 환경을 세팅한다는 말의 의미는 인공지능을 학습시킬 수 있는 최소한의 수준을 갖추어야 한다는 의미이다. 특히 컴퓨팅 파워는 매우 중요한 부분이다. 인공지능은 데이터를 통해 학습하며 이때 수많은 연산이 이루어지므로 컴퓨팅 파워가 특히나 중요하다. 물론 우리가 해결해야 하는 대부분의 문제들은 가벼운 인공지능(초거대 인공지능처럼 거대한 인공지능이 아닌 인공지능)을 사용해서도 어느 정도의 성능을 얻을 수 있다.

그러므로 인프라 환경을 세팅하는 것은 중요한 문제이다. 그러나 기존에 IT 인력이 많은 회사가 아니었다면 인프라 환경을 세팅하기 위한 인력 고용부터 어려운 일이다. 또한 IT가 중요하게 여겨지지 않는 일을 영위하는 기업인 경우 컴퓨팅 파워의 중요성을 어필하는 것부터 시작해야 한다. 인공지능을 사용하려고 컴퓨팅 파워를 갖추어야 하는데, 컴퓨팅 파워의 필요성에 대해 먼저 어필해야 인공지능의 사용을 시작할 수 있는 역설적인 상황에 맞닥뜨리게 된다.

컴퓨팅 파워를 갖추게 되면 인공지능 개발자가 인공지능 개발을 수행할 수 있는 환경을 갖추어 주어야 한다. 그러나 이러한 환경조차 갖추지 못한 회사도 더러 존재한다. 이를 위해서 환경을 구축하는 과정이 필요하다. 예를 들어 인공지능을 개발할 때 많이 사용하는 Python(프로그래밍 언어)을 사용할 수 있는 환경도 갖추어지지 않은 곳도 아직 많다. 특히 작은 기업일수록 인프라에 투자할 비용이 없어서 서버를 구축해서 작업하는 것이 아니라 개인 PC에 데이터를 다운받아 분석하는 경우도 종종 있다. 인공지능의 성능을 올리려면 튼튼한 인프라가 기초인데도 불구하고 개인 PC에서 인공지능을 학습한다.

개인 PC에서 학습할 정도 크기의 인공지능이라면 세상을 놀라게 한 초거대 인공지능이 아닐 것이다. 아주 간단한 문제를 해결하는 것이 아니라면 인공지능이 학습조차 제대로 하지 못할 수 있다. 물론 인프라가 구축되어 있지 않은 상황이므로 어쩔 수 없다. 하지만 그러한 인공지능의 성능을 본 회사의 중역은 인공지능에 대해서 실망할 수도 있는 상황까지 갈 수 있다. 그러므로 인프라가 중요하지만 인프라를 세팅하는 데 비용이 많이 발생한다. 따라서 인공지능을 학습시킬 수 있는 환경에 대한 세팅조차 난관에 부딪힐 수 있다.

게다가 인공지능을 학습하려면 필요한 사전 작업이 많이 있다. 예를 들어 데이터를 학습할 수 있는 형태로 취합할 때 사내 데이터를 주기적으로 모으는 과정이 필요할 수 있다. 이때 이러한 과정을 사람이 매번 하게 되면 인력 낭비일 것이다. 수행하는 사람은 사람대로 다른 업무를 할 수 있는 시간을 빼앗기게 되고 회사는 회사대로 이 사람의 업무 성과가 줄어들어 서로가 좋지 않게 된다.

이때 스케줄링할 수 있는 프로그램(정해진 시간에 정해진 작업을 할 수 있도록 지원해 주는 프로그램)이 있다면 해결된다. 하지만 이러한 스케줄링 프로그램이 없다면 정기적으로 동일한 종류의 작업을 수행해야 하는 경우 사람이 직접 수행해야 해서 인력 낭비가 발생하게 된다. 물론 이러한 스케줄링 프로그램을 세팅하는 데도 서버와 같은 장비가 필요해 비용이 발생한다.

그것이 전부일까? 데이터가 만약 센서 데이터가 생성되어 데이터베이스에 저장될 때 한곳에 저장되는 상황이 아니라 여러 군데에 저장되는 경우라면 어떨까? 아래의 그림을 보자.

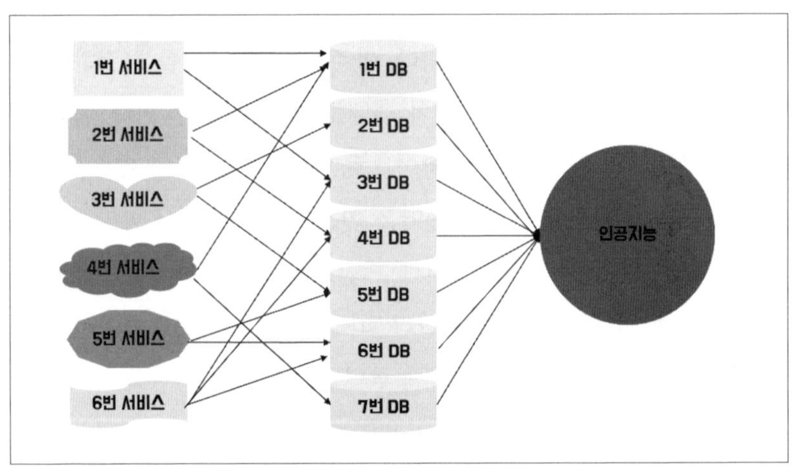

[그림 12] 인프라 환경 세팅의 난이도 예시

상당히 많은 서비스가 운영 중인 상황을 그림으로 그렸다. 비즈니스를 오래 하다 보면 서비스가 여러 가지 만들어질 수 있고 필요성과 비용으로 인해 데이터베이스(체계화해 통합, 관리하는 데이터 집합)가 여러 개로 분화할 수 있다. 이 상황에서 우리가 인공지능을 사용하려면 각 데이터베이스에 접속해 데이터를 불러와야 한다.

학습하려면 데이터가 있어야 하므로 각 데이터베이스에 접근해 데이터를 가져오는 작업을 주기적으로 해야 한다. 그러다 보니 어느 한 개 데이터베이스에 장애가 발생한다면 인공지능 학습은 어려울 수 있다. 데이터베이스의 장애는 수많은 이유로 발생하는데 불이 나는 것과 같은 흔하지 않은 상황이 발생할 수도 있고 소프트웨어적인 장애가 발생할 수도 있다. 이러한 상황을 극복하려면 아래의 그림과 같은 구조의 설계가 좋을 것이다.

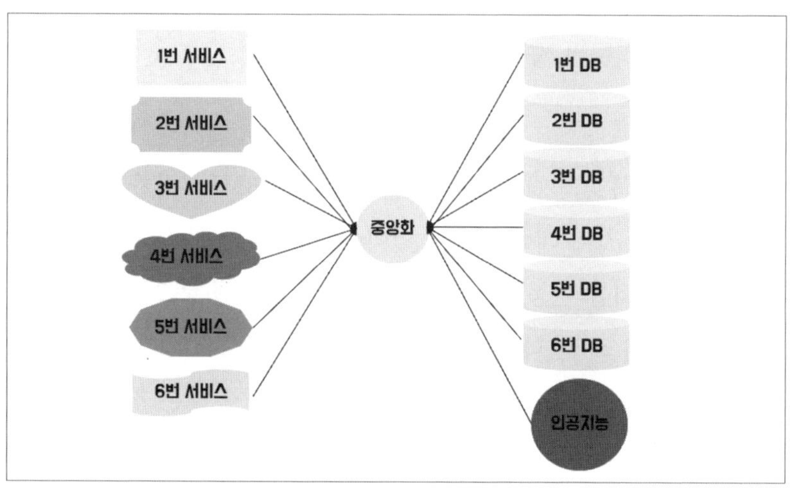

[그림 13] 개선된 서비스 운영 구조

이렇게 설계하면 데이터베이스에 장애가 생겨도 서비스에서 중앙화하는 서버를 통해 받아 문제없이 학습할 수 있다. 각 DB는 사내 다른 서비스에 연결되어 있을 수 있어 함부로 종료할 수 없고 영향도 분석해야 해서 중앙화해 주는 서버를 두고 분배하면 업데이트 시 상용 서비스에 문제를 주지 않을 수 있다.

그런데 도대체 이러한 장애가 인공지능과 무슨 관계일까? 인공지능을 적용하는데 왜 개발자들이 하는 인프라와 구조에 대해서 논의하는 것일까? 인프라를 설계하는 개발자들이 알아서 설계하면 되고 인공지능 개발이나 적용은 신경 쓰지 않아도 되지 않을까? 이는 인프라 환경을 세팅할 때의 어려움을 이야기하려는 것임과 동시에 데이터의 중요성을 논의하려는 것이다.

인공지능을 사용하려면 학습해야 하고 학습하려면 데이터가 잘 적재되어야 한다. 인공지능이 고품질이 되려면 고품질의 데이터가 필요해 데이터를 잘 관리해야 한다. 즉, 인공지능을 사용하려면 학습에 사용할 데이터를 잘 저장할 수 있는 인프라가 선행 조건이라고 할 수 있다.

게다가 고품질의 데이터를 생산하려면 로그 데이터가 어디서 어떻게 인입되는지에 대한 내용을 알아야 가능할 때가 많다. 예를 들어 웹 로그 데이터를 인공지능에 활용한다고 하자. 웹 로그 데이터를 파싱해야 하는데 그 웹 데이터 자체에 대한 이해가 필요하다. 사내의 웹 데이터는 캐글이나 학술 데이터와 같이 깔끔하지 않은 경우가 많다. 로그가 그대로 적재되어 파싱해 줘야 하는 문제도 있고 세션화(사용자가 웹 브라우저를 통해 접속한 시점으로부터 종료함으로써 연결을 끝내는 시간을 단위화한 값)하도록 로그의 헤더나 바디에 대한 자세한 분석이 들어가야 할 때가 있다.

이때 서버에 적재되는 여러 로그를 해석하려면 적어도 웹 로그에 한해서는 개발자에 준하는 수준의 내용을 이해하고 다룰 수 있어야 한다. 그렇지 않으면 잘못된 이해로 데이터의 오용이나 남용의 문제로 인해 잘못된 값이 적재되거나 중복으로 적재되는 경우가 존재할 수 있다. 그렇게 되면 인공지능의 성능의 저하를 야기할 수 있다.

위의 예시는 매우 극단적인 상황의 일부 내용으로 만들어 현실성이 없다. 그러나 인프라의 중요성을 전달하기에는 부족하지 않다. 앞에서 본 것과 같이 인프라에 대해 모르면 인공지능에도 문제가 생길 수 있다. 그러므로 인공지능 개발자들도 인프라에 대해서 최소한 장애가 나지 않고 데이터 가공이 가능한 수준으로 알고 있어야 한다. 따라서 인프라에 대해 빼놓고 이야기할 수는 없다.

최근 인공지능 개발자들이 코드와 인프라에 대해 배워 직접 세팅은 하지 않더라도 세팅에 관여하고 필요한 세팅은 직접 하는 경우도 많다. 초기 통계학자와 개발자가 분리되어 있었지만 2010년도부터 그 경계가 허물어지기 시작했고 지금은 인공지능 개발자들도 인프라와 개발에 관한 내용을 알고 있는 경우가 꽤 많아졌다. 여기까지 들었을 때 인공지능의 사용에 꽤 많은 내용을 신경 써야 한다는 것을 알 수 있다. 그리고 비용도 꽤 많이 소모된다. 사실 인공지능을 학습한다는 것은 꽤 큰 비용이 투입되는 일이라고 할 수 있다.

물론 최근에는 대부분 오픈 소스로 많은 소프트웨어가 나와 있어서 취사선택해 구성하는 것이 가능해 저비용으로 단기간에 구축하는 것도 가능하다. 하지만 인공지능을 지속해서 사용하려고 한다면 설계 구조부터 제대로 쌓아 올려야 해서 환경을 구축하는 데 시간이 오래 소요될 수 있다. 구축한 컴퓨팅 파워를 사용하려면 사용 환경의 구축이 필요하다.

가벼운 인공지능을 일회성으로 학습하고 사용할 때는 간단하게 환경을 구축하는 것도 좋다. 예를 들어 인공지능을 적용해 본 적이 없는 회사에서 인공지능을 처음으로 적용하려고 한다고 해 보자. 이때 중요한 것은 인공지능의 효과에 대해 실제로 입증하는 것이다. 그러므로 인공지능을 지속해서 학습하고 사용할지 불투명한 상태인데 컴퓨팅 파워와 환경을 제대로 설계하는 과정은 낭비일 수 있다.

그러므로 일단 빠르게 적용할 수 있도록 하는 것도 좋은 선택이다. 그러나 지속해서 인공지능을 사용하려고 한다면 이 또한 중요한 문제이며 생각보다 많은 시간과 인력이 소모되는 일임은 틀림없다.

간단한 인공지능이 아니라 초거대 인공지능일 때는 어떨까? 초거대 인공지능의 학습에서 더더욱 인프라를 빼놓고 이야기할 수 없다. 최근 과거에 비해 컴퓨팅 파워가 좋아지고 저렴해져서 인공지능 학습을 더욱 저렴하게 수행하는 것이 가능해졌다. 하지만 인공지능 학습 시 필요한 컴퓨팅 파워가 점점 커지면서 좋은 서버를 구축하는 것이 중요해졌다. 하지만 좋은 서버를 구축하려면 비용이 많이 든다. 하드웨어가 아무리 저렴해졌다고 하더라도 일정 수준 이상의 성능을 내는 좋은 서버를 구하려면 어느 정도 이상의 비용이 필요하다.

연구자들은 이러한 문제를 해결하려고 연산을 효율적으로 하도록 분산 처리 등의 여러 방법을 도입했다. 분산 처리는 연산 자체를 여러 개로 쪼개서 여러 컴퓨터에서 수행해서 결과를 결합하는 방식으로 학습하는 것이다. 이렇게 하면 여러 컴퓨터가 동시에 쉬지 않고 효율적으로 수행되어 더 이른 시일 내에 원하는 결과를 얻을 수 있다.

또한 성능이 좋은 서버 한 대보다는 성능이 좋지 않지만 저렴한 서버 여러 대를 구축하면 저비용으로 구축하면서 더 빠른 연산이 가능해질 수 있다. 그러나 결과를 결합하는 과정이 필요한 것이 분산 처리의 아쉬운 점이다. 또한 수많은 서버를 동시에 작동시키면서 이들 간의 데이터 통신도 이루어지는 방식으로 연산하다 보니 통신 시 병목이 생겨서 느려지거나 굉장히 높은 전기 요금에 직면하게 될 수 있다.

초거대 인공지능과 같이 구조가 복잡하고 연산량이 많은 경우, 아무리 분산 처리를 활용하더라도 기본으로 요구되는 리소스와 하드웨어의 스펙 수준은 높을 수밖에 없다. 보통 빠르게 연산하려고 일반적인 CPU가 아닌 GPU나 TPU(구글에서 만든 딥 러닝용 하드웨어)와 같은 연산에 최적화된 기기에서 수행하곤 한다. 이때 단순히 한두 대로는 수행할 수가 없을 정도로 연산량이 많아 수많은 고성능의 하드웨어들을 준비해야 한다. 결국 학습하려는 인공지능의 크기가 크면 좋은 인프라 없이는 학습조차 어려운 상황에 직면하게 된다.

만약에 인공지능을 학습할 때 성능을 조절하는 매개 변수인 하이퍼파라미터를 조정해야 하는 문제에 도달한다면 위에서 말한 문제보다 더 어려운 문제에 부딪힐 수 있다. 하이퍼파라미터란 인공지능이 학습(데이터를 통해서 스스로 값을 찾아가는)하는 파라미터와는 다르게 인공지능 개발자가 임의로 정해 주는 값을 의미한다. 인공지능이 학습할 때 임의로 지정해 주는 값이 필요한 부분이 있는데, 이때 지정해 주는 값이 하이퍼파라미터이다.

보통 인공지능에 하이퍼파라미터가 존재한다면 실험적으로 학습하고 테스트하는 과정을 반복하면서 최적의 성능을 내는 지점을 찾기 마련이다. 그런데 여기서 문제가 되는 부분은 초거대 모형의 경우 한 번 학습하는 데 시간과 비용이 많이 들어 학습과 테스트를 쉽게 할 수 없다는 것이다. 한 번 학습하는 데 수억 원의 비용이 발생하고 몇 주간의 시간이 소요된다면 실험적으로 최적의 성능을 내도록 탐색하기는 매우 어렵다. 일반적으로 초거대 인공지능의 경우 한 번의 학습을 수행하는 데만도 수십억에 해당하는 천문학적 비용이 들어가는 데다 며칠이고 계속 학습을 수행하기 때문이다.

그러므로 결과를 한 번 보는 데 많은 시간과 비용을 들여야만 가능하다. 이러한 이유 때문에 학계보다는 산업계에서 초거대 인공지능을 시도한 사례가 많다. 따라서 특히 인공지능 분야는 학계와 산업계가 매우 긴밀하게 협업하는 구조를 보이는 것이 다른 분야보다 두드러지는 특성 중 하나이다.

하드웨어적인 스펙 외에도 다른 세팅이 필요할 수 있다. 예를 들어 초거대 인공지능을 세부 과제에 적합하기 위해서는 해결하려는 문제에 대해 전문 지식을 가진 전문가가 필요할 수 있다. 인공지능, 특히 최근 많이 회자되는 딥 러닝의 철학은 데이터를 주고 학습해 패턴을 찾게 하는 엔드 투 엔드(입력에서 출력까지 신경망으로 한 번에 처리)이지만 인간을 완전히 배제하기는 어렵다. ChatGPT만 보아도 강화 학습의 피드백에 인간을 사용한 것과 같이 아직은 인간을 완전히 배제하기엔 쉽지 않은 일이다.

도메인 전문가(특정 분야의 전문 지식을 가진 전문가)가 필요한 분야의 대표적인 예로는 의료 부분이 있다. 이미지 분류와 같은 과제를 위해 개체 태그(이미지가 어떤 개체인지 태깅하는 것, 예를 들어 사람인지, 강아지인지 태깅)에 이미지 전문가가 아니라고 하더라도 수행할 수 있다.

하지만 의료 인공지능을 만들려고 의료 데이터를 확보하는 과정에서 의사와 같은 전문 의료인의 도움이 없다면 제대로 된 학습이 되지 않을 것이다. 세부 과제에 더 적합하도록 개발하는 것도 매우 중요한 일이므로 이러한 도메인 전문가를 확보하고 함께 협업하는 것은 필요한 일이다.

3.2.3. ChatGPT는 이미 있었다, 튜닝의 중요성

사실 현재의 초거대 인공지능은 많은 문제를 한 번에 해결할 수 있는 해결책은 아니라고 할 수 있다. 단순히 파라미터만 크게 키우고 데이터를 많이 넣어 주어 초거대 인공지능을 학습시킨다고 해서 모든 문제를 잘 해결할 수 있는 것은 아니다. 문제를 해결하려고 추가적인 작업을 하는 것이 개별 문제를 해결하는 데 더 좋은 성능을 보일 때가 많다.

이를 위해서 기존에 대량의 데이터로 학습해 놓은 초거대 인공지능이 있을 때, 추가로 학습을 좀 더 하는 작업을 해야 할 수 있다. 이러한 과정을 미세 조정, 즉 파인 튜닝(fine-tuning)이라고 한다. 파인 튜닝은 처음부터 학습하는 방식보다는 사전에 학습된 인공지능을 활용하는 방법이다. 사전에 많은 데이터로 학습한 초거대 인공지능이 있어 새롭게 학습하는 것에 대비해서 빠른 학습 시간과 더 나은 성능을 보여 줄 수 있다.

여기서 우리는 단순히 데이터를 많이 주고 파라미터를 크게 키운 초거대 인공지능으로 모든 문제를 해결할 수 있다는 만능주의에서 벗어날 수 있다. ChatGPT의 사례와 같이 세부 과제에 더 적합하도록 개발하는 것이 초거대 인공지능을 개발하는 것만큼이나 중요한 일이 될 수 있다는 점을 시사한다.

파인 튜닝은 효율이나 속도 면에서도 이점이 있다. 초거대 인공지능은 학습하면서 광범위한 패턴을 찾을 것이다. 그러나 만약 우리가 어떤 특정 과제만 수행하려고 하는 인공지능이 필요하다고 한다면 초거대 인공지능을 사용하는 것은 어울리지 않는 일이다. 그보다는 초거대 인공지능을 튜닝해서 여러 가지 세부 과제에 적합하게 하는 것이 앞서 언급한 것과 같이 때로는 더 좋은 성과를 얻을 수 있다.

또한 세부 과제에 적합하게 하는 과정에서 초거대 인공지능의 일부 파라미터를 수정하는 방향으로 튜닝한다고 생각해 보자. 그러면 내가 원하는 결과를 얻는 데 더 나은 효율성과 속도 개선을 끌어낼 수 있다. 예를 들어 수많은 이미지를 학습한 초거대 이미지 분류 인공지능이 있다고 하자. 이 인공지능을 파인 튜닝해 개와 고양이를 분류하는 문제를 해결하려고 한다고 하자. 이때 개와 고양이 이미지를 사용해서 초거대 이미지 분류 인공지능을 파인 튜닝할 것이다.

이 과정에서 초거대 이미지 분류 인공지능이 가지고 있던 광범위한 패턴을 찾을 수 있던 정보의 손실이 일어날 수 있다. 예를 들어 초거대 이미지 분류 인공지능은 꽃, 개와 코끼리, 고양이, 호랑이 등 많은 동식물과 차량, 멍키스패너, 공기 청정기, 에어컨 등 무생물 물품의 특징을 찾아낼 방법을 학습했을 수 있다. 그런데 파인 튜닝하는 과정에서 수많은 동식물과 물품들의 특징을 찾아낼 방법은 잊게 된다.

대신 광범위한 패턴을 인식할 방법을 토대로 특정 패턴에만 집중해 불필요한 계산을 줄이고 처리 속도를 향상할 수 있다. 그러므로 파인 튜닝은 속도와 효율성의 면에서 초거대 인공지능을 학습하는 것만큼이나 필요한 일이 될 수 있다. 또한 반대로 초거대 인공지능을 만드는 것은 파인 튜닝을 통해 여러 과제에 적합하게 하는 것만큼이나 중요한 일이 될 수 있다.

우리에게 주어진 리소스는 한정적이다. 그것이 하드웨어적인 리소스이건 휴먼 리소스이건 간에 우리에게 주어진 리소스가 한정적이라는 것은 변하지 않는다. 그러므로 우리는 가장 효율적인 방법을 선택해야 한다. 그러나 역량을 총동원해서 초거대 인공지능의 개발을 더 잘하는 것이 좋을지 파인 튜닝을 잘하는 것이 더 좋을지에 대한 판단을 하기는 매우 어렵다. 물론 둘 다 해 보고 비교하면 좋다.

현재의 리소스로 감당할 수 있다면 둘 다 해 보고 비교하는 것이 가장 좋다. 그러나 한정적인 리소스여서 선택과 집중을 해야 한다면 어떤 게 더 적합한지 알기가 어렵다. 따라서 우리의 업무나 서비스에 인공지능을 적용할 때 어떤 방향으로 개발하고 적용하는 것이 가장 최적일지 알기가 어렵다. 이는 내 업무와 서비스에 인공지능을 적용하는 것을 어렵게 하는 요인 중 하나이다.

3.2.4. 성능과 속도 두 마리 토끼

인공지능을 사용할 때 가장 중요한 것은 성능과 속도일 것이다. 우리가 인공지능을 사용할 때 성능이 좋지 않다면 사용할 이유가 없다. 성능은 인공지능의 개발자가 기대한 대로 작동하는지를 의미한다. 유명한 ChatGPT를 예로 들면 질문에 대해 적절하게 대답하는 것이 성능이 될 것이다. 물론 이를 위해서 수치화할 수 있는 기준을 가져야 하겠지만 기본적으로 기대한 대로 작동하는지를 의미할 것이다.

우리가 기대한 수준으로 작동하지 않는 인공지능이라면 우리가 인공지능을 사용할 이유는 없을 것이다. 그러므로 어느 정도의 성능이 확보된 인공지능을 개발하는 것이 매우 중요한 문제이다. 문제는 속도이다. 어느 정도의 성능이 확보된 인공지능을 개발했다고 하자. 이 인공지능을 사용하려고 하는데 결과가 나오는 데 일주일이 걸린다고 하자. 과연 이 인공지능을 사용할까? 만약 일주일이 짧다면 1년은 어떨까?

인공지능을 사용하는 데 속도는 성능만큼이나 매우 중요한 지표이다. 하지만 속도와 성능은 항상 그런 것은 아니지만 종종 반비례의 관계에 있다. 성능이 매우 좋은 인공지능은 복잡한 구조로 되어 있고 그래서 데이터를 처리하는 과정이 많다. 데이터를 처리하는 과정이 많다는 것은 결국 연산하는 데 시간이 오래 걸릴 수 있다는 것을 의미한다.

예를 들어 간단한 인공지능과 복잡한 인공지능을 한번 생각해 보자. 어떤 인공지능은 파라미터가 10개만 있는데 어떤 인공지능은 파라미터가 10억 개나 된다고 하자. 당연히 같은 데이터를 주어도 연산해야 하는 양의 차이가 발생한다. 그러면 파라미터가 적은 인공지능일수록 연산을 더 적게 하리라는 것은 합리적인 판단이 될 수 있다. 하지만 성능은 파라미터가 적은 인공지능이 낮을 수 있다. 따라서 원하는 성능을 갖춘 상태에서 원하는 속도를 얻을 수 있는 인공지능을 개발하는 것은 매우 중요한 문제이다.

간단한 인공지능의 경우 최근 급증한 컴퓨팅 파워 덕분에 연산 속도에 크게 구애받지 않을 수준으로 올라왔다. 그러므로 내가 직면한 문제가 간단한 인공지능으로 해결이 가능하다면 간단한 인공지능을 사용하는 것이 비용과 시간 면에서 현명한 선택일 것이다. 그런데 초거대 인공지능이라면 어떨까? 앞에서는 초거대 인공지능을 학습하기가 어렵다고 논한 바 있다. 그러면서 학습 시간이 오래 걸린다고 했다.

학습 시간 외에 실제 적용할 때 극복해야 할 문제는 없을까? 초거대 인공지능을 사용하려면 빠른 시간이 필수적이다. 인공지능을 사용하는 데 걸리는 시간이 1시간이라면 실제로 거의 활용할 수 없을 것이다. 따라서 거의 실시간에 가깝게 데이터를 처리해야 할 것이다. ChatGPT의 놀라운 점은 결과물을 산출하는 데 속도가 매우 빠르다는 것이다. 보통 사람들은 ChatGPT의 놀라운 성능에 놀라곤 한다.

하지만 엔지니어의 입장에서 바라볼 때 또 다른 면에 놀란다. 저렇게 거대한 인공지능의 속도를 어떻게 저렇게 빠르게 할 수 있었는지 놀라지 않을 수 없다. 속도를 빠르게 하려면 단순히 연산을 빠르게 하는 것 외에도 병목이 발생하지 않도록 최적화도 해 줘야 한다. 또한 동시에 여러 트래픽이 들어오는 상황에 대해 대처할 수 있는 크기의 인프라를 구축해야 한다.

물론 이에 대한 트래픽이 몰리는 경우 분산하는 밸런싱 정책도 가지고 있어야 한다. 특히나 일간 사용자 수가 매우 많은 ChatGPT의 경우 그 인프라 아키텍처의 설계가 얼마나 견고하고 뛰어날지는 보지 않아도 알 수 있다. 이처럼 초거대 인공지능의 속도를 올리려면 스트리밍 데이터를 처리하는 방법도 잘 알고 있어야 하고 병목이 발생하지 않도록 해 주어야 하며 대용량의 트래픽을 감당할 수 있는 구조와 인프라를 갖추고 있어야 한다. ChatGPT가 처음 나왔을 때 성능도 놀라웠지만 빠른 속도는 업계 관계자들을 더욱 놀라게 했다.

문제는 빠른 추론(인공지능 연산을 통해 적절한 값을 출력) 속도와 성능을 항상 잡는 것은 쉽지 않은 일이라는 것이다. 속도가 빨라지려면 당연하겠지만 인프라에 대한 투자가 필수적이다. 특히 초거대 인공지능의 속도가 빨라지려면 사람들이 생각하는 수준 이상의 투자가 필요할 것이다. 성능을 최대한 끌어올리려고 초거대 인공지능을 학습했지만 이를 실제 비즈니스에 적용하려고 한다면 추론 속도를 끌어올릴 수 있는 수준의 인프라 구축이 더 필요할 수 있다.

만약 회사 자본을 모두 초거대 인공지능 "학습"에 투자했다면 실제 사용할 속도를 얻을 수 있는 수준의 인프라를 구축할 비용이 없어 사용하지 못하게 될 수 있다. 그러므로 사용할 수 있는 수준의 성능을 얻고 추론 속도를 빠르게 할 수 있는 수준의 인프라를 모두 구축하기는 쉽지 않은 일이다.

서비스에 인공지능을 적용할 때 성능보다는 빠른 응답 시간을 더 많이 고려하게 되는 경우가 생각보다 많다. 특히 많은 이해관계자가 얽혀 있는 대형 서비스의 기능으로 인공지능을 적용하게 되면 인공지능 결과를 서비스에 전달해 주기까지의 시간이 성능보다 더 중요할 때가 많다.

예를 들어서 전사에서 집중하고 있는 서비스의 한 개 기능을 기획해 인공지능을 적용한다고 하자. 구체적으로는 사용자가 서비스에 접속할 때 띄우는 첫 화면에 인공지능 결과를 적용해 본다고 하자. 그렇게 되면 사용자가 서비스를 사용하려고 접속하면 서버에 접속하면서 필요한 값들을 로딩해 이를 화면에 반영할 수 있도록 전달해 줄 것이다. 이때 인공지능의 결괏값이 느리게 오면 값이 올 때까지 기다리다가 화면이 뜨는 로딩 시간이 길어지거나 혹은 인공지능의 결괏값이 너무 느리면 기다리지 않고 기본값을 반영해서 화면을 구성할 수 있다. 아래의 그림을 보자.

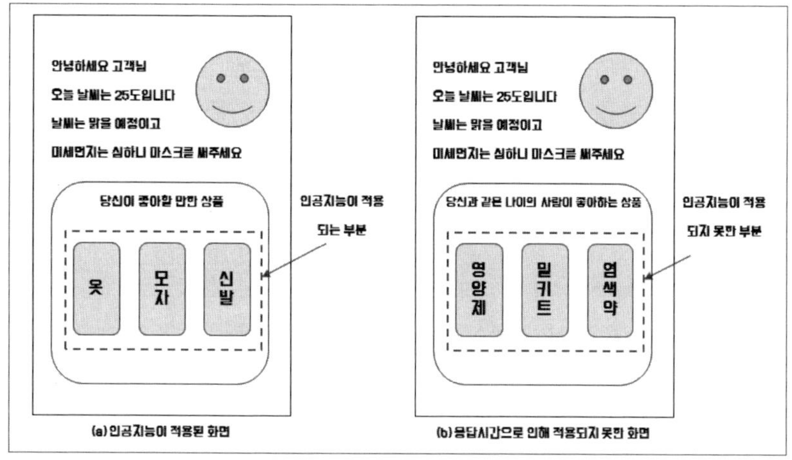

[그림 14] 인공지능 응답 시간에 따른 화면 차이

위의 그림은 가상의 서비스에 인공지능을 적용하는 화면을 보여준다. 이 서비스는 애플리케이션을 켜면 오늘의 날씨와 함께 좋아할 만한 상품들을 추천해 주고 그 상품을 구매하면 매출이 발생하는 구조이다. 기존의 서비스는 사람이 추천했고 이를 인공지능이 추천하는 것으로 변경하려고 인공지능을 적용했다고 하자. 인공지능을 적용하면서 매출은 두 배로 뛰었고 적용을 잘한 성공 사례로 남았다.

그런데 갑자기 서버에 장애가 생겨서 인공지능 추천의 결과를 서비스 서버로 보내는 것이 느려지게 되면 인공지능의 결과를 서비스에 반영하지 못해서 화면이 계속 로딩 중이거나 에러가 발생한다. 그렇게 하지 않게 하려고 장애가 생겨도 작동하도록 예외 처리를 고려하는 경우가 일반적이다. 이를 반영하려고 우측에 있는 (b)와 같이 인공지능 응답이 오지 않으면 나가는 기본 추천 화면을 구성할 수밖에 없다. 인공지능 결과가 올 때까지 서비스를 다운시켜 놓을 수는 없기 때문이다.

결국 정상화될 때까지 서비스는 장애가 발생하거나, 인공지능을 적용하지 못한 화면으로 그냥 노출되게 된다. 예를 들어 장애 발생으로 인해 내가 좋아할 만한 상품이 화면에 노출되지 못하는 상황이 되었다. 급한 대로 나와 유사한 나이대의 사람들이 좋아하는 상품을 노출하기로 했다. 그러나 좌측과 우측의 그림을 보면 알 수 있듯이 개인적인 선호도가 반영되지 않아서 아예 다른 상품만 추천이 나가고 있다.

이 애플리케이션은 내 마음에 쏙 드는 상품을 추천해 주는 것이 장점이었는데 이러한 장점이 사라지게 된다. 에러가 나는 상황이 길어진다면 서비스를 사용하는 사용자는 떠나갈 것이다. 결국 이 기능 하나로 인해서 이탈자가 급증한다. 인공지능을 적용하려고 노력해서 적용했지만 결국 속도가 너무 느려서 인공지능을 적용하지 못하게 된다.

사실 우리가 만나는 대부분의 문제는 초거대 인공지능까지 필요하지 않은 문제가 다수이다. 대부분의 문제는 간단한 인공지능만 사용해도 해결할 수 있다. 특히 간단한 인공지능을 사용하면 추론 속도는 매우 빨라지게 된다. 보통 일반적으로 인공지능의 파라미터(데이터를 통해 학습할 때마다 갱신되는 값)가 많은 경우 추론 속도 또한 그에 비례해

느려지게 된다. 그러므로 초거대 인공지능을 사용하는 경우 추론 속도를 고려하지 않을 수 없다.

만약 초거대 인공지능이 아니라 기존의 파라미터 수가 적은 가벼운 인공지능들을 사용하게 되면 간단해진다. 가벼운 인공지능이라 학습에 시간이 오래 걸리지도 않고 많은 인프라가 필요 없다. 또한 추론 속도도 빠르고, 추론 속도를 빠르게 하려고 추가 작업도 필요하지 않다. 그러므로 가벼운 인공지능을 활용해서 원하는 성능을 얻을 수 있다면 가벼운 인공지능을 활용하는 것이 정답이다.

3.2.5. 어려운 기존 시스템과의 통합

인공지능을 기존 시스템과 통합시키기는 어려운 일이다. 인공지능을 기존 시스템과 융화시키기가 어려운 일이라니 대체 이게 무슨 말일까? 예를 들어, 어떤 스타트업이 사용자 간 메모를 공유하는 애플리케이션을 만들었다고 하자. 메모를 공유하려고 저장하면 DB(데이터 저장소)에 저장하고 사용자가 요청 시 DB에서 데이터를 화면에 보여 준다고 하자. 여기에 인공지능을 적용한다고 하면 어떨까?

이해를 돕고자 ChatGPT를 적용한다고 해 보자. 가장 먼저 ChatGPT를 적용하도록 여러 메뉴를 개발하는 것이 필요하다. 여러 메뉴를 개발하려면 기존의 애플리케이션의 개발 히스토리와 내용에 대해서 잘 이해하고 있어야 예상치 못한 에러를 방지할 수 있다. 실제 상용화되는 서비스일수록 신규 기능을 런칭하기보다는 이러한 에러를 줄이는 것이 더 중요하다. 또한 기존에는 모든 데이터를 DB에 저장했는데 ChatGPT의 응답 결과를 DB에 저장하는 것은 불필요한 비용을 증가시킬 뿐이다.

그러므로 바로 화면에 보여 주는 것을 개발해야 한다. 그런데 기존에는 모든 데이터가 DB를 경유하도록 만들어졌다면 예외 처리해 줘야 하고 기능 개발이 필요하다. 자, 여기까지 들어 보니 어떠한가? 이처럼 인공지능을 기존의 시스템에 통합하기는 매우 어려운 일이다. 예를 든 상황과 같이 DB(데이터 저장소)와 같은 시스템과 함께 작동해야 해서 이들 간의 주고받는 데이터 형식과 통신 프로토콜에 대한 이해도가 높아야 한다.

그러면서 동시에 기존의 시스템(DB 등)을 통합하도록 보안 및 기존 과거의 시스템에 대한 이해를 높여야 한다. 이처럼 고려할 것이 매우 많은 것이 인공지능을 기존 시스템에 통합하는 일이다. 단순히 인공지능을 만들어서 탑재하자는 아이디어를 실현하려고 실제로는 많은 리소스가 들어가게 된다.

게다가 개발된 지 시간이 오래 지나서 히스토리가 많이 없는 기존 시스템과의 통합은 더 어렵다. 이는 인공지능의 문제이기보다는 기존 시스템의 문제이다. 기존에 만들어진 시스템은 그때 당시로 맞추어져 있다 보니 그때 필요했던 요구 사항에 맞추어져 개발되어 있을 것이다.

그런데 문제는 지속해서 운영하다 보면 개발에 참여했던 인원들이 조직 이동이나 이직으로 인해 더 이상 없는 경우가 많다는 것이다. 그런 와중에도 회사가 운영되다 보면 기존에 만들어진 시스템을 계속해서 사용할 것이다. 그러다 보면 어느새 개발 히스토리가 유실되어 왜 그런지 모르고 관성적으로 사용하게 된다. 그런 와중에 인공지능을 적용하려고 하니 모듈끼리 충돌도 일어나고 인공지능을 적용하는 게 아니라 인공지능의 결과를 받아 적용하려는 것도 쉽지 않은 상황에 봉착하게 된다.

물론 인공지능의 문제는 아니지만 사실 오랫동안 비즈니스를 영위한 회사에서 꽤 많이 마주치는 문제이다. 인공지능을 적용하려고 하는데 인공지능의 성능보다는 기존 프로그램의 통합이 문제가 되어 적용이 어려워지는 경우이다. 그러다 보면 인공지능의 개발에 시간과 노력을 쏟기보다는 기존 프로그램의 통합에 더 시간과 노력을 쏟게 된다. 결국 인공지능의 성능 향상은 뒷전이 되어 정작 적용할 수 있게 되면 성능이 나오지 않아 관련자들이 실망하게 되는 경우가 생긴다.

초거대 인공지능을 기존 시스템에 통합하는 것은 어떠할까? 초거대 인공지능을 기존 시스템에 통합하는 것은 생각보다 더 어려운 일이다. 기존 시스템에 대한 이해도도 높아야 하고 초거대 인공지능에 대한 이해도도 높아야 하기 때문이다. 이는 인공지능을 적용하는 것과도 동일하지만 다른 문제이다. 예를 들어 만약 에러가 나면 어떨까?

사실 초거대 인공지능은 오류가 발생하기 쉽다. 그러므로 실시간으로 감지하고 수정하기 어려울 수 있다. 이러한 상황에 효과적으로 오류를 처리하려면 디버깅과 테스트에 대한 전문 지식이 필요하다. 이처럼 구현하는 엔지니어는 다양한 지식을 기본으로 기존 시스템에 대해서 이해한 뒤 인공지능도 알고 있어야 한다. 물론 수많은 사람이 모여서 함께 개발하면 해결되는 문제이다.

그렇지만 인공지능을 개발하려고 오로지 성능만 바라보고 만드는 것은 적용이 어렵다. 왜냐하면 속도를 고려해 효율적인 구조를 설계하지 않고서는 곧바로 적용하기가 어렵기 때문이다. 여기서 속도를 고려할 수 있으려면 초거대 인공지능의 속도를 끌어올릴 수 있는 인프라가 구축되어 있어야 한다. 이는 생각보다 큰 비용을 발생시켜서 프로젝트 전체 비용이 예상보다 올라갈 수 있는 원인이 된다.

하지만 현실적으로는 프로젝트 비용이 정해져 있고 넘어가서는 안 된다. 그러므로 어느 정도 속도를 포기해야 하는 상황이 생길 수 있다. 예를 들어 응답에 100ms 걸리는 인프라 구축에 10억이 소모되고 50ms가 걸리는 인프라 구축에 1,000억이 소모된다면 100ms의 인프라를 구축하는 것을 선택할 수 있게 된다.

반대로 기존 시스템의 엔지니어는 오로지 속도만 중시할 수 있다. 기존 시스템의 대부분의 기능은 50ms 내에 응답이 와서 초거대 인공지능을 사용하게 되면 다른 여러 기능이 대기해야 하는 등의 문제가 생길 수 있다. 그러면서 사용자가 떠나가는 등 생각하지 못한 많은 문제가 발생할 수 있다.

그렇다고 속도를 올리려고 성능을 고려하지 않는 인공지능을 요구하는 것 또한 적용하기 어렵다. 그러므로 프로젝트에 참가하는 인원이 모두 각자의 영역 외의 영역을 함께 고려하고 약간의 지식을 가지면 좋다. 문제는 이런 인력은 매우 고급 인력으로 구하기 어려우며 초거대 인공지능의 난이도를 올리는 원인 중 하나가 된다는 것이다.

3.3 업무/서비스에 인공지능 탑재할 때 위협 요소

앞 챕터에서 인공지능을 적용하는 것은 쉽지 않다는 것을 알게 되었다. 그렇다면 여러 가지 극복해야 할 어려움을 극복하면 곧바로 업무나 서비스에 인공지능을 적용하면 되는 걸까? 혹시 인공지능을 업무/서비스에 탑재할 때 조심해야 하는 것이 있을까? 있다면 무엇이 있을까?

사실 인공지능을 업무나 서비스에 적용할 때 조심해야 할 것은 매우 많다. 생각하지 못했던 문제들을 많이 만나기도 한다. 어떤 문제는 인공지능으로 인해 오기도 하고 어떤 문제는 인공지능을 사용하는 사용자 때문에 발생하기도 한다. 그러므로 인공지능을 업무나 서비스에 적용할 때는 충분히 검토해야 한다.

본 챕터에서는 인공지능을 업무나 서비스에 탑재할 때 고려해야 하는 몇 가지 대표적인 위협 요소를 논할 예정이다. 비전문 실무자들은 인공지능 개발자와 협력해 업무와 서비스에 인공지능을 탑재할 때 이 챕터에서 논하는 바를 충분히 검토한 후에 적용해야 할 것이다.

3.3.1. 생각지 못한 0과 1의 바이러스, 적대적 공격

모든 것을 뚫는 창과 모든 것을 막는 방패가 서로 만나면 어떻게 될까? 재밌게도 인공지능도 이러한 공격과 방어를 해야 하는 미래가 올 수 있다. 사람들은 ChatGPT를 보고 불안에 빠지기 시작했다. 사람보다 빠르고 정밀하게 결과를 보여 주는 것을 보다 보면 사람이 할 수 있는 일이 많이 없지 않을까 하는 두려움에 휩싸이기도 한다. 그런데 사실 이러한 인공지능을 교란할 방법이 존재한다. 이러한 분야를 적대적 공격(Adversarial Attack)이라고 한다.

교란은 인공지능 내에 작은 혼란을 줄 수 있는 데이터를 주입해 오분류할 가능성을 높이는 식으로 이루어진다. 아무래도 많은 수의 파라미터를 훈련하다 보니 사람이 인지하기 어려운 정도의 아주 미세한 변화도 인공지능이 감지할 수 있고 이를 역이용한 방법이다. 미세한 변화를 감지할 수 있어 성능이 좋아지는 것인데 반대로 미세한 변화를 감지해 교란당할 수 있는 아이러니한 상황이 되기도 한다.

예를 들어 영상에서 사람을 인지하는 인공지능이 있다고 하자. 인공지능은 영상 데이터를 활용해서 영상 내에서 사람을 감지하는데, 이때 사람 눈에는 잘 보이지 않지만 데이터를 미묘하게 변화시켜서 인공지능의 예측을 방해할 수 있는 결과를 끌어낼 수도 있다. 사람이 눈으로 볼 때는 사람이 있지만 인공지능에게 감지하라고 하면 감지를 못한다. 아래의 그림을 보자.

[그림 15] 인공지능이 인간을 인식하지 못하는 예시. Wu, Zuxuan, et al. "Making an invisibility cloak: Real world adversarial attacks on object detectors." Computer Vision-ECCV 2020: 16th European Conference, Glasgow, UK, August 23-28, 2020, Proceedings, Part IV 16. Springer Interna

인간을 인식하는 인공지능으로 하여금 인간을 인식하게 시켰을 때 인식하지 못하는 예시이다. 사람이 볼 때는 저걸 구분하지 못하는 이유를 잘 모를 것이다. 우리의 눈으로 보면 그냥 티셔츠일 뿐이기 때문이다. 하지만 인공지능은 여기서 인간과 인간이 아닌 것을 구분하는 중요한 미세한 차이를 발견하고 인간으로 간주하지 않는다. 이러한 것들을 활용해서 인공지능을 무력화하는 것을 적대적 공격이라고 한다. 아래의 그림을 한번 보자.

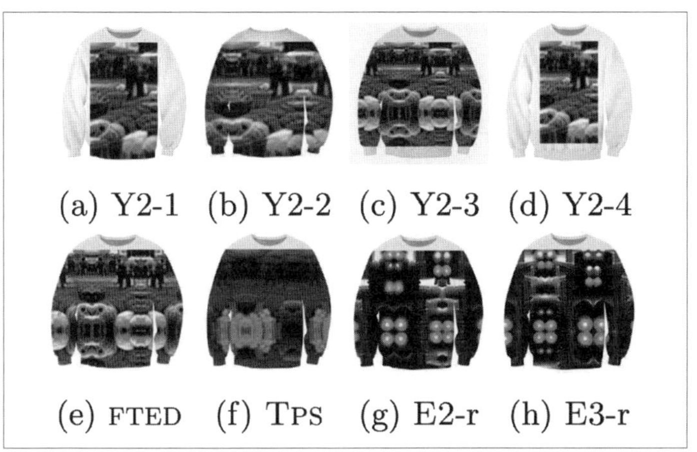

[그림 16] 인간을 인식하는 여러 인공지능을 무력화시킬 수 있는 적대적 공격 패턴들이 티셔츠에 그려진 모습. Wu, Zuxuan, et al. "Making an invisibility cloak: Real world adversarial attacks on object detectors." Computer Vision-ECCV 2020: 16th European Conference, Glasgow, UK, August 23-28, 2020, Proceeding

이 그림은 사람을 인식하는 인공지능별 인공지능을 무력화하는 그림이 프린팅된 티셔츠이다. 상당히 많은 티셔츠가 인공지능을 무력화할 수 있다. 그림에 있는 티셔츠의 패턴 외에도 많은 패턴이 인공지능을 무력화한다. 이를 활용해 티셔츠에 적대적 데이터를 그대로 프린트해 입고 다니자 알아차리지 못하는 예시는 매우 유명하다.

이는 꽤 큰 문제가 될 수 있다. 왜냐하면 학습의 관점에서 수많은 비용과 시간을 들여서 간신히 학습을 잘해 두어도 한순간에 무용지물이 될 수 있기 때문이다. 인공지능을 학습하는 데 수억의 비용과 몇 주간의 시간을 들여서 간신히 학습했지만 적대적 공격 데이터 하나에 알고리즘의 결과가 모두 무산된다.

위의 예시는 단순히 인공지능의 성능이 하락한다고 했지만 예시를 좀 더 넓혀서 '보안'의 영역까지 간다면 큰 위험이 될 수 있다. 예를 들어 위의 예시와 같은 사람을 감지하는 인공지능을 활용해서 집 앞에 거동 이상자가 있는지를 파악하는 보안에 사용한다고 하자.

이때 인공지능을 무력화할 수 있는 적대적 데이터를 프린팅한 옷을 입은 거동 이상자가 센서에 찍힌다면 인공지능은 이를 사람으로 간주하지 못해 보안 업체에 알람을 띄울 수 없다. 결국 알람이 띄워지지 않아 보안 업체는 출동하지 않고 거동 이상자는 집 안에 침입해 여러 범죄를 일으킬 수도 있는 세상이 된다.

물론 일부러 노이즈(임의의 오차)를 넣어 학습시키는 것과 같은 적대적 공격을 다시 무력화하는 방법들이 있다. 하지만 인공지능을 무력화해서 얻을 수 있는 이익이 존재하는 한, 미래에는 여러 종류의 적대적 공격이 만들어질 것이다. 그리고 미래의 인공지능 연구원들은 그 적대적 공격을 파훼할 방법을 다시 만들 것이다. 그리고 이 과정은 반복해서 일어날 가능성이 크다.

이는 마치 바이러스와 백신처럼 지속해서 경쟁하게 되는 것과 같다. 인공지능의 발전은 눈부시게 빠르지만 인공지능을 무력화하는 여러 방법이 발전하게 될 수 있어 모든 것을 인공지능에 맡기기는 쉽지 않은 일이다. 이러한 인공지능을 무력화할 수 있는 적대적 공격들은 인공지능의 성능 저하를 이끌 뿐 아니라 실제 업무와 서비스에 위협을 줄 수 있는 불안 요소가 될 수 있다.

이와 같은 적대적 공격은 고객 피해 외에도 큰 피해를 일으킬 수 있다. 최근 많은 회사가 면접을 인공지능으로 대체하기 시작했다. 면접을 인공지능이 보고 점수화해 평가한다. 이러한 비즈니스 모델로 업을 영위하는 회사들도 생기기 시작했다.

그러다 보니 인공지능으로 면접을 보는 것은 생각하지 못한 손해를 야기할 수 있다. 어쩌면 면접 과정을 모두 저장해서 다시 사람이 검수해야 할 수 있다. 예를 들어 면접자가 적대적 공격을 할 수 있는 교란을 주는 무언가를 준비했다고 하자. 아마 면접이다 보니 동영상이어서 적대적 데이터를 프린트한 넥타이를 사용한다든가 하는 일일 것이다.

이처럼 적대적 데이터를 사용해 면접 결과에 의도하지 않은 결과를 낼 수 있다. 그렇게 되면 기업은 양질의 인력을 선발하려고 인공지능 면접을 도입했지만 역으로 공정한 면접이 되지 않을 수 있다. 어쩌면 인공지능 개발자를 모집할 경우 이런 인력은 다른 인력보다 더 뛰어날 수 있다. 하지만 인공지능 개발자가 만든 적대적 데이터를 다른 직무의 사람들이 돌려 쓴다면 피해자가 발생할 수 있다. 또한 기업도 좋은 인력을 놓치게 되니 경영에 피해를 입게 된다. 이러한 과정이 반복되면 기업 경영에 타격을 입을 수 있는 일이 될 것이다.

3.3.2. 좋은 답변을 위한 질문, 프롬프트 엔지니어링

프롬프트 엔지니어링은 ChatGPT로 인해 부상한 분야로 최근 급부상하고 있다. 프롬프트는 일반적으로 ChatGPT와 같이 자연어 처리(인공지능의 한 분야로 텍스트와 데이터를 처리하고 해석하는 분야) 맥락에서 사용된다. 인공지능이 텍스트를 산출할 수 있도록 주어지는 입력 텍스트를 프롬프트라고 한다.

ChatGPT와 같은 초거대 자연어 처리 인공지능을 사용해서 좋은 답변을 얻으려면 좋은 질문이 중요하다. 어떤 데이터(질문)를 인공지능에 주느냐에 따라 결과(답변)가 달라진다. 최근 이러한 데이터 관점에서 초거대 인공지능의 사용을 위한 프롬프트(인공지능에 입력하는 값) 엔지니어링(prompt engineering)이 언급되고 있다.

프롬프트 엔지니어링이란 프롬프트의 값을 조정하는 일련의 과정을 의미한다. 당 도서에서는 비전문 실무자의 입장에서 원하는 값을 얻도록 프롬프트 값을 스마트하게 조정하는 방법이라고 정의하도록 하겠다. 프롬프트 엔지니어링을 하면 할수록 인공지능에서 원하는 값을 얻는 것은 수월해진다. 이는 인공지능에 대해 알면 알수록 활용을 더 잘할 수 있다는 것을 의미한다.

예를 들어 ChatGPT에는 하이퍼파라미터(학습하지 않고 임의로 정해주는 값)라는 개념이 존재한다. 그중 Top-p(인공지능이 생성하는 단어의 후보군 중에서 가장 높은 확률 단어들의 집합 크기)라는 하이퍼파라미터 값이 존재한다. Top-p를 크게 설정하면 더 많은 다양성을 가진 문장이 생성될 수 있다. 반대로 Top-p를 작게 설정하면 다양성은 적으나, 일관성 있는 문장을 생성할 수 있다. 아래와 같이 ChatGPT에 Top-p를 조절한 2개의 결과를 비교해서 보자.

가면에 대해 소설가와 같이 글을 써 줘, 여기서 Top-p를 0으로 해 줘

가면은 인간이 미지의 자아를 표현하는 도구이자, 사회적 관습과 관계없는 새로운 세계를 창조하는 수단입니다.
옛날부터 다양한 가면이 다양한 역할을 하였습니다.

그들은 자신이 원하는 대로 다른 인간의 모습을 취하거나, 세상의 복잡함을 단순화시키는 역할을 하기도 했습니다.
예를 들어, 전통적인 예술에서는 고급스러운 복장과 가면을 사용하여 자신의 지위를 강조하기도 했으며, 무도나 전통적인 행사에서는 강력한 권력자나 영웅을 나타내기 위해 가면을 사용하기도 했습니다.
하지만 가면은 그것만으로 자신의 정체성을 완전히 감추는 것은 아닙니다.
가면을 쓰는 사람은 그 안에서 자기 삶과 신념을 표현할 수 있습니다.
예를 들어, 연극에서 배우는 가면은 캐릭터의 심리를 표현하기 위해 사용되기도 합니다.
또한, 대규모 집단에서 가면을 쓰면, 자신의 개성과 성격을 표현하면서도 대중과의 규범적인 관계를 유지할 수 있습니다.
가면은 또한, 예술과 문화에서도 중요한 역할을 합니다.
예술가들은 가면을 사용하여 자기 작품에 색다른 분위기를 부여하거나, 사회적인 문제를 다룰 때 가면을 사용하여 메시지를 전달하기도 합니다.
이뿐만 아니라 가면은 연극과 영화에서도 다양하게 사용되며, 캐릭터의 심리를 표현하기 위해 사용되기도 합니다. 가면은 그 자체로 특별한 힘을 지니고 있으며, 다양한 역할과 의미를 지니고 있습니다.

가면에 대해 소설가와 같이 글을 써 줘, 여기서 Top-p를 매우 크게 해 줘

어둠 속에서 어느 한 사람의 모습이 갑자기 떠올랐다.
그는 마치 괴물처럼 끝없이 나아가는 군중에 섞여서 자신을 잃고 있었다.
하지만 그가 머리 위에 쓴 가면은 그의 정체성을 나타내고 있었다.

그것은 독특하면서도 고풍스러운 얼굴이었다.
어둠 속에서 그의 목소리가 들려왔다.
"가면은 나에게 새로운 인격을 부여해 준다.
그것은 내가 원하는 모습을 나타내고, 세상의 복잡함을 단순화시킨다.
그것은 나의 자아를 표현하는 하나의 수단이다."
그가 가면을 쓴 이유는 명확했다.
그것은 자신을 감추고, 다른 인간들에게서 떨어져 있으며, 자신만의 세계를 만들어 나갈 수 있는 방법이었다.
그것은 독특한 삶을 사는 자신의 일부였다.
하지만 그가 가면을 벗으면, 그의 모습은 완전히 달라졌다.
그것은 하나의 인격에서 다른 인격으로 바뀌었다.
그것은 자신이 원하는 삶을 살아가기 위해 필요한 변신이었다.
그렇게 가면은 인간의 자아를 표현하는 도구이자, 새로운 세계를 창조하는 수단이다.
그것은 자기 생각과 느낌을 나타내는 하나의 예술 작품이기도 하다.
그리고 그것은 사회적 관습과 관계없이 자신만의 세계를 창조할 수 있는 도구이기도 하다.
이것이 가면의 진정한 의미일 것이다.

두 개의 글은 느끼는 느낌이 확연히 다르다. Top-p가 작으면 가면에 대해서만 일관성 있게 논한다. 그러나 Top-p를 크게 키우면 가면에 대해서 논하기도 하지만 "어느 한 사람"이나, "괴물처럼 끝없이 나아가는 군중"과 같이 일관성이 없는 다른 것들을 다양하게 논하기도 한다. 소설가와 같은 글을 원한다면 다양성을 높이는 것도 검토해야 하는데 인공지능에 대한 지식이 없다면 검토할 수 없을 것이다.

이처럼 인공지능에 어떤 값을 입력할지에 따라 결과가 달라지므로 좋은 질문을 하는 것은 중요하다. 위와 같이 질문자가 인공지능에 대해 지식이 있다면 더 양질의 결과를 얻을 수 있다. 인공지능을 잘 활용하려면 인공지능에 대해 약간은 알아야 한다. 즉, 반대로 이야기하면 인공지능을 아예 모른다면 “잘” 활용하기는 어려울 수도 있다.

당 도서에서는 프롬프트의 개념을 더욱 확장해서 보려고 한다. 초거대 자연어 처리 인공지능 외에도 많은 인공지능은 응답이나 혹은 추론 값을 생성하는 데 사용되는 데이터가 존재한다. 이러한 데이터를 프롬프트라고 하자. 이때 업무나 서비스에 탑재된 인공지능을 잘 사용하려면 이런 프롬프트를 잘 설정해야 할 것이다.

그러므로 앞에서 본 바와 같이 프롬프트를 잘 만드는 것은 매우 중요한 일이다. 하지만 프롬프트를 잘 설정하려면 인공지능의 지식은 약간 필요하다. 인공지능에 대한 지식은 없더라도 인공지능을 “잘” 사용하도록 무엇이 필요한지에 대한 지식은 필요하다. 그러므로 사용자의 지식이 중요해진다.

만약 내 업무에 적용한 것이라면 내가 인공지능을 좀 공부해야 할 필요성이 생긴다. 이는 크게 문제가 되지 않는다. 왜냐하면 적용하려고 협력한 인공지능 개발자의 도움을 받을 수도 있고 내가 품질이 떨어지는 응답을 얻어도 한 번 더 검수할 것이므로 치명적인 위험이 발생하지는 않기 때문이다.

문제는 서비스에 적용한 경우에 발생한다는 것이다. 불특정 다수에게 공개된 서비스에 적용하게 되면 이들이 잘 사용할 수 있도록 사용법을 가르쳐 주어야 하는 상황이 될 수 있다. 예를 들어 인공지능에 대한 지식이 없는 사람이 ChatGPT와 같은 서비스를 사용한다고 할 때 앞의 예시에서 이야기한 Top-p와 같은 것들을 알까? 아마 전공자가 아니라면 알기 어려울 것이다. 결국 인공지능을 사용하는 사용자의 입장에서 공부해야 한다. 즉, 인공지능을 개발해 서비스에 탑재한 회사는 사용자에게 추가로 지식을 주입해야 하는 상황이 발생한다.

그러나 그 누가 서비스를 잘 사용하려고 추가로 공부할까? 만약 무조건 사용해야 하는 서비스라면 그럴 수도 있을 것이다. 그러나 무조건 사용해야 하는 서비스가 아니라면 공부하지 않을 것이다. 결국 공부할 필요 없이 좋은 답변을 줄 수 있는 서비스로 떠나갈 것이다. 이를 위해 사용자가 어떤 프롬프트를 인공지능에 줄 때 적합한 프롬프트를 찾아 추천해 주거나 변환해 주는 과정이 필요하다. 그렇게 하면 원하는 결과는 얻을 수 있되 추가로 공부가 필요하지 않다. 따라서 서비스에 인공지능을 탑재한다는 것은 이러한 부분도 고려해야만 한다.

3.3.3. 의도하지 않은 데이터 유출과 보안

인공지능을 사용할 때 데이터 유출이나 보안 문제가 많이 발생한다. 특히 인공지능을 업무나 서비스에 도입하면 의도하지 않은 데이터 유출과 보안이 더욱 발생한다. 왜냐하면 학습할 때도 마찬가지지만 인공지능을 사용해 추론할 때, 즉 인공지능을 활용할 때도 데이터가 많이 필요하기 때문이다.

그 말은 데이터를 인공지능에 주어야 한다는 의미이다. 인공지능에 데이터를 주어야 하므로 단절된 망에서 작업하는 경우가 아니라면 어딘가의 원천에서 데이터가 이동하는 식으로 개발될 가능성이 높다. 그러다 보면 데이터가 어딘가로 옮겨 다니면서 보안의 구멍이 발생할 가능성이 크다. 아무리 완벽하게 대비하더라도 보안의 구멍은 발생할 수 있다.

그러므로 가능하면 네트워크를 타지 않는 것이 좋고, 서버에서 서버로 옮겨 다니지 않게 구현되는 것이 좋다. 그렇지만 필요에 의해 데이터를 이동하게 하는 경우 아무래도 신경 쓸 부분이 많아지기 마련이다. 따라서 의도하지 않은 데이터 유출이 발생할 수 있다. 또한 보안도 이중 삼중으로 신경 써야 하는 상황이 된다.

가벼운 인공지능을 사용한다면 초거대 인공지능을 사용하는 것보다 더 부담이 적을 수는 있다. 하지만 앞에서 설명한 데이터의 이동 관점에서 가벼운 인공지능 또한 완벽하게 자유롭긴 어렵다.

이러한 데이터 유출은 생각보다 큰 사회적인 이슈가 될 수 있다. 단순 유출 사건이라기보다는 인공지능을 개발해 서비스에 탑재한 회사의 브랜드가 타격을 입을 수 있게 된다. 그렇게 되면 매출에도 직격탄을 맞을 수 있고 결국 현재와 미래의 수익이 감소할 수 있다.

이를 방지하려면 제어 및 모니터링이 철저하게 이루어져야 한다. 끊임없이 주기적으로 모니터링하고 이상점이 보이면 곧바로 보안 조치를 해야 데이터 유출을 방지할 수 있을 것이다. 결국 사고를 방지하도록 정책과 프로세스를 수립하고 지속해서 업데이트해야만 하는 상황이 된다.

하지만 아무리 방지하더라도 사고는 발생할 수 있다. 그러므로 방지만큼 중요한 사고 발생 시의 대응 계획을 세세하게 수립해야만 한다. 이를 통해 모든 데이터 침해 시도를 가능하면 차단하고 만약 침해될 경우 신속하고 효과적으로 대응할 수 있어야 한다. 머지않은 미래에는 데이터 보안이 인공지능 적용/사용만큼이나 중요한 이슈로 떠오를 것이다.

그렇다면 초거대 인공지능에서는 어떨까? 초거대 인공지능을 사용할 때 어떤 값을 입력하는지에 따라 결과가 달라진다는 관점에서 데이터 '유출'에도 유의해야 한다. 초거대 인공지능을 학습하는 과정에서 수많은 데이터를 활용하게 되는데, 이때 인공지능 개발사는 유출을 방지하는 제약을 걸 가능성이 높다. 예를 들어 현재 뜨거운 감자인 대용량의 데이터를 학습한 대화형 인공지능 ChatGPT의 경우 활용하기에 따라 값을 유출할 수도 있다.

그러므로 직접적으로 물어보면 응답하지 않도록 하는 항목이 있을 것이다. 만약에 유출되어서는 안 되는 민감한 정보를 포함해 학습시킨 대화형 인공지능이 있다고 하자. 이때 학습된 데이터에 대해서 말하도록 물어보면 대답하지 않을 것이다. 그러나 사용자가 끊임없이 특정 데이터에 대해서 응답하도록 매우 교묘하게 끊임없이 유도할 수 있다. 그렇게 되면 대화형 인공지능은 내용을 사용자에게 알려 주는 상황에 부닥칠 수 있다.

과거에는 데이터를 가져오려고 프로그래밍을 통해 접근하는 경우가 많아 이에 대한 방어가 철저히 되어 있었다. 예를 들어 기존에도 이러한 보안상의 위험을 막으려고 SQL(데이터를 저장하고 처리하도록 도와

주도록 설계된 언어) 인젝션 등을 방어할 방법을 개발해 왔다. 그러나 이제는 질문(코드)에 답변(데이터를 가져오는 행위)하는 대화형 질의응답을 할 수 있는 시대가 오자 이에 대해 방어해야 하는데 대비책에 대해 충분히 논의되지 않았다.

즉, 질문(데이터를 가져오려는 행위)이라고 하는 것을 더 이상 코드로 표현하는 게 아니라 언어로 표현할 수 있게 되면서 이러한 보안과 데이터 유출 부분에 취약점이 생긴 것이라고 할 수 있다. 이를 프롬프트 인젝션 공격(prompt injection attack)이라고 하며 최근 논의되고 있다.

이런 보안상 위험한 부분을 노출하지 않으려고 개발사는 여러 제약을 걸 가능성이 높다. 예를 들어 혐오나 차별 발언을 하지 않도록 하는 것들이 있다. 그러나 프롬프트 엔지니어링을 하면서 이러한 부분을 회피해서 어떤 발언을 하도록 하거나 주요한 데이터를 인공지능이 언급할 수 있게 한다. 이를 방지하려고 응답을 유도하는 질문이 탐지되면 대화를 중단하는 등의 작업이 필요할 수 있다. 프롬프트 엔지니어링이 활발할수록 데이터 유출 또한 활발하게 논의되어야 한다고 할 수 있다.

3.3.4. 학습 주기 통제의 어려움

인공지능을 사용한다는 것은 학습 주기에 대해서 통제해야 한다는 것을 의미한다. 학습 주기에 대해서 통제한다는 것이 대체 어떤 의미일까? 인공지능을 학습시킨다는 것은 2가지 작업이 선행된다는 것을 의미한다. 첫 번째는 주기적으로 학습에 필요한 데이터를 준비한다는 것이고 두 번째는 주기적으로 학습을 수행한다는 것을 의미한다. 첫 번째를 한번 생각해 보자.

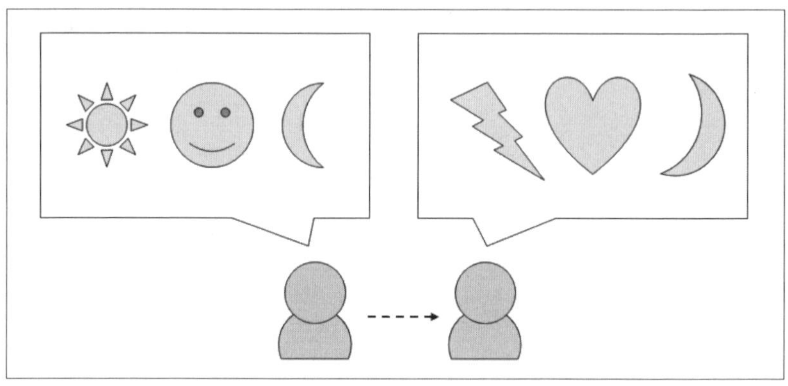

[그림 17] 동일한 사람의 시간에 따른 선호도 변화

위의 그림은 인공지능을 사용하려면 왜 주기적으로 학습해야 하는지를 보여 준다. 인공지능을 사용해 보지 않은 사람은 잘 모르는 부분인데, 인공지능을 사용하려면 주기적으로 학습해야 한다. 왜냐하면 과거에 학습한 패턴이 변화할 수 있기 때문이다. 예를 들어 사람이 기존에 선호하던 것들이 있을 텐데 시간이 지나면 사람의 선호는 변경된다. 그러므로 과거의 선호는 더 이상 미래의 선호를 반영하지 못하게 되는 경우가 존재할 수 있어 주기적으로 학습해야 한다. 이러한 것이 주기적으로 학습해야 하는 대표적인 예시이다.

혹은 학습 당시에는 없었던 데이터를 차후에 사용할 수 있게 될 수 있다. 그러면 그때 없던 데이터를 활용해서 다시 학습해야 한다. 왜냐하면 없던 데이터를 이제 활용할 수 있는 상황이 된 경우 재학습하는 것이 성능을 더 좋게 할 수 있기 때문이다. 그렇게 하려면 주기적으로 학습하도록 데이터를 준비해야 할 것이다.

문제는 학습 데이터가 모종의 이유로 인해서 준비되기 어려운 경우가 있을 수 있다는 것이다. 예를 들어 원본 데이터가 수집되어야 하는데 수집되지 않는 경우가 생길 수 있다. 공장을 한번 생각해 보자. 센서에서 데이터를 받아 이 데이터를 인공지능이 활용해 불량을 감지하는 것과 같이 내 업무에 적용한 상황이라고 하자. 이때 센서가 오작동을 일으켜서 데이터를 생성하지 못하는 경우가 생길 수 있다. 비록 일부 데이터에 불과하지만 인공지능을 학습하는 데에는 전체 데이터가 필요할 수 있다.

이렇게 되면 학습을 위한 데이터를 준비할 수 없게 되고 학습할 수 없다. 인공지능을 적용한다는 것은 이러한 상황을 모두 통제해야 한다는 것을 의미한다. 만약 입수되지 않는 데이터가 있다면 예외 처리해 주어야 하며 주기적으로 데이터를 취합해야 한다. 취합하는 과정에서 만약 문제가 생긴다면 이 또한 해결해야 한다. 이처럼 학습 데이터를 준비하는 것은 꽤 많은 리소스가 투입되는 일이며 예상치 못한 상황까지 모두 통제하기가 쉽지만은 않은 일이다.

두 번째 의미인 주기적으로 학습을 수행한다는 것의 의미를 보자. 주기적으로 학습을 수행한다는 것은 컴퓨팅 리소스에 문제가 있어서는 안 된다는 것을 의미한다. 학습을 수행하는 인프라에서 만약에 문제가 생긴다면 학습이 수행될 수 없다. 문제가 생기는 이유는 여러 가지가 있을 수 있다.

물리적으로 서버가 작업이 불가능한 상황일 수 있다. 예를 들어 서버 과부하로 인해 불이 나는 경우 작업이 불가능해질 것이다. 혹은 만약 학습에 필요한 여러 소프트웨어의 의존성이 서로 복잡하게 얽혀 있는 경우가 있을 수 있다. 이때 무언가 업데이트가 생긴다고 해 보자.

업데이트가 생기면서 필요한 모듈이 없어지거나 한다면 작업이 불가능한 상황이 될 수 있다. 복잡하게 얽혀 있어 작업할 수 있도록 많이 테스트해야 하고 주기적으로 학습이 어려운 문제가 생길 수 있다. 즉, 주기적으로 학습될 수 있도록 컴퓨팅 리소스가 항상 확보되어 있어야 한다. 이러한 문제들 때문에 인공지능을 주기적으로 학습할 수 있도록 통제하기는 어려운 일이다.

물론 최근 많은 발전이 이루어지고 있고 일부 분야는 정말 괄목할 만한 창의적인 아이디어도 나오고 있다. 그중 데이터의 특성을 유지하면서 새로운 데이터의 특성을 받아들일 수 있는 연구들도 이루어지고 있다. 최근 연구에 의하면 전체 파라미터(가중치)가 전부 다 중요하지 않고 중요한 파라미터가 정해져 있어 그 파라미터를 제외한 나머지만 업데이트한다면 뒤에 들어오는 데이터의 특성을 반영할 수 있다는 것을 입증했다.

즉, 앞에서 배운 데이터의 특성으로 잘 학습한 인공지능이 다음으로 들어오는 데이터의 특성으로 인해 성능이 저하되는 것을 방지한다. 예를 들어 이미지 데이터로 학습한 인공지능을 활용해서 이미지를 구분하는 데 중요한 파라미터라고 생각되는 일부만 남긴 뒤 중요하지 않다고 생각되는 파라미터를 대상으로 텍스트를 구분하는 인공지능 학습에 활용해 결국 한 개의 인공지능이 이미지와 텍스트를 모두 구분할 수 있게 만든다.

그런데도 주기적으로 학습하는 것이 필요하다. 이미지와 텍스트의 경우 데이터의 변화가 덜할 수 있다. 예를 들어 고양이와 강아지가 하루아침에 특성이 바뀌지는 않기 때문이다. 그러나 그 외 금융이라든가 고객 특성, 쇼핑 등 다이내믹하게 변화하는 데이터의 경우 주기적으로 학습이 꼭 필요하다. 그러므로 학습 주기를 통제하는 것이 매우 중요한 일이다.

초거대 인공지능이 학습 주기를 통제하기가 특히 더 어려운 것은 왜일까? 초거대 인공지능의 또 다른 취약점의 하나는 매우 빠르게 변화하는 상황에 적응하기가 어려울 수 있다는 점이다. 사람은 급변하는 환경을 만나면 이에 맞게 적응해 새로운 답을 내놓는 것이 빠르다. 그러나 앞에서 논한 바와 같이 초거대 인공지능의 학습은 워낙 큰 비용과 시간이 투입되는 일이다. 그러므로 무언가 큰 변화가 일어나면 과거의 데이터를 기반으로 찾은 패턴들은 모두 무용지물이 되어 재학습해야 한다.

문제는 여기서 변화가 빠르게 혹은 자주 일어나는 상황일 때 발생한다는 것이다. 한 번 학습하는 데 큰 비용과 시간이 들어가므로 현실적으로 자주 학습하기는 어려운 일이다. 그런데 변화가 잦아 자주 학습해야 한다면 만들어 둔 초거대 인공지능은 무용지물이 될 수 있다. 특히 금융 시장에 인공지능을 적용하려고 할 때 이러한 문제를 만날 수 있다.

물론 앞에서 논의한 것과 같이 중요한 파라미터는 일부이므로 중요하지 않은 파라미터를 새로운 데이터를 학습하는 데 사용하는 방식으로 시도해 볼 수 있지만 이런 방법이 무조건 잘 작동한다는 보장은 실험해야 확보할 수 있다. 예를 들어 생각보다 중요한 파라미터의 비중이 높아(중요한 파라미터 비중이 99%) 새로운 데이터를 활용해서 파라미터를 업데이트할 수 있는 비중(전체 파라미터 중 1%)이 작아서 절대적인 수가 부족할 수 있다.

이처럼 데이터의 특성과 주어진 문제에 따라서 작동하지 않을 수 있어 모든 경우에 보장할 수는 없다. 변화가 너무 빠르게 일어나는 경우라면 적용하기 어려울 수 있다. 따라서 아직은 초거대 인공지능이 인간의 사고 과정과 결정을 지원할 수 있을지언정 모든 작업을 대체하기는 어렵다.

3.4 인공지능 부서와의 협력

인공지능 개발을 적용하려다 보면 가장 먼저 직면하는 문제는 조직 운영이다. 인공지능이라는 것이 잘 사용하면 큰 이익을 가져올 수 있을 것 같고 적용해 보고 싶은데 조직을 운영하는 관점에서 어떤 것이 더 나을지 알기가 어렵다.

인공지능 개발 인력과 협력하는 형태는 여러 가지가 있을 수 있다. 예를 들어 인공지능 조직이 분산화되어 있어서 인공지능을 적용하려고 하는 비전문 실무자가 소속한 조직에 있을 수 있다. 혹은 인공지능 조직이 중앙화되어 있어서 비전문 실무자가 소속한 조직에 없을 수 있다. 여러 가지 상황이 존재할 수 있고 이러한 상황에 인공지능 부서와의 협력은 항상 통일되지 않는다.

인공지능 조직이 어떻게 되어 있는가에 따라 더 적용하기 쉬운 정답은 존재하지 않는다. 인공지능 개발자를 한곳에 모으도록 중앙화해 운영하면 관리가 편할 것 같고 연구소와 같이 운영하면서 연구 개발의 시너지도 날 수 있을 것 같다. 반대로 인공지능 개발자를 각 현업 조직에 분산 배치하면 현업과 잘 융화되면서 인공지능을 비즈니스에 잘 적용할 수 있을 것 같은 느낌도 든다.

조직을 운영하는 관점에서 어떤 것이 더 맞을까? 정답은 존재하지 않는다. 주어진 상황도 다르고 사람도 달라 여러 부서에 분산 배치하는 것이나 한곳에 모으도록 중앙화하는 것이나 정해진 정답은 없다고 본다. 어쩌면 혼합된 상황이 정답일 수 있다. 이에 대해 각 방법의 장점을 논해 보자.

3.4.1. 부서 통합했을 때 적용의 장점

"부서 통합"이라는 것은 무슨 의미일까? 당 도서에서는 인공지능 개발자와 비전문가가 서로 같은 부서에 통합되어 존재하는 것을 의미한다. 인공지능 개발 센터와 같이 한곳에 모아 개발하는 중앙 집중형과는 다르게 각 부서에 배치해 관리한다. 이렇게 되면 마케팅하는 조직에 마케터가 있고 인공지능 개발자도 있다. 혹은 인사 조직에 인사 담당자와 인공지능 개발자가 있다. 즉, 인공지능 연구와 크게 관계없는 일을 하는 부서에 인공지능 개발자가 혼재되어 있다.

인공지능을 업무나 서비스에 적용하려는 비전문가의 입장에서는 어떨까? 일하는 내 옆에 인공지능을 개발할 수 있는 인력이 있는 것이 좋은 걸까? 꼭 그렇지만은 않다. 각기 다른 환경에 걸맞은 방법으로 운영하는 것이 정답일 것이다. 그런 차원에서 통합된 인력의 운영에 대해 논해 보자. 통합된 인력의 장점은 각 조직의 필요성에 따라 인공지능을 잘 적용할 수 있다는 점이다.

예를 들어 인공지능 개발자가 마케팅이나 기획과 다른 조직에 전진 배치된다고 하자. 마케팅이나 기획과 같은 조직에서 필요한 요건이 있을 텐데 조직이 다르면 최대한 협업한다고 해도 부족한 부분이 있기 마련이다. 조직에서는 차주까지의 적용 일정을 원하는데 인공지능 개발 인력과 분리되어 운영하다 보면 다른 일들이 많아 차주까지 적용하지 못하게 될 수도 있다. 아래의 예시를 보자.

인공지능 연구/개발 부서의 업무 중요도

1) 신기술 개발

2) 특허 출원

3) 인공지능 서비스 개발

4) 마케팅 자동화 지원

마케팅 부서의 업무 중요도

1) 마케팅 자동화

2) 신규 고객 창출

3) 이탈 고객 방지

4) 클라이언트 확장

위의 예시는 2개 부서의 업무 중요도의 순서이다. 인공지능 연구/개발 부서의 업무 주목표는 신기술 개발이다. 물론 사내 마케팅 부서와 협력하므로 마케팅 부서에서 하려는 마케팅 자동화를 지원하는 것도 목표이지만 업무 중요도는 상대적으로 떨어지게 된다. 그러나 마케팅 부서의 경우 업무 주목표는 마케팅 자동화이다. 인공지능 연구/개발 부서는 마케팅 자동화의 중요도가 가장 낮은 반면에 마케팅 부서는 마케팅 자동화의 중요도가 가장 높다.

부서가 두 개로 분리되어 운영되다 보니 부서별로 중요하게 생각하는 업무가 다르게 되고 그러다 보니 같은 목표를 바라보고 업무를 함께 진행하더라도 서로의 속도가 차이 날 수 있다. 앞의 예시와 같이 마케팅 부서는 마케팅 자동화 툴에 당장 다음 주에 인공지능 결과를 반영해야 하는데 인공지능 개발자의 우선순위에 밀려 적용하지 못하게 된다.

만약 다음 주에 마케팅하려고 반응할 만한 고객을 인공지능을 사용해서 선별해야 한다고 하자. 이때 인공지능 개발 부서에 요청했는데 그 부서는 당장 다음 주까지 또 다른 목표를 달성해야 하는 상황일 수 있다. 그렇게 되면 인공지능 연구/개발 부서에서는 도와주고 싶지만 내 부서 목표를 달성해야 해서 아무래도 타 부서의 목표 지원은 우선순위에서 미뤄질 수 있다.

따라서 부서에 통합되어서 근무하게 되면 목표가 일치되어 인공지능을 적용할 때 앞에서 이야기한 것과 같은 문제는 일어나지 않을 수 있다. 그러다 보니 인공지능을 적용해 목표를 달성하기로 결정만 했다면 적용하고 결과를 보는 것을 더욱 빠르게 할 수 있다.

통합해서 운영하게 될 경우 또 다른 장점은 무엇일까? 아무래도 인공지능 개발자를 타 부서에 전진 배치해 인공지능 개발자가 타 부서가 직면한 문제를 이해할 수 있게 된다. 그러면 단순히 필요한 요건을 받아 개발하기보다는 어떤 문제를 해결해야 하는지를 능동적으로 결정하고 이를 해결하기 위해서 인공지능 적용을 고민하게 된다.

예를 들어서 마케팅과 기획 업무와 같은 부서에 인공지능 개발자가 배치되었다고 하자. 그러면 인공지능 개발자는 마케팅과 기획 업무를 하는 부서에서 직면한 문제를 해결하는 것이 목표가 된다. 직면한 문제를 해결하려면 그 문제를 깊이 이해해야 해서 마케팅과 기획을 더 깊게 이해하려고 한다. 타 부서에서 하는 업무를 더 깊게 이해하므로 문제를 더 잘 해결할 수 있는 방안을 고민하고 적극적으로 활용하게 된다.

그렇게 되면 타 부서의 사람들이 직면했지만 해결할 생각을 하지 못했던 문제를 발굴해서 해결하게 되는 상황도 종종 생기고는 한다. 결국 동일한 목표를 가진 여러 배경의 인력이 모이게 됨으로써 인공지능을 적용해 문제 해결뿐 아니라 문제 발굴까지 하게 될 수 있다. 따라서 부서 통합은 의사 결정을 더욱 신속하게 할 수 있게 하고 인공지능 적용을 더욱 잘할 수 있게 된다.

인공지능 개발자는 개발하는 일만 잘하면 도움이 될까? 어떤 인력에게는 그것이 좋겠지만 다른 인력에게는 여러 기회를 가지게 되는 것이 도움이 될 수 있다. 여러 기회를 가지게 되면 어떤 도움이 되는 걸까? 만약 인공지능 개발자를 각 현업 부서에 배치한다면 각 개발자는 여러 가지 능력과 경험을 쌓을 수 있게 된다. 그러면서 전체 조직이 인공지능을 비즈니스에 어떻게 접목해야 하는지에 대해서 세부 조직들의 이해도가 높아지게 된다.

인공지능을 비즈니스에 언제 어떻게 접목해야 하는지 이해도가 높아진 세부 조직들이 점점 많아짐에 따라 여러 가지 업무를 수행하는 조직들이 인공지능의 적용을 더 능동적으로 하게 되고 결국 조직 전체적으로 인공지능을 적용하는 것에서 수준이 증가하게 된다. 예를 들어 마케팅과 기획 조직에 배치된 인공지능 개발자들은 각 조직에 어떻게 인공지능을 적용할 수 있는지에 대해서 고민하게 된다. 결국 마케팅과 기획 조직에서 해결하려는 문제를 파악하게 되고 인공지능을 각기 다른 문제를 해결하려고 적용하게 된다.

그러다 보면 다른 문제를 해결하려고 인공지능을 활용하면서 조직 전체적으로 인공지능을 활용해 문제를 해결하는 경험을 다각도로 쌓을 수 있게 된다. 또한 각 조직은 인공지능을 도입했을 때의 장점을 알게 됨에 따라 인공지능을 적극적으로 도입하게 된다. 도입하고 성과를 본 경험이 누적됨에 따라 성과를 직접 눈으로 보고 인공지능의 도입을 재결정하게 되는 선순환을 하게 됨으로써 결국 조직 전체적으로 인공지능을 적용하는 경험이 많아지고 인공지능 개발자를 제외하고도 조직 전체가 인공지능에 대한 수용성이 높아지게 된다.

그리고 인공지능 개발자를 각 부서에 배치함에 따라 조직 전체의 인공지능에 대한 이해도를 높일 수 있다. 배치된 인공지능 개발자는 각 조직에서 인공지능을 적용하려고 노력하는 과정에서 각 조직에 인공지능에 대해 이해시켜야 하는 과정을 거치게 된다. 즉, 직면한 문제를 인공지능으로 해결하면 어떤 이점이 있는지와 인공지능이 어떻게 작동되어 신뢰할 수 있는 결과를 얻을 수 있는지 등에 대해 공유하게 된다.

이 과정에서 인공지능에 대해 잘 몰랐던 사람들도 인공지능에 대해 이해하게 되고 각 조직의 인공지능에 대한 이해도가 높아지게 된다. 이러한 과정이 쌓이게 되면 결국 조직 전체적으로 인공지능에 대한 이해도가 한층 높아진다. 이러한 현상은 인공지능 적용에서 인공지능 개발자와의 소통을 더 원활히 할 수 있게 도와주고 결국 인공지능의 도입에 한 발 가까이 갈 수 있게 된다.

비전문가가 인공지능을 적용할 때 부서가 통합(여러 부서에 인공지능 개발자를 나누어 배치한 경우)되어 있는 경우 다른 장점은 무엇이 있을까? 인공지능을 업무나 서비스에 적용하려고 하는 비전문가의 입장에서 업무가 더욱 쉽게 느껴질 수 있다. 왜냐하면 당장 내 옆에 앉아 있는 직원이 인공지능을 개발할 수 있다는 것을 의미하기 때문이다.

타 부서에 있으면 아무래도 같은 부서에 있는 것보다는 업무 외적으로 친해지기는 쉽지 않다. 같은 부서에 있다면 업무를 같이할 수밖에 없고 그러면서 점차 업무 외적으로도 친해지기 마련이다. 업무 외적으로 친해지면 항상 그런 것은 아니지만 그때부터는 같이 업무할 때 아무래도 부담 없이 협력을 제안할 수 있고 더욱 매끄럽게 일 처리가 가능해질 수 있다.

그러나 타 부서에 있는 경우 업무 외적으로 친해지기는 쉽지 않다. 그러므로 무언가 협력을 제안할 때 사적으로 간단하게 제안해 보고 한번 가볍게 적용해 보는 것이 쉽지 않다. 공식적으로 제안하게 되고 그러다 보면 인공지능 개발자도 부담을 느껴 적용하는 것이 쉽지 않다. 가볍게 가능성을 체크해 보는 것도 쉽지 않다.

비전문 실무자가 인공지능 조직과 더 협력하기 쉬운 정답은 존재하지 않는다. 어쩌면 혼합하는 형태가 가장 좋은 정답일 수 있다. 중앙 연구소를 개설하고 여기에 인력을 모으고 각 조직에 흩어진 비전문가들을 교육하거나 인공지능과 관련된 인력의 일부를 발령 내는 것과 같은 형식으로 한다. 그렇게 하면 모든 장점을 취할 수도 있고 이도 저도 아닌 결과를 만나게 될 수도 있다.

인공지능을 활용하거나 적용하는 데는 일률적인 규칙이 사실 없다. 각기 상황에 따라 해결해야 하는 문제가 다르고 이에 걸맞게 적용해야 한다. 그러므로 다양한 문제를 해결해 보는 것은 인공지능 개발자의 역량 향상에 도움이 될 수 있다. 그리고 비전문가도 인공지능 개발자가 적용하는 것을 보며 활용 경험을 간접적으로 배운다. 이런 측면에서 각 부서에 전진 배치하는 것은 인공지능 활용의 다양성 증진에도 도움이 되기도 한다. 앞서 논한 바와 같이 각 조직에서 직면한 문제를 해결하는 과정에서 서로 다른 문제를 직면하게 된다.

각 부서에서 인공지능을 사용하여 문제를 해결해 나가는 과정을 반복하다 보면 부서의 인공지능 비전문가들도 인공지능이라는 도구를 어떻게 활용해야 할지에 대해 고민하게 된다. 결국 여러 문제를 해결해 나가다 보면 인공지능을 다루는 것에 대해서 스스로 이해도가 넓어지게 된다. 결국 직면하는 문제가 다양화될수록 이를 해결하려는 시도는 더 다양해지고 이러한 시도들이 모이게 되면 창의적인 아이디어를 도출할 수 있는 초석이 될 수 있다.

창의적인 아이디어는 인공지능 개발자가 인공지능을 설계하는 데 반영할 수 있는 계기가 된다. 또한 생각하지 못했던 문제를 해결하려고 노력하면서 인공지능이 가진 한계를 극복해 나가는 초석이 되기도 한다. 이러한 과정을 반복함으로써 인공지능 인력을 한곳에 모아 운영할 때 생각하지 못한 아이디어들이 도출된다. 그리고 결국 이러한 장점들이 모여 전체 조직의 인공지능 기술력 향상에도 기여할 수 있다.

3.4.2. 부서 분리했을 때 적용의 장점

"부서 분리"라는 것은 무슨 의미일까? 당 도서에서는 인공지능 개발자와 비전문가가 서로 각기 부서에 나뉘어 존재하는 것을 의미한다. 인공지능 개발 센터와 같이 한곳에 모아 개발하는 중앙 집중형으로 관리한다. 이렇게 되면 마케팅하는 조직에는 마케터만 있게 되고 인사 조직에는 인사 담당자만 존재하게 된다. 인공지능 개발자는 별도로 조직을 구성해 모은다. 인공지능과 관계없는 일을 하는 부서에는 인공지능 개발자가 없고 필요시 협력하는 구조로 조직을 구성한 것을 의미한다.

인공지능 개발 인력을 한곳에 모은다는 것은 어떤 의미를 가질까? 대체 어떤 장점이 있기에 한곳에 모으는 선택을 하는 것일까? 인력을 중앙 집중형으로 배치하는 경우의 장점을 보자. 인공지능 개발 인력을 중앙 집중형으로 한곳에 모아 관리하는 것은 인력의 전문성 향상에 직접적으로 기여한다. 더욱 진보된 알고리즘을 개발하는 데 중요한 것은 놀랍게도 창의적 아이디어이다. 그리고 그러한 아이디어는 토론을 통해 나오는 경우가 종종 있어 논의가 가능한 사람이 주변에 있다는 것은 큰 장점이다.

또한 지식을 공유하는 것이 더욱 수월해짐에 따라 공유가 활발하다는 전제하에 전체 인력의 지식수준은 점점 높아지게 될 것이다. 이는 지식 공유, 전문성 강화, 기술력 향상의 선순환 구조를 구축할 수 있게 된다. 그러면서 논문이나 특허 등의 지식재산권과 결과물이 계속 나오게 된다. 외부에서는 이러한 과정을 보면서 뛰어난 사람이 많다고 생각하게 되고 결국 뛰어난 인재의 영입이 더욱 수월해진다. 그럼으로써 다시 지식 공유, 전문성 강화, 기술력 향상, 특급 인재 영입의 사이클을 가져갈 수 있는 구조가 된다.

만약 전략적 목표가 외부 기술력 홍보라고 하자. 그렇다면 최우선 순위는 회사 내에 외부에 공개할 수 있을 수준의 기술력을 갖추는 것이 될 것이다. 이를 위해서는 연구 개발이 필수적인데, 조직이 중앙화되지 않으면 각 분산된 조직의 전략적 목표는 연구 개발보다는 다른 것일 것이다. 그러다 보면 어느새 연구 개발은 뒷전이 되기 쉽다. 그러면 결국 외부로의 기술력 홍보를 위한 신규 기술 개발은 요원해진다.

이처럼 인공지능 인력을 한곳에 모으는 것은 목적을 일관성 있게 유지하는 데 도움이 된다. 예시에서의 목적인 연구 개발을 하려면 중앙화하는 것이 일관성 있게 연구 개발하는 데 도움이 되었다. 그렇게 하면 전략적 목표를 달성하기가 더욱 수월해진다. 또한 중앙화했으므로 중복 작업을 최소화할 수 있다.

동일 혹은 유사 업무를 하는 사람을 모으면 그들끼리 업무를 경감하려고 한 번 개발된 프로그램을 함께 사용하게 될 것이다. 동일한 결과를 얻으려고 다시 개발할 필요 없이 한 번 개발된 프로그램을 반복 재사용하며 업무 난이도와 시간을 줄이게 될 것이다.

그들은 서로 프로그램을 공유하면서 그 프로그램을 더 진보시킬 수도 있고 만약 그 프로그램의 품질이 일정 이상을 넘어가게 된다면 예상치 못한 결과물로 비즈니스 성과를 얻을 수 있다. 마치 지금은 파산한 온라인 게임 글리치에서 원활히 소통하려고 회사 내부에서 사용한 도구였던 슬랙과 같이 말이다.

인력이 여러 곳에 있다면 인력 관리를 하기가 매우 어려울 것이다. 그러나 중앙화함에 따라 인력 관리와 관련된 업무를 효과적으로 할 수 있다. 예를 들어 인공지능 개발자를 한곳에 모으게 됨으로써 업무 수행에 필요한 것이나 있으면 도움이 될 만한 툴이나 도구들을 물어보고 도입하는 데 번거롭지 않게 될 것이다. 이에 따라 생산성을 향상할 수 있고 이는 결국 비용 절감으로도 이어질 수 있다.

또한 일관성 있는 교육이나 업무 능력 개발 프로그램을 도입할 수 있어 인력의 전문성 유지에도 도움이 된다. 이는 개인의 성장에 대한 욕구를 충족시키고 성장으로 인해 회사의 기여도가 높아짐에 따라 비즈니스 성과에도 직결될 수 있다. 비즈니스 성과가 아니더라도 성장에 대한 욕구 충족으로 인해 이직률을 낮출 수 있다.

또한 서로의 업무를 이해하는 조직이므로 성과에 대해서 공정한 평가를 받을 수 있다. 예를 들어 인공지능 개발자가 마케팅이나 기획 조직에 갔다고 해 보자. 인사 평가 시즌이 되자 관리자는 인공지능으로 업무의 효율을 올렸는지, 인공지능으로 자동화를 어떻게 했는지와 같은 것들이 중요한 게 아니라 마케팅이나 기획을 무엇을 했는지 물어보고 이를 성과에 반영할 수 있다.

그렇게 되면 인공지능 개발자는 분명 업무를 열심히 하고 손실을 줄임으로써 비즈니스 성과를 창출했는데도 불구하고 평가를 제대로 받지 못하게 된다. 이처럼 중앙화를 통한 공정한 성과 평가는 이직률을 낮출 수 있는 요소 중 하나이다.

상품에 대해서 공통의 활용 목적을 가진다면 가치를 표준화하는 일은 어렵지 않다. 예를 들어 음식이라면 섭취가 주 활용 목적일 것이다. 그렇다면 맛이나 칼로리, 신선도로 확인할 수 있을 것이다. 혹은 공산품이라면 가격이나 품질 등으로 확인할 수 있을 것이다. 그렇다면 인간은 어떠할까?

비즈니스 가치를 창출할 목적으로 인간에 대해서 가치를 표준화하기는 매우 어려운 일이다. 특히나 여러 부서로 분할된 경우 동일한 역량을 지닌 인간이라고 할지라도 각 부서에서 해결하려는 문제와 활용 목적에 따라 가치 평가가 달라질 것이다. 이러한 문제를 그나마 조금이라도 해결하는 방법은 인공지능 개발 인력을 한곳에 모으는 것이다.

한곳에 모음으로써 그 부서에서의 목표가 공유되고 결국 공통의 활용 목적을 지니게 된다. 이를 기반으로 인력을 표준화할 수 있다. 또한 일관성 있는 프로세스를 적용함에 따라 인력의 질이 일정 수준 이상을 유지할 수 있다. 결국 중앙화된 인력 운영은 리스크를 줄일 수 있다.

예를 들어 마케팅이나 기획 조직에서 인공지능 개발자를 추가 고용하고 싶다고 하자. 마케팅이나 기획 조직에서 인공지능 개발자에 대한 업무 역량 평가를 어떻게 해야 할까? 평가가 어려운 나머지 인공지능 개발 인력이 많은 조직에 도움을 요청할 수도 있고 어쩌면 제대로 된 평가를 하지 못하게 될 수도 있다.

직무별로 부서를 분리 운영하여 동일 직무의 인력을 중앙화함으로써 이러한 리스크에 대해서 절감이 가능하다. 그리고 규제에 대해서 더욱 효율적으로 준수할 수 있다. 예를 들어 인공지능 개발을 하다 보면 데이터에 접근하게 되는데 이 데이터가 외부로 유출되어서는 안 되는 매우 중요한 데이터라고 가정해 보자. 이 데이터에 접근할 수 있는 사람이 총 100명인데 조직 단위로 보면 각 40여 개의 조직인 것과 100명이지만 한 개 조직에 있는 경우 유출을 관리한다는 측면에서 조직을 한곳에 모으는 것이 더욱 리스크 관리에 도움이 될 것이다.

그렇다면 비전문가가 인공지능을 적용할 때 부서가 분리(인공지능 개발자는 별도의 조직을 구성해 관리하는 경우)되어 있으면 어떨까? 인공지능을 업무나 서비스에 적용하려고 하는 비전문가의 입장에서 업무가 더욱 어렵게 느껴질 수 있다. 왜냐하면 다른 부서에 있는 직원과 함께 인공지능을 개발해야 한다는 것을 의미하기 때문이다.

타 부서에 있으면 업무 외적으로 친해지기는 쉽지 않기에 협력을 제안하기조차 쉽지 않다. 협력을 어찌어찌 제안하더라도 공식적으로 제안하게 된다. 그러다 보면 가볍게 가능성을 확인해 보기도 쉽지 않은 일이 된다. 만약 비즈니스 성과를 창출하는 것에 적극적인 인공지능 개발자가 있다면 분리되어 운영하는 것도 좋은 운영 방법이다.

앞에서 논의한 바와 같이 인공지능 개발자가 한곳에 모여 있다면 서로 논의하면서 실력을 키우는 것이 더 수월하므로 연구 역량을 키우기 쉽다. 결국 연구 역량이 증가한 인공지능 개발자들과 협력하게 되면서 기존에 어려웠던 문제를 더 많이 해결할 수 있게 된다. 반대로 비즈니스 성과를 창출하는 데 적극적인 인공지능 개발자가 없다면 적용은 어려워진다.

몇몇 인공지능 개발자는 논문을 작성하는 것만을 일로 생각하는 경우가 많다. 비즈니스에 인공지능을 적용한다는 것은 외부에 노출하기 어려운 사내 데이터를 다루는 일이 많다. 그렇게 되면 어떤 아이디어를 적용해서 인공지능을 만들어도 외부에 공개되기 어려운 상황에 부닥칠 수 있다. 외부에 오픈된 유사한 데이터가 있다면 공개하는 것이 수월하지만 없다면 공개하기 어렵고 결국 논문이나 외부 세미나 시 오픈할 수 없게 된다.

그렇게 되면 논문을 작성하는 것만을 중요한 업무로 생각하는 인공지능 개발자들은 스스로 성과를 올리지 못했다고 생각하게 된다. 그럴 경우 결국 인력의 유출로 이어질 수도 있어 이를 잘 조율할 수 있도록 임원 레벨의 방향 제시가 매우 중요하다. 또한 많은 조직의 인력들이 너나 할 것 없이 인공지능 적용을 더 적극적으로 임하는 것은 매우 중요한 일이 된다.

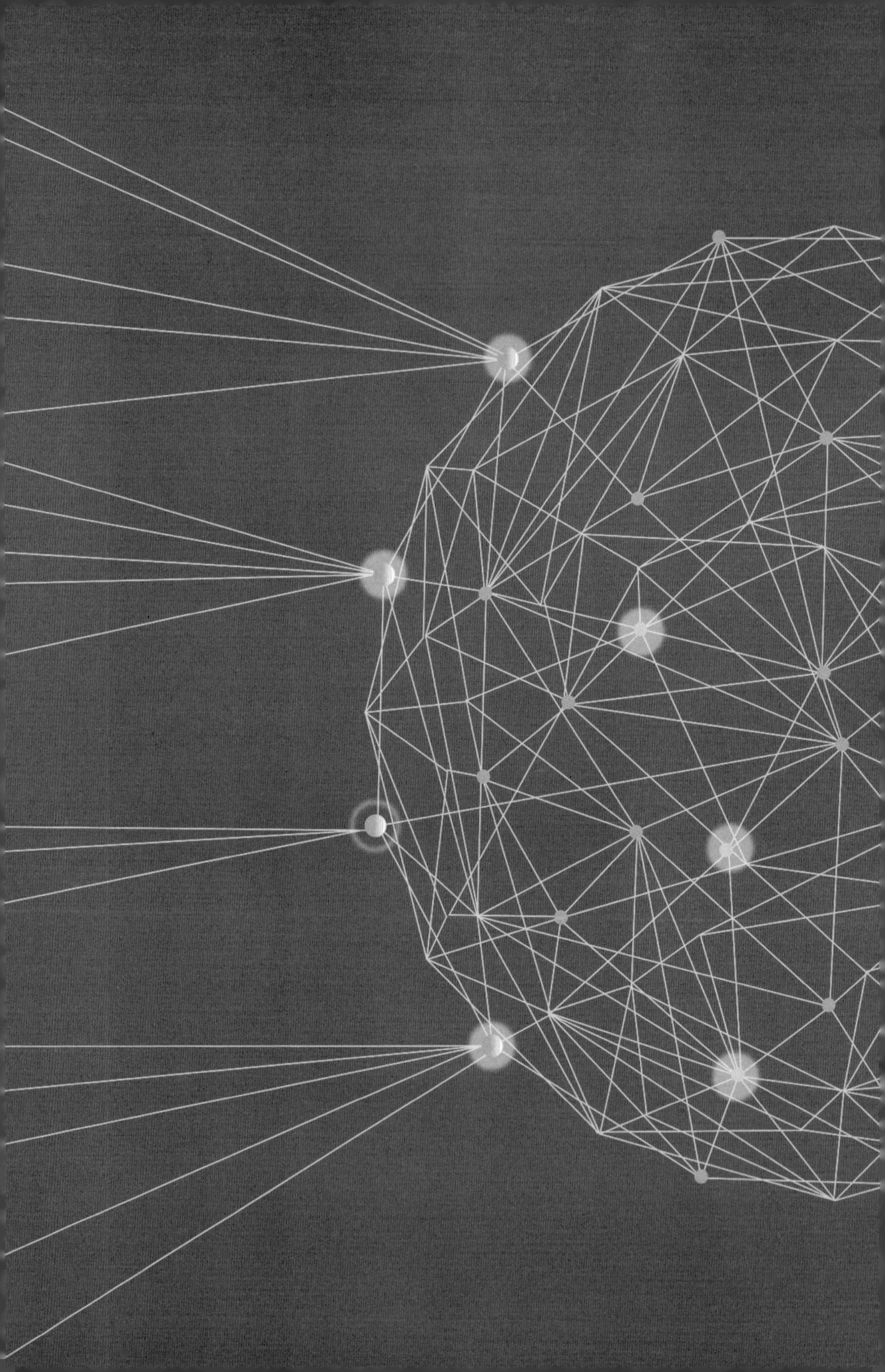

4장

그런데도 우리 부서에 인공지능을 도입해야 하는 이유

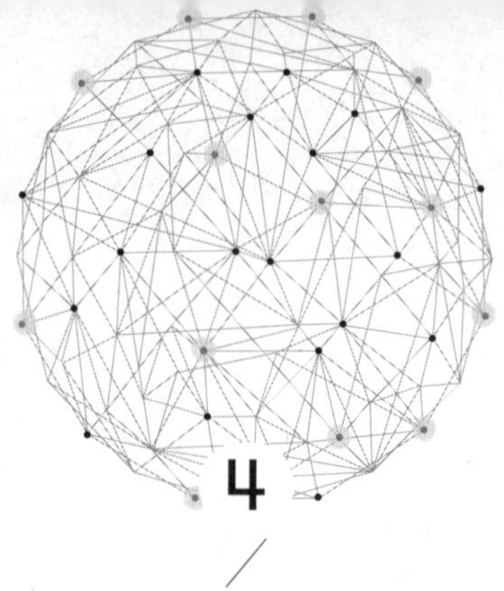

4

그런데도 우리 부서에 인공지능을 도입해야 하는 이유

앞에서 인공지능 패러다임의 변화와 적용이 어려운 이유를 논하면서 인공지능에 대해 이해했다. 사실 앞에서 인공지능을 적용하기가 어려운 이유에 대해서 논했지만 인공지능은 매우 뛰어난 도구이다. 필자는 이 인공지능을 어떻게 쓰느냐에 따라 인류의 미래, 개인의 미래가 송두리째 바뀔 수 있다고 믿는다.

기술의 발전은 매우 빠르다. 그에 반해 체감은 느릴 수 있다. 하지만 기술이 어느 한계점을 돌파하는 순간 우리의 현실은 파괴될 것이다. 파괴된 현실의 빈자리에는 인공지능이 자리 잡을 것이고 그렇게 우리는 파괴적으로 혁신을 만들어 내는 인공지능을 목도하게 될 것이다.

인공지능이 앞에서 논한 것과 같이 완벽하지는 않다. 그러니 당연히 단점이 있고 조심해야 하는 면이 있다. 그러나 인공지능은 완벽해지려고 노력하는 인간과 같이 점점 더 발전해 나갈 것이고 어쩌면 우리는 인공지능으로 인해 변화하는 시대를 살아가는 과도기적 시대의 첫 세대일지 모른다.

인공지능의 한계는 어디까지일까? 인공지능의 발전은 과연 어디까지 이루어질까? 필자는 인공지능의 발전은 무한대라고 생각한다. 실제로는 인간이 해결하려는 문제의 수만큼의 해결을 만들 수 있을 만큼이라고 생각한다. 인공지능에 한계는 없다고 생각하지만 "현재"의 인공지능은 한계가 있다.

하지만 한계들을 해결하려는 연구원들이 밝은 미래를 만들어 주리라 믿어 의심치 않는다. 본 챕터에서는 인공지능이 뛰어난 일부 몇 가지 이유를 이야기할 것이다. 이를 통해 인공지능이 어떤 강점을 가졌는지를 논할 것이다.

4.1 인공지능의 잠재력

인공지능을 적용하면 많은 장점이 있다는 것은 모두가 아는 사실일 것이다. 그만큼 인공지능의 잠재력은 뛰어나다. 특히나 인공지능이 가진 잠재력은 업무와 서비스에 적용되면 많은 장점을 가질 수 있다. 인공지능은 우리가 가진 문제를 해결할 수 있는 좋은 해결책이 될 수 있다. 또한 역량을 강화해 업무를 더 잘할 기회가 되기도 한다.

대체 인공지능에는 어떤 잠재력이 있는 걸까? 모두가 인공지능에 관해 이야기하지만 비전문가가 실제로 인공지능이 인간과 대비해서 장점을 발휘할 수 있는 잠재력이 뛰어난 부분을 이해하기는 쉽지 않다. 이 챕터에서는 비전문가가 이해할 수 있는 수준에서 인공지능이 인간보다 뛰어난 부분을 논할 것이다. 이를 통해 인공지능을 어떻게 활용하면 업무와 서비스를 적용할 때 이점이 생길 수 있는지 논할 수 있다.

4.1.1. 번개 같은 연산 속도

ChatGPT가 매우 뜨거운 화두이다. 필자도 한 번 질문을 던져 보니 꽤 자연스럽게 이야기하는 것을 발견했다. 마치 사람이 하는 답변과의 차이점을 찾지 못할 만큼 답변이 자연스럽다. 또한 담긴 내용도 질문에 대한 의도와 질문을 이해하고 답변한 것과 같은 답변이다. 인공지능이 이제 인간보다 더 나을 거라는 이야기가 종종 들리곤 한다. 이 챕터에서는 현재의 인공지능이 구체적으로 인간보다 나은 점을 일부 간단하게 소개하며 논하려고 한다.

인간과 비교했을 때 인공지능이 가지는 다른 장점은 없을까? 이미 논의했던 거의 동시 수준으로 일을 처리할 수 있는 것 외에 더 나은 것은 없을까? 인간에게 동시 가능한 작업의 수가 한계가 있는 것과 유사하게 뇌에서 데이터를 처리하는 것도 한계가 있다. 우리가 어떤 상품의 가입 유무를 분석하려고 데이터를 분석한다고 해 보자. 아래의 표를 한번 보자.

고객 번호	성별	나이	키	가입 유무
1	남자	33	175	Y
2	남자	27	180	Y
3	여자	30	164	N

[표 1] 고객 정보 예시

3명의 고객의 3가지 정보를 분석해 가입 유무에 대해 분석한다고 하자. 대부분 어렵지 않게 보자마자 나름의 결과를 얻을 수 있을 것이다. 예를 들어 남자는 가입한다든가, 키가 170 이상이면 가입한다든가와 같은 가설을 얻을 수 있다. 그런데 우리에게 매우 많은 데이터가 있다고 가정하자. 매우 많은 데이터가 있다 보니 분석해야 하는 대상 고객의 수가 매우 많아지고 고객에 대한 정보도 매우 많아질 수 있다. 예를 들면 아래의 표와 같이 많은 고객과 대용량의 데이터를 분석해서 가입 유무에 대해 맞히는 과제를 수행한다고 해 보자.

10억 개

백만 명

고객번호	성별	나이	키	몸무게	…	자산	연봉	구매이력	가입유무
1	남자	45	180	80	…	상	중	상	Y
2	여자	27	163	52	…	중	중	하	N
…	…	…	…	…	…	…	…	…	…
1000000	남자	33	170	70	…	하	상	상	Y

[표 2] 고객 대용량의 정보 예시

위의 표를 보면 백만 명 고객의 10억 개의 라이프 로그 데이터를 보유하고 있다고 하자. 우리의 과제는 이 고객의 라이프 로그 데이터를 분석해서 가입 유무를 맞히는 과제를 수행하는 것이다. 라이프 로그 데이터란 인간이 삶을 살면서 발생시키는 로그 데이터로 단순 위치 이동 정보를 비롯해 어느 웹사이트를 접속하는지 등 모든 로그 데이터를 의미한다.

만약 이 라이프 로그 데이터 분석을 인간에게 지시한다면, 인간은 이 데이터에 존재하는 패턴을 추출하려고 여러 방법을 시도할 것이다. 예를 들어 다양한 방식으로 그래프를 그리고 들여다보면서 가설을 정하고 이를 검증하는 방법을 반복할 것이다. 이를 통해 패턴을 찾으려고 할 것이다. 이때 라이프 로그의 속성(클릭 배너 종류 등)을 처음 예시와 같은 3가지가 아니라 10억 개를 분석해야 한다.

고객의 수도 백만 명이나 되어 들여다보기가 어려운데 10억 개의 속성을 일일이 들여다보고 패턴을 찾기는 매우 어려운 일이다. 사람이 직접 백만 명에 대해서 10억 개의 정보를 분석해 가입 유무의 패턴을 보려고 한다면 며칠이 걸려도 불가능할 수 있다. 어쩌면 몇 달, 몇 년이 걸려도 다 끝내지 못할 수 있다.

그렇다면 인공지능은 어떠할까? 인공지능은 연산 속도가 매우 빠르다. 그러므로 매우 많은 데이터를 활용해서 분석하려면 인공지능을 사용해야 한다. 어떠한 철학을 지닌 알고리즘을 사용하느냐에 따라 다르지만 지도 학습(데이터와 정답을 인공지능에 주고 학습시키는 방법)에 국한해서 보자. 데이터와 정답을 인공지능에 주면 인공지능 알고리즘의 철학에 따라 패턴을 탐색하고 찾은 패턴을 반환해 줄 것이다.

예를 들어 타깃이 되는 Product를 이탈(환불, 해지 등)하는 고객의 특성과 유사한 고객 집단을 뽑고 싶다고 하자. 타깃이 되는 고객 집단의 라이프 로그 데이터와 정답(이탈 유무)을 인공지능에 주고 학습시킬 것이다. 그 후 아직 이탈하지 않은 이탈 유무를 알고 싶은 미이탈 고객 집단의 라이프 로그 데이터를 인공지능에 주고 이탈 유무를 추론시킬 것이다.

인공지능은 라이프 로그 데이터를 받아 학습된 패턴을 바탕으로 이미 이탈한 고객과의 유사한 정도를 계산하는 것이 가능할 것이다. 이를 사람이 한다고 생각해 보면 10억 개의 속성을 검토하고 백만 명의 고객 데이터를 가지고 어디까지가 일반적인(이상치가 아닌) 고객인지 결정하느라 많은 시간과 큰 비용이 들어가게 될 것이다.

연산 속도가 빠르다는 것은 복잡한 문제를 해결할 수 있다는 것을 의미하기도 한다. 연산량이 많아 해결하기 어려운 복잡한 문제들을 인공지능에 맡기면 해결이 가능한 이유이기도 하다. 연산 속도가 빨라 같은 시간에 대비해서 사람보다 더 많은 연산을 할 수 있어 연산량이 많은 복잡한 문제에 적합하다. 예를 들면 시뮬레이션을 이야기할 수 있을 것이다.

인간은 항상 "만약"이라는 가정에 대한 답을 얻고 싶어 한다. 만약 이렇게 한다면? 만약 저렇게 했더라면? 이에 대한 답을 누군가가 내려 준다면 어떨까? 문제는 이러한 만일이라는 가정에 대한 답을 내는 과정에는 꽤 많은 연산량이 필요하다는 점이다. 사람은 연산량이 과도한 작업에는 맞지 않는다.

하지만 인공지능은 높은 연산량을 감당하는 것이 가능하다. 그러므로 시뮬레이션에 능하다. 지치지도 않고 연산할 수 있고 준실시간으로 연산할 수도 있고 대량의 연산을 하는 것에도 능하다. 이러한 장점을 바탕으로 어떤 복잡한 상황을 설계하고 시뮬레이션해 결과를 예측하거나 가설을 테스트하기도 한다.

예를 들어 주식 시장에서 내가 어떤 알고리즘을 만들었다고 하자. 이 알고리즘을 실제 상황에 작동시키기 전에 알고리즘이 잘 작동할지에 대해 검증해야 한다. 문제는 미래는 알 수 없다는 점이다. 따라서 과거의 데이터로 등락을 테스트해 보는 백 테스트를 수행하곤 한다. 이때 인공지능을 활용하면 사람보다 더 빠르고 정확하게 연산해 시뮬레이션이 가능하다.

연산 속도가 빠른 것은 적용할 수 있는 부분이 많은 장점이다. 빠른 연산 속도가 필요한 모든 분야에 인공지능을 적용하면 많은 장점을 얻을 수 있을 것이다. 현대 사회의 많은 문제는 빠른 연산 속도가 필요하다. 연산이 정확하다는 가정하에 빠른 연산 속도는 절대 흠이 되지 않는다. 오히려 빠르면 빠를수록 좋다.

우리가 컴퓨터를 살 때 좋은 스펙을 계속 찾고 휴대폰도 신형 휴대폰을 사려고 하는 것도 따지고 보면 연산 속도가 빠른 기기를 찾는 것과 다름없다. 이처럼 빠른 연산 속도는 우리에게 큰 장점이 된다. 인간에게 주어진 시간은 유한하고 그 유한한 시간 내에서 많은 일을 처리해야 한다. 많은 일을 주어진 시간 내에 처리하려면 최대한 속도를 빠르게 하는 것이 중요하다.

하지만 사람이 할 수 있는 일은 한계가 있어 우리는 도구를 써서 빠르게 연산해 속도를 올려야 한다. 인공지능은 이와 같이 속도를 빠르게 올릴 수 있는 매우 좋은 도구이자 차세대 인간의 두 번째 뇌로써 사용될 수 있다. 그러므로 빠른 연산 속도가 필요한 부분에 인공지능을 활용하는 것은 매우 좋은 선택이 될 수 있다.

4.1.2. 백지장도 맞든다, 멀티 연산

인공지능이 구체적으로 우리보다 나은 것이 무엇일까? 인공지능은 인간이 아니므로 인간이 하지 못하는 것에 대한 장점을 가질 수 있다. 특히 동시에 연산하는 것을 인간보다 잘한다. 아래의 사진을 한번 보자.

[그림 18] 고릴라 실험 영상 일부. 실험 참가자들은 고릴라를 보지 못한다. Simons, D. J. (2010). Monkeying around with the gorillas in our midst: Familiarity with an inattentional-blindness task does not improve the detection of unexpected events. i-Perception, 1, 3-6. (사진) Daniel Simons 제공

위 그림은 심리학에서의 고릴라 실험 또는 집중 효과 실험이라고도 불린다. 이 실험은 영상을 보여 주며 어떠한 작업을 하라는 과제를 준 뒤 영상에 갑자기 고릴라 탈을 쓴 인원을 등장시켜도 인간은 과제를 수행하느라 고릴라가 등장한 줄 모르는 실험이다. 그림 속에 고릴라가 분명히 있다는 것을 우리는 알 수 있다. 하지만 처음 동영상을 보는 사람에게 동영상을 틀고 농구공 패스가 몇 번 발생하는지 횟수를 세라는 과제를 주면 많은 사람이 고릴라가 등장했는지 자체를 인

지하지 못한다. 심리학에서 유명한 이 실험을 보면 인간은 주의 집중에 따른 주변 환경에 대한 인지의 제한이 있음을 보여 준다. 즉, 어떤 작업에 집중하는 동안 주변의 다른 이벤트에 대해 인지하지 못한다.

이처럼 인간은 여러 가지를 동시에 집중하지 못하므로 다양한 작업을 동시에 수행하기는 어렵다. 누군가 다양한 작업을 동시에 수행하는 것이 가능하다고 주장한다면, 그 사람은 여러 작업을 동시에 수행하는 것이 아닐 것이다. 아마 그 사람은 각기 다른 개별의 작업을 쪼개어 수행하고 전환하는 것을 잘하는 사람일 것이다. 이 과정에서 작업 하나에 집중해서 수행하기보다 여러 작업을 고려해 빠르게 전환하면서 수행한다고 해 보자. 아무리 빠르게 전환한다고 하더라도 인간인 이상 개별 작업의 정밀도가 하락하는 것은 당연하다고 할 수 있을 것이다.

그렇다면 인공지능은 어떨까? 기계가 프로그램을 수행할 때도 유사하다. 컴퓨터의 코어(연산 작업을 수행하는 핵심적인 부분)는 컨텍스트 스위칭이라는 기술을 통해 어떤 순서대로 시행할지와 어느 정도의 시간만큼 수행할지 결정된 스케줄에 따라 프로세스(프로그램)를 전환하는 방식으로 작동한다. 이를 인간보다 빠르고 효율적으로 수행하다 보니 우리의 눈에는 마치 동시에 작업이 수행되는 것처럼 보인다. 즉 인공지능은 인간이 수행하는 것보다 더 빠르게 여러 가지 작업을 전환해 가면서 효율적으로 수행할 수 있다.

인공지능이 동시에 여러 연산을 할 수 있다는 사실은 많은 것을 시사한다. 인간과 인공지능이 동일한 난이도의 작업을 수행할 수 있다고 가정할 때 작업의 생산성 측면에서 인간이 인공지능을 이길 수 없는 근거가 된다. 인간 여러 명이 각기 다른 일을 분담해 수행한다면 어떨까?

동일한 성과를 낼 수 있는 인간 여러 명이 각기 분담해서 작업을 수행하고 이를 결합한다고 할 때 당연하겠지만 한 명이 하는 것보다 시간과 정밀도와 완성도 면에서 비교할 수 없을 것이다. 문제는 리소스라고 할 수 있다. 기업 입장에서 고려할 때, 인간을 여러 명 고용한다는 것은 월급뿐 아니라 고용 수에 따라 준수해야 하는 근로 기준법도 변경되는 등 고려할 것들이 많다.

게다가 인간마다 성과를 수행할 수 있는 능력이 차이가 있어서 특정 이상의 성과를 보일 수 있는 사람을 고용하기는 어려운 일이다. 반면에 인공지능을 활용한다면 코어를 증설해 주면 된다. 하드웨어 기술이 발전함에 따라 증설 비용이 매우 저렴해짐과 동시에, 동일한 일을 수행할 수 있는 인공지능은 프로그램이므로 복제가 수월하며 일을 쉬지 않고 해도 근로 기준법에 저촉되지 않는다. 사업주 입장에서 보면 저비용으로 동시에 여러 가지 일을 처리할 수 있으면서 인간과 같은 컨디션이라는 게 존재하지 않아 일의 정확도도 균일한 효율성 있는 우수한 인력인 셈이다.

인공지능이 준실시간으로 병렬로 연산하므로 빠르고 효율적으로 작업을 수행할 수 있다는 것은 앞에서 논했다. 이는 많은 것을 의미하는데 하나씩 살펴보자. 인공지능이 준실시간으로 많은 연산을 처리할 수 있다는 것은 대용량 데이터의 빠른 처리를 의미함과 동시에 노는 컴퓨터 없이 끊임없이 연산할 수 있다는 것을 의미한다.

서버의 비용이 과거 대비 저렴해져서 많은 서버를 도입해 컴퓨팅 파워를 크게 늘려서 사용할 수 있다고 하더라도 유휴 장비가 많다면 많은 서버를 도입하는 의미가 없을 것이다. 사람이라면 1초도 쉬지 않고 일을 시킬 수 없지만 컴퓨터는 1초도 쉬지 않고 계속 작업시키는 것이 오너에게는 이득이 크다. 그러므로 유휴 장비가 발생하면 안 되고 계속해서 최대한의 성능을 뽑아내는 것이 효율적으로 사용하는 것이다.

이는 그만큼 시간과 돈을 헛되이 사용하지 않는 것을 의미하며 복잡한 문제를 해결할 때 이점을 발휘한다는 의미이다. 앞에서 논의한 빠른 연산 속도는 컴퓨터의 기계적인 특성이 있기 때문이기도 하지만 준실시간으로 병렬 연산할 수 있는 측면도 있다. 앞에서는 분산 처리가 아무리 발전해도 인프라가 최소한의 스펙으로는 세팅되어 있어야 한다고 언급한 적이 있다. 이 말은 맞다. 그러나 분산 처리 기술이 발전함으로써 과거에 비해 "최소한의 스펙"의 기준이 낮아지고 있다. 이는 궁극적으로 에너지 절약으로 이어져 비용을 절감할 수 있는 포인트이기도 하다.

인간은 병렬로 준실시간으로 데이터를 처리할 수 없다. 순차 처리만이 가능할 뿐이다. 하지만 충분히 스펙만 갖춘다면 순차 처리가 필수적인 인공지능을 제외하고 많은 인공지능은 병렬로 데이터를 처리할 수 있다. 그러므로 병렬로 데이터를 처리해야 하는 일에 인공지능을 활용하는 것은 매우 적절한 선택이다.

누군가는 병렬로 데이터를 처리하는 것은 인공지능의 장점이라기보다는 컴퓨팅 스킬과 연관이 있는 부분이라고 할 수 있다. 하지만 어떤 면에서는 병렬로 데이터를 처리해서 어떤 가치를 창출해야 한다고 할 때 이는 병렬 처리와 연관된 컴퓨팅 스킬(분산 처리; 데이터를 분산해서 처리한 뒤 취합해 결과를 산출)로는 한계가 있을 것이다.

분산한 뒤에 취합해 연산해서 업무를 대체하거나 서비스에 적용할 수 있는 복잡한 수준의 의사를 결정하려면 인공지능이 필수라고 해도 좋을 만큼 필요하다. 그러므로 너무나도 데이터가 많은 수준을 떠나서 인간 혹은 낮은 스펙의 서버에서 처리할 수 없을 만큼 복잡한 과제를 해결해야 하는 경우 인공지능을 활용해 데이터를 병렬로 처리해서 활용하면 업무 혹은 서비스의 품질을 끌어올릴 수 있을 것이다.

인공지능을 사용해서 얻는 결과물이 사람이 수행한 결과물과 동일한 품질이 되어도 해야 하는 일을 대체해 주기만 해도 업무 경감의 효과를 낼 수 있어 집중해야 하는 일에 집중해서 더 좋은 성과를 창출할 수 있다. 그러므로 우리는 데이터를 처리하는 일에 인공지능을 활용해 보려고 시도하는 것이 중요하다.

4.1.3. 괴물 같은 기억력, 정보 처리/접근

인공지능은 어떤 정보에 대한 접근이 용이하다. 접근이 용이하다는 점은 무엇일까? 인간은 모든 정보를 저장하고 한순간에 떠올리지 못한다. 인간에게는 망각이라는 기능이 있고 이 망각이라는 기능은 수없이 많이 들어오는 정보들로 인해 뇌가 과부하 되는 것을 방지한다. 하지만 인공지능은 망각이라는 것이 없다.

인공지능의 한계는 하드웨어 스펙(서버가 몇 대인지 등)에 달려 있을 뿐이다. 하드웨어 스펙이 무한하다면 인공지능은 무한한 정보를 저장하고 불러올 수 있다. 인간은 정보를 망각하지만 재조합해 새로운 사실을 찾는 데 능해 인간과 결합했을 때 큰 장점이 된다. 단순히 질문에 대한 답을 한 개 찾는 것에서 관련된 연관 콘텐츠들을 리스트 업하고 보여 주는 것까지 활용에 따라 인간에게 정보를 빠르고 정확하게 전달할 수 있다는 장점이 존재한다.

정보를 처리하고 접근하는 것에 장점이 있다는 말은 대용량의 데이터를 다루는 것에 장점이 있다는 것을 의미한다. 즉, 원하는 정보를 찾는 것에 용이하다. 검색의 강자였던 구글도 인공지능을 적용해서 검색 시장에 혁신을 가져온 바 있었다.

하지만 인공지능 기술이 발전하면서 검색어와의 유사성과 정확도 등을 고려해 결과를 정렬해 주는 것으로는 더 이상 강점이라고 할 수 없게 되었다. 예를 들어 과거에는 사용자의 의도까지 파악해서 원하는 결과를 찾아 주는 것은 어려운 일이었다. 하지만 ChatGPT가 등장하면서 자연어로 직접 질의할 수 있게 되고 어느 정도 의도를 파악하는 것처럼 보인다. 사용자의 의도가 담긴 질문과 답변 데이터가 계속해서 쌓이게 되면 결국 컴퓨터가 의도를 이해하지 않았다고 하더라도 이런 문맥과 흐름에서 이런 질문이라면 어떤 답변을 요구하는지 찾아 줄 수 있다.

이는 매우 큰 장점을 가진다. 예를 들어 프로그래머가 어떤 기능을 할 수 있는 함수를 찾는다고 하자. 프로그래머는 구글에서 어떤 기능에 대해서 몇 가지 키워드를 검색해서 정렬된 웹사이트들을 접속하면서 정보를 찾는다. 물론 구글링을 많이 하는 프로그래머는 키워드를 뽑아내는 데 익숙하며 노하우가 있어서 정보를 빠르게 찾는다. 예를 들어 Stackoverflow를 우선시해서 정보를 찾는 것과 같은 것을 의미한다.

하지만 인공지능 기술이 발전하면서 이러한 양상도 변화되려고 하는 모습을 보인다. ChatGPT가 보여 준 것과 같이 수많은 질문과 대답에 대한 패턴을 파악해 사람의 질문에 대한 의도와 어느 정도 부합되는 응답을 보여 준다. 즉, 앞에서 이야기했던 프로그래머가 어떤 기능을 하는 함수를 찾을 때 더 이상 키워드 위주로 구글링해서 자신이 정보를 직접 보고 취사선택하는 것이 아니게 된다. ChatGPT와 같은 인공지능 기술이 발달할수록 대략적인 상황이 담긴 문맥 위주로 질문하면 연관된 정보를 생성해 준다.

대용량의 데이터를 다루는 것에 용이하다는 장점이 있으면 또 어떤 장점이 있을까? 주어진 데이터를 다루어 내용을 요약하는 것에도 능하다. 대용량의 데이터에 접근해 처리하는 것에 능해 많은 데이터를 고려해서 요약하는 것도 가능하다.

인간은 기억력의 한계로 인해 모든 것을 기억하지 않는다. 인상 깊은 일부 사건들을 기억하고 이마저도 시간이 지나면 사라지게 된다. 결국 일부 사건만 기억하고 있으며 이들은 시간이 지나면 완벽한 기억이 아니라 재편집되어 주관적인 기억이 되기 마련이다. 이에 대해서는 수많은 연구 결과가 있다.

그러나 인공지능은 스펙만 맞추어 준다면 모든 사건을 기억할 수 있다. 반대로 인공지능에 필요한 것은 어떤 사건이 연관 있는지보다 집중해야 하는 것을 알려 줄 필요가 있다. 최근 돌풍을 일으키는 ChatGPT와 같은 GPT에 사용된 핵심 기술은 여러 가지가 있지만 한 가지를 꼽

으라면 필자는 Attention을 뽑을 것이다. Attention은 인공지능이 데이터의 어떤 부분에 선택적으로 집중할지를 결정하는 방법이다.

선택적으로 집중하기에 집중하지 않는 부분은 덜 집중해서 무시하는 효과를 낼 수도 있다. 그러므로 가장 연관성이 높은 정보에 주의를 기울이게 된다. 인간은 일부 사건을 재편집해서 주관적으로 기억하고 이 기억에서도 선택적으로 집중한다. 그러나 인공지능은 스펙이 되면 모든 사건을 기억하므로 어떤 사건에 선택적으로 집중할지를 정해 주면 인간보다 객관적으로 정보를 취사선택할 것이다. 예를 들어 인간이 기억하는 정보가 a, b, c라면 인공지능이 기억하는 정보는 a, b, …, z이다. 이때 a 정보와 관련 있는 A 사건에 관해 물어보면 인간과 인공지능 모두 잘 대답할 것이다.

문제는 인간이 기억하지 못하는 정보와 관련된 사건이라는 점이다. z와 연관 있는 사건 Z에 대해 질의하면 인간은 정보가 없어서(망각) 대답하기 어렵지만 인공지능은 대답할 수 있다. 물론 Z를 답변하기 위해 a, b, …,y의 정보들을 모두 집중하지 않기 때문에 더 잘 답변할 수 있다. 아주 많은 데이터가 존재한다면 정보의 어느 부분에 집중할지를 정해 주어 요약하는 것도 인간보다 잘할 수 있을 것이다.

인공지능을 업무와 서비스에 활용해서 효과를 보려면 가장 좋은 방법은 우리가 하지 못하는 부분을 인공지능에 맡겨서 효과를 보는 것이다. 그런 면에서 인간은 모든 사건과 정보를 기억할 수 없다. 기억에 한계가 있고 그 기억조차 주관적 기억이라 확신할 수 없다. 하지만 기계는 가능하다. 그리고 인공지능을 기계와 접목하면 모든 사건과 정보 중 중요한 부분에 집중해서 처리할 수 있다.

즉 수많은 사건과 정보를 처리해 다룰 수 있게 된다. 이것은 생각하는 것 이상의 중요한 턴어라운드 포인트이다. 왜냐하면 인류가 진보를 거듭하면서 발생시키는 데이터의 양은 점점 더 커지고 있기 때문이다. 과거에 발생시키던 데이터의 양에 비하면 현재 인류가 만들어 내는 데이터는 매우 크다. 이는 미래에는 더 많은 데이터가 발생한다는 것을 의미한다.

이렇게 되면 우리는 데이터를 취사선택해서 처리하고 기억할 가능성이 높다. 이런 문제는 일부 정보만을 취사선택해서 습득한 편견에 사로잡힌 사람들이 많아질 수 있는 원인이 될 수 있다. 하지만 인공지능을 사용하면 일부 해결할 수 있을 것이다. 데이터는 사건이자 정보라고 할 수 있다. 인공지능은 이러한 데이터를 처리하는 데 최적화된 인류가 발명한 알고리즘 중 최전선에 서서 활용되고 있는 발명품이라고 할 수 있다.

인간은 도구를 써서 최상위 포식자가 될 수 있었다. 이제 우리는 도구가 더 이상 칼과 창과 같은 물리적 도구가 아닌 인공지능이라는 알고리즘으로 옮겨 가고 있는 현상을 목도하고 있다. 그러므로 우리는 칼을 갈듯이 인공지능이라는 도구를 다룰 수 있도록 인공지능에 데이터를 주어 갈아 내고 사용해야 할 것이다.

4.2 모든 것의 자동화

많은 사람이 잘 생각하지 못하는 부분이지만 현재 수준의 인공지능의 진가는 어쩌면 자동화일지도 모른다. 우리의 일들은 꽤 반복적인 일들을 수행하고 있고 이러한 일들은 인공지능이 가장 잘할 수 있는 부분이다. 게다가 자동화한다는 것은 많은 장점을 가져올 수 있다.

당연하지만 시간에서도 이득일 것이다. 시간도 시간이지만 가장 중요한 것은 업무하거나 서비스를 운영하는 내 입장에서 편하다. 자동화야말로 인공지능을 적용하면 효과를 볼 수 있는 영역임과 동시에 체감 효과가 가장 뛰어날 수 있는 부분이다. 물론 인공지능을 사용하지 않아도 자동화할 수 있다. 하지만 해결하려는 문제가 매우 복잡하다면 인공지능을 사용해서 자동화하는 것이 정답이다.

인공지능의 잠재력 챕터에서 논한 바와 같이 인공지능을 사용하면 이득을 얻을 수 있는 분야가 존재한다. 인공지능을 적재적소에 잘 활용해 이득을 얻을 수 있고 이를 자동화와 결합하면 당장에 큰 효과를 볼 수 있는 부분이 많을 것이다. 본 챕터에서는 자동화에 대해 논하면서 인공지능과 자동화가 결합하면 어떤 장점을 가지는지를 논할 것이다.

4.2.1. 모든 것을 기록한다, 데이터화

인공지능으로 자동화 시스템을 구축한다는 것은 여러 이점을 가져온다. 자동화 시스템을 구축한다는 것의 첫 번째 의미는 모든 것을 데이터화할 수 있다는 것이다. 데이터화하면 무엇이 더 나아질까? 왜 좋은 걸까? 데이터화한다는 것의 의미를 살펴보자. 기존에는 인간이 개입해서 일하다 보니 인간이 지식을 정리해 남기지 않으면 데이터화하기는 매우 어려웠다. 그러나 자동화하게 됨으로써 인공지능이 일을 대체하고 센서를 활용하면 모두 데이터화할 수 있다. 센서에서 수집된 데이터는 대부분이 활용되지 않을 수 있다. 그러나 우리는 여기서 다시 기회를 찾을 수 있다.

예를 들어 공장이 있는데 이 공장에서 대부분의 작업은 인간이 하고 있었다고 하자. 그런데 최근 CEO가 컨테이너 단위로 자동화 시스템을 도입하기로 해 각 단계에 센서들을 부착하자 이를 통해 인공지능이 각 부품과 기기를 제어할 수 있게 되었다고 하자. 그리하여 결국 자동화 시스템을 구축할 수 있게 되고 공장에서 생산되는 제품은 모두 자동화되었다고 하자.

이때 우리는 기존에 얻지 못하던 종류의 데이터를 수집할 수 있게 된다. 예를 들어 제품의 이상 유무를 판단 후 출하를 결정할 수 있도록 모니터링 센서를 도입해 센서에 가벼운 인공지능을 탑재했다고 하자. 이때 자동화 시스템에 적재된 이상 유무를 결정한 값의 추이가 어떻게 되는지 실시간으로 추적할 수 있다.

혹은 이상 유무를 판단하는 패턴을 탐색 후 센서에서 수집된 데이터로 유달리 어떤 패턴이 자주 등장하는지 발견할 수 있다. 이 발견된 패턴으로 생산 자동화 컨테이너를 추적해 무엇 때문에 이상이 발생하는지 찾을 수도 있다. 예를 들어 떡을 생산하는데 자꾸 이물질로 인해 이상을 판단하는 경우가 늘어나면 생산 단계별로 센서에서 수집된 데이터를 살펴볼 수 있다. 살펴본 결과 특정 컨테이너를 통과하면 이물질이 나오는 경우가 많으면 컨테이너를 검수해 녹이 슨 부품을 발견하거나 틈이 생기는 것을 발견해 수정할 수 있다.

이러한 과정은 자동화 시스템이 구축되어 있지 않다면 찾기 어려운 부분이다. 인간이 작업하다 보니 관심 있게 지켜보지 않거나 단순 작업만 수행하는 경우 발견할 수 없는 부분이지만 모두 데이터화해 이를 점검하고 이상 원인을 추적할 수 있게 된다. 이처럼 모든 것을 데이터화하게 되면 단순 집계만을 통해서도 프로세스를 개선하는 등의 장점을 가질 수 있게 된다. 즉, 모든 것을 데이터화함으로써 창의적인 시도를 할 수 있는 기회를 만들어 낼 수 있다.

모든 것을 기록한다는 것은 생각한 것 이상의 장점을 가져온다. 왜냐하면 이에 따라 창출할 부가 가치가 상상할 수 없을 만큼의 가능성을 만들어 내는 현상이기 때문이다. 이는 상상하지 못한 부분의 이점을 가져올 수 있다. 예를 들어서 제조 공정 컨테이너 벨트에서 어떤 문제가 생겼다고 하자. 공장에서 직접 생산한 컨테이너를 사용하기보다는 여러 업체의 부품을 조합해서 결합해 사용하거나 아니면 완제품을 공급받아 사용할 것이다.

이때 컨테이너에 문제가 생긴 이유가 컨테이너의 기술적 문제라는 것을 어떻게 증명할 수 있을까? 반대로 컨테이너 벨트의 공급 업체라고 해 보자. 공급해 준 업체에서 만약 컨테이너의 사용법을 잘못 알고 오작동시켜서 고장이 난 거라면 어떻게 할까? 혹은 그렇다는 것을 어떻게 증명할 수 있을까? 이러한 상상하지 못한 상황에도 모든 것을 데이터화하는 것은 큰 도움이 된다.

즉, 필요할 때 중요한 정보를 지식화하는 것도 가능하다는 의미이다. 인적 오류나 기억 왜곡의 위험을 제거할 수도 있으며 앞에 예시를 든 것과 같은 분쟁을 객관적으로 해결할 수 있는 지표로 사용할 수도 있다. 이처럼 모든 것을 데이터화하는 것은 우리가 생각하지 못한 이점을 가져올 수 있다.

모든 것을 데이터화해 기록한다고 했을 때 단일 데이터로 보았을 때는 효용성이 떨어져 보일 수 있다. 예를 들어 컨테이너 라인별로 센서를 부착하고 공정 전체의 데이터를 수집한다고 해 보자. 개별 컨테이너의 데이터를 가지고 할 수 있는 것은 많지 않다. 그저 어느 컨테이너에서 오류가 발생했는지 정도를 알 수 있을 것이다.

그러나 다른 컨테이너들과의 데이터가 결합한 순간 이야기는 달라진다. 어느 컨테이너에서 오류가 발생했는지를 파악할 수 있다는 것은 물론 파악할 수 있다. 그러나 결합해 분석하면 어디서 문제가 생기는지를 알 수 있다. 아래의 그림을 보자.

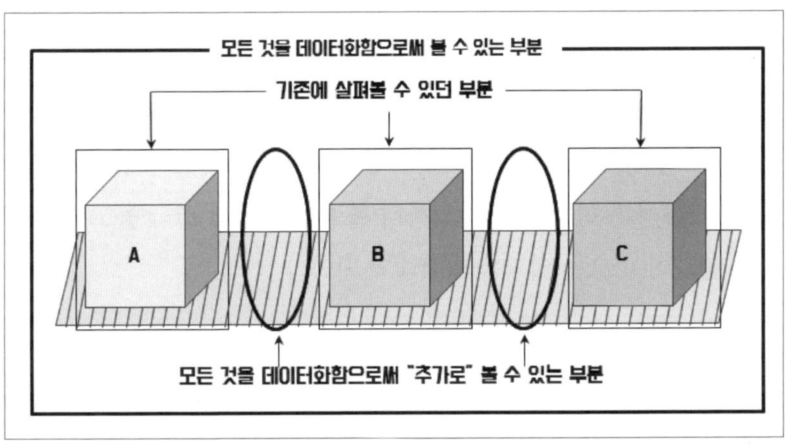

[그림 19] 모든 것을 데이터화해 바뀌는 변화 예시

위 그림은 공정 컨테이너를 도식화한 것이다. 제품은 컨테이너 벨트를 따라 A, B, C의 단계를 거쳐 완성된다. 그런데 계속 C에서 주기적으로 고장이 났다. 모든 것을 데이터화하기 전에는 C 공정이 문제라고 생각해서 C 공정을 계속해서 수리하고 고치고 관리했다. 기존에는 공정별로 오류가 발생하는지 여부 정도만 사람이 체크해서 보고했기 때문이다.

그러나 공장 자동화 시스템을 도입하고 각 공정 외에 다른 컨테이너 벨트를 통과하는 동안의 여러 데이터를 수집할 수 있게 되었다. 예를 들어 무게나 이미지 인공지능을 사용해 불량은 없는지 등을 수집할 수 있게 되었다. 또한 공정에서도 단순히 불량 검출률 정도밖에 알 수 없었지만 자동화 시스템을 도입함으로써 공정에 제품이 인입될 때의 상태와 출고될 때의 상태에 대한 여러 데이터를 얻을 수 있게 되었다.

이를 기반으로 데이터를 분석하면 다른 결과를 얻을 수 있다. 기존에는 C 공정을 거치면 불량이 나온다고 생각했지만 사실 데이터를 분석하니 B 공정에서 30% 확률로 제품이 잘못 생산되지만 불량 검출 프로세스가 제대로 작동하지 않아 정상으로 체크해 C 공정으로 보내왔다. C 공정은 이를 받아 작업하니 불량을 인입해 결국 출고되는 제품도 불량이 나오는 결과를 빚어내게 되었다.

이처럼 모든 것을 데이터화한다는 것은 많은 장점이 있다. 또한 단일 데이터로서는 가치가 없어 보일 수 있다. 그러나 데이터들끼리의 결합을 통해 더욱 많은 가치를 창출할 수 있게 된다.

또한 모든 것을 데이터화하게 되면 이력 관리에 매우 좋다. 어떤 업무나 서비스할 때 시간이 흐르면 흐를수록 담당자만이 알 수 있던 많은 오류와 이에 따른 조치 이력이 쌓여 간다. 하지만 담당자는 영원히 일하지 않고 그 이력들은 담당자가 사라지면서 없어지게 된다. 그러나 데이터화하지 않았던 것들을 데이터화함으로써 이력 관리가 용이해진다.

특히 인공지능은 자료의 요약에 탁월한 성능을 발휘해 인공지능과 결합하면 효과는 극대화된다. 어떤 업무를 하든 담당자가 후임 담당자에게 그동안의 경험 이력과 그로 인한 통찰력을 주는 가장 좋은 방법은 직접 옆에서 그 상황을 겪고 해결을 도와주는 것이다.

그러나 시간은 무한하지 않고 후임 담당자는 중요한 이력만 정리되어 일부 이력은 유실된 경험을 공유받는다. 그리고 그 경험을 바탕으로 근무한다. 하지만 자동화해 모든 것을 데이터화하면 이런 경험에 의한 지식과 상황, 데이터를 통해 볼 수 있는 모든 것은 남게 된다. 결국 후임 담당자의 전문 지식의 수준을 끌어올리는 데 도움을 줄 수 있다.

이력 관리가 된다는 의미는 위험 관리를 체계적으로 할 수 있다는 말과 크게 다르지 않다. 개인의 관점에서 보자면 모든 것을 데이터화해 이력을 관리하게 되면 담당자가 보기에 유사한 상황일 때 잠재적인 위험과 문제에 대해 경계할 수 있다. 그렇게 되면 무언가 문제가 생겨서 책임져야 하는 상황에 부딪히지 않을 수 있다. 혹시 책임져야 하는 상황이 된다고 하더라도 모든 것이 데이터화되어 있어 경계하고 있었고 이에 대해 대처하려고 했던 근거를 제시함으로써 책임져야 하는 상황을 모면할 수도 있다.

개인의 관점이 아니라 조직의 관점에서 보면 어떨까? 조직의 관점에서 보더라도 개인의 위험 관리가 모여 결국 조직의 위험 관리가 될 것이다. 그러므로 이력 관리를 해 위험을 체계적으로 관리하는 것은 매우 중요하다. 이런 이력 관리를 하려면 반드시 데이터화가 필요하며 인공지능과 결합해 사용하면 큰 이점을 얻을 수 있다.

인간이 모든 것을 데이터화하기는 쉽지 않다. 예를 들어 철강 제련소에서 인간이 데이터화하려면 데이터화를 도와주는 여러 가지 도구를 배치하고 이 도구들을 활용해 온도, 시간 등을 측정할 것이다. 그러나 이는 사람이 작업하는 시간이 소요된다. 하지만 자동화함으로써 데이터화가 가능한 모든 것을 데이터화할 수 있고 이는 인간이 잘하지 못하는 부분이다.

센서와 같은 기계가 잘하는 것이 데이터화하는 것이고 이 데이터를 인공지능에 활용하게 되면 창의적인 결정을 하거나, 이력을 관리할 수도, 위험 관리를 할 수도 있다. 인간이 하기 어려운 것이 모든 것을 데이터화하는 것이다. 그러나 기계와 함께라면 측정할 수 있는 모든 것을 데이터화할 수 있다.

결국 인공지능과 함께라면 앞에서 논의했던 인공지능의 잠재력과 결합해 업무와 서비스에 많은 시너지를 낼 수 있다. 그러므로 우리의 업무 중 자동화할 수 있는 부분을 자동화하면서 데이터화하지 못했던 부분이 있다면 데이터화하는 것은 업무와 서비스에 인공지능을 적용해서 고도화할 수 있는 중요한 부분이다.

4.2.2. 수많은 눈, 모니터링

모든 것을 데이터화하면 다음은 지식화의 단계일 것이다. 데이터에서 지식화하는 데 인공지능은 매우 좋은 도구이다. 특히나 인공지능은 앞에서 논한 바와 같이 연산이 빨라 대용량의 데이터를 지식화하는 데 적합한 도구이다. 즉, 모니터링에 인공지능을 사용하면 데이터의 추세와 패턴을 파악해 지식화하기가 매우 좋다.

인공지능을 활용하면 대규모 데이터를 관리하고 모니터링하는 것에 능하다. 일정 규모 이상의 데이터가 있을 때 이 데이터를 매번 관측하고 특정한 데이터 변화를 감지하기는 어려운 일이다. 값이 한두 개라면 가능하고 값이 100개 정도라면 간단한 프로그램을 규칙으로 만들어서 가능할 것이다.

그러나 매우 많은 양의 데이터가 준실시간으로 적재되는 경우 이를 모두 검토하기는 쉽지 않다. 그러므로 데이터를 지식화하는 과정이 필요하다. 지식화해 모니터링해야 하는데 이때 인공지능을 사용하면 인간이 만든 규칙을 사용하는 것보다 패턴을 파악하고 지식화하는데 용이할 것이다.

만약 값이 1억 개이고 실시간으로 초당 만 건 이상의 데이터가 들어오는 대용량의 트래픽을 감당해야 하는 쇼핑몰에서 악의적 판매자를 감지해야 하는 일이라면 어떨까? 이러한 쇼핑몰에서 간단한 프로그램을 만들고 사람이 직접 보면서 쇼핑몰에 올라오는 판매자와 판매 상품들을 모두 살펴보기는 쉽지 않다.

게다가 악의적인 판매자를 선별하려면 매우 많은 인력이 필요하고 준실시간으로 선별하기도 사실상 불가능에 가까운 일이다. 그러나 인공지능을 사용한다면 가능하다. 충분한 하드웨어 스펙이 갖춰진 인공지능을 사용하면 1억 개의 값이 실시간으로 초당 만 건 이상이 들어오더라도 모두 값을 일일이 살펴볼 수 있다. 이를 통해 의심 가는 후보 판매자들을 리스트 업할 수 있다.

더 나아가서 그 판매자들을 인공지능이 준실시간으로 조처(제품 삭제, 탈퇴 등)할 수도 있고, 사람이 확인해 조처할 수도 있고 문제가 발생할 수 있는 상황을 감지해 대책을 세우도록 조처할 수도 있다. 그렇게 되면 서버만 갖추어지면 검증이 가능해 수많은 인력을 고용해 검증하지 않아도 가능하다. 또한 데이터가 많으니 인공지능이 지속해서 학습하고 스스로 개선할 수 있게 되고 시간이 지나면서 매우 높은 정확도로 악의적인 판매자들을 감지하는 것이 가능하다.

또한 인적 오류를 줄이는 데도 큰 도움이 된다. 모니터링을 사람이 하게 되면 실수와 같은 인적 오류로 인해 모니터링을 제대로 할 수 없는 경우가 생길 것이다. 오류가 생겨도 크게 상관없는 문제라면 괜찮지만 만약 문제가 큰 중요한 내용이라면 문제가 될 수 있다. 이때 기계가 모니터링하도록 하면 인적 오류를 없앨 수 있다.

특히나 인공지능과 결합하게 되면 인간이 기계에 규칙으로 만들어 모니터링하게 하는 경우 외에도 다양한 패턴을 조합, 분석해 모니터링하는 것이 가능하다. 즉, 인적 오류를 줄이는 것 외에도 더 고차원적인 모니터링이 가능해진다.

예를 들어 생산량을 모니터링하는 시스템이 있다고 하자. 이 시스템은 컨테이너 벨트를 거쳐 생산되는 제품의 수량을 파악하도록 인간이 규칙으로 만들어 두었을 것이다. 이때 인공지능을 사용하면 작년 혹은 직전 5개년의 생산량 추이와 비교해 현재 시점에 적절한 속도로 생산이 이루어지고 있는지, 더 빠르게 생산해야 하는지 혹은 속도를 좀 늦추어도 괜찮은지와 같은 것들을 판단하는 데 도움이 될 수 있다. 간단하게는 생산량의 추이 기울기(선형 회귀)를 볼 수 있을 것이며 복잡하게는 선형의 기울기가 아니라 비선형적 기울기를 가진 값을 추정해 볼 수 있을 것이다. 이처럼 인적 오류를 줄이거나 고차원적인 모니터링도 가능해진다. 이에 따라 향상된 모니터링의 성능을 확보할 수 있다.

또한 인적 오류를 줄이는 것뿐만 아니라 빠르게 줄이는 것도 가능하다. 모니터링하지 않았다면 놓칠 만한 현상들을 잘 파악해 수정할 수 있다. 빠르게 수정함으로써 발생할 수 있는 손해를 방지할 수 있다. 예를 들어 제조에서의 모니터링은 장비 고장이나 품질 관리를 감지하는 데 도움이 된다. 주기적인 모니터링을 통해 문제가 발생하면 조기 감지해 결함 있는 제품의 출시로 인한 손해를 방지하고 낭비를 줄일 수 있다. 이를 통해 전반적으로 공정의 효율성을 크게 올릴 수 있다.

제조뿐 아니라 IT 산업에서도 모니터링은 중요하다. 서버의 성능 문제나 네트워크 오류와 네트워크 공격을 감지하는 데 도움이 된다. 이를 통해 서비스 운영에 문제가 될 수 있는 문제들을 수정할 수 있다. 또한 비용이 많이 소모되는 병목 지점을 탐지하고 이를 개선해 비용을 줄여 효율성을 크게 올릴 수 있다.

혹은 의료 분야에서도 모니터링은 큰 도움이 된다. 환자의 질병 징후를 감지해 빠르게 대처할 수 있고 적절한 치료가 가능하게 해 준다. 만약 환자가 당뇨병이 있다고 할 때 주기적으로 환자의 혈당 수치를 모니터링하면서 문제가 생길 것 같은 조짐이 생기면 알람을 주거나 문제가 생기면 119를 호출해 주는 것과 같은 방법으로 여러 가지 생길 수 있는 문제를 없앨 수 있다.

모니터링의 장점 중 하나는 성과를 올릴 수 있다는 것이다. 핵심 성과 지표(KPI)만을 모니터링하던 과거와는 다르게 모든 것을 데이터화하고 모니터링하면서 핵심 성과 지표를 잘게 쪼개서 세부 핵심 성과 지표를 모니터링할 수 있다. 그러면서 핵심 성과 지표를 달성하는데 문제가 되는 부분을 체크하고 수정할 수 있다. 예를 들어 병목을 해결할 수 있다. 이에 대해서는 앞에서 논한 바가 있다.

또한 자원 할당을 최적화할 수 있다. 예를 들어 장비나 인력과 같은 리소스를 모니터링함으로써 자원이 과도하게 사용되거나 충분히 활용되지 않는 영역을 식별할 수 있다. 특정 조직만 업무를 과도하게 하거나 어느 서버만 과도하게 작업을 점유하는 것들을 확인하고 이를 분산할 수 있다. 분산하게 되면서 휴먼 리소스이건 인프라 리소스이건 최적화할 수 있게 된다. 이를 통해 핵심 성과 지표 달성을 더 빨리 할 수 있게 된다.

또한 최적화하면서 생길 수 있던 과부하를 방지할 수 있다. 이 과부하를 방지하면서 가동이 중지될 수 있는 시간을 없앨 수 있다. 예를 들어 사람이 너무 과도하게 일해서 더 이상 일을 할 수 없게 된다든가 하는 일 혹은 서버에 과부하가 걸려 갑자기 종료되는 상황을 방지할 수 있다. 이를 통해 사람이 더 오래 그리고 잘 근무할 수 있도록 해 주며 서버도 오랜 기간 가동될 수 있도록 해 준다. 이를 통해 예기치 못한 중단을 방지해 유지 관리 및 수리 비용을 줄일 수 있다.

인간은 수많은 데이터를 모니터링하기 어렵다. 하지만 기계(컴퓨터)를 사용하면 가능하다. 이미 정해 둔 규칙이 있다면 준실시간으로 모니터링하는 것도 가능할 것이다. 그러나 모니터링 결과가 필요한 사람이 규칙을 일일이 정해야 한다는 점에서 모니터링 시스템을 구축하기가 쉽지는 않다. 하지만 인공지능과 함께라면 데이터의 지식화가 훨씬 쉽다.

데이터는 그 자체로는 그저 숫자나 텍스트와 같은 데이터일 뿐이지만 이를 지식화해 정보화하는 것이 중요하다. 이때 인공지능을 사용한다면 정보화하는 것이 더욱 원활하다. 그러므로 모니터링할 때 인공지능을 사용해서 정보화하는 것은 고려해 볼 만큼 좋은 이득을 가져오는 일이다. 우리가 업무를 수행하거나 서비스를 운영할 때 모니터링하는 지표가 있을 것이다.

이때 이 업무 목표나 서비스 운영의 성과 지표 측정에 인공지능을 활용하면 보지 못한 부분을 볼 수 있게 해 주는 정보화를 해 줄 수 있을 것이다. 즉, 모니터링과 인공지능을 결합하면 더 많은 부분을 볼 수 있도록 데이터를 가치화하도록 정보화할 때 더욱 고도화된 정보를 제공해 줄 수 있다.

4.2.3. 고차원의 의사 결정

모든 것을 데이터화한다는 것은 데이터화한 값을 기반으로 더 나은 의사 결정이 가능하다는 의미이다. 더 나은 의사 결정이 가능하다는 것이 어떤 의미일까? 좀 더 자세히 이 말의 의미를 살펴보자. 모든 것이 데이터화한다는 것은 데이터를 기반으로 고도화된 분석이 가능하다는 것이다. 즉, 인공지능을 사용해 기존에 하지 못한 다방면의 분석을 통해 더 나은 의사 결정을 할 수 있게 된다.

예를 들어 인공지능을 활용해 고장 예측을 할 수 있다. 언제 고장이 날지 예측하면 유지 보수할 수 있게 자동화 시스템을 추가로 도입할 수 있고 결국 고장이 날 때가 되면 유지 보수할 수 있게 추가 프로세스를 수행해 수리하거나 예비 부품을 항상 구비하는 것이 아니라 필요시 사전에 발주를 넣어 비용을 더욱 유연하게 사용할 수 있게 된다.

또한 모든 것을 데이터화하기 때문에 시뮬레이션이 용이해진다. 비즈니스가 잘되어 공장을 확장 건설하는 경우를 고려해 보자. 기존 공장에서의 데이터를 기반으로 새로 확장한 공장의 생산 시뮬레이션이 가능하고 이를 통해 얼마나 확장할지 결정하거나 유통 경로를 분석하고 초기 인간 인력 투입에 대한 부분을 검토하는 등을 통해 생산을 최적화할 수 있다.

또한 자동화 시스템에 투입되는 각기 다른 환경에서 학습한 인공지능을 통합해 더 발전하게 될 수 있다. 이를 통해 자동화 시스템에 투입된 인공지능의 정확도 향상에도 기여할 수 있게 된다. 이처럼 지속해서 학습하고 운영을 개선하는 데 도움을 줄 수 있고 이것이 다시 자동화 수준을 더 높이는 선순환 구조를 가져갈 수 있게 된다. 이처럼 더 개선된 예측 성능과 확장성 등을 바탕으로 더 나은 의사 결정을 할 수 있게 된다.

게다가 인공지능은 반복적인 일을 계속해서 수행하면서 많은 데이터를 받게 되면 지속해서 학습하면서 점점 더 나은 성능을 보일 수 있다. 그러다 보면 결국 사람의 개입을 최소화하고 반자율적으로 작동할 수 있는 수준에 이르게 된다.

예를 들어 강화 학습 인공지능(반복적인 시행착오 및 상호 작용을 통해 작업 수행 방법을 학습하는 방법)이 탑재된 드론으로 소형 물품을 배송하는 경우를 상상해 보자. 처음에는 드론에 경로를 입력해 주고 배송시킬 것이다. 배송하면서 새도 만나고 강한 바람도 만나는 등 많은 난관을 겪을 것이다. 초기에는 사람이 모니터링하면서 문제가 생기면 조처해 주면서 배송을 완료할 수 있도록 도와줄 것이다. 그러나 시간이 흐르면 흐를수록 데이터가 쌓이고 인공지능이 학습하면서 새를 만나거나 강한 바람을 만나면 회피하는 등의 방법을 터득하고 결국에는 사람이 거의 개입하지 않고도 드론만으로 배송할 수 있는 시대가 열리게 될 것이다.

이처럼 반복적인 작업을 하면서 성능이 더 나아지게 될 것이고 이를 바탕으로 비즈니스 가치 증가에 기여할 수 있게 된다. 인공지능은 지치지도 않고 쉬지도 않는다. 지치지 않고 쉬지 않는 고급 인력은 반복적인 일들을 자동화할 수 있고 이를 통해 생산성을 극대화할 수 있다.

인간은 반복 업무들은 모두 인공지능에 맡겨서 업무의 효율성을 높일 수 있다. 게다가 인공지능은 항상 시킨 일에 대해서는 일정한 정확도를 준수한다. 일을 잘못 시키지만 않는다면 오랜 기간 높은 수준의 원하는 결과를 유지하면서 반복 수행할 수 있다.

인공지능의 장점이 극대화될 때는 인간 없이도 고차원의 의사 결정을 할 수 있을 때이다. 인공지능은 여러 데이터를 취합해서 패턴을 감지해 의사 결정을 할 수 있다. 예를 들어 화성에 탐사선을 보낸다고 하자. 화성에 보내는 탐사선은 생명체를 탐지하는 등의 목적이 있다.

그 목적을 달성하려고 탐사선이 탐사해야 하는데 이때 지구에서 화성까지 탐사선에 신호를 보내 원격으로 조종하기는 어렵다.

그때 화성과 유사한 환경을 찾거나 조성해서 달성하려는 목표를 이루도록 탐사하는 과정을 강화 학습과 같은 인공지능으로 학습시킨다면 인간의 조종 없이도 스스로 탐사할 것이다. 탐사라는 행위는 상당히 고차원의 의사 결정을 하는 행위이다. 어디로 가야 목적을 이룰 수 있는지 끊임없이 고민하고 실시간으로 의사 결정을 해야 한다. 탐사선이 이러한 "탐사"를 하도록 하려면 사람이 직접 조종하는 것이 가장 이상적일 것이다.

그러나 현실적으로 어려운 상황이 되면 결국 탐사선이 "스스로" 자동으로 탐사하도록 만들어야 한다. 결국 무작위로 돌아다니면서 자동 탐사하게 하거나, 무언가 지능적인 방법으로 자동 탐사하도록 만들어 내야 한다. 이럴 때 인공지능은 지능적인 방법으로 자동 탐사하도록 할 수 있게 도와주는 매우 좋은 도구가 될 수 있다.

이처럼 인공지능은 자동화할 때 고차원적인 의사 결정을 하는 데 활용할 수 있는 좋은 도구가 될 수 있다. 우리가 업무나 서비스에 적용할 때 자동화할 수 있는 부분을 찾고 이때 고차원적인 의사 결정이 필요한 부분이 있다면 인공지능을 사용해 보는 것은 좋은 선택이 될 수 있을 것이다.

고차원의 의사 결정은 매우 복잡하다. 인간도 고차원의 의사 결정을 하기는 쉽지 않다. 인간이 고차원의 의사 결정을 하기 어려운 것은 많은 것을 감안하고 예측해 최종적으로 의사 결정을 하기 때문일 것이다. 이때 인공지능을 활용한다면 어떨까? 인공지능은 인간보다 많은 양의 데이터를 처리하고 준실시간으로 검토할 수 있다. 이를 기반으로 고도화된 분석을 할 수 있다. 인간보다 더 빠르게 더 많은 데이터를 처리해 패턴을 파악하는 데 유리하다.

그러므로 내 업무와 서비스에 인공지능을 활용하도록 적용하는 것은 많은 이익을 얻을 수 있는 일이다. 고차원의 의사 결정을 하는 데 인공지능을 활용하는 것은 시간을 단축해 업무를 소화할 수 있는 양을 늘릴 수 있다. 물론 의사 결정 자체를 인공지능에 모두 맡기기는 현실적으로 어렵다. 하지만 보조 도구로 활용하거나, 일부만 맡기는 것과 같은 활용은 우리의 업무 범위를 넓히고 효율적으로 일하는 데 도움이 된다.

서비스를 운영할 때도 모두 인간이 하기보다는 인공지능을 적절히 배치해 활용한다면 서비스를 이용하는 고객은 응답을 빨리 얻을 수 있고 서비스를 운영하는 사람은 편이성을 확보할 수 있다. 그러므로 인공지능을 활용해 고차원의 의사 결정을 하는 데 도움을 받는 것은 인공지능을 활용해서 얻을 수 있는 이점 중 하나이다.

4.3 외계인을 고문했나? 혁신적인 제품 개발

매우 뛰어난 혁신적인 제품이 나올 때마다 사람들은 장난식으로 외계인을 고문했다고 말하곤 한다. 그만큼 기존의 생각을 뛰어넘는 혁신적인 제품이 나오기는 어렵다. 사실 필자는 인공지능이 뜨거운 감자인 이유가 혁신적인 제품을 개발하는 것이 가능하다는 점이 매우 크기 때문이라고 생각한다. 인공지능은 우리의 일상과 사회를 변화시키고 있는 뜨거운 기술 중 하나로 제품 개발에서 새로운 가치와 가능성을 창출할 수 있다. 이번 챕터에서는 인공지능을 활용하는 것이 왜 혁신적인 제품 개발로 이어질 수 있는지를 논할 예정이다.

4.3.1. 혁신을 만드는 조합

혁신이란 무엇일까? 기존의 내용을 아주 적절히 조합해서 새로운 것을 제시하는 것도 혁신이라고 할 수 있을 것이다. 그런 면에서 인공지능은 혁신을 만들어 낼 수 있는 매우 좋은 도구이다. 인공지능은 의료, 금융, 교육, 제조, 운송 등 많은 산업 분야에서 활용될 수 있다. 이 말은 다양한 분야에서 적용될 수 있다는 의미이다.

또한 이 말은 각 분야의 조합을 통해 새로운 것을 만들 수 있는 기반이 된다는 의미이다. 예를 들어 운송에 인공지능을 적용해 자율 운송 시스템을 구축했다고 하자. 또한 의료에 인공지능을 적용해 여러 긴급 상황에 대해서 긴급 대처 프로토콜과 원격 의료 등을 지원하는 시스템을 구축했다고 하자. 이렇게 각각의 분야에 인공지능이 적용되어 가치를 창출했을 때 이 둘을 결합할 수 있을까? 만약 로봇에 운송과 의료 인공지능을 탑재한다면 운송과 동시에 의료 시스템 적용이 가능해질 것이다.

이는 꽤 많은 확장성을 가지고 있다. 만약 산의 화재 현장에 투입해 진압용 물을 수송하고 화마를 피하다 실족하거나 질식한 인간을 운송하는 동시에 치료할 수 있는 것처럼 각 분야를 결합하기에 용이하다. 듣고 보면 별것 아닌 것 같지만 사실 꽤 많은 변화를 이끌 수 있는 잠재성이 있는 내용이다.

예를 들어 아이폰을 생각해 보자. 기존에도 음악을 재생하는 MP3와 같은 음악을 즐기려고 만들어진 전자 제품은 이미 존재했다. 그리고 인터넷에 접속할 수 있는 컴퓨터도 존재했다. 또한 멀리 있는 사람과 이야기할 수 있는 전화나 문자를 지원하는 휴대폰은 이미 존재했다. 그리고 사진기도 있었다. 아이폰에 들어가는 각각의 대표적인 기능들을 수행할 수 있는 기기들은 이미 시중에 나와 있었다.

하지만 우리는 이들의 결합을 통해 탄생한 아이폰이 시장을 석권했다는 사실을 알고 있다. 그리고 각 기기의 대표 플레이어였던 아이리버나 노키아와 같은 회사들은 더 이상 예전과 같은 대표 플레이어가 되지 못한다는 것을 알 수 있다.

기존의 내용을 적절히 조합해서 새로운 가치를 창출하는 것은 인간이 잘하는 것이다. 이때 인공지능이 보조자로 함께한다면 인간은 더 많은 것을 조합해 새로운 가치를 창출할 수 있을 것이다. 결국 인공지능으로 인해 혁신할 수 있는 제반을 마련할 수 있게 된다.

이 외에도 산업 분야 간 조합을 인공지능으로 수행하면 많은 이점을 얻을 수 있다. 예를 들어 금융 기술과 전자 상거래를 결합하는 경우도 존재한다. 금융 기술 중 간편결제를 전자 상거래에 도입해 현금이나 신용 카드 없이도 간편하게 상품을 구매할 수 있다.

여기서 인공지능 기술을 사용해 전자 상거래 고객 중 간편결제를 이용할 사람에게 안내해 더 많은 결제를 유도할 수도 있고 반대로 간편결제를 사용하는 사람 중 타 전자 상거래를 이용하는 고객을 대상으로 제휴하는 전자 상거래의 사용을 유도해 서로 Win-Win하는 등의 작업을 수행할 수도 있다.

혹은 3D 프린팅과 건축을 결합할 수도 있다. 3D 프린팅을 이용해 기존 건축 기술로는 달성하기 어려웠던 건설 시간을 달성해 낼 수 있고 만들기 어렵거나 복잡했던 건물 부자재를 만들어 사용할 수도 있다. 이 과정에서 인공지능을 사용해서 저항을 계산해서 3D 프린터로도 불가능한 모형인지 아닌지를 계산해서 가능한 부자재만 만들 수도 있다. 이렇게 하면 재료도 덜 쓰고 건설 기간도 단축할 수 있다.

그것이 다일까? 증강 현실(Augmented Reality)과 전자 상거래를 결합할 수도 있다. 예를 들어 고객이 구매하기 전에 내 체격을 스캔해 내 체형과 동일한 아바타에게 옷을 입혀 보는 등 가상의 피팅 룸을 만들어 구매 전에 시뮬레이션할 수 있다. 증강 현실 기술은 이를 활용해서 기술을 더 발전시킬 수 있는 데이터를 쌓아 기술 혁신의 계기가 될 수 있다.

전자 상거래는 이러한 증강 현실을 통해 반품하는 경우를 줄여서 쓸모없는 리소스를 줄일 수 있다. 반송하려면 여러 가지 업무를 해야 하는데 그 업무를 하지 않아도 된다. 이처럼 인공지능을 활용하면 산업 분야 간 조합이 더 수월해진다. 또한 단순히 산업 분야 간 결합을 수월하게 해 주는 것을 넘어 시너지를 내게 할 수 있는 길을 인공지능으로 열 수 있다.

어떤 문제를 인공지능으로 해결하려고 할 때 두 가지 상황이 존재한다. 첫 번째는 기존에 그 문제를 해결하려고 사람 혹은 특정 프로세스를 수행하지 않아 해결조차 해 오지 못했던 상황인 경우이다. 이유는 여러 가지가 있을 수 있을 것이다. 기존에 해결조차 하지 못할 만큼 문제가 복잡하고 어려웠을 수 있다. 혹은 해결할 생각이 없었을 수 있다. 만약 이러한 경우라면 기존에 수행하고 있지 않았기에 수행하는 것 자체가 의미가 있을 수 있다.

특히 해결을 시도할 수조차 없을 만큼 너무 복잡한 문제를 해결해야 했던 경우 인공지능을 사용하면 효과적으로 해결할 수 있다. 하지만 인공지능이 조합을 통해 혁신을 발휘하는 사례는 이제 논할 두 번째 상황이다. 논하려는 두 번째는 기존에 그 문제를 해결하려고 사람 혹은 특정 프로세스를 수행해 해결해 오고 있었던 상황이다. 사람이나 특정 프로세스를 수행해서 해결해 오고 있었다면 인공지능을 활용할 수 있는 부분만을 찾아서 적용한다면 도움이 될 것이다.

어쩌면 사람 혹은 특정 프로세스와 인공지능을 결합하는 방법이 좋은 결과를 얻을 방법이 될 수 있다. 기존 해결책(사람 혹은 특정 프로세스)이 인공지능이 부족할 수 있는 부분을 보완해 줌으로써 각자의 장점만을 취할 수 있다.

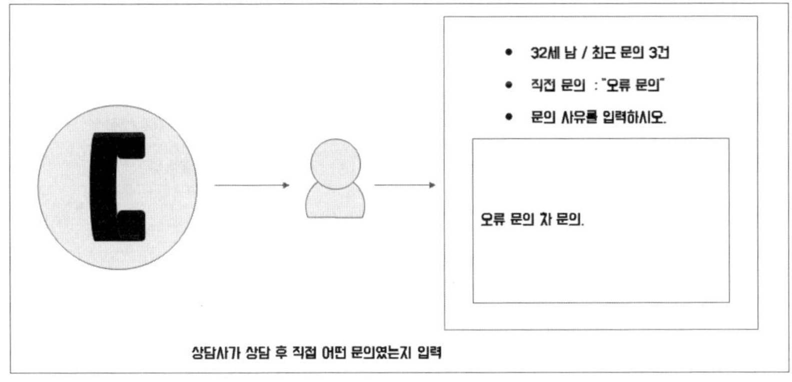

[그림 20] 기존 업무 프로세스 예시

예를 들어 고객 센터에 전화 오는 민원들을 종합해 모니터링하고 싶은 문제가 있다고 하자. 기존에는 어떤 민원이 들어오는지 고객 센터 직원이 직접 분류하고 저장해 왔다. 상담 후 "오류 문의"와 같이 남긴다. 상담사는 상담 후에 다른 상담받는 것을 미루고 일단 문의 사유를 입력할 것이다. 그러면 그만큼 상담받으려는 고객은 대기해야 하고 이러한 일이 쌓이게 되면 당일에 소화할 수 있는 민원의 양을 소화하지 못하는 경우가 생길 수 있다.

여기서 인공지능을 활용하면 어떻게 될까? 사실 일반적으로 인공지능을 활용해서 얻으려는 기대치는 매우 높다. 예를 들어 분류 문제를 해결하고 싶다고 할 때 80개를 맞히더라도 20개를 틀린다면 사람들은 20개 틀린 것에 더 집중한다. 그만큼 인공지능에 대한 기대치가 높다 보니 맞히지 못한 몇 개 사례에 집중해 실망하게 된다. 하지만 인공지능을 결합해 기존의 프로세스를 개선하고 인공지능의 결과를 인간과 결합하게 되면 다르다. 아래의 그림을 보자.

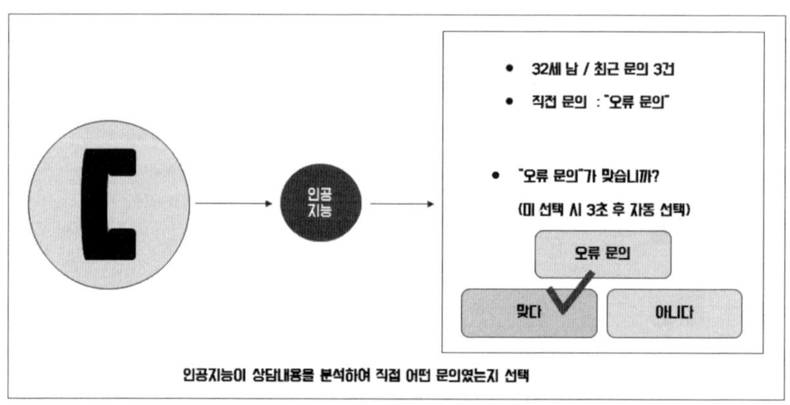

[그림 21] 인공지능과 기존 프로세스를 결합한 예시

여기서 인공지능을 활용해 모두 직접 분류하기보다는 고객 센터 직원과 함께 작업하도록 남기는 것이 좋다. 예를 들어서 인공지능이 상담 내역을 분석해 "오류 문의", "단순 문의", "개선 건의" 등으로 어떤 종류의 문의인지를 인공지능이 연산해서 맞는지 아닌지만 선택할 수 있도록 화면에 띄워 준다. 고객 센터 직원은 상담 내용이 그 분류에 속하면 맞는지 아닌지를 클릭하거나 3초 후 자동으로 선택하게 두어 클릭하지 않고 바로 다음 상담을 할 수 있게 된다.

고객센터 직원과 함께 작업함으로써 인공지능을 사용했을 때 생길 수 있는 오분류에 대해서도 줄일 수 있다. 인공지능 혼자서 상담 내용을 분석해서 모두 분류할 때보다 오분류율이 줄어든다. 게다가 원래는 입력을 직접 해 주어야 했지만 클릭 한 번 혹은 그냥 아무런 행동하지 않고 상담을 이어 가는 것만으로 어떤 문의였는지 로그를 남길 수 있게 된다.

이처럼 기존 프로세스에 인공지능을 잘 적용하면 기존 분류 로그를 저장하는 프로세스를 그대로 가져가면서 분류를 더 빠르게 개선할 수 있게 된다. 기존 프로세스를 그대로 가져갈 수 있어 사용자가 혼란을 덜 겪기도 하고 시스템에 개발 리소스가 과도하게 투입되지도 않게 된다. 이처럼 사람 혹은 특정 프로세스와 인공지능을 결합하는 방법은 이에 대한 효과적인 해결책이 될 수 있다.

혁신한다는 것은 세상에 없던 새로운 것을 만드는 일이기도 하지만 기존에 있던 것들을 조합해서 새로운 것을 만드는 것도 포함한다. 우리가 스마트폰이 나오기 전에도 각기 기능은 존재했지만 하나로 합치면서 활용성이 다양해진 것과 같이 조합을 통해 혁신할 수 있다. 때로는 서로 다른 분야와 프로세스의 결합에 인공지능을 활용하면 도움이 될 수 있다.

인공지능은 그 자체로도 강력한 혁신 도구이지만 다른 분야나 프로세스와의 결합에 활용될 때 강력한 이점을 가질 수 있게 된다. 우리가 우리의 업무나 서비스를 운영하는 데 인공지능을 활용해서 어떤 문제를 해결하는 것도 인공지능이 가진 강점이기도 하다. 그러나 인공지능을 활용해서 여러 기능을 통합하고 이를 통해 사용자 편의성을 극대화하는 것도 혁신이라고 할 수 있을 것이다. 인공지능을 활용해서 이점을 얻고 싶다면 사용자 편의성을 극대화할 수 있도록 인공지능을 적극적으로 활용하는 것은 좋은 전략이다.

4.3.2. 예측 불가능한 문제를 푼다

예측이 불가능한 문제를 푼다니 이게 무슨 말일까? 정말 예측이 불가능한 문제를 푸는 것은 가능할까? 애초에 문제를 풀 수 있다는 것은 불가능한 것이 아니지 않을까? 맞다. 정확히는 불가능에 가까웠던 문제들을 풀어낼 수 있다는 것을 의미한다. 기존의 방법들은 데이터의 양이나 작업의 복잡도가 증가함에 따라 처리 시간이 더 들고 정확도가 떨어질 수 있다. 그래서 기존의 방법들로 해결하지 못한 예측이 불가능한 문제들이 많았다.

불가능에 가까웠다고 여겨질 만큼 어려운 문제들이 인공지능을 활용하면 풀어낼 수 있다니 매력적으로 느껴지지 않을 수 없다. 어떻게 가능한 걸까? 먼저, 어려운 문제들의 종류가 다르다. 두 가지인데, 첫 번째는 데이터가 충분하지만 사람이 해결하기에 너무 복잡해 인간이 예측하기 어려운 경우가 있다. 두 번째는 데이터가 없어서 예측하기 어려운 경우이다.

이러한 문제들이 인공지능과 만나 더 큰 데이터와 복잡한 작업을 처리할 수 있게 되면서 처리할 수 있게 되었다. 또한 인공지능 특성상 여러 산업에 확장해 적용하는 것이 가능해 많은 조직이 데이터를 더 효율적이고 정확하게 분석해 사용할 수 있다. 이에 대해 먼저 첫 번째에 대해서 알아보자.

인공지능을 활용해서 혁신을 이끄는 대표적인 사례는 예측이 어려운 문제를 예측할 수 있는 문제로 변화시킬 수 있다는 점이다. 특히 논하려는 데이터는 충분하지만 너무 복잡해 인간이 예측하기 어려운 문제가 있을 수 있다. 인공지능은 이러한 문제를 해결하기에 적합한 도구이며 이를 활용해서 기존의 방식으로는 해결할 수 없던 문제들을 해결할 수 있다.

기존에 해결할 수 없던 문제를 해결할 수 있게 되면 이 자체로 혁신이라고 할 수 있을 것이다. 예를 들어 금융 분야에서 주가 조작 사기를 사전에 예측할 수 있을까? 금융은 상당히 구조화가 잘되어 있어 데이터가 많고 사용하기 용이한 분야 중 하나이다. 그러므로 인공지능 적용이 매우 활발한 분야이기도 하다.

그중 많은 시도가 일어나는 분야인 증권 분야는 주가 조작을 판단하기가 매우 어렵다. 사후적으로 판단은 할 수 있지만 사전에 혹은 실시간으로 판단하기는 매우 어려운 일이다. 데이터 자체가 약간의 노이즈인지 어떤 의도가 있는 패턴인지 파악하기가 매우 어렵기 때문이다. 그러나 인공지능 기술을 활용하면 미세한 변화나 패턴을 인식해 조기 발견하거나 인간을 도와 실시간으로 주가 조작 판단의 정확도를 올릴 수 있는 근거로 활용될 수 있다.

즉, 사람이 할 때는 데이터가 너무 많고 미세하게 변화하는 패턴 때문에 어려웠던 주가 조작 사기를 실시간으로 적발하는 것이 가능해진다. 이처럼 인공지능을 활용해 예측이 어려웠던 문제를 예측이 가능한 문제로 변화시킬 수 있다. 따라서 시도조차 할 수 없던 것을 시도할 수 있게 만들어 줌으로써 인공지능을 사용해 혁신적으로 시도할 수 있다.

자본과 연관된 금융 외에도 다양한 분야에서 같은 결과를 얻을 수 있다. 예를 들어 의료의 관점에서 생각해 보자. 대부분의 사람은 전체 몸의 건강 검진을 1~2년의 주기로 연 단위로 할 것이다. 그런데 급성으로 진행되는 병의 경우 더 자주 검진해야만 한다. 하지만 비용도 비용이고 시간 때문에 더 짧은 주기로 검사하기는 쉽지 않은 것이 현실이다.

이때 의료 인공지능을 적용한다고 생각해 보자. 주기적으로 검진하는 것과는 별도로 의료 인공지능을 활용해서 의심되는지 검진해 알람을 준다고 하자. 진단은 책임 소재 등으로 인해 의사가 결정하지만 의료 인공지능이 한 번 검진하고 의심 알람을 주니 급성으로 진행되는 병도 검출해 낼 수 있다. 이에 따라 질병의 예방 혹은 빠른 조치를 제공할 수 있도록 해 준다.

이는 우리가 인생의 계획을 세울 때 뜻하지 않은 변수가 생기는 것을 통제해 줄 수 있다. 예를 들어 장기 여행을 계획하는 경우 건강상의 문제가 없어야 하는데 매번 가서 종합 검진을 할 수 없으니 인공지능을 활용해서 빠르고 간단하게 종합 검진을 보조할 수 있다면 건강

할 수 있도록 통제해 준다.

두 번째는 데이터가 없는 경우이다. 데이터가 없어 해결을 어떻게 할지 가늠조차 하지 못하던 문제를 해결할 수 있게 된다. 예를 들어 준실시간으로 차량 흐름을 관리하고 모니터링하려고 한다고 하자. 차량 흐름을 명확히 분석하려면 차량의 위치를 모두 알고 있어야 한다. 그러려면 차량의 위치 데이터를 수집하는 것이 필요하다. 그러므로 전국에 센서들을 준비해 차량의 위치를 알 수 있도록 수집된 위치 데이터를 기반으로 고속 도로의 통행량과 같은 것을 분석할 것이다.

문제는 센서를 전국에 설치하기는 어렵다는 것이다. 비용도 비용이고 센서가 고장 나지 않는지 지속해서 관리해 주어야 한다. 그러므로 현실적으로 이런 방법은 쉽지 않다. 그런데 여기서 인공지능을 쓰면 해결할 수 있다. CCTV가 없는 곳을 찾기 어려운 수준으로 도심에는 CCTV가 모두 설치되어 있다. 이 말은 영상 데이터가 실시간으로 수집되고 있다는 것을 의미한다. 여기서 차량을 감지하는 인공지능을 적용해 길에 차가 있는지 없는지를 비롯해 차량이 몇 개나 있는지와 같은 정보들을 알 수 있다. 이를 통해 이동 시간을 줄이고 도로 안전을 개선할 수 있는 정책을 세울 수 있다.

이처럼 인공지능을 활용하면 차량 위치 데이터가 없는데도 기존에는 있었지만 활용할 수조차 없던 CCTV 영상 데이터를 활용해 해결할 수 있게 된다. 이와 같이 인공지능을 활용하면 데이터가 없어도 다른 데이터를 사용해 목적을 달성할 수 있도록 작업하는 것이 가능하다.

기존의 방법으로는 해결하기 어려운 문제를 인공지능으로 해결할 수 있는 이유에 대해서 논했다. 이 외에 인공지능이 예측하기 어려운 문제를 해결할 수 있는 이유가 또 있을까? 인공지능은 데이터와 정답을 통해 패턴을 찾도록 설계되어 인간이 볼 때 감지하기 어려운 패턴과 관계를 빠르고 효율적으로 식별할 수 있다. 그러므로 예측하기 어려운 문제를 해결할 수 있다.

또한 인공지능은 더 많은 데이터를 입력해 알고리즘을 고도화할 수 있어 시간이 지나 데이터가 더 쌓이면 학습해 성능을 더 증가시킬 수 있다. 즉, 빠르게 변화하는 상황에 빠르고 효율적으로 패턴을 식별할 수 있음과 동시에 데이터가 더 쌓일수록 성능도 정확해진다. 따라서 인간이 예측하기 어려운 문제들을 인공지능은 더 수월하게 예측할 수 있다.

예를 들어 날씨 문제를 해결하는 경우를 예시로 들 수 있다. 날씨는 끊임없이 변화하며 넓은 지역에 대해 맞히기는 어느 정도 가능해도 좁은 지역 단위까지 맞히기는 어려울 수 있다. 그러나 인공지능을 사용해 여러 위성과 센서의 데이터를 분석해 좁은 지역 단위까지 맞히는 것도 가능해졌다. 전반적으로 인공지능은 이전에 해결하기 어려웠던 문제를 예측하는 데 사용할 수 있는 강력한 도구이다.

또한 인공지능이 예측할 수 없는 문제를 해결하는 데 적합한 또 다른 이유는 의사 결정에 영향을 미칠 수 있는 편견이 없기 때문이다. 예를 들어, 인간은 의사 결정에 영향을 미칠 수 있는 편견을 가지고 있어 의사 결정이나 판단에 제한받을 수 있다. 반면에 인공지능은 제공된 데이터만을 기반으로 패턴을 찾아 의사 결정에 활용할 수 있다.

사람은 살아오는 환경이나 보고 들은 것 때문에 편견이 생길 수밖에 없다. 그러나 인공지능은 오로지 데이터만으로 패턴을 찾으므로 데이터에 편견이 반영되어 있지 않다면 편견이 없다. 결국 편견 때문에 예측이 어려웠던 문제들을 해결할 수 있다. 예를 들어 제조에서 문제가 생길 것을 예측하려는 많은 시도가 있었다.

많은 시도를 하면서 전통적인 방법으로 예측이 어렵다 보니 장비 고장을 예측하기보다는 주기적으로 검사해서 문제를 예방하는 것이 더 낫다는 편견이 생겼다. 사실 전통적인 방법에서는 편견이 아니라 경험에 의한 효율적인 방법이기도 했다. 그러다 보니 장비 고장을 예측해서 적절히 조처하기보다는 주기적으로 검사하고 문제가 발생 시 수행하는 가이드라인에 대해 준비하는 것을 철저히 하기 시작했다.

그러나 전통적인 방법에서 통했던 방법이 더 진보된 방법에서 통하지는 않을 것이다. 시대가 변화했고 알고리즘이 변화했다. 그런 상황에 과거의 경험을 한 사람들은 여전히 편견을 가지고 주기적 검진을 통한 예방만을 이야기했다.

그러나 인공지능이 발전하고 알파고나 ChatGPT와 같은 아주 발전된 사례가 생기기 시작하면서 인공지능을 도입해 장비 고장을 예측했고 꽤 정확해서 이제는 더 긴 기간을 가지고 검사하며 장비 고장을 예측하고 고장 나기 전에 교체하거나 점검하는 방향으로 변화하기 시작했다. 그러다 보니 유지 보수 비용이 더 감소하고 장비를 검사하느라 컨테이너의 생산을 중단하는 경우를 줄여서 효율적으로 유지 관리를 수행하기 시작하는 사례가 종종 생기기 시작했다.

인간이 예측한다는 것은 인간이 감당할 수 있는 수준의 데이터를 처리해 정보로 만들고 이를 활용해서 예측한다는 것을 의미한다. 하지만 인간이 감당할 수 있는 수준의 범위를 넘어가는 크기의 데이터는 처리가 어려워 인공지능을 활용하면 예측할 수 없던 문제를 예측할 수 있는 문제로 변환할 수 있다.

데이터의 양 외에도 더 다양한 데이터의 종류를 처리해 예측할 수 없던 문제를 예측할 수 있는 문제로 변환할 수 있다. 즉, 인공지능을 활용함으로써 많은 문제를 예측할 수 있는 문제로 변환할 수 있다. 우리의 업무나 서비스에 적용할 때도 이러한 면을 고려해 적용하면 많은 문제를 예측할 수 있도록 변환할 수 있게 될 것이다. 예측할 수 있도록 변환한다는 것의 의미는 예측을 통해 통제하는 것이 가능하다는 의미이다. 우리가 업무나 서비스에 인공지능을 적용할 때도 이러한 부분을 고려해 적용하면 많은 이점을 얻을 수 있을 것이다.

4.3.3. 사용자의 확장 가능성

현재 뜨거운 감자인 ChatGPT의 경우 대화형 인터페이스를 지향하고 있다. 결국 이를 통해 사용자와의 상호 작용을 기존에는 하지 못했던 방식으로 할 수 있게 된다. 예를 들면 자동차를 운전할 때 자율주행 인공지능을 사용하게 되면 인간이 운전하지 않아도 자동차가 스스로 운전할 수 있게 된다. 현재는 운전하면서 쇼핑이나 영화 감상과 같은 지적 사고를 하기 어렵다. 그러나 자율 주행 인공지능을 사용할 수 있게 되면 목적지를 향해 자율 주행 인공지능이 운행하는 동안 인간은 다른 작업을 동시에 할 수 있게 된다.

이처럼 인공지능을 결합하게 되면 동시에 여러 활동을 할 수 있게 하는 혁신적인 제품이 될 수 있다. 즉, 기존에 생각하지 못했던 상황을 만들어서 새로운 비즈니스 수익을 낼 수 있는 많은 아이디어를 도출할 수 있게 된다. 물론 기존 제품의 성능을 획기적으로 개선한 것도 혁신적인 제품이라고 할 수 있다. 우리는 체스를 딥 블루에 지고 바둑을 알파고에 지고 이제 대화형 인공지능인 ChatGPT까지 충격받고 있다. 이들 제품은 모두 기존의 제품의 성능의 한계를 뛰어넘은 혁신적인 제품들이다.

게다가 기존에 모종의 이유로 인해 서비스를 사용하지 못했던 사람들에게 서비스를 사용할 수 있게 도와주는 것도 용이하다. 예를 들어 언어 인식 인공지능은 시각 장애인과 같은 사람처럼 타이핑하지 못하는 사람에게 타이핑할 수 있도록 지원해 줄 수 있다. 이를 통해 장애가 있는 사람에게도 타이핑 서비스(예를 들면 채팅 SNS 등)를 이용할 수 있게 하고 다시 여기에 다른 여러 가지 인공지능을 붙이면서 넓은 확장성을 가져갈 수 있다.

혹은 반대로 생각해 볼 수 있다. 청각 장애를 가진 분들은 보통 수어를 통해 소통하곤 한다. 여기서 문제는 비장애인은 수어를 모르는 경우가 많다는 것이다. 이때 청각 장애를 가진 분과 비장애인 간의 소통의 장애가 종종 발생한다. 하지만 여기서 수어 통역 인공지능을 활용한다면 청각 장애를 가진 분과 비장애인 간의 소통의 간극이 줄어들게 된다. 복잡한 의사소통은 어렵다고 하더라도 간단한 소통은 인공지능이 해 줄 수 있고 이를 통해 협력과 소통이 수월해지게 된다.

인공지능은 SW이니 복제와 재생산이 수월하고 특징을 감지하는 능력을 기반으로 약간의 튜닝을 통해 다른 과제에도 투입할 수 있어 확장성이 높다. 예를 들어, 언어 인식 인공지능을 사용해 음성 인식 기반 자율 주행 인공지능을 만들 수 있다. 혹은 수어로 목적지를 입력해 주행하는 수어 통역 기반 자율 주행 인공지능 시스템을 구축할 수도 있다.

이처럼 인공지능을 활용하면 우리의 생각보다 다양한 방면에 적용할 수 있고 이는 많은 부가 가치를 창출할 수 있다. 또한 우리가 생각하지 못했던 여러 일상생활에서 불편함을 덜 수 있게 되어 생활의 질을 향상해 혁신적인 제품들을 탄생시킬 수 있는 계기가 될 수 있다.

또한 인공지능을 적용한 고도화된 추천 시스템을 통해 고객 사용성을 높일 수 있다. 전통적인 추천 시스템은 사용자와 유사한 구매 이력이 있는 사람들의 이력을 바탕으로 추천하는 방식으로 수행했다. 그러다 보니 선호도를 추정하기 쉽지 않은 수준의 사람에게는 추천하기가 어려웠다. 이를 위해 인공지능이 발전하면서 순차 추천(Sequential Recommendation) 연구가 활발히 일어나기 시작했다. 아래의 그림을 한 번 보자.

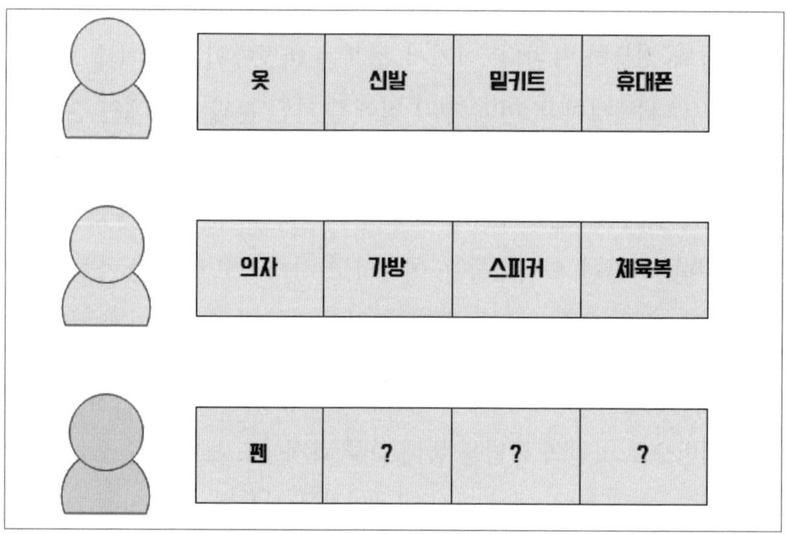

[그림 22] 사용자의 구매 이력들 예시

앞의 그림은 사용자들의 클릭 이력 예시이다. 가장 아래에 있는 사용자에게는 어떤 상품을 추천해야 할지에 대해 정해야 한다. 그런데 다른 사람들의 클릭 이력들을 기반으로 이 사람의 클릭을 예측할 수 없을까? 순차 추천은 이러한 생각에서 만들어진 방법이다. 순차 추천은 시간이 지남에 따라 사용자 선호도의 동적 특성을 처리할 수 있는 방식으로 작동하므로 순서적 특성을 포착하고 실시간으로 추천할 수 있다.

순서에 특히 의존적인 전자 상거래의 상품 검색 이력 등에 활발히 적용되고 있다. 이처럼 인공지능 기술이 발전함에 따라 다양한 문제를 해결할 수 있게 되었고 더 다양한 문제를 해결할 수 있게 되면서 정확히 추천해 줄 수 있게 되었다. 이에 따라 이력이 얼마 없는 고객조차 추천해 줄 수 있게 되었고 만족도를 높일 수 있게 되었다.

추천의 정확도가 높아져 많은 상품을 전부 보지 않고 내게 필요한 상품들을 잘 보여 주면서 원하는 상품을 편하게 볼 수 있는 전자 상거래 플랫폼에 대한 만족도가 높아진 고객은 사용성도 덩달아 올라가게 된다. 그리고 사용성이 높아진 고객은 이탈하지 않고 만족도가 높은 고객이 다른 고객을 데려오는 효과까지 얻을 수 있다.

이처럼 인공지능을 사용하면 고객의 만족도를 높이는 데 도움이 되어 한 번 사용하고 이탈할 수 있는 고객을 막고 결국 다른 사용자를 데려와서 확장할 수 있게 하는 가능성을 확보하는 데 도움이 된다.

사용자의 만족도를 높여 이탈을 방지하고 다른 고객을 더 데려올 수 있는 키 맨(Key Man)을 만드는 관점에서 인공지능이 큰 도움이 된다. 예를 들어 챗봇이 큰 도움이 될 수 있다. 특히 챗봇은 최근 인공지능으로 인해 괄목할 만하게 발전한 분야이다. 기존에는 규칙 기반의 챗봇이었지만 최근에는 사용자의 질문 의도에 맞는 원하는 답변을 해 줄 수 있는 정도로 발전했다.

특히 ChatGPT를 사용해 만들어진 챗봇은 자연어로 이야기해도 매끄럽게 답변해 줄 수 있게 되었다. 이를 통해 고객 만족도를 높이고 고객 서비스 팀의 업무량을 줄일 수 있다. 또한 인공지능을 사용해 개인화된 가격이나 서비스를 제공할 수 있다. 인간이 단기간에 모두 검토하기 어려운 수준의 데이터를 분석해 개인의 선호도와 구매 패턴을 추정하고 이를 바탕으로 개인화된 서비스나 가격을 제공할 수 있다.

예를 들어 개인화된 서비스를 바탕으로 구매 금액이 유달리 큰 사람에게는 큰 금액의 거래를 할 때 더 할인해 준다든가 구매 금액이 적지만 자주 구매하는 사람에게는 10번째 구매 시 할인해 준다든가 하는 것과 같이 맞춤형 개인화된 서비스나 프로모션을 제공할 수 있다.

서비스를 운영하는 관점에서 기존에 사용할 수 없던 사용자가 추가될 수 있다는 것은 꽤 매력적인 이야기이다. 만약 규모의 경제를 늘리려고 한다면 사용자 수를 늘리는 데 사용할 수 없는 사용자가 많다는 것은 그리 좋지 않은 신호이기 때문이다. 서비스에 흥행하려고 사용자 수를 늘리는 것은 항상 숙제이고 해야 하는 일이다. 그러한 상황에서 인공지능을 사용해 사용자 수를 늘릴 수 있다는 점은 꽤 매력적인 이야기이다.

또한 사용자가 다른 활동을 할 수 있는 여유를 만들어 줄 수 있다는 것도 매력적인 이야기이다. 그 여유 시간에 내가 운영하는 서비스를 제공할 수 있기 때문이다. 이처럼 인공지능을 사용하면 서비스를 운영하는 입장에서 없던 사용자를 확장할 수 있기도 하며 있는 사용자의 활용성을 크게 늘릴 수 있기도 하다. 우리가 직장에서 인공지능을 활용하려고 하는 목적은 내 업무 수행의 효율성을 크게 키우는 것이기도 하지만 내가 운영하는 서비스에 결합해 서비스 활용성을 키운다는 목표를 달성하는 것이 될 수 있기도 하다.

인공지능을 사용하면 서비스의 활용성을 키워 언급했던 장점을 가질 수 있게 된다. 그러므로 서비스에 인공지능을 적용할 때 언급한 장점을 살릴 수 있는 방향으로 고민하면 많은 이점을 가져갈 수 있게 될 것이다.

4.3.4. 시간 부자, 시간의 확보

기존에 없던 것을 새롭게 제시하는 것은 혁신이라고 할 수 있다. 이처럼 혁신하려면 인간에게 필요한 것은 무엇일까? 절대적인 시간이 가장 필요할 것이다. 시간을 확보한 뒤 사색할 수 있는 시간을 주면 인간은 창의적으로 될 수 있다. 그러나 우리는 대부분 시간이 부족하다. 시간이 부족하다 보니 혁신할 수 있는 다른 생각을 하기가 힘들다.

그런데 여기서 인공지능을 활용하면 인간은 시간을 추가로 확보할 수 있게 된다. 인간에게 주어진 시간은 누구에게나 하루 24시간일 것이다. 그런데 여기서 인공지능을 활용하게 되면 우리가 사용했어야 할 시간의 많은 부분을 아낄 수 있게 된다. 이를 통해 우리는 확보된 시간을 바탕으로 혁신할 수 있는 아이디어를 생성할 수 있다.

예를 들어 업무용 협업 도구인 노션에 대해서 생각해 보자. 최근

노션은 Notion AI를 도입했다. 이를 활용하면 메모한 내용의 요약도 자동으로 해 주고 글의 톤을 인공지능이 바꾸어 주기도 하며 작업하다가 초안을 작성해 주기도 한다. 특히 초안을 작성해 주는 기능은 어떤 용어에 대해 궁금하면 이에 관해 서술하게 하는 방식으로 활용할 수 있다.

이렇게 사용하면 우리가 어떤 정보를 탐색하고 습득해 정리하는 시간을 줄여 주기도 한다. 이처럼 우리가 유한한 시간을 사용해 더 많은 일을 할 수 있게 도와주고 이를 통해 우리의 업무 시간을 줄여 준다. 줄어든 업무 시간에 다시 다른 아이디어를 도출하고 이를 바탕으로 혁신할 수 있는 토대가 되는 선순환 구조를 구축할 수 있게 된다.

또한 기업 입장에서 인공지능을 사용하면 혁신적인 노동자를 구할 수 있다. 노동하면서도 기기의 노후화나 잠재 리스크를 예측하는 노동자가 있다면 어떨까? 심지어 그 예측 성능이 꽤 높다면? 평소라면 잘 느끼지 못할 수 있지만 특정 분야에서는 매우 중요해질 수 있다. 예를 들어 공장의 부품이 매우 희소해서 국내에서 생산하지 않고 해외에서 가져와야 하는 경우라면 어떨까? 공수에 1개월 이상 걸리는 부품이라면 사전에 예비 부품을 확보해 놓고 결함을 주기적으로 테스트할 것이다.

그런데 사실 예비 부품을 확보해 놓는 것도 비용이 발생한다. 시간이 지날수록 감가상각은 일어나고 결국 고장 나지 않는 부품을 위해서 예비 부품을 확보해 놓는 것은 예비 부품에 들어간 비용만큼 비용을 사용한 것과 다름없다. 하지만 인공지능을 사용하면 이런 부분을 해결할 수 있다. 즉, 부품의 고장 가능성을 진단하고 예방적 유지 보수가 가능해 예기치 않은 가동 중단 위험을 줄일 수 있다. 거기다가 한 단계 나아가서 스스로에 대한 검증도 가능하다.

인공지능이 탑재된 기기도 사실 기계이고 노후화된다. 그러므로 스스로 결함 가능성을 끊임없이 테스트하고 결함이 생기기 전에 수리를 요청하고 부품 교환 등을 스스로 신청할 수 있다. 그렇게 되면 고용주 입장에서는 내 몸 관리는 스스로 하고 24시간 쉬지 않고 뛰어난 효율로 공장 관리까지 하는 노동자가 생기는 것이다. 이는 제품의 혁신과는 다른 이야기로 부품이 고장 날지 모르다가 교체할 때까지 생산을 중지해야 하는 경우를 막을 수 있는 리스크 관리이다.

또한 아무리 예비 부품을 구하려고 했더라도 모종의 이유로 인해 급하게 부품을 구하다 보면 구하기가 어려운 경우가 생기는데 이때 미리 준비할 수 있는 시간을 확보함으로써 업무 난이도를 경감시켜 준다. 그리고 부품을 빠르게 구하느라 비용을 더 사용할 수 있는 상황을 막고 비교를 통해 구할 수 있는 충분한 시간을 확보해 줄 수 있는 면도 존재한다.

인공지능을 직접적으로 내 업무에 도입함으로써 시간을 절약할 수 있는 경우는 더 많다. 예를 들어 인공지능을 사용해 문서를 요약하거나 중요 정보를 추출할 수 있고 내 승인에 따라 곧바로 필요한 데이터를 자동으로 적재해 줄 수 있다. 이렇게 하면 모든 문서를 검토할 시간을 줄여 주고 중요 정보만 추출해 필요 없는 내용을 모두 볼 필요는 없어 시간을 확보할 수 있게 된다.

그리고 데이터 적재까지 자동으로 해 주어 적재하느라 추가적인 작업이 필요하지 않아 데이터를 입력해 주는 시간을 절약할 수 있다.

만약 고객과 직접 대면하는 업무라면 시간을 더 많이 절약할 수 있다. ChatGPT와 같은 챗봇을 만들어서 대부분의 고객 문의를 처리하도록 하면 내가 고객의 문의를 처리해야 하는 시간을 확보할 수 있다. 이를 통해 고객의 대기 시간도 줄일 수 있고 고객은 문의한 응답을 즉각적으로 빠르게 들을 수 있어 만족도를 높일 수 있다.

내 시간을 확보함과 동시에 고객의 만족도까지 올릴 수 있는 이상적인 상황이 된다. 나는 인공지능을 적용해 추가로 확보된 시간을 활용해서 더 중요한 일에 집중하거나 인공지능을 적용해서 시간을 더 절약할 수 있는 다른 병목이 되는 업무를 찾아 적용을 기획할 수 있을 것이다. 잘 적용되면 다시 추가적인 시간 확보를 바탕으로 업무를 찾고, 반영하고, 시간을 버는 선순환 구조를 그릴 수 있게 된다.

인간에게 주어진 시간은 유한하다. 누구나 끝은 있고 그 끝을 향해 달려가는 순간인 시간을 잘 활용하는 것이 인생의 밀도를 결정한다. 하지만 그 시간을 늘릴 수 있는 사람이 있다면 밀도는 낮아도 절대적인 시간이 많아 많은 것을 이룩할 수 있다. 그리고 인공지능은 이를 가능하게 해 준다. 우리가 업무할 때 반복적으로 수행되는 일들은 인공지능에 맡기면 그만큼 시간을 확보할 수 있다.

또한 대용량의 데이터를 정보화해야 하는 경우 인공지능을 사용하면 마찬가지로 시간을 확보할 수 있다. 업무와 서비스에 인공지능을 접목해 우리가 얻을 수 있는 것은 우리의 시간이다. 우리는 시간을 얻어 그 시간을 다시 혁신적인 제품을 만들어 내는 데 투자할 수 있다. 이처럼 확보된 시간은 우리가 창의적인 생각을 할 수 있는 기회를 제공해 준다.

4.4 실수는 없다, 오류 예방

사람이 작업하는 것 중에 가장 유의해야 하는 것은 실수이다. 실수는 여러 가지 원인에 의해 나타날 수 있다. 하지만 실수 자체를 방지할 수는 없었다. 그러므로 인류는 실수하지 않도록 노력함과 동시에 실수를 방지할 수 있는 여러 가지 정책을 마련하고 적용해 왔다. 여기에 인공지능을 활용한다면 실수를 줄일 수 있음과 동시에 우리의 업무와 서비스의 완성도를 더욱 높일 수 있다. 그렇다면 인공지능과 함께했을 때 왜 실수를 줄일 수 있다는 것일까? 이에 대해서 한번 알아보자.

4.4.1. 오류를 방지하는 보조

우리는 매우 이성적이고 차가운 사람을 보며 찌르면 피 한 방울 안 나올 것 같다고 말하곤 한다. 인공지능을 찌를 수 있다면 피가 나오진 않을 것 같다. 대신 숫자가 쏟아지지 않을까? 그만큼 계산이 매우 빠르고 주어진 값에 대한 응답을 내뱉는 인공지능은 오류 방지에 도움이 된다.

이러한 인공지능을 활용하면 인간의 부족한 부분을 채울 수 있다. 앞에서 말한 바와 같이 인간은 대량의 데이터를 검토하고 분석해 결과를 도출하는 데 시간이 많이 소요된다. 만약 인간에게 시간이 무제한으로 주어진다면 검토하고 분석하는 데 시간이 부족하지 않을 것이다. 그러면 인간은 모든 것을 종합적으로 고려해 적합한 결과를 도출할 수 있을 것이다.

하지만 현실은 그렇지 않은 경우가 많다. 그러므로 모든 데이터를 검토하기가 어려워서 여러 가지 측면을 고려해야 하는 결정을 내리기는 매우 어려운 일이 된다. 예를 들어 판단에 따른 리스크가 매우 큰 분야인 법률을 한번 생각해 보자. 법률적 근거를 바탕으로 판단해야 하는 판사는 어떤 결정을 내리는가에 따라 따라오는 결과의 후폭풍이 거셀 수 있다.

따라서 더욱 많은 내용을 검토해 신중히 결과를 도출해야 한다. 문제는 한 명의 판사에게는 한 가지 사건을 주지 않고 법정도 무한히 열릴 수 없다는 점이다. 많은 판사는 동시에 여러 가지 사건을 받아 처리한다. 그러므로 많은 내용을 복합적으로 고려하기에 시간이 부족해 협소한 의견을 바탕으로 판결할 수 있는 리스크도 존재한다.

그런 리스크를 고려해 판사는 한 명이 판결하는 경우가 거의 없으며 여러 판사가 모여서 의논해 결론을 내린다. 또한 배심원 제도도 도입해 많은 사람이 한 가지 사건에 대해서 검토해 내린 결론과 근거를 바탕으로 판결한다. 하지만 아무리 제도로 보완한다고 하더라도 부족한 부분은 존재할 수밖에 없다.

여기서 인공지능을 활용한다면 어떨까? 배심원 제도를 사용하는 것과 같이 여러 관점에서 사건을 복합적으로 검토해 판단을 내려야 하는 경우에 판사가 참고할 수 있는 의견과 근거를 제시하는 인공지능 배심원은 잘못 판결하는 리스크를 줄일 수 있는 가능성을 가지고 있지 않을까?

물론 필자는 모든 판결은 인간이 하게 될 것으로 생각한다. 징역과 같이 인간의 미래에도 영향을 미칠 수 있는 결정은 성능뿐 아니라 윤리적 차원에서라도 아직 현재의 인공지능이 감당할 수 없는 분야라고 생각한다. 하지만 배심원과 같이 다각도로 검토해 의견을 판사에게 제안하는 보조적인 역할로 활용한다면 판사(인간)의 오류를 예방할 수 있지 않을까?

오류를 방지하는 것이 가장 필요한 분야는 역시 의료 분야일 것이다. 사람의 생명과도 직결되는 분야이므로 오류가 있으면 다른 분야보다 더 큰 문제를 일으킬 수 있다. 그렇기 때문에 인공지능을 의료 분야에 적극적으로 활용해 오류를 방지해야만 한다. 의사가 진단하거나 처방을 내릴 때 어떻게 조처할지 판단한 뒤에 인공지능이 내린 판단을 참조해 부족한 부분이 있었다면 참조하거나 인공지능이 내가 생각하지 못한 의심 가는 질병을 진단했다면 그 질병을 다시 한번 체크하는 식으로 사용할 수 있다. 의료 분야에서는 질병이 맞는 것을 아니라고 판단하는 종류의 오류가 매우 큰 문제가 될 수 있다. 따라서 인공지능을 의료 분야에 활용해 오류를 방지하는 것은 매우 큰 장점이라고 할 수 있다.

오류가 비즈니스에 매우 크게 영향을 주는 분야라면 오류를 방지하는 것이 매우 큰 효과를 가져올 수 있다. 예를 들어 인공지능을 사용해서 오류를 방지할 수 있는 여러 프로세스를 구축해 놓은 회사는 그렇지 않은 회사보다 오류가 발생할 확률이 낮다. 즉, 프로세스를 구축하지 못한 회사는 더 많은 오류가 날 수밖에 없다. 그렇게 되면 제품을 사용하는 사용자의 입장에서 그 회사의 제품을 이용하지 않으려고 할 것이다.

결국 인공지능을 사용해서 오류를 방지할 수 있는 여러 프로세스를 구축해 놓은 회사는 품질을 개선하고 오제품을 출시하는 리스크를 줄일 수 있게 됨으로써 더 나은 제품과 서비스를 제공하기에 경쟁력을 가질 수 있게 된다. 이러한 상황이 지속되면 결국 인공지능을 사용한 오류 방지 프로세스를 구축한 회사는 다른 회사 대비 경쟁 우위를 가지게 된다. 그러다 보면 품질에 대한 신뢰를 얻고 이는 충실한 구매자를 확보할 수 있는 발판이 될 수 있다.

이처럼 인공지능을 사용해서 인간이 오류를 범할 수 있는 것을 찾아 사전에 방지할 수 있도록 해 주는 것은 매우 중요하다. 인간은 완벽하지 않기에 실수가 종종 발생할 수 있고 그렇기 때문에 실수를 방지하는 제도와 정책을 세워 실행해 왔다. 이제는 인공지능이 그 제도와 정책의 한 부분이 될 수 있다. 하지만 인공지능도 완벽하지는 않다. 인공지능이 완벽했다면 인공지능으로 모든 결정을 대신하면 좋았겠지만 사실 그렇지 않으므로 인간과 결합해서 사용해야 서로 윈윈할 수 있다.

인공지능은 오류를 낼 수 있어 의사 결정을 100% 신뢰해서는 안 된다. 그러므로 인간이 하는 결정을 그대로 수용하지 않고 인공지능으로 두 번 체크하는 방법으로 활용해야 한다. 그렇게 되면 서로가 오류를 범할 확률이 10%씩이라고 할 때 0.1*0.1로 0.01이 되어 1% 정도로 감소하게 된다. 어쩌면 인공지능을 사용해서 가장 큰 이익을 얻을 수 있는 활용 방법은 인류가 어떤 결정을 할 때 인공지능의 도움을 받아서 결정하기보다는 결정한 사항에 대해 놓친 부분이 있거나 실수한 부분을 확인하는 용도로 사용하는 것일 수 있다.

4.4.2. 감정 없는 뛰어난 보조

사람은 사실 꽤 감정적인 동물이다. 인공지능을 활용하면 이러한 인간의 감정에 치우친 선택을 배제하는 데 도움이 될 수 있다. 경제학에서는 인간은 이성적인 동물이라는 가정하에 논리가 전개되지만 사람은 항상 이성적이지 않다. 하지만 인공지능을 활용하면 이런 경우를 더욱 줄일 수 있다.

인공지능은 감정이라는 것이 없다. 예를 들어 금융 투자를 하는 사람이 있다고 하자. 이 사람은 마음속으로 15% 이상 손해가 생기면 더 이상의 손해를 키우지 않으려고 가진 주식을 매도하기로 결심했다고 하자. 하지만 막상 주가가 -15%에 이르게 되면 과연 그 사람은 처음 정한 원칙처럼 매도할 수 있을까? 어쩌면 잠시 주가가 출렁이는 과정에 일시적으로 이른 것일 뿐 사실 조금만 기다리면 바로 상승해서 주가가 올라가지 않을까? 이런 생각을 하지 않을 거라는 확신을 할 수 있을까?

사람은 꽤 감정적인 동물이라는 것을 기억하자. 주식을 하는 사람들은 생각보다 이런 경우를 많이 겪는다. 미래는 알 수 없다 보니 설불리 원칙을 지키기가 어렵다. 이때 인공지능으로 자동 매매 시스템을 구축했다면 인공지능은 정해 준 규칙에 따라 매도할 것이고 더 이상의 손실을 막았을 수 있다. 이처럼 인공지능은 감정이 없고 그렇기에 감정적인 선택을 하지 않고 오로지 규칙을 통해 파악한 패턴과 프로그램에 심어진 규칙을 따를 뿐이다.

그리고 인공지능은 데이터에 내재된 선입견이 없다면 선입견이 없다. 만약 학습에 사용될 데이터에 선입견이 존재하지 않는다면 인공지능은 선입견을 학습하지 않을 것이다. 이는 인공지능이 무언가를 결정할 때 선입견을 학습하지 않아 더욱 공정한 결정을 내릴 수 있도록 도와줄 수 있다는 것을 의미한다.

예를 들어 교육에 선입견이 미치는 영향에 대해 생각해 보자. 어른의 기대가 학생들의 지능에 큰 영향을 끼친다는 매우 유명한 실험이 있다. 이 실험은 학생의 학업 성취도에 대해서 거짓 정보를 준 뒤 실제 성취도에 변화가 있었는지 측정한 실험이다. 실험하려고 샌프란시스코의 한 초등학교에서 무작위로 아이 몇 명을 선택하고 교사들에게 이들이 아주 뛰어나다고 거짓 정보를 주었다. 시간이 흐른 뒤 이 아이들이 다른 아이들의 학업에 비해 성적이 좋아졌다고 한다. 이 실험이 알려고 했던 바는 교사의 긍정적인 기대가 가져올 수 있는 긍정적인 효과였다. 실험 결과 교사의 긍정적인 기대가 영향을 미쳐 학생들은 성적 향상이라는 결과로 나타난다는 것을 입증했다.

이는 인간의 선입견이 긍정적인 영향을 미친 예시일 것이다. 반대로 교사에게 안 좋은 선입견을 주입하자 학생의 성적이 낮아진 결과를 나타낸 경우도 존재한다. 하지만 이 경우에 인공지능을 교육에 활용했다고 해 보자. 인공지능에 일부러 학생들의 학업 성취도에 따라 태도를 다르게 하는 데이터를 준다거나 그렇게 행동하라는 규칙을 주지 않았다면 인공지능은 선입견이 행동에 반영되지 않을 것이다. 항상 일정한 태도와 균일한 성과에 대해 보상을 주면서 학습시킬 것이다. 결국 일부 학생에게만 태도가 달라지지 않았으므로 모든 학생의 학업 성취도는 인공지능의 태도에 의해 영향을 받지 않을 것이다.

이처럼 선입견은 어떤 의사 결정뿐 아니라 주변에도 영향을 줄 수 있는 매우 중요한 행동의 원인이다. 이 선입견이 좋은 방향으로 작용하는 거라면 괜찮지만 그렇지 않다면 반드시 제거되어야 하는 원인이다. 사람에게 한 번 생긴 선입견을 없애기는 쉽지 않다. 하지만 인공지능은 그렇지 않다. 위의 예시 같은 경우에도 인공지능을 활용한다면 결국 낙인 효과와 같은 선입견으로 인한 부정적인 효과를 제거할 수 있다.

이처럼 인공지능은 감정이 없다. 감정이 없기에 데이터 내에 선입견과 편향이 없다면 인공지능도 이를 학습하지 않는다. 또한 감정이 없기에 심적으로는 쉽지 않은 선택일지라도 그것이 이익이라면 그대로 행동할 수 있을 것이다. 그러므로 인간이 감정에 의해 많이 좌우되는 상황일 때 사용하면 도움이 될 것이다. 사람은 꽤 많이 감정에 의해 좌우된다.

그럴 때 인공지능을 활용해 머리를 차갑게 하고 어떻게 행동하면 도움이 될지와 같은 내용을 복기해 볼 수 있다. 감정이 이익이 되는 분야가 있다. 예를 들어 연기나 예술과 같은 분야는 감정에 충실한 것이 도움이 될 수 있다. 그러나 대다수의 사람은 감정을 풍부하게 가져야 하는 이유가 없고 감정을 풍부하게 가져야 이익을 보는 상황이 잘 존재하지 않는다. 따라서 인공지능을 잘 사용해서 감정이 풍부해져서 이익이 가지 않을 수 있을 때 보조로 사용하면 도움이 될 것이다.

4.4.3. 인내와 기억을 갖춘 전교 1등

반복적인 일을 계속 수행하다 보면 인간은 컨디션이나 기분과 같은 것들에 따라 실수할 수 있다. 반복적인 일을 계속해서 수행하다 보면 인간은 기계가 아니다 보니 매너리즘에 빠질 수도 있고 정신적인 한계에 도달할 수도 있다. 더 이상 그 일을 수행할 수 없는 상태에 빠지게 된다.

그래도 의무적으로 같은 일을 반복해야만 하는 때가 있다. 그럴 때 우리는 스트레스, 불안, 피로 등으로 인해 평소에 잘 수행할 수 있는 일인데도 실수가 잦아지는 것과 같은 성능 저하가 발생한다.

혹은 반복적인 일을 많이 하다 보니 그 일에 대해서는 잘 안다는 생각에 집중을 덜 하게 될 수 있다. 어차피 내가 잘하는 일이니 조금 덜 집중해도 괜찮다고 생각하게 되면서 집중력이 흐트러지고 결국 실수하게 된다. 너무 익숙해지면 처음만큼 집중하지 않아 오류가 발생하게 된다. 예를 들어 거리의 유동성을 알려고 사람이 길에 서서 지나다니는 사람이 있을 때마다 기록한다고 하자. 한 번은 잘할 수 있지만 매일 한다고 생각하면 나중엔 사람이 지나가도 몇 명은 놓치게 될 것이다.

이때 인공지능을 사용하면 어떨까? 인공지능은 길에 가해지는 압력을 통해 무게를 계산하고 CCTV의 영상을 분석해 사람과 고양이와 같은 개체를 구별하고 셀 수 있다. 아무리 오래 지시해도 사람이 오래 작업을 수행할 때와 같은 오류가 생기지 않는다. 현재의 인공지능은 단순 SW라서 사람과 같이 컨디션이나 기분이 존재하지 않는다.

그러므로 그저 주어진 일을 수행할 뿐이고 그렇기에 집중이라고 하는 상태가 존재하지 않는다. 결국 정신적인 문제로 인해 일이 진행되지 않거나 성능이 저하되는 일이 발생하지 않는다. 따라서 인공지능을 활용하면 인간이 감정이나 기분과 같은 정신적인 요인으로 발생할 수 있는 오류들을 대부분 방지할 수 있다.

사실 인간의 기억 용량에는 한계가 있다. 특히 단기 기억력의 한계가 명확하다고 할 수 있다. 인간의 단기 기억력의 한계를 늘려 주는 방법은 무엇일까? 단기 기억력의 한계를 늘릴 방법이 있을까? 그렇다면 인공지능은 어떨까? 인공지능에는 메모리가 단기 기억력이고 디스크가 장기 기억력이라고 할 수 있다. 그렇다면 인공지능의 단기 기억력을 늘리는 방법은 그저 메모리를 증설하면 된다. 이는 많은 실수를 줄일 수 있는 부분이다.

인간의 기억은 인간이 생각하는 것만큼 정확하지 않다. 기억은 생각보다 부정확하고 인간 스스로 무의식중에 혹은 의식적으로 꽤 많이 편집되곤 한다. 하지만 인공지능의 기억은 메모리에 기록하는 것이라 무의식중에 편집한다는 행위는 존재하지 않는다. 그러므로 꽤 정확하고 메모리를 증설하면 기억력의 크기 또한 커진다.

예를 들어 어떤 일을 해야 할 때 단기 기억력에 의존해야 하는 웨이터와 같은 사례를 생각해 보자. 인간에게는 단시간만 정보를 저장하고 처리하는 단기 기억력에 한계가 있다. 하지만 인공지능을 활용하면 단기 기억력의 한계를 이겨 낼 수 있다. 만약 웨이터가 음성 인식 인공지능을 탑재한 센서를 들고 다닌다고 하자. 손님이 주문한 모든 음식의 리스트는 음성 인식 인공지능이 인식해 리스트 업을 할 수 있다. 이를 활용하면 아무리 많은 주문을 받더라도 실수 없이 처리할 수 있을 것이다. 인공지능에는 기억력의 한계가 없기 때문이다.

인간의 오류를 방지하려고 인공지능을 활용하는 것은 사실 긍정적인 활용의 예이다. 우리가 어떤 결정을 할 때 인공지능을 활용하는 것은 매우 유의해야 하는 일이다. 중요한 결정을 내릴 때 인공지능에 의존하게 되면 많은 문제를 초래할 수 있다. 의존하게 되면 인공지능의 요약 결과를 그대로 전달만 할 뿐 인간으로서의 자율성에 타격을 입게 된다. 인공지능이 발전해 인간의 의사 결정을 보조할 수 있지만 결정 일체를 모두 맡겨서는 안 된다.

스스로 내 신념에 따라 행동하는 것은 사람이 다른 사람과 다른 행동을 하는 이유이며 이에 따라 타인과 구분될 수 있는 중요한 특성 중 하나이다. 또한 우리가 자율성을 가지고 행동할 때 문제를 해결하려는 새로운 아이디어와 해결책을 직접 제시할 수 있다. 그러므로 많은 사람이 자율성을 가지는지에 대한 문제는 인류 발전에 중요한 문제이다.

인공지능은 인간의 오류를 방지하고 의사 결정 능력을 향상하는데 중요한 역할을 할 수 있다. 하지만 그 과정에서 우리가 가진 자율성을 희생하지 않도록 하는 것이 중요하다. 그러나 인공지능을 도구로써 활용해 참고할 때 많은 장점을 얻을 수 있다. 예를 들어 의사가 환자를 검진할 때 인공지능을 활용하면 인간의 오류를 방지할 수 있다. 의학적으로 병명의 진단을 내리는 것은 의사가 증상을 듣고 검사하고 과거의 병력을 취합해 최종적으로 결론을 내리는 매우 복잡한 과정이다.

하지만 항상 완벽한 진단을 할 수는 없으므로 때때로 정보를 잘못 해석하거나 과소평가해 오진단이나 치료 지연으로 이어질 수 있다. 그러나 인공지능을 도구로써 활용하게 되면 가망성 높은 병명과 함께 가능성을 제공해 줄 수 있다. 의사는 이를 참고해 놓칠 수 있을 뻔한 병을 발견할 수 있다. 이를 통해 의사가 더욱 정확한 결정을 내리도록 도와줄 수 있다.

사람은 완벽하지 않다. 그러므로 오류를 범할 수 있는 여러 가지 정책이 있어야 한다. 그런데도 오류는 일어난다. 모든 것은 완벽할 수 없기 때문이다. 이런 이유로 오류를 막을 수 있는 방지책을 이중 삼중으로 강구해도 부족하지 않다. 인공지능은 오류를 막을 수 있는 방지책으로 활용되기 좋은 도구이다. 따라서 인공지능을 적절하게 활용해 자신의 업무에 오류가 발생하지 않도록 방지할 수 있고 기대한 만큼 방지하는 성과도 잘 나올 것이다.

사람은 감정적이고 선입견도 있고 기억의 용량에도 문제가 있다. 그런데 인공지능은 감정이 존재하지 않고 데이터에 선입견이 반영되어 있지 않다면 선입견이 있지도 않다. 그리고 스펙만큼 기억 용량을 가지기 때문에 오류를 방지하는 데 인공지능을 잘 활용하면 많은 이익을 가져올 수 있다.

4.5 업무 농도 향상, 효율성의 증가

업무하는 데 중요한 것은 업무의 성과와 그 업무를 달성하는 데 걸리는 시간일 것이다. 아무리 성과가 크게 난다고 하더라도 200년이 걸린다면 소용이 없고 일주일 만에 달성하더라도 1원의 비즈니스 성과를 올린다면 큰 의미가 없을 것이다. 결국 업무의 질은 업무의 농도, 즉 효율성이 결정한다. 그러므로 업무의 효율성을 증가시키는 것은 매우 중요한 일이다.

인공지능은 이런 업무의 효율성을 높일 수 있는 매우 좋은 도구이다. 따라서 업무하는 비전문 실무자의 입장에서는 이러한 인공지능을 효율적일 수 있는 부분을 찾아서 업무와 서비스에 도입하는 것은 매우 좋은 선택이라고 할 수 있다.

4.5.1. 인공지능 기반 반복 업무 경감

만약 매일 반복적인 일로 하루에 3시간씩의 업무 시간을 뺏긴다면 어떨까? 이러한 경우는 사실 매우 많이 발생한다. 그렇지만 꼭 해야 하는 일이기에 누군가는 해야 하고 내가 그 일을 반복적으로 하는 그런 경우는 흔하게 발생한다. 하지만 이런 경우에 하루 중 많은 시간을 반복 업무로 인해 뺏겨 정작 내 일을 할 시간은 많이 줄어들게 된다. 그러므로 반복 업무를 줄이는 것은 업무 효율성을 증가시키는 매우 중요한 요소이다.

인공지능을 이용해서 효율성을 높일 수 있는 것 중 하나는 아무래도 반복 업무를 경감하는 것일 것이다. 인공지능이 반복 업무를 경감시킬 수 있다는 것은 대체 무슨 의미일까? 사실 인공지능은 반복적인 일을 잘한다. 패턴이 변화하지 않고 반복적인 일을 하는 경우 인공지능은 매우 적합한 도구이다. 그러므로 반복적인 일에 사람이 상당한 노력과 시간을 들이는 경우 이를 자동화할 수 있는 좋은 도구이다.

인공지능을 사용해서 사람이 직접 상당한 노력과 시간을 들이는 것을 대신해서 자동화하기만 해도 직원의 야근을 줄이는 것과 같이 인건비를 절약할 수 있다. 이를 통해 수익성을 극대화할 수 있다. 또한 인공지능은 연중무휴 작업할 수 있어 밤늦게 해야 하는 업무나 인건비가 많이 나오는 휴일이나 야간 업무를 경감할 수 있다.

예를 들어서 고객 서비스를 자동화하는 데 도움이 될 수 있다. 인공지능 기반 챗봇을 이용해 고객의 문의를 처리하는 데 도움이 된다. 또한 웹사이트의 비밀번호를 재설정하는 방법이나 기본 제품의 정보 제공과 같은 서비스 문의를 처리할 수 있다. 이러한 자주 들어오는 문의에 대해서 인공지능 챗봇을 활용해서 처리해 주기만 해도 고객 서비스를 자동화하는 데 도움이 될 것이다. 더욱 복잡한 문의는 실제 상담사를 연결해 주되 간단한 문의는 인공지능 챗봇을 사용하는 것이다.

그러므로 인공지능을 활용하는 것이 업무 경감에 도움이 될 것이다. 혹은 문서 요약과 같은 것에 사용할 수 있다. 기존에는 사람이 문서를 읽고 요약했다고 한다면 인공지능을 이용하면 이제 사람이 문서를 읽고 요약할 필요 없이 인공지능이 해 줄 것이다.

사람은 기계가 아니다. 그러므로 반복적인 작업은 사람을 쉽게 지치게 한다. 지치게 되면서 업무가 지루하고 만족스럽지 않게 된다. 결국 업무에 대한 열정이 줄어들고 사기 저하와 불만족으로 이어지게 된다. 그렇게 되면 많은 인력이 쉽게 이탈할 수 있다. 반복적인 업무는 물론 필요하며 그렇기에 누군가는 해야 하지만 그 누군가가 인공지능이 된다면 업무 불만족으로 이어지지는 않을 것이다.

그렇게 되면 직원의 만족도는 더욱 올라갈 것이고 결국 이탈률이 줄어들고 유지율이 향상할 것이다. 따라서 반복적인 일들은 가능한 자동화하는 것이 중요하다. 또한 다른 여러 자동화 도구 중에서 인공지능은 매우 강력하고 자동화에 적합한 도구이므로 적극적으로 활용하면 많은 이득을 얻을 수 있을 것이다.

4.5.2. 인공지능 기반 생산성 향상

직원의 생산성이 떨어진다면 어떨까? 조직과 회사의 입장에서는 생산성이 떨어지는 직원의 생산성을 올리려고 여러 노력을 할 것이다. 왜냐하면 생산성을 향상하는 것은 업무의 효율성을 증가시키는 데 중요한 요소이기 때문이다. 생산성을 향상하는 데 도움이 되는 많은 도구가 있지만 인공지능은 매우 적합한 도구이다.

그러므로 업무나 서비스에 인공지능을 사용하면 생산성을 향상할 수 있다. 앞에서 논의한 내용들을 돌이켜보면 생산성을 올리는 데 도움이 된다는 것을 알 수 있을 것이다. 생산성을 향상할 수 있는 많은 요소가 있지만 속도와 자동화, 예측과 혁신을 통해 생산성을 향상할 수 있다. 한 가지씩 한번 살펴보자.

먼저 속도에 대해 논해 보자. 인공지능 시스템은 앞에서 논한 바와 같이 인간보다 더 빠르게 데이터를 분석하고 처리할 수 있다. 그러므로 다양한 데이터를 분석할 수 있고 더 많은 양의 데이터를 빠르게 분석하는 것이 가능하다. 게다가 연산이 틀릴 가능성도 거의 없다. 따라서 업무나 서비스 중에 속도가 필요한 분야에 인공지능을 사용한다면 큰 도움이 될 것이다. 빠른 연산 속도는 빠른 의사 결정이나 업무가 필요할 때 사람이 직접 작업하기보다 더 신속하게 결정을 내려서 빠르게 조처하게 하는 데 도움이 될 것이다.

다음으로 자동화에 대해 논해 보자. 앞에서 논한 바와 같이 자동화는 인공지능이 가지는 큰 장점 중 하나이다. 그러므로 자동화가 필요한 곳에 인공지능을 적용하는 것은 인공지능의 장점을 십분 살림과 동시에 업무의 효율성을 극대화할 방법 중 하나이다. 인공지능을 사용하면 기존에 자동화하지 못한 부분도 자동화할 수 있어 인공지능을 자동화에 적극 활용하면 생산성을 향상하는 데 도움이 될 것이다.

그리고 예측과 혁신은 인공지능이 가지는 장점 중 하나이다. 패턴이 변화하지 않는다는 전제하에 인공지능은 대량의 데이터를 분석해서 미래에 생기는 결과를 예측하는 데 도움이 된다. 혹은 이에 대한 통찰력을 제공하는 데도 도움이 된다. 특히 대용량의 데이터를 분석할 수 있어 기존의 몇 명의 담당자가 하기 힘들었던 개인화된 분석을 하는 것이 가능해진다.

이 분석을 통해 개개인별로 예측할 수 있고 이 예측과 기존의 업무 프로세스와 결합하게 되면 혁신하는 것이 가능해진다. 결국 인공지능을 활용해서 대용량의 많은 데이터를 분석해서 개개인별로 예측을 실시간으로 할 수 있고 조직이나 기업이 개개인별로 다른 가치를 제공하고 합리적으로 의사 결정을 하는 데 도움이 될 것이다.

앞에서 논의했던 여러 장점을 바탕으로 인공지능을 사용하면 업무나 서비스의 생산성을 향상하는 데 도움이 된다는 것을 알 수 있었다. 생산성을 향상하는 것은 업무의 효율성을 증대시키는 데 매우 중요한 요소이다. 물론 생산성을 향상하려는 많은 도구가 존재한다. 그러한 도구들도 좋지만 인공지능을 사용하는 것도 좋은 선택이다. 만약 사용하는 도구가 있다면 그 도구와 인공지능을 결합하는 것은 매우 좋은 선택이다.

최근 MS에서는 MS 내 서비스들에 인공지능을 탑재하기 시작했다. 이는 인공지능을 사용해서 업무의 생산성을 향상하려는 목적이다. 물론 MS 외에도 구글과 같은 기업들도 자사의 서비스에 인공지능을 탑재하기 시작했다. 이러한 흐름은 전 세계 조직과 직원들의 생산성을 향상할 수 있을 것이다. 비전문 실무자들은 이러한 변화의 흐름을 타고 생산성을 올릴 수 있게 인공지능을 업무나 서비스에 적극적으로 도입하면 도움이 될 것이다.

4.6 미래의 아이폰, 인공지능이 가져올 변화

아이폰이 처음 나왔을 때 세상은 매우 놀랐다. 전화, 휴대용 디지털 미디어 플레이어, 인터넷 등의 각 기능을 사용할 수 있는 기기들은 존재했지만 이것들을 하나로 묶어 휴대폰으로 나온 것은 처음이었기 때문이다. 또한 확장성과 범용성에 놀랄 수밖에 없었다. 세상이 아이폰을 보고 놀란 이유는 아무도 예상하지 못했기 때문이다. 아이폰이 출시되면서 많은 사람이 아이폰이 가져오는 세상의 변화를 타고 기회를 얻으려고 노력했다. 또 다른 누군가는 변화를 거부하고 기회를 얻지 못한 사람도 있을 것이다.

자, 지금을 한번 생각해 보자. 과연 세상에 아이폰만큼의 충격과 효과를 가져온 미래의 아이폰은 무엇일까? 내가 변화를 직접 가져오지는 못한다고 하더라도 우리는 미래에 충격적인 혁신을 가져올 것을 항상 생각하고 준비하고 있어야 한다. 본 챕터에서는 인공지능을 우리 부서에 도입하기 위해서 미래에 대해 언급하며 논의를 진행할 예정이다.

4.6.1. 넥스트 아이폰, 미래 트렌드

사람들이 생각한 이상의 성과를 보이는 인공지능으로 인해 사람들의 인공지능에 대한 관심도가 매우 올라갔다. 이제는 인공지능을 모른다고 하면 안 될 것만 같은 불안감에 휩싸일 정도라니 정말 이렇게까지 일반인까지 뜨거운 관심을 보였던 기술이 또 있을까 싶다. 우리가 인공지능에 뜨거운 관심을 보이는 이유 중 하나는 인공지능이 앞으로 바꾸어 놓을 미래를 피부로 체감하기 때문이다.

우리는 모두 미래에 대해 알고 싶어 한다. 미래를 안다면 앞으로 어떻게 바뀔지를 알 테니 더 잘 대비할 수 있기 때문이다. 또한 변화의 물결에 휩쓸리는 것이 아니라 기회를 포착하고 이를 자기편으로 할 수 있기 때문이다. 세상의 변화를 주도하는 것은 매우 뛰어난 식견과 그 식견을 뒷받침할 수 있는 의사 결정, 실현할 수 있는 재력이나 인력이 필요하다.

그러므로 세상의 변화를 주도하기는 쉽지 않다. 거스르기는 더 어렵다. 모두가 변화하는데 나만 변화하지 않는 것만큼 뒤처지는 일은 또 없다. 따라서 미래에 어떻게 변화할지를 지속해서 관심을 기울이고 관찰해야 한다. 미래에 어떤 것이 흥하고 어떤 것이 쇠할지를 안다면 어떤 기술, 제품들이 넥스트 아이폰이 될지를 알 수 있을 것이다. 그렇게 되면 우리는 넥스트 아이폰이 끌어낼 변화의 시류를 잘 관찰하고 있다가 올라타서 기회를 찾을 수 있다.

과연 인공지능은 넥스트 아이폰이 될 수 있을까? 정답은 아무도 모른다일 것이다. 경제 위기가 오기 전에는 항상 미래에 대해 긍정적인 전망만이 존재했다. 대표적인 IT 버블이나 서브프라임 모기지, 최근의 유동성 위기가 오기 전에 미래에 대해서는 밝은 전망만이 가득했고 항상 성장에 대한 이야기만이 들려왔다. 많은 인력이 스타트업으로 향했고 결국 많은 기업이 상장하고 실제 가치를 가진 제품들을 많이 생산할 수 있었다.

지금 ChatGPT 이후로 GPT4까지 나오면서 인공지능으로 인해 많은 것을 바꿀 수 있는 거라 많은 이가 생각하고 있다. 물론 인공지능 업계에 종사하는 사람으로서 인공지능은 넥스트 아이폰을 넘어 넥스트 산업 혁명을 끌어낼 아주 중요한 핵심 기술일 것으로 생각한다. 하지만 미래는 언제나 알 수 없고 불투명하다. 과거 인공지능 붐이 일었던 것은 처음이 아니다. AI Winter라고 불린 적이 있을 정도로 모두에게 외면받던 시절도 있었다.

인공지능으로 모든 것이 해결될 거로 믿었지만 상상한 것보다 못한 성과와 한계에 사람들이 외면했다. 그러다가 기나긴 터널을 지나 드디어 알파고 때부터 빛을 보기 시작했다. 지금은 모두가 인공지능의 밝은 미래에 관해서만 이야기하지만 언제 다시 외면받을지 알 수 없다. 마치 모두가 열광하던 부동산과 코인, NFT, 메타버스 열풍이 어느 시점을 기점으로 한순간에 사그라든 것과 같다. 모두가 좋을 거라고 할 때는 좋아 보였지만 하나둘씩 외면하다 보면 부정적인 미래가 그려지기도 한다. 그러므로 인공지능이 앞으로 찬란한 미래만을 가지고 있다는 것에 대해서는 누구도 확신할 수 없다.

하지만 부정적인 미래로 그려졌던 것들이 다시금 반등할 때도 많다. IT 버블이라 외면받았던 IT 산업이 이제 실제로 과실을 맺어 비즈니스 성과를 창출할 수 있게 되자 많은 사람이 관심을 기울이고 있다.

또한 과거 경제 위기를 만나 폭락했던 주식과 부동산도 경제 위기를 극복하면서 빠르게 반등한 사례는 수없이 찾아볼 수 있다. 그러므로 인공지능이 앞으로 찬란한 미래만을 가지고 올 것이라는 기대를 할 수 있다.

필자는 인공지능 업계에 종사하는 사람으로서 인공지능이 앞으로 인류에게 찬란한 미래를 가져올 것이라고 확신한다. 또 그렇게 할 수 있게 만들려고 노력하고 있다. 따라서 인공지능은 넥스트 아이폰과 같은 파괴적인 혁신을 가져올 수 있을 거로 확신한다. 항상 좋아 보였던 것들이 나빠지기도 하고 다시 좋아지기도 하면서 반복하고는 한다. 하지만 그 와중에도 확실했던 한 가지는 "항상 변화는 있어 왔다."는 것이다.

변화는 항상 있었다. 작은 변화이건 큰 변화이건 변화는 항상 존재했다. 그런 관점에서 볼 때 현시점의 인류에게 가장 큰 변화를 줄 수 있는 것은 역시 기술이다. 환경이나 출산율과 같은 변화를 줄 수 있는 여러 가지 변수가 있지만 기술만큼 다방면에 변화를 줄 수 있는 것은 존재하지 않는다. 특히 현재 기술 발전의 최전선에 서 있는 것이 인공지능이기에 인공지능이 미래의 변화를 이끌 것이라고 기대해 볼 수 있는 부분이 있다.

4.6.2. 활용도가 높은 도구

인공지능이 끌어내는 변화는 너무나도 광범위하고 파괴적이라 하루 종일 이야기해도 부족할 것이다. 그만큼 인공지능은 활용도가 매우 높은 도구이다. 제조업에도 적용할 수 있고 금융업에도 적용할 수 있고 의료에도 적용할 수 있고 심지어 법률에도 적용할 수 있다. 이외에도 적용하지 못하는 분야를 찾는 것이 어쩌면 더 빠를 정도로 정말 많은 분야에 폭넓게 적용할 수 있는 도구이다. 그러므로 역으로 부서에 인공지능을 적용해야 하는 이유가 된다. 인공지능을 적용한다면 많은 장점이 있다는 것을 앞에서 논한 바 있다. 따라서 우리 부서에 인공지능을 적용할 수 있는 부분이 있고 이로 인한 장점이 존재한다면 적용하는 것을 망설여서는 안 된다.

활용도가 높은 도구를 사용하면 많은 장점을 얻을 수 있다. 앞에서 논의해 왔던 생산성의 향상은 물론 오류를 줄일 수 있고 정확도를 향상할 수 있으며 자동화가 가능하다. 또한 비용도 절감할 수 있다. 내가 생각하는 활용도가 높은 도구를 사용해서 얻는 장점 중 가장 좋은 점은 활용도가 높아 약간의 유연성만 확보하면 유사한 문제에 적용하기가 어렵지 않다는 것이다.

유사한 문제를 해결하는 데 기존과는 다른 방법을 사용할 수 있다. 그러나 기존과 유사한 방법을 사용해서 해결할 수 있다면 편리할 것이다. 또한 도구를 사용하는 방법에 대해서 추가로 훈련받지 않고도 해결할 수 있다. 그러므로 유연성이 확보된 상태에서 인공지능과 같은 활용도가 높아 확장성이 좋은 도구를 적용해 보는 경험은 매우 귀중하다.

인공지능을 사용해서 문제를 해결해 본 경험을 바탕으로 다시 다른 문제를 해결할 수 있기 때문이다. 특히 비전문 실무자들이 인공지능을 적용할 때 인공지능을 공부하는 것보다 인공지능 개발자와 소통하는 방법과 인공지능을 적용해서 얻을 수 있는 장단점과 도입 효과를 산정하는 방법을 공부할 것이다. 따라서 인공지능 개발자만 확보한다면 비전문 실무자들은 전과 크게 다르지 않은 범위 내에서 근무하지만 다양한 문제를 인공지능을 활용해서 해결할 수 있는 장점을 얻을 수도 있다.

또한 인공지능은 다양한 분석을 수행할 수 있는 다목적 도구이다. 즉, 인공지능을 사용한다는 것은 어떤 문제를 해결하려고 분석하고 이 결과를 사용한다는 것을 의미한다. 그런데 여기서 우리는 한 가지 더 장점을 얻을 수 있다. 인공지능을 사용 혹은 적용한다는 것은 어떤 문제를 해결하려는 것이라고 앞에서 이야기했다. 여기서 어떤 문제를 해결할지를 정의하는 것은 아직은 사람이 하는 일이다.

그러므로 인공지능을 사용해서 문제를 해결하려고 하는 시도를 많이 한 사람은 문제를 찾는 훈련을 받은 것과 다름없다. 그러므로 사용하는 사람이 문제에 대해 더 깊은 통찰력과 이해를 제공해 주기도 한다. 어떤 도구를 사용해서 문제를 사용하는 것은 도구를 통해 통찰력을 제공받는 것을 의미하지만 그 도구를 어디에 어떻게 사용할지 통찰력을 제공할 것을 요구받기도 한다. 결국 인공지능을 적용함으로써 사람은 해결할 문제를 찾는 훈련을 함과 동시에 도구의 활용에 대한 훈련도 함께할 수 있다.

게다가 다목적 도구이다 보니 여러 작업을 인공지능이라는 기술로 통합할 수 있다. 이것이 왜 장점일까? 여러 가지 목적을 가진 해결 방법을 적용할 수 있는 한 가지 도구를 다룰 줄 안다면 많은 작업 과정을 통일할 수 있다. 즉, 다양한 문제를 해결하는 데 한 가지 도구를 다루어 해결할 수 있게 된다. 물론 인공지능을 매번 동일하게 사용해서 적용할 수는 없다.

그러나 우리는 비전문 실무자이고, 비전문 실무자의 입장에서 생각해 볼 때 인공지능의 세부 로직에 대해서까지는 알 필요가 없다. 그러므로 우리는 비전문 실무자 입장에서 인공지능을 어디에 적용해 볼지와 도구를 개발하는 인공지능 개발자와 협업하는 소프트 스킬과 인공지능 적용의 전문성(인공지능을 언제, 어떻게, 왜 적용하는지 등을 정의할 수 있는 능력)이 올라가게 된다.

그런 관점에서 볼 때 인공지능을 적용하며 향상한 소프트 스킬과 인공지능 적용의 전문성을 바탕으로 인공지능을 적용하는 실무 전반에 걸쳐 우리의 역량을 적용할 수 있을 것이다. 그렇게 되면 작업의 워크 플로 관점에서 생각해 볼 때 인공지능을 적용하는 방법에 대해서 어느 정도 로직화할 수 있다.

그러므로 인공지능 기술을 적용해서 많은 문제를 해결하는 관점에서 대다수의 작업이 간소화될 것이다. 이는 인공지능을 적용하는 방법만 잘 갈고닦아도 문제를 해결하는 데 요구되는 작업량을 줄이는 데 큰 도움이 된다는 것을 의미한다.

4.6.3. 미래 사회, 경쟁력과 성장

인공지능이 미래의 변화를 이끌 가능성이 높다는 것은 앞에서 이야기했다. 그렇다면 우리 부서에 '인공지능'을 왜 도입해야 하는 걸까? 인공지능이 미래의 변화를 이끈다면 내가 할 수 있는 것은 무엇이고 그것이 우리 부서에 인공지능을 도입해야 하는 이유와는 어떤 관계가 있을까?

우리 부서에 인공지능을 도입해야 하는 이유에는 여러 가지가 있지만 '부서의 발전'이라는 관점에서 볼 때는 두 가지가 있다. 첫 번째는 업무의 질 향상이고 두 번째는 경쟁력 향상이다. 첫 번째는 앞에서도 꾸준히 이야기해 왔고 많은 사람이 생각하는 부분이다. 많은 것을 자동화할 수 있고 내가 생각하지 못한 부분을 감지하고 내 오류를 수정해 준다든가 업무 시간을 획기적으로 줄여 주어 다른 업무를 할 수 있는 시간을 확보할 수 있다든가 하는 부분이다. 그러므로 첫 번째는 익숙한 개념이고 모두가 기대하는 부분이라고 할 수 있다. 그렇다면 경쟁력 향상은 도대체 무슨 말일까?

경쟁력 향상은 '인공지능'이라는 도구를 사용해 보면서 변화를 주도했거나 변화를 겪어 봄으로써 생겨나는 경쟁력의 향상을 의미한다. 그런데 사실 조직의 경쟁력 향상은 개인의 경쟁력 향상과 동일하다고 할 수 있다. 개인이 성장하고 경쟁력을 가지게 되고 그러한 개인이 모여 조직을 구성하기 때문이다.

그러므로 조직 내에서 개인의 성장도 매우 중요하다. 인공지능이라는 기술이 많은 변화를 끌어낼 것은 자명하다. 그런데 인공지능이라는 기술을 경험하지 않고 그저 일하던 대로 하는 조직/사람이 있고 인공지능이라는 기술을 적극적으로 받아들이고 활용해 본 조직/사람은 나중에 스킬과 경험의 차이가 매우 클 것이다.

그러므로 인공지능을 받아들이고 업무에 적용하는 것이 조직의 발전과 개인의 발전이 모두 일치될 수 있다. 인공지능을 적극적으로 받아들이고 활용한 조직/사람은 인공지능이 어떤 것인지에 대해 체감했기에 매우 구체적인 플랜을 그릴 수 있고 이를 실현하려는 소프트적인 스킬과 기타 툴들을 다룰 수 있다. 그렇기에 인공지능이라는 도구를 더 잘 다룰 수 있고 인공지능을 활용해서 어떤 효과를 어떻게 얻을 수 있는지도 잘 그려 낼 수 있다.

그러나 하던 대로 일해 오고 인공지능을 활용해 보지 않은 조직/사람은 인공지능에 대해서 어렴풋이 알 수밖에 없다. 결국 터미네이터에 나오던 스카이 넷과 같은 것이 아닐까 하는 생각에 두려움 반과 기대 반으로 시대의 흐름에 휩쓸려 간다. 인공지능이라는 도구가 앞으로 많은 변화를 만들어 낼 것은 자명하다.

따라서 우리는 적극적으로 인공지능을 받아들이고 활용해야만 한다. 그리고 이를 통해 개인의 성장을 꾀하고 이를 통해 경쟁력을 증진해야 한다. 그리고 역량의 증가를 기반으로 인공지능으로 의사 결정을 할 수 있도록(AI driven) 많은 곳에 적용해서 회사가 비즈니스 성과를 얻을 수 있도록 해야 한다.

또한 인공지능을 적용함으로써 준수해야 할 규정의 요구 사항을 몇 번 만나면서 이에 대한 요구 사항과 표준 가이드에 익숙해질 것이다. 인공지능은 매우 좋은 도구이지만 위험성도 내포하고 있다. 그러므로 표준 가이드에 맞게 인공지능을 적용하는 경험이 필요하다. 이에 인공지능을 적용해 보면서 법률적인 문제는 없었는지, 규정에는 어떻게 정해져 있는지에 대한 내용을 틈틈이 찾아보아야 한다.

이를 통해 인공지능의 위험성에 대해 경험적 사실을 도출했던 경험이 필요하다. 따라서 인공지능 개발자 외에도 인공지능 활용자(UI/

UX, 마케팅 등)들이 이러한 경험을 하려면 내 부서에서 하는 일에 인공지능을 직접 도입해 보는 것이 가장 좋다. 이를 바탕으로 다양한 측면에서 내 부서와 내 경쟁력을 높일 방안을 꾀해 볼 수 있다.

흔히 덕업일치(悳業一致)라고들 한다. 내가 좋아하는 일과 직업이 일치되는 것을 의미한다. 필자는 여기서 더 나아가 변업일치(變業一致)해야 한다고 제안한다. 우리는 앞으로 변화할 일과 내 직업을 일치시켜야 한다. 위기는 기회라는 말이 있듯이 변화는 기회를 가져온다. 고여 있는 물은 썩기 마련이고 앞으로 나아가지 않는 조직/사람은 뒤로 후퇴할 수밖에 없다.

나를 제외한 모두가 앞으로 나아가면 나는 후퇴할 수밖에 없다. 그러므로 기회가 있는 곳을 꾸준히 탐색해야 하고 기회는 변화에서 오기에 변화의 소용돌이의 한복판에 뛰어든다고 결정하는 것은 매우 중요하다. 거기에다가 그 변화를 내 직업에 접목할 수 있다면 이처럼 좋은 일이 없을 것이다.

다행히 인공지능은 적용의 범위가 매우 넓은 도구로 그 어떤 산업군을 만나더라도 적용이 가능하다. 매우 유연한 도구임과 동시에 매우 날카로운 도구이다. 그러므로 우리는 우리의 업무와 서비스에 인공지능을 적극적으로 도입해야 한다. 인공지능이 앞으로 많은 변화를 이끈다는 것은 아무도 무시할 수 없다. 그러므로 비전문 실무자인 우리는 변화를 이끌고 거기서 기회를 포착하도록 인공지능을 적극적으로 업무와 서비스에 도입해야 한다. 그것만이 변화하는 세상 속에서 기회를 포착할 만한 방법이다.

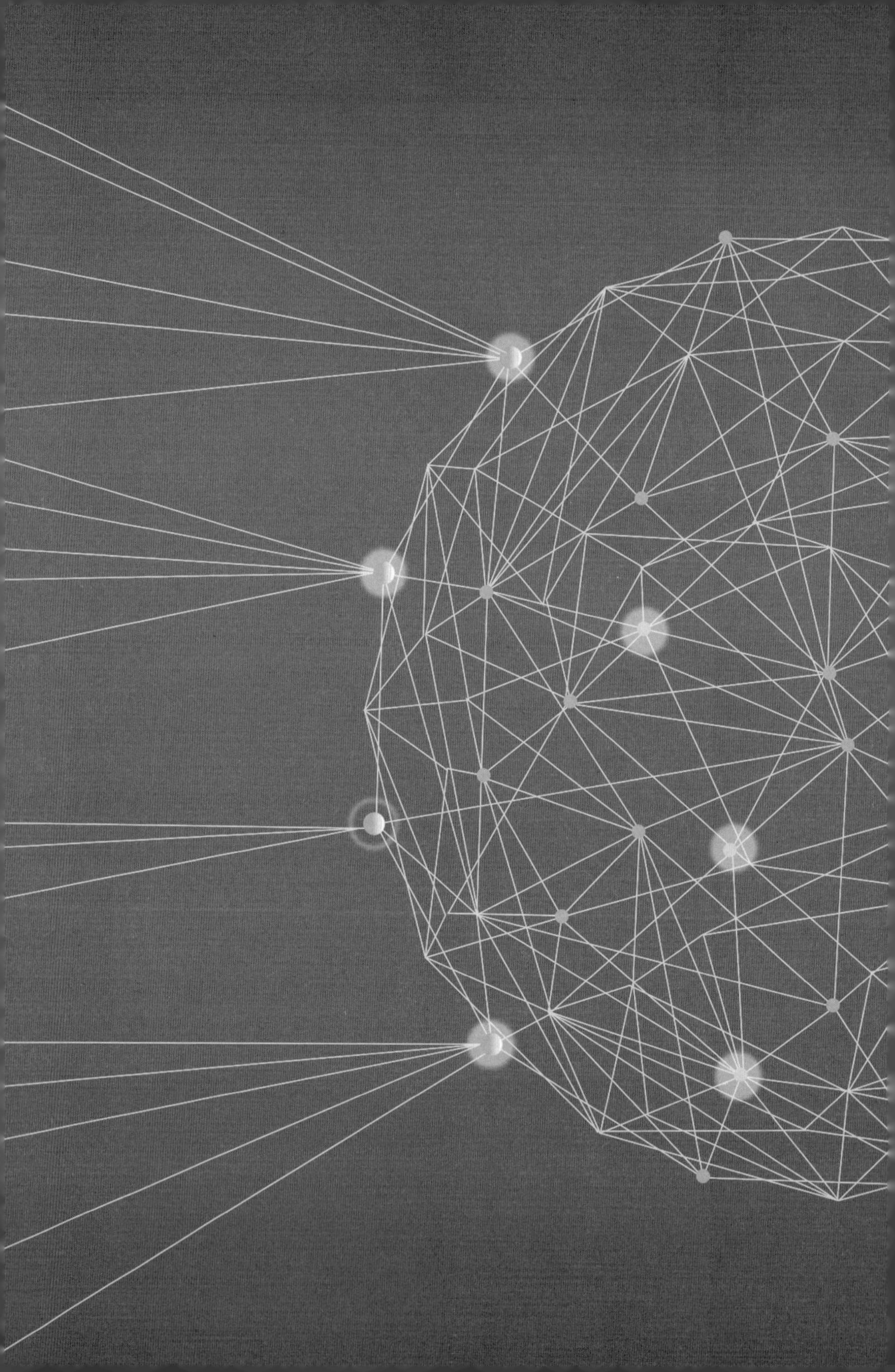

5장

우리 부서에 인공지능을 도입할 때 생기는 문제와 극복 방안

5.1. 화성에서 온 인공지능 개발자, 어려운 소통
5.2. 쉬운 문제를 어렵게 해결하려고 한다
5.3. 데이터 부재, 데이터가 없다
5.4. 인프라의 부재, 인프라가 없다
5.5. 사용이 너무 어려운 인공지능
5.6. 강철 같은 마음가짐으로 돌파
5.7. 인공지능 ≠ 인공지능, 동일하지 않다
5.8. 미숙한 이해를 극복하기, 지식의 부재 돌파하기

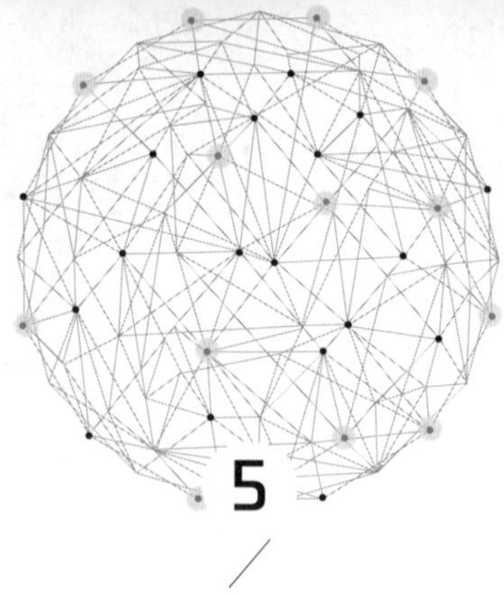

5

우리 부서에 인공지능을 도입할 때 생기는 문제와 극복 방안

인공지능을 우리 부서에 도입할 때 어떤 문제가 생길까? 인공지능을 업무나 서비스에 적용한다는 것은 어려운 일이다. 이를 이루려고 많은 장애물에 부딪히며 이를 극복해야 업무나 서비스에 성공적으로 적용할 수 있다. 문제는 인공지능을 직접 적용해 보기 전까지는 어떤 장애물이 있을지 알 수 없다는 점이다. 결국 직접 부딪혀 보며 많은 장애물을 직접 겪게 된다. 그 과정에서 많은 좌절을 겪기도 한다.

인공지능을 적용하면 더 편해지고 업무적으로도 성장할 수 있을 거라는 기대하에 인공지능 개발 인력과 함께 협력하려고 했지만 생각지 못한 많은 문제에 부딪힌다. 이를 잘 극복한다면 많은 것을 얻을 수 있지만 많은 이유로 인해 좌절을 겪기도 한다. 본 챕터에서는 인공지능을 업무나 서비스에 적용할 때 겪는 많은 문제에 대해서 논하고 이를 극복하려면 어떤 해결책을 활용해 볼 수 있는지에 대해서 논의할 것이다.

5.1 화성에서 온 인공지능 개발자, 어려운 소통

화성에서 온 외계인과 이야기한다고 하자. 말이 통하지 않을 테니 어떤 의미로 이야기하는지, 어떤 생각을 하는지 알 수 없다. 소통이 매우 어려워지고 당연히 함께 공동의 목표를 이루기가 어려울 것이다. 현재 인공지능을 실제 비즈니스에 적용하는 것 또한 이와 유사하다. 인공지능 개발자와 비전문 타 부서와 소통하는 것은 마치 외계인끼리 소통하는 것과 다를 바가 없다. 그러다 보니 인공지능 개발자가 실제 비즈니스에 인공지능을 적용하기는 어렵다.

5.1.1. 인공지능 개발자와 대화가 어려운 이유

본 챕터에서는 소통에 대해 논하려고 한다. 소통에 대해 논하려면 먼저 기존 조직 구조에 대해 이해해야 한다. 필자가 이해하기에 현재 한국 대부분의 거대 레거시 회사(기존의 대기업)들은 아래와 같은 구조로 인공지능을 적용한다.

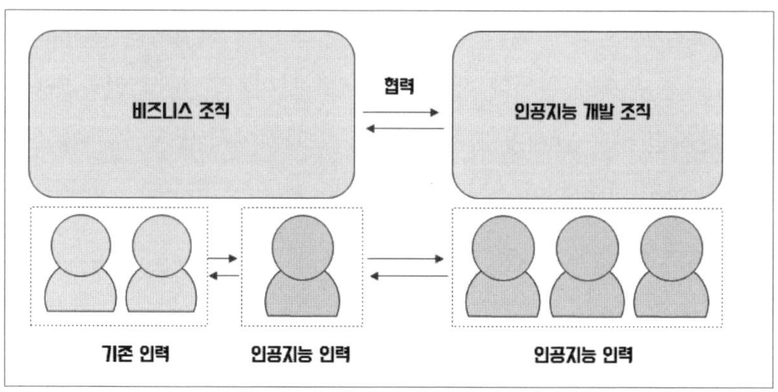

[그림 23] 거대 레거시 회사의 인공지능 적용 예시

보통 기존에 근무하던 비즈니스 조직이 별도로 존재한다. 인공지능을 적용하고 싶은 비즈니스 조직 혹은 회사의 중역은 인공지능을 어느 정도 이해하는 인력을 적재적소에 배치한다. 또한 좀 더 진보된 인공지능을 연구하려고 연구소를 보유, 연구를 지속해서 뛰어난 인공지능을 개발하려는 노력을 계속한다. 그리고 비즈니스 조직에 배치된 인공지능을 어느 정도 이해하는 인력과 협력해 실제 비즈니스에 적용해 성과를 측정하려고 한다.

여기서 어떤 것 때문에 인공지능을 실제 비즈니스에 적용하기가 어렵다는 것일까? 적용 과정만 보면 크게 문제는 없어 보이지만 인간이 하는 일이다 보니 협력하는 과정에서 현실과의 간극이 발생한다는 점이다. 먼저, 앞의 그림과 같이 비즈니스 조직이 인공지능에 대해서 이해한 인력을 확보하지 못한 경우를 논할 수 있다.

비즈니스 조직은 여러 언론에서 발표한 인공지능의 내용을 보고 인공지능을 마법 같은 방법으로 생각하는 경우가 많다. 그러나 일반적으로 그런 방법은 존재하지 않는다고 보는 것이 좋다. 인공지능은 모든 것을 해결할 수 있는 마법처럼 보이고 이를 도입하면 내가 고민하는 모든 문제가 일거에 해결될 것으로 보이지만 사실 인공지능을 적용하려면 많은 단계를 거쳐야 한다. 그 과정에서 많은 시간이 소모되기도 하고 큰 비용이 소모되기도 한다.

특히나 비즈니스 조직에서 원하는 것을 제대로 모르는 경우가 많다. 비즈니스 조직은 '우리가 담당하는 프로젝트의 성과를 획기적으로 올려 주세요.' 일 가능성이 크기 때문이다. 이를 위해서 필요한 것이 무엇인지, 해결하려는 문제가 명확히 정의되지 않은 상황에서 요청은 당연하겠지만 응답 또한 제대로 될 수 없다는 것은 조금만 생각해 보면 당연한 현상일 것이다.

비즈니스 조직은 인공지능 개발자의 언어를 통해 의도를 잘 이해할 수 있을까? 서로의 언어가 다른 것 또한 매우 큰 문제이다. 비즈니스 조직은 학술적 용어를 이해하지 못한다. 또한 일반 방법론의 이름을 학술적 용어라고 생각해서 이에 대해 받아들이는 데 거부감을 가지는 경우도 많다. 일례로 인공지능 개발 인력이 비즈니스 조직에 관해 이야기할 때 docker와 쿠버네티스(이하 k8s), Transformer, Attention 등을 이야기하면 비즈니스 조직은 이에 관해 설명을 요구할 것이다.

문제는 여기서 발생한다. 어떠한 개념을 받아들일 때 둘 간의 이해하는 수준이 동일하지 못하다면 개념을 설명하기는 매우 어렵다. 노벨상을 수상한 이론 물리학자인 리처드 파인먼이 인터뷰하는 기자에게 자석이 서로 밀어내는 것의 원리를 설명하기가 매우 어렵다고 이야기한 것은 유명한 일화이다. 우리는 우리가 이해하는 개념 틀 안에서 개념과 현상을 받아들인다. 그 과정에서 개념 틀이 확장하기도 하고 수정되기도 하는데 완전히 이해할 수 없는 틀을 가진 사람에게 어떤 개념을 전달하는 것은 때로는 불가능에 가깝기 때문이다.

앞에서 예로 든 docker와 k8s, Transformer, Attention을 설명하려면 이러한 개념을 받아들일 수 있도록 비즈니스 조직의 개념 틀을 확장해 주어야 하는데 이는 어렵다. 게다가 학술 용어는 어렵다는 고정 관념이 있어서 비즈니스 조직은 이러한 개념을 받아들이는 데 거부하기도 한다. 그러므로 인공지능 개발 인력의 언어를 이해하지 못해 잘못 받아들이게 되면 어느 부분까지 가능한지, 어느 문제를 해결해 줄 수 있는지 이해하지 못하기 때문이다.

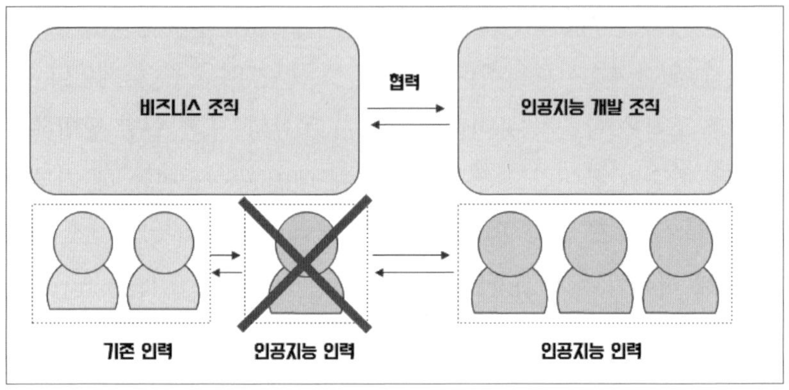

[그림 24] 비즈니스 조직에 인공지능을 이해하는 인력이 없는 경우

반대로 인공지능 개발자는 비즈니스 조직의 언어를 통해 의도를 잘 이해할 수 있을까? 인공지능 개발 인력은 비즈니스 조직의 용어를 이해하기 어렵다. 비즈니스 조직에서 이야기하는 레거시 시스템에 대해서도 이해해야 하고 비즈니스 조직에서 이야기하는 개념은 포괄적일 때가 많기 때문이다.

예를 들어 비즈니스 조직에서 '추천 시스템'을 구축해 달라고 요청했다고 하자. 인공지능 개발 인력의 이해는 '추천하려는 대상 Product가 너무 많아서 고객이 반응(선호)할 만한 Product 리스트를 요청하는구나.'라고 이해할 수 있다. 그러면서 인공지능 개발 인력은 비즈니스 조직이 원하는 고객의 '반응'을 구매 혹은 구매하려는 의사 표시로 생각하고 개발할 수 있다.

그러나 사실 비즈니스 조직은 고객당 매출이 핵심 성과 지표이고 관심은 고객의 '반응(선호)'이 아니라 어느 고객에게 어떤 상품을 세일즈해야 인당 매출을 크게 올릴 수 있는지가 해결해야 하는 문제일 수 있다. 문제는 인공지능 개발 인력은 일반적인 추천 시스템에서 요구하는 문제로 이해하고 이를 해결하려고 시도할 것이고 비즈니스 조직은 생각보다 인당 매출이 오르지 않아 인공지능을 적용해 보아야 생각보다 큰 효과가 없다고 이해할 수 있다는 점이다.

사실 비즈니스 조직이 원하는 문제는 인당 매출을 극대화하려고 인당 잠재 구매력을 추정하고 이를 고려해 각 상품의 판매 수익의 최적화 문제로 해결해야 하는데도 불구하고 다른 문제를 해결하려고 한다는 것이다. 결국 잘못된 질문은 잘못된 해결책을 도출하게 될 것은 당연히 따라오게 되는 결과이다.

더욱이 비즈니스 조직의 담당자와 인공지능을 적용하는 인력 그리고 연구소가 매우 협력적이고 프로젝트 성공에 대해 의욕적인 사람이어서 최대한 협력하려고 노력한다면 이러한 간극은 대화를 통해서 좁힐 수 있을 것이다. 그러나 어느 한 조직이 비협조적이거나 인공지능을 적용한다는 것에 대해서 제대로 이해하지 못한다면 당연히 원하는 방향으로 잘 적용되지 않고 결국 암초를 만난 유람선처럼 프로젝트는 침몰하게 된다.

인공지능을 적용하면서 크게 기대하고 진행했겠지만 그 과정에서 지친 조직들은 최악의 경우 협력을 포기하게 된다. 그러다 보면 인공지능을 적용해서 큰 효과를 볼 수 있는 상황이 되어도 실패 경험을 겪은 조직들은 주저하게 된다. 결국 타사의 성공 사례가 회자할 때가 되어서야 부랴부랴 적용에 온 힘을 쏟게 되지만 이미 수많은 프로젝트를 통해 적용하면서 노하우가 생긴 타사보다 뒤처질 수밖에 없게 된다.

임원은 이런 상황을 타파하려고 인공지능에 대해 잘 알고 적용을 많이 해 본 뛰어난 인재를 스카우트해 오려고 노력하고 성공하면 언론에도 보도할 것이다. 그러나 비즈니스 조직은 인공지능을 적용할 준비하는 데 시간이 필요한 상황이고 스카우트한 인재는 다른 환경에 적응하다 보니 야심 차게 도입한 뒤로 이렇다 할 성과를 내지 못하게 된다. 시간이 지나 여러 번의 경험을 반복하다 보면 해결될 문제이지만 성과는 시간을 기다려 주지 않고 결국 인공지능 경쟁력은 떨어지는 최악의 상황이 발생할 수 있다.

사실 인공지능은 만능이 아니다. ChatGPT나 알파고와 같은 인공지능들이 일반인도 알 수 있을 정도로 유명해졌다. 그러면서 사람들의 기대가 매우 높아졌다. 인공지능으로 고민하던 문제를 모두 해결할 수 있을 것 같다는 기대감에 부풀기 시작했다. 그러나 현실은 녹록지 않다. 실제로 성능이 그 정도 수준으로 나오지 않는 경우가 많다. 왜 그럴까? 여기에, 새로운 기술에 관심이 많은 직원이 있다고 하자. 그 직원은 ChatGPT나 알파고와 같은 인공지능을 듣고 실제 ChatGPT를 몇 번 써 보면서 정확도에 놀라움을 금치 못했다.

그러다 보니 인공지능에 대해 잘 몰랐지만 인공지능을 연구하는 부서에 찾아가 평소에 고민하던 문제를 해결해 달라고 한다. 인공지능을 연구하는 부서에서는 도움 요청을 받았으니 최대한 도와줄 것이다. 그러나 결과는 기대한 만큼 나오지 않아 실망하게 된다. 그리고 원인을 자사 직원의 능력 부족으로 결론해 버린다. 생각보다 이런 경우는 매우 많다. 왜 그럴까? 앞에서 언급한 이유 때문일까?

가장 중요한 이야기인데 사실 인공지능 연구 부서에는 매우 많은 투자가 없을 가능성이 존재한다. 사실 성능이 매우 좋은 인공지능을 만드는 것은 많은 시도와 실패가 선행된다. 수많은 연구원이 하나의 목표를 향해 수많은 시도를 한다. 물론 이 시도에 대한 지원이 필요함은 당연하다. ChatGPT만 하더라도 파인 튜닝했을 뿐이지만 강화 학습을 하려고 수많은 사람이 피드백해 주었다.

연구원들이 직접 피드백을 일일이 하지는 않았다. 피드백해 주는 인력을 지원해 주고 연구원들은 열심히 연구하고 시도하고 실패하고 다시 시도하는 것을 반복했다. 이처럼 수많은 비용과 시간이 투입되어야 성공할 수 있음은 어쩌면 당연한 일일지도 모른다. 얼마 되지 않은 시간으로 적은 비용과 인원으로 뛰어난 성과를 얻기는 어려운 일이다. 그러나 인공지능을 잘 모르는 사람은 이에 대한 것을 잘 모르다 보니 원인을 연구 부서에서 찾을 수밖에 없다. 이러한 일이 반복되면 인공지능의 도입은 점점 더 멀어지게 된다.

이러한 상황을 극복하려면 인공지능을 적용한다는 것에 대해 비즈니스 조직이 이해해야 하고 인공지능 개발 인력은 비즈니스에 대해 이해해야 한다. 비즈니스 조직은 해결하려는 문제를 명확히 하고 인공지능이 마법처럼 한 번에 문제를 해결할 것이라는 기대를 없애고 인공지능 개발 인력은 뛰어난 수학과 개발 능력 외에 원활한 커뮤니케이션이 요구된다.

특히나 커다란 조직일수록 관계되는 조직(이해관계자)이 많아지고 그러면서 더욱 커뮤니케이션 능력을 요구받게 된다. 물론 미래에는 Narrow AI(한 가지 활동에 특화되어 작업을 수행하는 인공지능)는 도구화되어 모두가 쉽고 빠르게 인공지능을 활용할 수 있게 될 것이다. 그럼으로써 이러한 간극은 사라지게 될 것이다.

왜냐하면 활용하면서 인공지능에 대한 이해도는 높아져 갈 것이기 때문이다. 그렇지만 현재는 필요한 것이 사실이다. 변화는 어느 영역에서는 쫓아가기 버거울 만큼 매우 빠르지만 어떤 영역에서는 변화가 없을 만큼 일어나지 않는 경우가 많기 때문이다.

5.1.2. 그래도 해야 한다, 극복하는 방법

인공지능을 적용하기는 어렵다. 앞 챕터에서 논한 바와 같이 소통의 문제도 있고 데이터의 문제도 있다. 인공지능과 함께한다면 우리는 여러 면에서 도움이 되리라는 것을 쉽게 추측할 수 있다. 특히 인공지능을 활용하는 것은 대량의 데이터를 분석하고 활용하는 데 큰 도움이 될 것으로 보인다. 하지만 이미 논한 바와 같이 소통 문제로 인해 쉽지 않은 것이 현실이다. 어떻게 하면 이 간극을 좁혀서 잘 적용할 수 있을까?

앞에서 살짝 언급했던 Narrow AI(한 번에 한 가지 문제를 해결할 수 있는 인공지능) 시대가 더 빨리 온다면 비전문가들도 인공지능에 익숙해지니 더 잘 적용할 수 있지 않을까? 여기서 그치지 않고 더 나아가 인공지능 개발자들이 반복적으로 해야 하는 일이 있다면 자동화할 수 없을까? 만약 Narrow AI 시대를 앞당김과 동시에 인공지능 개발자들의 업무 반복을 경감해 주는 방법을 도입하면 해결되지 않을까? 이 챕터에서는 이런 관점에서 연구되고 있는 AutoML이라는 분야를 논할 것이다.

사실 인공지능을 학습한다는 것은 상당히 많은 작업이 필요하다. 이러한 작업을 하는 데만 많은 시간을 쏟는 경우가 허다하다. 또한 동일하거나 유사한 문제의 해결이 여러 곳에서 필요할 때마다 인공지능 개발자가 개발해 준다면 시간과 인력을 효율적으로 사용하지 못한다.

예를 들어 A 상품을 구매할지 구매하지 않을지를 예측하는 인공지능이 필요하다고 하자. 단순히 이진 분류로 해결했다고 하자. 성과에 만족해 B 상품을 구매할지 예측하는 인공지능을 추가로 요청받을 수 있다. 혹은 1,000가지의 이진 분류 문제에 도달할 수 있다. 문제는 일주일 이내에 해야 한다면 어떻게 해야 할까? 각자 문제 해결을 요청한 사람이 직접 할 수는 없을까? 그렇게 하려면 어떻게 해결해야 할까?

이처럼 이미 문제를 해결한 상황에서 또 유사한 문제들을 해결해야 하는 경우 시간과 인력을 효율적으로 사용하는 것이 가능할까? 인공지능 개발자들은 이러한 문제를 해결하려고 AutoML이라는 분야를 지속해서 발전시키고 있다. AutoML은 인공지능 학습을 매우 쉽게 할 수 있게 도와주는 툴이다. 학습에 사용할 데이터만 잘 준비해 둔다면 AutoML 프레임워크를 사용하면 일반인도 쉽게 인공지능 학습을 수행해 비즈니스에 활용할 수 있다.

특히 대부분의 AutoML 프레임워크는 구조화된 정형 데이터에 적용하기 편하며 사람과 비교해서 평균 이상의 성능을 보일 정도로 발전되었다. AutoML은 인공지능 학습과 관련된 많은 반복적이고 시간 소모적인 작업을 자동화해 더 빠르고 효율적으로 구성할 수 있도록 해 준다. 그러므로 앞에서 이야기한 예시와 같은 상황이라면 사용하기가 매우 좋다. 물론 항상 모든 것을 자동화해 주지 않으므로 문제정의부터 AutoML이 처리할 수 있는 형태로 정의해 준 어느 정도 정규화해 놓은 문제를 풀 수 있어 이를 감안해야 한다.

AutoML의 연구가 활발해질수록 Narrow AI를 도구화하는 미래는 더 빨리 오게 될 것이다. 왜냐하면 AutoML은 이름에서 느껴지듯이 자동화 인공지능을 구축하는 것이기 때문이다. 자동화 인공지능을 구축한다는 것은 사람의 개입을 최소화한다는 의미이다. 즉, 사람의 개입이 최소화되므로 인공지능에 대해 잘 모르는 사람도 도구처럼 인공지능을 사용할 수 있는 장점이 생긴다.

이러한 장점으로 인해 여러 분야에 걸쳐 비전문가들의 인공지능 도입의 장벽이 낮아질 것이다. 낮은 장벽으로 인해 인공지능 도입이 활발해지고 그러면서 비전문가들의 인공지능에 대한 이해도가 높아지게 될 것이다. 그러므로 소통의 간극은 자연스럽게 줄어들게 되고 더 많은 분야에서 인공지능을 더 잘 적용할 수 있게 된다.

여기까지 보면 마치 AutoML이 모든 것을 해결해 줄 수 있는 해결책처럼 보일 수 있다. 하지만 현실은 그렇지 않다. AutoML을 무분별하게 적용해서는 위험하다. 도구를 다룰 때 도구에 대한 이해 없이 무분별하게 사용하면 오남용이 될 수 있듯이 AutoML도 마찬가지이다. AutoML이 인간의 지식을 완전히 대체할 수는 없을 것이다. 모든 문제를 해결하기에 적합한 AutoML은 세상에 없다.

AutoML을 사용하면 인공지능 학습의 여러 측면을 자동화할 수 있는 것은 사실이다. 하지만 사용 가능한 데이터가 많고 명확한 목표 또는 대상 변수가 있는 특정 사용 사례에 가장 적합하다. 데이터가 부족하거나 문제가 잘못 정의된 경우 AutoML이 정답은 아니다. 따라서 뛰어난 성능을 내려면 인공지능 개발자들이 투입되어 알고리즘 개발 및 고도화, 테스트를 진행해야 한다.

하지만 어느 정도의 제약이 있다고 하더라도 AutoML을 사용하면 얻는 장점과 의미가 매우 크다고 할 수 있다. 어떤 장점과 의미가 있다는 걸까? 이러한 AutoML 프레임워크를 활용할 수 있게 되면 인공지능 학습에 필요한 많은 부분을 자동화해 기존에 인공지능 개발자들이 수행해야 하는 부분의 일부를 비즈니스 전문가가 수행할 수 있어서 업무 영역의 일부를 대체할 수 있을 것이다. 특히 동일하거나 유사한 문제를 해결해야 하는 곳에 이미 AutoML을 써서 해결한 적이 있다면 큰 변화 없이 적용이 가능할 것이다.

이처럼 비전문가도 쉽게 인공지능을 학습할 수 있도록 도와주고 효율적으로 활용할 수 있는 잠재력이 AutoML에는 있다. 비록 AutoML이 완벽하지는 않지만 많은 부분을 자동화할 수 있으므로 한 번에 한 가지 문제를 해결하는 상황에 매우 적합하다. 그러므로 AutoML을 사용하면 Narrow AI 보급은 더 원활해지고 결국 인공지능 개발자와 비즈니스 인원과의 간극은 줄어들게 된다. 그 과정에서 비즈니스 인원도 인공지능에 대한 이해도가 높아지게 되고 결국 협업이 더 수월하게 될 것이다.

그렇게 되면 더 진보된 인공지능 기술을 도입하는 것도 수월해질 것이다. 인공지능 개발자가 학습을 위한 준비 과정에 AutoML을 사용하면 더욱 효율적으로 수행할 수 있다. 결국 AutoML은 많은 장점을 가지고 있어 연구가 많이 되고 있고 더불어 적용은 더욱 많이 되는 분야이다. 따라서 AutoML을 적극적으로 활용한다면 많은 부분에서 인공지능 도입이 더욱 수월해질 것이다.

소통의 간극을 줄일 수 있는 가장 좋은 방법은 용어집을 만드는 것이다. 인공지능 개발자 외에 다른 사람이 인공지능에 대한 용어를 이해하기는 어려울 것이다. 결국 인공지능 개발자들은 쉬운 용어로 소통할 수밖에 없다. 쉬운 용어로 소통한다는 것은 정보를 그 사람이 이해하는 개념의 틀 안에서 알기 쉽게 이야기한다는 것이다.

여기서 문제가 생기는 것이 이해할 수 없는 개념의 틀 바깥의 것들은 설명하기 어렵다는 것이다. 그러다 보면 실제로 논의해야 하는 것을 논의하지 못하고 개념의 틀을 확장해 주는 것에 많은 시간을 쏟게 될 수 있다. 그럴 때 필요한 것이 용어집이다. 인공지능을 적용하는 데 필요한 다른 사람들이 참조할 수 있는 기술 용어나 정의에 대한 용어집을 만들어 공유하는 것은 소통의 간극을 줄이는 데 도움이 된다. 만약 용어집을 만들기 어렵다면 이 책에 정리해 둔 "미숙한 이해 극복하기, 지식의 부재 돌파하기" 챕터를 활용하면 조금이나마 도움이 될 것이다.

인공지능 적용에 방해되는 것을 가장 잘 해결할 방법 중 하나는 문서화이다. 그동안은 데이터가 존재하지 않는 경우를 논했지만 데이터가 있지만 실무자가 파악하기 어려운 경우가 있을 수 있다. 이에 대한 원인은 여러 가지이지만 이를 해결할 방법은 모든 것을 문서화하고 모두가 볼 수 있도록 투명하게 공개하는 방법뿐이다. 예를 들어서 어떤 데이터를 활용해서 분석하려고 하는데 어느 데이터가 어디에 있는지 알 수 없다면 난감할 것이다.

또한 오래 근무한 사람과 새롭게 합류한 사람의 사내 히스토리에 대한 지식수준은 차이가 난다. 이에 따라 업무 성과에도 영향을 미칠 수 있어 전체적으로 좋지 않은 결과를 초래할 수 있다. 그러므로 문서화는 매우 중요하다. 문서화라고 해서 정해진 양식과 형태에 따라 정리해 놓는 것을 의미하지는 않는다. 그저 가진 정보와 지식을 잘 정리해 다른 사람이 보고 이해할 수 있는 형태면 된다. 혹은 어떤 정보와 지식을 누구에게 물어봐야 하는지에 대해서 정리된 자료라도 좋다.

무엇이든 간에 업무 히스토리에 대한 지식의 쏠림을 해결할 수 있는 정리 형태라면 모두 문서화이다. 문서화는 정보와 지식의 쏠림을 해결하는 도구일 뿐이므로 형태와 양식에 대해서는 절대로 규정해서는 안 된다. 문서화는 업무를 더 잘하려는 것이므로 형태와 양식에 얽매이게 되면 반대로 업무할 시간이 줄어들 수 있어서 좋지 않은 영향을 줄 수 있다.

따라서 우리는 문서화하는 목표에 집중해 정보와 지식의 전달에만 집중해야 한다. 굳이 정리해 놓지 않고 모아 놓고 주기적으로 설명해 주는 것도 일종의 문서화라고 할 수 있다. 중요한 것은 정보와 지식의 쏠림을 해결하는 것이고 이를 위해 정리하고 "공유"하는 것이다. 이를 통해 인공지능의 원활한 적용에 한 걸음 다가갈 수 있을 것이다.

인공지능을 적용하고 싶어 하는 사람들이 보통 가장 먼저 생각하는 것은 일종의 프런트 엔드이다. 프런트 엔드란 사용자가 볼 수 있는 화면을 의미한다. 하지만 많은 인공지능 개발자는 일반 사용자가 볼 수 있는 화면을 떠올리지 않고 인공지능 구조를 어떻게 설계할지는 치열하게 고민하지만 어떻게 적용할지에 대해서만 고민하는 경향이 있다.

그러므로 비전문 실무자가 인공지능 개발자와 함께 사용자 중심의 설계를 하는 과정이 필요하다. 결과가 어떻게 보일지에 대해서 염두에 두고 인공지능 시스템을 설계해야 한다. 더 직관적이고 사용자 친화적으로 만들고 효과적으로 보여 줄 수 있도록 구성해야 한다. 이를 통해 인공지능을 활용해서 사람들에게 보여 줄 수 있는 결과물을 그리는 작업에 적극적으로 참여해야 한다. 이는 인공지능에 대해 잘 몰라도 인공지능을 활용해서 가치를 올릴 수 있는 일이고 비전문 실무자의 가치를 더욱 올릴 수 있는 일이다.

인공지능 개발자도 마찬가지이다. 만약 매우 뛰어난 인공지능을 개발만할 수 있도록 지원해 준다면 열심히 개발하면 된다. 하지만 대부분의 경우 개발에만 집중할 수 있도록 지원해 주는 경우가 드물다. 개발도 해야 하고 다른 것들도 신경을 써야 한다. 그러므로 일반적인 경우 지원이 많지 않아 프런트 엔드에 보이는 모습을 고려해 개발하는 것이 인공지능을 적용할 수 있는 여러 사례를 만들어 자연스럽게 사내에 인공지능을 정착시킬 수 있는 방법 중 하나이다.

예를 들어 기획자가 상품의 가입 가망 스코어를 계산하는 인공지능을 만들어 달라고 요구했다고 하자. UX/UI 디자이너는 인공지능 개발자에게 단순히 요구한 대로 인공지능을 만들어 달라고 요청하는 것이 아니라 실제 프런트 엔드에 어떻게 보일지를 상상해야 한다. 어떻게 보일지를 상상하고 활용처에 대해 고민한 뒤에 사용자 친화적으로 만들 수 있는 인공지능 기능을 제안해야 한다.

만약 가입 가망 스코어가 마케팅에 사용된다면, 가입 가망 스코어 계산에 어떤 변수를 얼마나 고려하는지를 보여 주어 마케팅에 활용할 수 있게 해 줄 수 있다. 단순히 가입 가망 스코어를 전달해 주는 것이 아니라 개별 마케팅 대상의 변수 중요도를 전달해 준다. 그렇게 되면 마케팅할 때 대상별로 차별성 있는 마케팅을 수행할 수 있을 것이다. 이처럼 인공지능 개발자가 프런트 엔드 구성과 개발에 적극적으로 참여하면 인공지능 적용의 성공 사례를 더 많이 만들 수 있을 것이다.

개발된 인공지능을 적용하려면 소통이 필수이다. 인공지능을 모르는 사람과도 소통할 일이 많기에 다른 사람과의 소통 능력이 매우 중요해진다. 그러므로 우리는 소통을 잘할 수 있도록 많이 고민해야 한다. 시간이 지날수록 소통 능력은 더욱더 중요해질 것이다. 소통이 어려울 때와는 다르게 소통을 더 원활하게 할 수 있다면 인공지능을 적용하는 것은 한층 탄력을 받고 수월해질 수 있을 것이다.

앞에서 논의한 것과 같이 인공지능에 대해 이해하고 문서화하면 소통하기가 더 수월해질 것이다. 또한 AutoML과 같은 방법들을 한번 사용해 보면서 인공지능에 대해 이해하는 것도 도움이 될 것이다. 비전문 실무자로서는 인공지능 개발자와의 소통을 원활하게 할 수 있는 방법(문서화, AutoML 사용 경험 등)이 있다면 한 번씩 해 보는 것을 추천한다.

5.2 쉬운 문제를 어렵게 해결하려고 한다

초거대 인공지능에 대해서 앞에서 논한 바 있다. 초거대 인공지능은 일반적으로 다양한 과제를 해결할 수 있는 장점을 보여 준다. 특히 ChatGPT, GPT4와 같은 초거대 인공지능을 접한 대중은 초거대 인공지능의 뛰어남을 몸소 체감했다. 하지만 실무에 적용하는 데 과연 초거대 인공지능만이 답일까? 초거대 인공지능은 단점이 없는 걸까? 내 업무와 서비스에는 초거대 인공지능을 무조건 적용하는 것이 맞을까?

정해진 답은 사실 없다고 할 수 있다. 과거에 하드웨어의 비용과 연산 한계로 인해 인공지능이 외면을 받았지만 현대가 되어 저렴해진 하드웨어 비용과 연산 능력 향상으로 인해 각광받는 것을 생각해 보면 정해진 답은 없는 것 같다. 하지만 현재 수준에서 초거대 인공지능을 무조건 적용하는 것이 답일지 아닐지에 대해서 논의하는 것은 가치가 있는 것 같다.

왜냐하면 내 업무와 서비스에 인공지능을 적용하는 데 인공지능의 성능도 중요하지만 프로젝트의 속도도 중요하기 때문이다. 본 챕터에서는 내 업무와 서비스에 인공지능을 적용하는 데 고려해야 하는 것들을 중심으로 초거대 인공지능을 적용하는 것을 논의할 것이다.

5.2.1. OpenAI, 구글 같은 인공지능

세상이 놀랐다고 해도 과언이 아닐 정도로 하루가 다르게 쏟아지는 초거대 인공지능의 성능은 매우 놀라운 수준이다. 사내에서도 인공지능을 개발해 본 사람이건, 인공지능 개발자와 협업해서 적용해 본 사람이건, 인공지능에 대해 아예 모르고 접해 보지도 못한 사람이건 ChatGPT는 들어 본 적이 있을 정도이다.

그러다 보니 여러 회사가 사내 인공지능 조직에 ChatGPT와 같은 인공지능을 개발하려는 시도도 많고 적용하려는 시도도 많다. 하지만 초거대 인공지능을 적용하는 데 몇 가지 문제점이 있는데 이에 대해서 논의할 것이다. 본 챕터를 읽으면서 내 업무와 서비스에 도입할 때 적합한지에 대해서 고민해 보면 좋을 것이다.

OpenAI에서 만든 ChatGPT, GPT4가 세상을 놀라게 했다. 지금도 많은 기업은 OpenAI에서 제공하는 API를 활용하고 있고 직접 개발할 비용과 리소스가 있는 대기업들은 초거대 인공지능 개발을 한 곳도 있고 진행하는 곳도 있다. 그러다 보니 많은 회사에서 이런 초거대 인공지능을 적용하려는 시도가 많아지고 있다.

그런데 문제는 자의가 아니라 타의로 적용하려는 시도도 많아질 때 발생한다. 사실 내가 해결하려는 문제는 초거대 인공지능을 굳이 도입하지 않아도 해결될 수 있는 경우가 있다. 그런데 임원이나 상사의 지시로 무조건 초거대 인공지능을 적용하라고 하는 경우 여러 가지 문제에 봉착할 수 있다. 그러므로 무조건 초거대 인공지능을 적용하려는 것은 지양해야 한다.

때로는 초거대 인공지능이 좋은 방법이 아닐 수도 있기 때문이다. 예를 들어 매우 간단한 문제의 경우 초거대 인공지능이 아니라 전통적 인공지능을 적용해도 잘 해결할 수 있다든가 하는 경우이다. 초거대 인공지능의 장단점에 대해서는 앞에서 논의한 바 있어 이해도가 높을 것이다. 그 내용을 복기해 보면 초거대 인공지능을 무조건 내 업무와 서비스에 적용하는 것을 지양해야 한다는 것을 알 수 있을 것이다.

보통 기업에서는 어떤 프로젝트를 진행하는 데 프로젝트의 완성도도 중요하지만 프로젝트의 완료 기간도 중요하다. 정말 뛰어난 성과를 보일 프로젝트를 진행하는 데 완료까지 20년이 걸린다면 진행이 쉽진 않다. 프로젝트는 중간에 성과를 보이고 비즈니스에 접목해 매출도 올리는 식으로 운영해야 할 것이다. 그런데 단순히 내 업무에 적용하는 데 20년이 걸린다고 한다면 과연 적용하는 게 맞는 걸까?

초거대 인공지능은 학습이 매우 어렵다. 학습 도중에 학습이 중단되거나 하더라도 이유를 찾는 데 시간이 오래 걸릴 만큼 매우 복잡한 알고리즘이고 다루기가 쉽지 않다. 그런데 만약 단순 이진 분류 문제를 해결하려고 초거대 인공지능 개발에 착수한다면 들이는 비용에 대비해 성과가 적을 수 있다. 초거대 인공지능은 개발함으로써 뛰어난 성능을 보임과 동시에 많은 문제를 해결할 수 있어 의의가 있다. 하지만 초거대 인공지능으로 해결해서 얻을 수 있는 효과가 작거나 빠른 적용이 중요한 경우라면 초거대 인공지능은 답이 아닐 수 있다.

초거대 인공지능은 학습이 어렵고 추론 시간도 가벼운 인공지능에 비해 오래 걸린다. 그러므로 프로젝트의 완성도가 아니라 프로젝트의 완료 기간이 중요한 경우 초거대 인공지능 개발조차 기간 내에 다 끝내지 못할 수도 있다. 예를 들어 사내 전체 서비스에 적용하는 경우라면 초거대 인공지능을 적용하는 것이 나쁘지 않은 방향이다. 왜냐하면 많은 인력의 지원이 있고 인프라의 지원이 뒷받침될 것이고 사내 서비스에 적용되면서 얻을 수 있는 이익이 큰 데다 정확도가 매우 중요한 과제일 것이므로 초거대 인공지능 사용을 검토하는 것이 일반적일 것이기 때문이다.

그러나 인공지능 개발을 적용하기에 앞서서 개발되어 나올 인공지능의 성능과 개발 기간, 효과 등을 종합적으로 고려해 결정해야 한다. 단순히 초거대 인공지능이 좋은 성능을 보이는 사례가 많아지고 있어 적용하려고 하다가는 프로젝트를 기간 안에 끝마치지 못할 수 있다. 특히 초거대 인공지능은 학습 자체에 비용이 많이 발생해 비용도 고려해야 하는 문제라서 더욱이 고려해야 한다.

특히 초거대 인공지능을 실무에 적용할 때 쉽지 않은 것은 해석이다. 인공지능의 크기가 커지고 구조가 복잡해질수록 인공지능의 결과가 왜 나왔는지에 대해 해석하는 것은 생각보다 어렵다. 인공지능이 더 많은 영역에서 사용될수록 더욱 중요한 문제로 대두되고 있다. 워낙 크기가 크고 알고리즘이 복잡하다 보니 전문가라고 할지라도 이해하기 어렵다.

문제는 이런 인공지능 결과의 원인을 해석하는 능력이 부족하면 이 인공지능이 혹시나 가지고 있는 오류나 편향을 알 수 없다는 것이다. 그저 믿고 사용할 수밖에 없는 상황이 되고 결국 기술에 대한 신뢰를 얻기는 쉽지 않은 일이 된다. 성능이 너무 뛰어나다 보니 간과되는 부분이지만 인공지능 시스템을 더욱 쉽게 해석하게 하는 것은 매우 중요하다.

인공지능의 결과를 해석할 수 있어야 인공지능 작동의 투명성을 높이고 기술에 대한 신뢰를 높일 수 있다. 결국 이를 바탕으로 인공지능을 더 잘 이해하고 도구로써 다룰 때 혹시 발생할지도 모르는 위험에 대해 통제할 수 있을 것이다.

구글이나 OpenAI와 같은 회사들에서 만드는 초거대 인공지능은 많은 투자가 있었다. 인프라를 구축하는 데 들어간 돈만도 일반적인 기업에서는 시도조차 하기 어려울 수준의 비용을 쏟아부었다. 이번 ChatGPT도 천문학적 비용을 쏟아부어 만들어 낸 결과이다. 물론 뛰어난 인력은 두말할 것 없다. 연구자들이 연구할 수 있도록 투자 비용을 쏟아부어서 뒷받침해 주고 뛰어난 인력이 결국 뛰어난 인공지능을 만들게 되었다.

그리고 이 뛰어난 인공지능의 결과물을 본 다른 연구자들이 같이 일해 보고 싶다는 생각이 들어 모이다 보니 최고의 인공지능 회사가 되었다. 그러나 많은 회사는 투자하지 않고 성과 내기를 바란다. 투자가 없으니 인공지능을 학습할 제반조차 마련하지 못하고 결국 성과를 내지 못하게 된다.

그러나 항상 구글과 OpenAI와 같은 걸 따라가기만 할 필요는 없다. 초거대 인공지능을 만들기는 쉬운 일이 아니다. 다행히도 인공지능을 적용해서 성과를 내는 것은 초거대 인공지능을 적용해야만 낼 수 있는 것은 아니다. 그에 대해서 뒤 챕터에서 논하자.

5.2.2. 오버 스펙, 전통적 인공지능의 장점

최근 취업 시장에서 많이 논의되는 오버 스펙이란 필요한 스펙의 기준을 넘어섰다는 의미이다. 필요한 수준을 넘어서는 스펙을 가지는 것은 나쁘지 않은 손해 보지 않는 일이다. 그러나 스펙을 갖추는 데 시간이나 난이도를 고려할 때 필요한 수준을 넘어서게 갖추는 것은 손해라고 할 수 있다. 인공지능을 적용하는 것도 유사하다.

우리가 어떤 작업을 할 때 굳이 적합하지 않은 도구나 방법을 사용할 필요는 없다. 사실 이 말은 문제에 적합한 도구나 방법을 사용해야 한다는 경고의 의미를 담고 있다. 예를 들어 초등학생의 시험 문제를 풀려고 대학원생이 시험에 응시할 필요는 없을 것이다. 초등학생의 시험 문제를 푸는 데는 초등학생이 응시하면 된다. 하지만 대학원생이 시험에 응시한다는 것은 적절하지 않은 방법이다. 대학원생을 구해 오는 것부터가 어렵고 대학원생이 아니더라도 시험에서 좋은 성적을 받을 수 있기 때문이다.

그러므로 문제에 적합한 도구와 방법을 사용해 해결하는 것은 중요하다. 모든 문제에 초거대 인공지능을 사용한다는 것은 이와 같다. 초거대 인공지능은 매우 성능이 좋은 도구이고 범용성이 높은 도구이지만 가볍게 해결할 수 있는 문제에는 너무 과한 도구이다. 따라서 당면한 과제의 난이도를 고려해서 개발과 적용을 결정하는 것이 좋다.

대부분 초거대 인공지능을 적용하면 성능이 더 좋은데 왜 과제의 난이도를 고려해야 하냐는 의문이 생길 수 있다. 맞는 말이다. 과제가 어렵건 쉽건 작은 규모의 인공지능보다 잘 훈련한 초거대 인공지능이 일반적으로 더 성능이 좋은 경우가 많을 것이다. 하지만 그렇게 이야기한 이유는 초거대 인공지능의 학습 난이도 때문이다. 초거대 인공지능은 학습 난이도가 높아서 개발 자체가 어려운 일이다.

그러나 가벼운 인공지능(초거대 인공지능처럼 거대한 인공지능이 아닌 인공지능)은 학습 난이도가 상대적으로 낮아서 낮은 수준의 문제를 해결하는 데 적합할 수 있다. 물론 복잡도가 낮은 문제, 간단한 문제일수록 가벼운 인공지능이 잘 작동해 큰 문제가 없다. 해결하려는 문제의 복잡도와 현재 처한 상황(학습 인프라 규모 등)을 복합적으로 고려해 결정해야 한다.

정답을 논하고 싶지만 상황마다 상이해 정답이 없다. 그러니 사내 인공지능 개발자에게 자문하는 것을 추천하고 없다면 당연히 초거대 인공지능의 개발은 어려우니 일단 가벼운 인공지능으로 해결을 시도해 보고 괜찮으면 그대로 사용하는 것도 좋을 것이다. 물론 API로 현재 초거대 인공지능의 결과를 제공하고 있어 이를 활용하는 것도 좋은 선택이다.

하지만 언제까지 제공할지에 대한 확신이 없어(초거대 인공지능 개발사의 사내 정책 변경으로 인해 미제공으로 변경 혹은 비용의 추가 부과 등) 적용하는 것은 비용과 적용 정책 기조를 고려해 결정하는 것이 좋을 것이다. 더욱이 프로젝트의 완성도가 아니라 프로젝트의 완료 기간이 중요한 경우 가벼운 인공지능을 적용해서 가능성을 확인해 보는 것이 답일 수 있다.

초거대 인공지능은 학습 자체가 오래 걸리고 난이도도 높아 얻을 수 있는 효과가 크지 않은 경우 가벼운 인공지능을 사용하는 것이 빠르고 시간 대비 효율도 좋게 나올 수 있다. 시간을 고려한다면 초거대 인공지능 개발은 어려울 수밖에 없다. 따라서 가벼운 인공지능은 어느 면에서는 더 적합할 수 있다.

특히 초거대 인공지능은 해석이 어렵다. 인공지능의 규모가 커지고 복잡해질수록 해석은 점점 더 어려워진다. 규칙 기반 인공지능은 해석이 매우 쉽다. 규칙을 보면 곧바로 해석할 수 있다. 그러나 패턴 기반 인공지능으로 가면서 점점 더 해석하기가 어려워졌다. 특히 초거대 인공지능의 경우 너무나도 큰 규모와 복잡한 구조로 인해서 해석하기가 더 어려워진다.

그러다 보니 의료나 금융과 같이 의사 결정의 투명성이 중요한 영역에서는 적용하기가 쉽지 않은 문제이다. 이에 가벼운 인공지능이 대안이 될 수 있다. 가벼운 인공지능은 규칙 기반 인공지능만큼 해석이 쉽지는 않지만 초거대 인공지능만큼 해석이 어렵지 않다. 그러므로 가벼운 인공지능으로 해결될 수 있는 문제라면 가벼운 인공지능을 사용하는 것이 더 나은 선택이 될 수 있다. 특히 의사 결정의 투명성이 중요한 분야일 경우 더욱 그러하다.

가벼운 인공지능은 계산 비용이 적게 든다. 아무래도 인공지능의 크기가 크지 않아 연산이 초거대 인공지능에 비해 작다. 그러므로 훈련하는 데 더 적은 스펙의 서버도 감당할 수 있다. 그러므로 값비싼 서버나 컴퓨팅 리소스가 필요하지 않다. 결국 훈련하는 데 초거대 인공지능에 대비해서 더 적은 비용으로도 가능하다.

따라서 비용 효율적으로 인공지능을 학습하고 적용할 수 있다. 앞에서 논의한 것과 같이 초거대 인공지능을 적용하려면 학습할 수 있는 규모의 컴퓨팅 리소스를 갖춘 인프라 환경을 구축해 주어야 한다. 그러나 회사의 투자가 없다면 개인이 구축하기엔 쉽지 않은 규모이다. 그러므로 회사의 투자가 없지만 초거대 인공지능을 만들라고 하는 경우가 있다면 일단 가벼운 인공지능을 적용해 보는 것도 좋다.

게다가 해결하려는 문제가 매우 전력이 적게 소모되는 장비에서 수행되어야 하는 경우라면 대부분의 경우에 가벼운 인공지능을 선택해야 한다. 예를 들어 스마트폰이나 IoT 장치와 같은 곳에 인공지능을 적용해 두어야 하는 경우가 있을 수 있다. 스마트폰에 인공지능을 적용해서 활용하려고 하는데 초거대 인공지능과 같은 인공지능을 스마트폰에 심었다면 스마트폰의 전력은 곧바로 소모될 것이다. 이는 연산량이 많기 때문이며 그렇기에 연산량이 적은 인공지능을 사용한다면 저전력 장비에서도 사용할 수 있다.

예를 들어, 실시간으로 물체를 식별하려고 이미지 인식을 사용하는 스마트폰 앱은 사용자가 분석에 필요한 이미지를 클라우드 기반 서버에 업로드하도록 요구하는 대신 장치 자체에서 실행할 수 있는 가벼운 인공지능이 필요할 수 있다. 이렇게 하면 개인 정보 침해나 데이터 유출에 대한 부분을 피하면서 고객에게 인공지능을 사용하는 편의성을 증가시킬 수 있다. 이와 동시에 인터넷을 통해 전송해야 하는 데이터의 양을 줄일 수도 있다.

인공지능 개발자와 일하다 보면 매우 최신의 복잡한 방법으로 문제를 해결하려고 하는 것을 자주 볼 수 있다. 연구하다 보면 최신의 복잡한 인공지능 알고리즘에 관심이 가게 된다. 그리고 기존의 방법들보다는 새로운 방법들이 더 많은 문제를 해결할 수 있고 더 잘할 수 있으며 더 “세련”된 것처럼 보인다. 그러므로 인공지능 개발자들은 때때로 쉬운 문제를 쉽게 해결하거나 어려운 문제를 쉽게 해결하기보다는 쉬운 문제를 어렵게, 어려운 문제를 어렵게 해결하려는 모습을 볼 수 있다.

그렇게 했을 때 어려운 방법을 직접 적용해 보면서 지적인 욕망을 충족할 수 있고 더욱 발전한 것과 같은 느낌을 받기 때문이다. 하지만 많은 문제는 쉬운 해결책을 가지고 있다. 그렇기에 알고리즘과 수학에 매몰되어 문제를 해결하려고 하지 않도록 조정하는 것이 필요하다. 이를 위해 비전문 실무자가 인공지능 개발자 곁에서 지속해서 목표에 관해 이야기해 주어야 한다.

ChatGPT와 같은 인공지능이 놀라운 성능을 보이면서 모두가 복잡한 문제를 해결할 수 있는 거대한 인공지능을 향해서만 달려가고 있다. 그러나 비전문 실무자가 직면한 많은 문제는 기존의 간단한 방법들로도 해결할 수 있는 경우가 많이 있다. 그러므로 비전문 실무자가 곁에서 끊임없이 니즈에 관해 이야기해 주면서 문제를 리마인드해 주며 복잡한 방법을 굳이 하지 않고 해결할 수 있도록 지속해서 유도해야 한다.

ChatGPT와 같은 인공지능이 유명해지면 초거대 인공지능이 장점만 있는 것 같지만 사실은 항상 적용이 가능한 것은 아니다. 앞에서 논한 바와 같이 일단 훈련부터가 상당히 어려운 작업이다. 또한 훈련을 다 했다고 하더라도 실제 업무나 서비스에 적용하려면 여러 제약을 극복해야 할 수 있다. 그리고 해석과 같은 것들을 고려해 볼 때 무조건 초거대 인공지능을 적용하는 것만이 정답은 아니라는 것을 알 수 있다.

문제를 해결하는 데 필요한 수준의 인공지능을 사용하고 적용할 수 있다면 그것이 좋은 방법이라는 것을 알 수 있다. 또한 앞에서 논의한 장점들이 있어 비전문 실무자인 우리도 언론에 회자되는 초거대 인공지능과 같은 방법만을 사용해 주기를 바라는 것이 아니라 전통적인 방법들을 사용해도 좋다는 것을 알아 두는 것이 좋다.

5.3 데이터 부재, 데이터가 없다

인공지능 학습에 가장 중요한 것은 데이터이다. 왜냐하면 인공지능을 학습하는 데 구조 설계를 아무리 잘하고 매우 큰 인공지능을 구축하려고 해도 데이터가 없으면 불가능하기 때문이다. 그러므로 데이터가 가장 중요하다. 데이터가 없다면 ChatGPT조차 탄생하지 못했을 것이다. OpenAI도 데이터를 확보하려고 사람을 고용해 문장의 랭킹을 매기고 ChatGPT에 학습시켰다는 것은 유명한 일화이다. 본 챕터에서는 데이터의 중요성에 대해 배울 것이며 데이터가 없을 때의 극복 방안에 대해 알아본다.

5.3.1. 김치 없는 김치볶음밥, 데이터가 없는 이유

김치볶음밥을 할 때 가장 중요한 재료는 김치이다. 만약 맛없거나 김치가 상했다면 맛있는 김치볶음밥을 만들 수 없다. 인공지능 개발도 이와 유사하다. 인공지능 개발자에게 생기는 문제는 소통뿐만이 아니다. 사실 가장 필요한 것은 데이터이다. 마치 김치볶음밥에 김치가 필요한 것처럼 인공지능 또한 데이터가 필요하다. 인공지능을 적용하는 데 가장 필요한 것은 인프라도, 인력도, 지식도 아닌 데이터이다. 데이터가 없다면 모든 것을 다 갖추어도 무의미하다. 이 챕터에서는 데이터로 인해 발생하는 관련된 문제들을 다룰 예정이다.

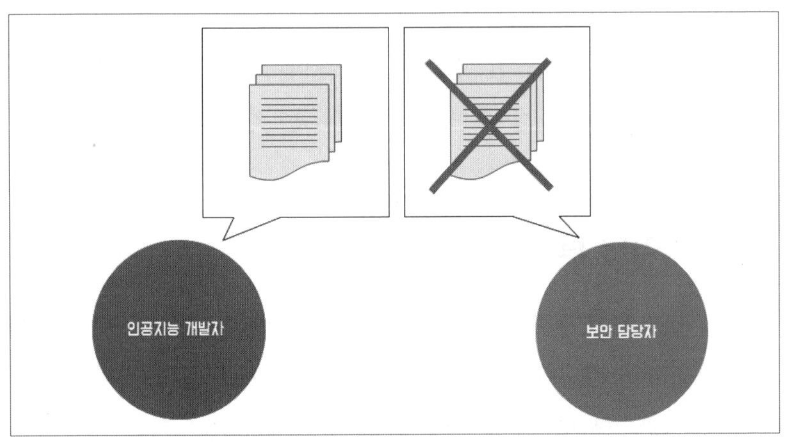

[그림 25] 인공지능 개발자와 보안 담당자의 입장 차이

인공지능을 적용하는 데 어려운 이유 중 하나는 보안 문제이다. 인공지능을 적용하는 데 데이터는 매우 중요하다. 이를 극복하려고 여러 가지 방법이 시도되고 있지만 그래도 데이터는 중요하다는 것에 이견을 가진 사람은 없을 것이다. 문제는 이러한 데이터를 활용하는 데 생각보다 보안 문제에 직결하는 경우가 많다는 것이다.

기업이 보유한 데이터는 외부로 유출되어도 무관한 데이터보다는 유출되어서는 안 되는 데이터가 더 많을 것이다. 어떠한 이유에서든 외부로 유출되면 안 되어 다양한 유출 가능한 상황에 대해서 사전에 조처해야 하고 사후 대처 또한 할 수 있도록 구축해 둘 것이다. 이 과정에서 데이터를 활용하는 데 많은 제약이 발생할 수 있다.

예를 들어 고객의 데이터를 활용하는 데 데이터를 저장하고 관리하는 조직에서는 접근 제한을 여러 단계를 두어 관리할 수도 있다. 이때 접근 제한을 해제하려면 많은 의사 결정을 거치는 과정이 필요할 수 있고 정작 많은 이해관계자의 의사 결정을 거쳐 활용할 수 있게 되면 막상 프로젝트는 시간 문제상 좌초될 수 있다. 또한 검토 결과 데이터 접근 자체에 대해 불허가 날 수도 있는 상황을 직면할 수도 있어 활용이라도 할 수 있으면 다행인 상황이 생길 수도 있다.

고객의 데이터를 활용할 수 있게 되었는데 만약 의도치 않게 유출되었다고 하자. 이때 책임 유무에 대해서 유출할 수 있는 상황을 제공하게 한 트리거인 인공지능 전문가에게 있는지, 어떠한 상황에서도 유출할 수 있는 모든 상황을 검토해 차단하지 못한 보안 인력에게 있는지에 대해서도 논쟁이 오갈 수 있다. 보안 인력은 이러한 상황을 회피하려고 방어적으로 접근 자체를 제약할 가능성이 높다.

인공지능을 도입하는 데 큰 장벽 중 하나는 데이터가 없다는 사실이다. 보안과는 무관하게 그냥 데이터가 없다. 왜 이런 일이 일어나는 걸까? 먼저 데이터가 있는 것을 알았는데도 보유하지 않은 경우가 있다. 이런 경우에는 여러 가지 이유가 있을 수 있다.

먼저, 데이터 저장 및 활용에 법적인 요구 사항이 존재하는 경우가 있을 수 있다. 예를 들어 두 개의 회사가 합작 투자 회사를 설립했다고 하자. 이때 합작 투자 회사의 데이터를 두 개의 회사가 공유하려고 할 때 분야에 따라 보안이 갖추어진 망을 통해서만 공유가 가능한 경우가 있다. 이때 망을 설립하는 비용이 발생하고 이를 관리하는 인력의 고용 및 망 유지 비용도 지속해서 발생한다. 데이터를 공유함으로써 얻는 이익이 커서 이를 모두 상쇄할 수 있을 정도라면 망 설립을 추진하고 데이터를 공유할 수 있을 것이다. 하지만 현실적으로 이미 이루어지지 않은 일을 이루려면 쉽지 않다.

이처럼 법적인 요구 사항이 있는 이유로 인해 데이터가 없을 수가 있다. 이런 경우 법적 요구 사항을 충족하는 데 필요한 것들이 있고 이를 만족하기 어려운 경우 법적 문제가 발생하지 않도록 데이터의 보유를 포기할 수 있다.

혹은 프라이버시 문제가 발생할 수 있다. 데이터 프라이버시에 대한 관심이 높아지면서 잠재적인 위험성이 있는 데이터의 보유를 포기할 수 있다. 예를 들어 채팅 SNS에서 고객들이 대화하는 정보를 법적인 요구 사항을 모두 지키면서 저장한다고 하자. 이를 알게 된 고객들은 과연 이 채팅 SNS를 사용할까? 혹은 사용하더라도 모든 이야기를 SNS에서 하면서 능동적으로 활용할까? 아마 그렇지 않을 것이다.

이처럼 프라이버시에 대한 반발을 피하려고 어떤 데이터는 보유를 포기할 수 있다. 이와는 다르게 보유 자체가 매우 위험할 경우 보유하지 않을 수 있다. 예를 들어 생체 인식 데이터가 있을 것이다. 생체 인식 데이터는 매우 민감하고 해킹할 만한 가치가 있는 데이터로 해킹의 표적이 될 수 있다. 회사에서 관리 소홀로 인해 유출이 발생한다거나 해커가 정보를 훔칠 경우 재정적인 손실과 더불어 평판의 하락과 법적인 책임이 발생할 수 있다. 그러므로 차라리 보유하기보다 보유하지 않는 것을 선택할 수 있다.

혹은 저장 공간이 부족할 수 있다. 회사의 비용은 한정적이므로 저장 공간 또한 한정적일 것이다. 만약 많은 고객이 사용하는 애플리케이션 서비스를 영위하는 회사에서 모든 로그 데이터를 다 저장하면 회사의 저장 공간이 금방 찰 수 있다. 그렇게 되면 더 이상 다른 정보를 저장할 수 없어 필수적인 데이터를 제외하고는 저장하지 않기로 결심했을 수 있다.

이처럼 다양한 이유로 데이터가 있는 것을 알면서도 저장하지 않는 경우가 발생할 수 있다. 데이터가 있는 것을 알았는데도 보유하지 않은 경우는 해결하기 어렵다. 여러 가지 이유로 인해 저장하지 않았을 것이고 그 이유는 해결하기 어려운 이유일 가능성이 높기 때문이다. 이러한 경우 외에도 여러 가지 원인이 있을 수 있다. 이럴 때는 가능한 원인을 파악해 해결하려고 적극적으로 노력해야 해결이 가능할 것이다.

반대로 회사가 제대로 데이터가 준비되어 있지 않다는 사실을 몰라서 없는 경우도 있다. 이런 경우 마찬가지로 원인은 여러 가지가 있을 수 있다. 먼저 데이터가 손상된 경우일 수 있다. 데이터는 수집했지만 저장하고 관리하는 과정에서 일부 데이터가 깨지거나 삭제될 수 있다. 이런 일이 발생하면 별도의 모니터링 시스템을 구축해 놓지 않았다면 그 데이터를 활용하기 전까지 알기 어렵다.

이런 경우 손상된 데이터를 복구하면 되므로 간단한 문제에 해당한다. 다음으로는 다른 일이 더 바빠서 제대로 준비하지 못한 경우가 있을 수 있다. 제대로 준비해야 하는 데이터 외에 해결해야 하는 시급한 다른 업무가 있는 경우 발생할 수 있다. 시급한 다른 업무가 있는 경우 데이터의 처리가 지연되게 된다. 최대한 준비해서 적재하겠지만 다른 업무가 더 중요하고 시간을 잘 배분하지 않다 보니 제대로 준비되지 않았다는 것을 모르고 넘어가게 된다. 이럴 때도 제대로 적재되지 않은 상황을 알면 해결하기 쉬운 문제이다.

문제는 사용하려는 데이터에 대한 가치가 없다고 판단한 경우이다. 사용하려는 데이터가 있어서 확인해 보니 그 데이터가 가치가 없다고 판단한 경우 적재하지 않을 수 있다. 이 경우 복잡해진다. 가치가 있다는 것을 입증해야 하는데 데이터가 없으니 입증하기 어려워진다. 이 외에는 말 그대로 회사가 데이터가 존재하는지를 몰라서 수집하지 않은 경우가 있을 수 있다.

내가 모르는 것을 안다는 것은 곧 그 부분을 공부해 알게 된다는 말과 같다. 그러므로 내가 모르는 것을 아는 메타 인지가 매우 중요하며 이는 회사도 마찬가지라고 할 수 있다. 그런데 이런 데이터 관점에서 메타 인지가 잘 안 되어 있는 경우 회사는 어떤 데이터가 없는지를 몰라 저장도 할 수 없다. 이 경우는 어떤 데이터가 없는지를 알게 되면 저장할 수 있어 어떤 데이터가 없는지만 알게 되면 해결하기 좋은 경우이다.

또 다른 이유로는 기술과 인력의 부족이 있을 수 있다. 예를 들어 데이터를 수집하려고 고성능 분산 이벤트 스트리밍 플랫폼을 도입해야 한다고 하자. 그러면 고성능 분산 이벤트 스트리밍 플랫폼을 다룰 수 있는 인력을 고용해야 할 것이다. 인력이 갖추어지면 고성능 분산 이벤트 스트리밍 플랫폼을 다룰 수 있는 인프라가 구축되어야 할 것이다. 이를 위해 인프라를 구축할 수 있는 인력을 다시 고용하고 인프라를 구매하거나 대여하는 등의 방법을 통해 구축할 수 있게 만들어야 한다.

이처럼 비용과 시간, 인력 면에서 많은 리소스가 투입되어야 하는 경우 데이터 수집을 포기할 수 있다. 그러면 어떤 데이터가 있는지 알지도 못하니 제대로 준비되어 있지 않다는 사실조차 모르게 된다. 이러한 경우 외에도 여러 가지 원인이 있을 수 있다. 가장 중요한 것은 데이터가 제대로 준비되어 있지 않다는 사실을 알았을 때, 적극적으로 데이터를 준비해야 한다는 것이다.

마지막으로 데이터에 대한 정보를 실무자가 모르는 경우가 있다. 데이터가 매우 많은 곳이라면 모든 데이터의 종류를 파악하기가 어렵다. 특히 중도 합류자의 경우 더욱 파악하기 어렵다. 수많은 데이터가 적재되는 히스토리와 누가 관리하고 어떤 값은 이미 적재되고 있는지 알기 어렵다. 근무 이력이 길수록 어떤 데이터는 어느 테이블에 있고 이 테이블의 값은 어디까지 정합성 검토가 끝난 건지를 한눈에 알 수 있다. 그러나 중도 합류자 혹은 처음 다루는 데이터의 종류를 접하는 기존 근무자들은 데이터가 너무 방대해서 파악하기 어렵다.

서로 다른 데이터가 수백 가지의 테이블에 나누어 적재되고 있다고 하자. 그 테이블에서 원하는 값을 가져오려면 수십 개의 테이블을 사용해서 값을 가져와야 한다. 그런데 어느 값이 어느 테이블에 있는지 모른다면 값을 찾는 데만 수개월이 걸릴지 모른다. 테이블을 찾았어도 그 칼럼에 있는 값들이 어떤 의미인지 모르는 경우가 존재할 수 있다.

예를 들어 어느 도서관에서 도서를 관리하려고 DB를 구성했다고 하자. 이때 한 테이블에 있는 칼럼 명이 '책 코드'이고 'P', 'C', 'I', 'A', 'a2' 등의 값으로 이루어져 있다고 하자. 아무런 정보가 없을 때 실무자는 이 책 코드가 어떤 의미인지 어떻게 판단할 수 있을까? 혹은 P, C, I, A, a2와 같은 값은 대체 어떤 값인지 파악할 수 있을까? 알기 어렵다.

여기서 매우 유의할 일은 이러한 정보와 히스토리가 개인에게 귀속되어 전달되지 않는 상황이다. 그 실무자는 오래 근무할수록 데이터에 대한 정보를 무기로 삼아 업무할 것이다. 정보의 독점을 무기로 삼아서 하다 보니 친절하게 가르쳐 주지 않을 것이고 그렇게 되면 새로 합류하는 사람은 매번 물어보기 쉽지 않아 파악이 어려울 것이다. 그러면 같은 시간을 주어도 업무 성과는 정보를 독점한 사람이 더 빠르고 잘해 올 것이다.

관리자 입장에서는 같은 일인데도 빠르게 잘해 오는 사람에게 좋은 고과를 줄 수밖에 없고 이러한 일들이 반복되면 정보의 독점은 더 심화한다. 그러면서 인공지능을 활용해 더 고도화할 여러 기회는 사라지게 될 것이다. 결국 경쟁력을 상실하게 된다. 놀랍지만 꽤 많은 기업에서 발생하는 일이며 발생하지 않도록 항상 이러한 상황을 견제해야 한다.

5.3.2. 이가 없으면 잇몸으로, 극복하는 방법

인공지능을 실제 현실 세상에 적용하려다 보면 생각지도 못한 많은 문제에 부딪힌다. 그중 가장 많이 부딪히는 문제는 데이터가 없는 것이다. 실제 현실 세상에서 데이터는 여러 가지 이유로 인해서 항상 존재하는 것이 아니다. 그리고 활용할 수 없을 만큼 노이즈가 많은 데이터가 많고 실제로 활용할 수 있는 데이터는 얼마 없는 경우가 상당히 많이 존재한다. 이처럼 인공지능이 보고 배울 데이터가 많이 없는 경우에는 대체 어떻게 해야 할까?

사실 인간은 무언가를 학습할 때 1억 건, 100만 개의 속성과 같은 대량의 데이터로만 학습하지는 않는다. 그렇기 때문에 문제가 되지 않지만 인공지능은 다르다. 인공지능 개발자들은 이러한 한계를 극복하려고 어떤 방법들을 시도하고 활용하고 있을까? 인공지능 개발자들은 데이터가 없는 상황이 여러 가지가 있어 상황별로 걸맞은 방법을 활용해 문제를 해결하려고 노력하고 있다. 각 문제를 극복하려는 인공지능 개발자들의 접근법을 일부 간단하게 소개한다. 그러면서 인공지능의 기술에 대해 간단하게 논하려고 한다.

만약 학습하려는 데이터와 유사한 데이터의 양이 많을 때 이것으로 인공지능을 학습시켜서 활용할 수 없을까? 혹은 유사한 데이터로 학습한 인공지능이 이미 존재할 때 이를 이용할 수는 없을까? 인공지능 개발자들은 이러한 상황에서 활용할 수 있도록 퓨 샷 러닝(Few-Shot Learning)을 위해 전이 학습(Transfer Learning)의 개념을 도입했다. 전이 학습은 공통의 특징을 배운 뒤에 이를 활용하는 방법이다.

예를 들어 강아지와 고양이를 구분하는 인공지능을 만들고 싶은데 둘을 구분할 수 있도록 해 주는 데이터(그림)가 얼마 없다고 할 때 활용해 볼 수 있다. 만약 강아지와 고양이의 사진은 없지만 집에 있는 『파브르 곤충기』 등에서 거미와 나비 사진을 많이 보유하고 있다면 거미와 나비를 구분하는 인공지능을 만들 수 있을 것이다.

만들어진 인공지능이 윤곽이나 선과 면 등의 특징을 감지하도록 학습하게 할 수 있다. 그 뒤에 윤곽이나 선, 면 등의 특징을 감지하는 이미 학습된 인공지능을 활용해 얼마 없는 강아지와 고양이의 사진을 활용해서 강아지와 고양이를 분류하는 인공지능을 만들 수 있다. 물론 여러 가지 방법이 존재하지만 우리는 인공지능 개발자가 아니므로 이 정도만 알아도 소통이 가능할 것이다.

데이터가 적은 경우 외에도 다른 경우를 생각해 볼 수 있다. 만약 우리가 학습하는 방법을 학습하는 인공지능을 만들고 싶은 경우는 없을까? 한 번도 인공지능에 가르쳐 주지 않은 과제를 해결하려는 문제를 인공지능에 주었을 때 인공지능은 이를 해결할 방법이 없을까? 인공지능 개발자들은 이러한 상황에서 활용할 수 있도록 학습하는 방법을 학습하는 인공지능에 대해 활발히 적용하고 있다.

이러한 상황에 적용하려고 퓨 샷 러닝을 위해 메타러닝(Meta-Learning)이라는 개념을 도입했다. 일반적인 인공지능은 많은 양의 데이터로 인공지능을 학습해 문제를 해결하는 데 목적을 두고 있는데 반해서 메타러닝은 주어진 여러 문제를 모두 잘 풀 수 있는 공통적인 학습 방법을 인공지능이 학습하게 하는 목적을 지니고 있다.

예를 들어 음식을 분류하는 인공지능을 만들고 싶다고 하자. 세상에 존재하는 모든 음식의 종류에 대한 데이터가 조금씩이라도 있으면 문제없지만 그렇지 않은 경우가 일반적일 것이다. 활용할 수 있는 데이터 중에 탕수육, 자장면, 김치볶음밥, 우동, 알탕의 데이터가 있을 때 이를 구분하는 공통적인 학습 방법을 인공지능이 학습하게 한다. 인공지능이 탕수육, 자장면, 김치볶음밥, 우동, 알탕을 분류하는 과제를 수천, 수만, 수억 번 해결한 인공지능이면 학습한 뒤에 새로운 음식 사진 짬뽕, 유린기, 감자전, 계란프라이, 오징어볶음 데이터를 보여 주면 이 음식들을 잘 구분할 수 있게 하는 방법이다.

인간은 서로 다른 유형의 데이터(텍스트, 이미지 등) 교차의 의미를 이해할 수 있다. 예를 들어 "이OO(33, 남)는 점심을 먹고 배가 불렀다."는 글을 보면 인간들은 점심을 많이 먹었다는 것을 알 수 있다. 글과 함께 짬뽕 2그릇이 비워진 사진을 함께 준다면 짬뽕 2그릇을 33세의 남자 이OO가 점심으로 먹고 배가 불렀다는 맥락을 이해할 수 있다.

이처럼 인간은 서로 다른 유형의 데이터 교차 의미를 이해할 수 있다. 즉, 다양한 유형의 데이터를 서로 교차로 해석하고 이해할 수 있다. 인공지능은 이런 교차 의미를 이해하는 것을 할 수 없을까? 텍스트가 의미하는 단어를 이미지로는 어떻게 볼 수 있을지, 텍스트의 오디오는 어떻게 될지를 알 수 있을까?

이를 극복하려고 인공지능 개발자들은 여러 유형의 데이터를 처리해 활용하는 멀티모달 학습(Multimodal Learning)이라는 개념을 도입했다. 모달이란 모달리티로 양식, 양상이라는 뜻으로 어떤 형태로 나타나는 현상이나 그것을 받아들이는 방식을 의미한다. 인간이 받아들일 수 있는 시각, 청각 등의 여러 모달의 데이터를 활용해 문제를 해결하는 인공지능을 구축하는 방법이다.

예를 들어 '코끼리'라는 글자를 인공지능에 주면 인공지능은 코끼리에 해당하는 이미지들을 불러올 수 있고 반대의 경우도 가능하다. 즉, 텍스트와 이미지와의 관계를 이해하고 교차로 해석하는 것이 가능하다. 이를 활용하면 '코끼리'라는 글자를 주고 이미지를 생성하라고 했을 때 코끼리 피부의 특성, 코끼리 코의 특성, 코끼리 머리의 특성 등을 어떻게 결합해 사람이 코끼리라고 인식하는 사물의 이미지를 생성하는지 이해하고 생성할 수 있다.

물론 텍스트와 이미지 외에도 다른 데이터들도 가능하며 이를 통해 인간과 유사하게 다양한 데이터 간의 관계를 이해할 수 있다. 즉 멀티모달 방법은 각각의 모달에서 특징을 연결하거나, 앙상블 방법(여러 개의 분류기를 생성하고, 그 예측을 결합함으로써 더욱 정확한 예측을 도출하는 기법)을 사용해서 통합하는 방식으로 학습한다.

이를 통해 텍스트나 이미지 등 한 개의 모달 데이터를 활용해서 과제를 해결하기보다 여러 모달의 데이터를 인공지능에 학습시킴으로써 인간과 유사하게 교차로 이해할 수 있게 해 과제를 더 잘 해결할 수 있게 해 준다.

만약 인공지능이 학습해야 하는 데이터를 중앙화할 수 없는 상황에서 인공지능을 만들어야 한다면 어떻게 할까? 스마트폰이 보편화되면서 이러한 문제를 해결해야 하는 경우가 꽤 많이 발생하고 있다. 개인 스마트폰에서의 상황은 모두 다르지만 해결하려는 문제가 동일한 경우가 있다.

그럴 때 개인 스마트폰의 데이터를 중앙화해 인공지능이 학습하게 할 수 있게 구축하는 경우 개인 정보의 유출에 노출될 가능성이 생긴다. 네트워크 통신 도중에 문제가 생기거나 혹은 중앙화된 데이터에서 유출될 수도 있고 고객이 알게 되면 개인 정보를 회사가 중앙화하는 자체를 원치 않아 할 수 있다. 즉, 보안에 대한 문제가 생기지 않도록 데이터를 중앙화할 수 없는 이러한 상황을 인공지능 개발자들은 어떻게 해결하려고 했을까?

인공지능 개발자들은 연합 학습(Federated Learning)이라는 개념을 도입해 이러한 문제를 해결하려고 시도하고 있다. 연합 학습은 최근에 본격적으로 연구되고 있는 분야로 많은 연구자가 도전하고 있는 분야이다. 아래의 그림을 보자.

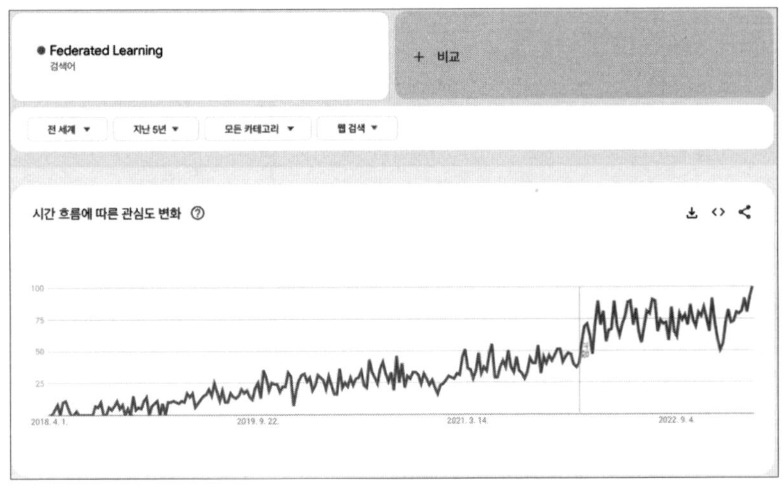

[그림 26] 연합 학습의 관심도. Data source: Google Trends(https://www.google.com/trends)

위의 그림은 연합 학습에 대한 검색 수이다. 또한 논문의 발행 수도 급격하게 증가하고 있다. 아래의 그림을 한번 보자.

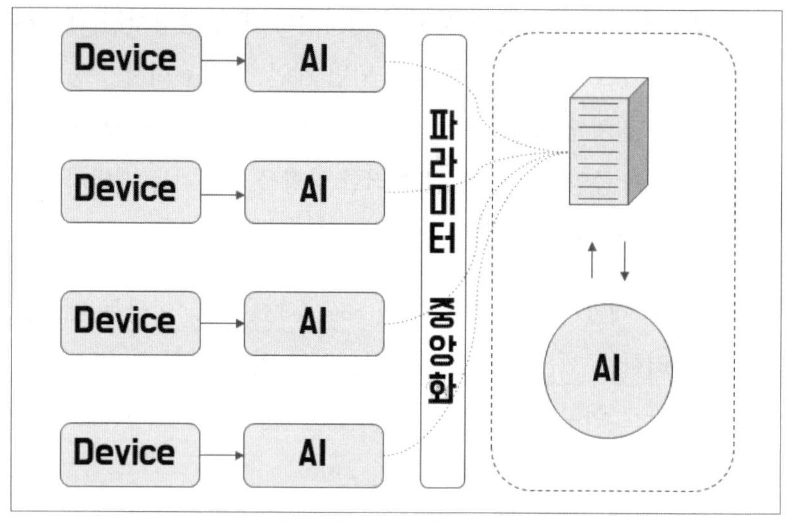

[그림 27] 인공지능의 파라미터를 중앙화하는 방법

연합 학습을 수행하는 방법에는 크게 두 가지가 있다. 먼저 첫 번째 방법은 인공지능의 파라미터(학습 시 업데이트되는 값)를 중앙화하는 것이다. 이 방법의 핵심 아이디어는 데이터를 중앙 서버가 아닌, 개개인의 로컬 환경(스마트폰, 컴퓨터 등)에 두고 그 로컬 환경에서 학습을 수행한 뒤에 인공지능의 파라미터들을 중앙 서버로 보내 취합해 인공지능을 학습(인공지능을 학습한다는 것은 알고리즘의 파라미터들을 최적화하는 것을 의미한다)하도록 하는 것이다.

그렇게 하면 데이터를 중앙화하는 과정을 거치지 않고 각 환경의 데이터를 이용해 학습한 효과를 낼 수 있다. 그러면서 네트워크 통신 간 유출되는 위험이나 중앙 서버에서 유출된 위험도 사라지게 된다. 만약 네트워크 통신 중 데이터가 유출된다면 개인 정보가 담긴 원본 데이터는 유출되지 않고 인공지능의 파라미터만 유출되어 문제가 없어진다. 이를 통해 인공지능을 학습하려고 데이터를 중앙화하지 않고도 학습하게 할 수 있게 된다.

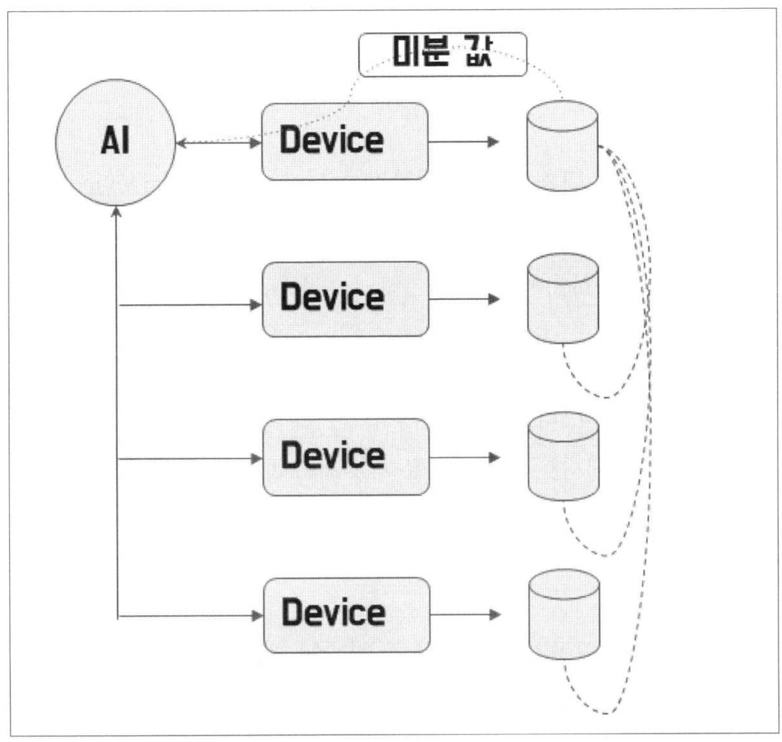

[그림 28] 인공지능의 학습을 위한 값을 중앙화하는 방법

두 번째 방법은 인공지능의 학습을 위한 미분값을 중앙화하는 것이다. 미분값을 중앙화한다는 것의 의미는 무엇일까? 인공지능은 사실 전부 함수로 설명할 수 있다. 즉, 인공지능은 함수이며 수학이다. 그러므로 함수를 최적화하는 관점에서 미분이라는 수학적 방법을 사용해 파라미터를 공유하지 않고도 학습할 수 있다.

이 방법의 핵심 아이디어는 각자 순차적으로 돌아가면서 학습할 수 있는 값(미분값)을 모으는 것이다. 그 뒤 첫 번째 Device의 데이터로 인공지능을 업데이트하는 것이다. 그다음 이 업데이트된 인공지능을 전체 Device에 공유한다. 앞의 방법은 각 디바이스의 파라미터들을 모아 평균과 같은 방법을 써서 데이터 전체를 보지 않고 하나의 전체 큰 인공지능을 업데이트하는 방법이다.

이에 비해 두 번째 방법은 미분값을 모아서 한 개의 Device 데이터로만 학습해서 작은 인공지능을 만들어 공유하는 것이다. 이 또한 데이터들을 중앙화하지 않고 해결할 수 있는 좋은 방법이다.

물론 비전문 실무자로서는 이러한 내용을 세부적으로 알 필요가 없다. 몰라도 된다. 다만 이러한 방법을 써서 데이터를 공유할 수 없는 특수한 상황에서도 인공지능을 사용해서 해결할 방법에 대해서 연구하고 있다는 것을 알고 있다면 해결이 가능할 수 있다는 것을 알 수 있기 때문이다.

널리 쓰이는 인공지능의 원리 중 하나는 데이터와 정답을 주고 패턴을 스스로 학습해서 찾도록 하는 지도 학습의 방법이다. 여기서 지도 학습을 하려고 수많은 파라미터를 최적화해 패턴을 학습하는데, 이때 인공지능을 학습하려면 수많은 데이터가 필요하다. 간단하게 생각해 보면 이유를 알 수 있는데 우리 모두 중학교 때 배웠던 방정식의 해를 찾는 경우를 생각해 보자.

n 차원의 연립 방정식에서 해를 찾을 때 미지수와 방정식의 개수에 따라서 우리는 해를 찾을 수 있기도 하고 없기도 하다. 현실 세상에서 미지수는 너무나도 많아서 무한하다고 할 수는 없지만 현실적으

로는 무한하다고 주장할 수 있다. 즉, 정보(방정식)가 많을수록 해를 찾는 데 도움이 된다고 할 수 있으므로 최대한 많은 방정식(데이터와 정답)을 확보하는 것이 인공지능의 성능에 영향을 미치는 주요한 원인이 된다고 할 수 있다.

최근에는 인류 역사상 유례없는 수준의 데이터가 쏟아지고 있어 인공지능이 패턴을 찾는 데 충분할 정도의 데이터가 범람하는 시대에 직면했다. 그러나 앞에서 서술한 바와 같이 지도 학습의 경우 데이터와 정답을 함께 주어야 해를 찾아 패턴을 학습하는 데 도움이 되지만 현실 세상에서는 데이터가 많은데 정답은 없는 경우가 너무나도 많다.

예를 들어 인간이 어떤 입력값을 주었을 때 인공지능이 이에 대해서 응답해 주는 대화형 인공지능을 만들고 싶다고 하자. 이때 어떤 단어가 어떤 의미인지, 어떤 문장이 어떤 의미인지를 모두 인공지능에 알려 주면서 데이터를 주는 것은 시간과 리소스상 불가능하다고 할 수 있다. 그러면 우리는 데이터만 많을 뿐 인공지능에 활용하지 못하게 된다.

이때 인공지능 개발자들이 택한 방법이 자기 지도 학습(Self-supervised learning) 방법이다. 예를 들어 어떤 문장이 있을 때 이 문장의 단어들을 인공지능에 알려 주지 않고 단어를 맞히라는 식으로 학습하는데 그 단어를 문장 내에서 선택해 학습 때마다 변화하는 것이다. 이러한 방법을 사용하면 인간이 대화형 인공지능을 만들려고 인공지능에 데이터와 데이터에 따른 정답을 맞혀 줄 필요가 없어지게 된다. 데이터만 주어지면 그 안에 정답이 있고 정답을 인공지능에 주지 않음으로써 데이터만 가지고도 학습을 통해 패턴을 찾아 점점 똑똑해지는 자기 지도 학습을 수행할 수 있게 된다.

이처럼 인공지능 개발자들은 한계를 극복하려고 큰 노력을 하고 있고 인공지능은 이러한 노력과 저렴해진 하드웨어의 가격에 따른 컴퓨팅 파워, 넘쳐나는 데이터로 인해 많은 발전을 하고 있다. 이러한 환경과 인류의 노력으로 인해 인공지능은 사회 여러 분야에 많은 변화를 끌어내고 있다. 비전문가인 우리는 이러한 노력을 우리의 업무와 서비스에 적용해야 한다. 그러므로 본 챕터에서 논의한 문제들을 만나게 되면 본 챕터에서 간략하게 소개한 방법들을 인공지능 개발자와 함께 논의해 보는 것이 좋을 것이다.

5.3.3. 부족할 때 착한 친구, 데이터는 있지만 부족한 경우

데이터가 있지만 초거대 인공지능 혹은 딥 러닝(인공지능의 한 분야. 최근 괄목할 만한 성장을 보임)으로 학습하기에 데이터가 적을 수 있다. 그럴 땐 대체 어떻게 해야 할까? 데이터의 수가 적다면 우리가 할 수 있는 방법은 크게 두 가지가 있다. 한 가지는 데이터를 크게 부풀리는 것이고 다른 한 가지는 전통적인 인공지능으로 해결해 보는 것이다. 먼저 데이터를 크게 부풀리는 것을 한번 보자.

데이터를 부풀리는 방법은 다시 두 가지가 있다. 첫 번째는 데이터를 더 취합하는 것이다. 이 방법은 데이터가 없다면 더 모으는 것이다. 데이터가 없을 수 있는 이유에는 여러 가지가 있을 수 있다. 데이터가 취합될 때까지 시간이 좀 필요한 경우가 있을 수 있다. 예를 들어서 신규 상품을 출시한 뒤에 이 상품에 가입할 만한 가망 확률을 인공지능을 활용해서 산출하고 싶은 경우가 있을 수 있다.

그러나 신규 상품이라 가입한 사람의 수가 애초에 적을 수 있다. 인공지능으로 학습하려면 일정 규모 이상의 데이터가 필요하다. 이럴 때는 인공지능으로 학습하는 것을 시도하기가 어렵다. 학습하려고 해도 학습을 잘하기 어려울 수 있다. 이럴 때는 데이터가 쌓일 때까지 기다리는 것이 필요한 시기일 수 있다.

두 번째는 있는 데이터를 증강(data augmentation)하는 것이다. 데이터 증강 방법은 여러 가지 방법으로 이루어질 수 있다. 다양한 방법을 활용해서 기존에 있는 데이터를 기반으로 다양한 데이터를 생성하는 것이다. 예를 들어 이미지라면 색을 변화시키거나 회전시키는 방법들을 선택할 수 있다.

만약 엑셀과 같은 정형화된 데이터라면 데이터에 약간의 랜덤한 값을 더하거나 빼서 새로운 데이터들을 만들 수도 있다. 이 외에도 수많은 다양한 방법이 있다. 물론 이러한 방법들은 인공지능 개발자가 고민할 문제이다. 그러므로 비전문 실무자인 우리로서는 데이터가 적은 경우 여러 가지 부풀릴 방법을 활용할 수 있거나 혹은 데이터가 더 적재될 때까지 기다리는 방법이 있다는 것을 알아 두는 것이 좋다.

전통적인 인공지능으로 해결하려고 한다는 것은 무슨 이야기일까? 최근 괄목할 만한 성장세를 보이는 딥 러닝의 경우 많은 양의 데이터가 필수적이다. 많은 양의 데이터가 없다면 성능이 잘 나오지 않는다. 다음 그림을 보자.

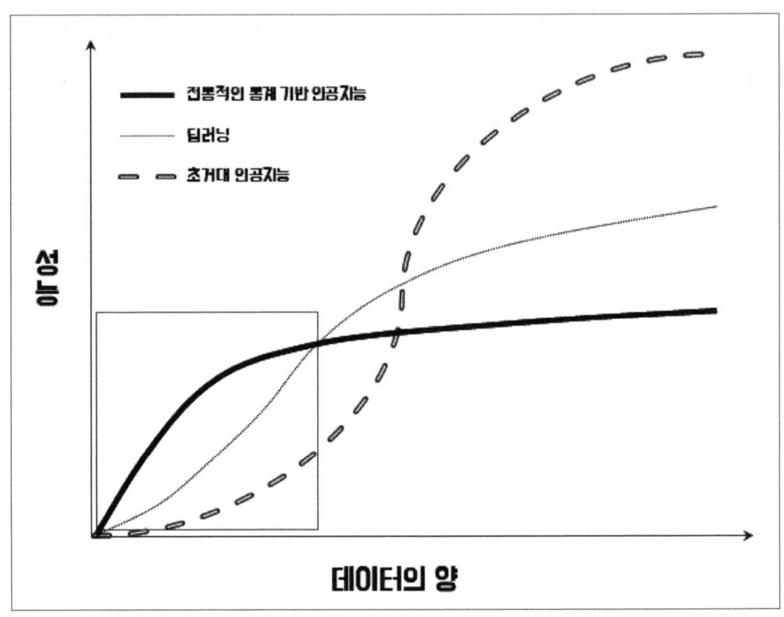

[그림 29] 데이터의 양과 성능 간의 관계 개념적 도식도

위의 그림은 전통적인 통계 기반의 인공지능과 딥 러닝, 초거대 인공지능을 개념적으로 비교한 도식도이다. 학습할 만한 충분한 인프라가 뒷받침된다는 가정하에 데이터양에 따른 성능을 개념적으로 그린 것이다. 전통적인 통계 기반의 인공지능을 보면 초기에 데이터양이 적어도 성능이 더 좋다는 것을 알 수 있다. 항상 그런 것은 아니지만 일반적일 때 그러하다.

그 이유는 간단하다. 딥 러닝과 여러 초거대 인공지능은 학습 과정 자체가 수많은 데이터가 필요하기 때문이다. 그러나 전통적인 통계 기반의 인공지능은 데이터가 적어도 어느 정도의 성능이 나오는 데까지 빠르게 수렴한다. 대신에 아무리 데이터가 많아도 어느 정도 이상의 성능을 확보하기는 어렵다. 그러므로 많은 데이터가 있고 충분한 인프라가 뒷받침되는 요즘 딥 러닝이 좋은 성과를 보인다.

하지만 통계 기반의 인공지능도 장점이 있다. 데이터양이 많지 않을 때는 딥 러닝이나 초거대 인공지능보다 좋은 성능을 보인다. 따라서 딥 러닝이나 초거대 인공지능을 학습할 정도의 데이터양이 없는 경우 전통적인 통계 기반 인공지능을 수행한다면 제한된 환경에서 좋은 성능을 얻을 수 있을 것이다.

데이터가 없는 환경에서 수행할 수 있는 여러 가지 선택지가 많다. 상황에 따라 앞의 챕터에서 논의했던 방법들을 쓸 수도 있고 데이터가 부족한 경우 또한 이 챕터에서 이야기한 선택 외에도 많은 선택지가 있다. 그러나 기술적인 것들은 인공지능 개발자가 해결해 줄 것이다.

가장 중요한 것은 우리가 어떤 선택지가 있을 수 있다는 것을 염두에 두고 해결하는 방법들이 존재한다는 것을 아는 것이다. 해결하는 방법이 있다는 것을 아는 것과 모르는 것은 매우 다르다. 해결하는 방법이 있다는 것을 모른다면 애초에 해결 자체를 시도도 하지 않을 것이다. 인공지능을 적용해서 큰 효과를 볼 수 있는 문제를 해결할 수 있는데도 불구하고 해결 자체를 할 수 없다.

그러나 해결하는 방법이 있다는 것을 안다면 업무와 서비스에 적용해 큰 효과를 볼 수 있는 문제를 정의하고 가능성이 있는지를 검토하는 데만 집중하면 된다. 비전문 실무자인 우리로서는 업무와 서비스에 적용해 큰 효과를 볼 수 있는 문제를 발견하는 것이 제일 중요하다. 실제 해결은 인공지능 개발자에게 맡기면 된다.

그러나 가능한지 불가능한지에 대한 감이 없이 그저 대략적인 문제만 정의해서 인공지능 개발자에게 가져가면 난색을 보일 것이다. 우리는 비전문가라 인공지능을 개발할 일도 없고 깊게 알아야 할 필요는 없다. 그렇지만 인공지능을 적용할 때 생길 수 있는 문제들을 잘 바라보고 무엇이 가능할지 불가능할지에 대해 개념적으로만 아는 것은 필요한 일이다.

5.3.4. 내가 한다, 쿼리 작업

제목을 보고 의아한 사람도 있을 것이다. 일단 쿼리 작업이라는 것이 무엇인지 모르는 사람이 있을 것이고 아는 사람은 이것을 내가 왜 해야 하는지에 대해 궁금함을 가질 수 있다. 일단 쿼리 작업에 관해 이야기하면 쿼리란 데이터가 저장된 데이터베이스에서 데이터를 불러오는 명령어라고 생각하면 된다.

그러므로 쿼리 작업이란 이러한 명령어를 설계하는 과정을 뜻한다. 인공지능을 학습할 때 만날 수 있는 데이터가 없을 수 있는 요인 중 하나는 데이터가 사내에 존재하는데도 인공지능 학습을 위해서 준비하기가 어려운 경우이다.

이에 대한 원인으로는 크게 두 가지가 있을 수 있다. 하나는 인공지능 개발자가 데이터가 어디에 있는지 잘 모르는 경우이다. 나머지는 데이터를 불러오려고 쿼리 작업을 하는데 휴먼 리소스가 부족해서 시간이 오래 걸려 일정이 지연되는 경우이다.

먼저 인공지능 개발자가 어디에 데이터가 있는지 잘 모르는 경우를 한번 보자. 인공지능 개발자는 데이터에 대해서도 잘 알아야 한다. 따라서 인공지능을 학습시킬 때 인공지능 개발자가 직접 데이터를 준비하는 경우도 많다. 그러다 보면 인공지능 개발자는 자연히 사내의 여러 데이터가 어디에 있는지 알 수 있다. 그러나 인공지능 개발자는 비전문가 대비 데이터의 존재에 대해 더 잘 아는 부분도 있고 더 모르는 부분도 존재할 것이다.

비전문 실무자는 주로 실적 취합과 같은 일을 많이 해 사내 데이터에 대한 감(어떤 상품에 가입한 사람이 몇 명이고 추이는 어떻게 된다는 것과 같은 정보)이 있을 것이다. 그러나 인공지능 개발자는 인공지능 학습을 위한 값을 많이 준비해 이러한 부분이 부족할 수 있다. 그렇게 되면 상품의 가입자와 같은 정보들을 취합할 때 비전문 실무자 대비 느리거나 실적에 참고할 자료가 어디에 있는지 잘 모를 수 있다.

이때 비전문 실무자인 우리가 직접 나선다면 더 빠르게 해결할 수 있다. 예를 들어 어떤 상품에 가입할 때 어떤 경로로 가입했는지를 인공지능에 반영하려고 한다고 하자. 우리가 설계한 웹사이트에서 여러 클라이언트가 붙어서 작업하는데 이때 가입할 때 유입 경로와 같은 것들을 실적 집계하려고 어떤 테이블에 있는지 비전문 실무자인 우리는 잘 알고 있을 것이다.

그러나 인공지능 개발자는 이러한 내용을 잘 모를 수 있다. 또한 클라이언트에 대한 정보가 있는 메타 테이블의 위치도 모를 것이다. 그러므로 비전문 실무자인 우리가 직접 작업하는 것이 더 빠를 수 있다. 이를 위해 우리가 직접 쿼리 작업을 배워서 데이터를 인공지능 개발자에게 제공해 준다면 더 빠르게 작업할 수 있다.

또한 인공지능 개발자들은 이 값이 맞는지 틀리는지에 대해서 일일이 대조하면서 확인하겠지만 비전문 실무자인 우리는 데이터에 대한 감이 있어 대략 이상하게 산출되었을 경우 쿼리 작업 중 무언가 실수했거나 놓친 부분이 있는지 점검하기가 더욱 수월할 것이다. 따라서 인공지능 개발자가 원하는 데이터가 어디에 있는지 모르는 경우 비전문 실무자인 내가 직접 작업하는 것이 더 빠르고 정확할 수 있다.

다음으로 쿼리 작업을 하는데 휴먼 리소스가 부족해서 시간이 오래 걸려 일정이 지연되는 경우를 생각해 보자. 인공지능 개발자가 어떤 데이터가 어디에 있는지 알아 직접 산출할 수 있다고 하자. 그러나 일이 몰려서 상당히 바쁜 경우 인공지능 개발자가 데이터를 산출하는데 오랜 시간이 걸릴 수 있다.

그런 경우 인공지능 개발 일정이 길어지게 되고 적용은 좀 더 미뤄지게 된다. 빠르게 적용하고 효과를 보아야 하는데도 일정이 지연된다. 이럴 땐 그냥 비전문 실무자인 내가 직접 쿼리 작업을 배워서 수행하는 것이 빠르고 더 정확하다. 앞에서도 이야기한 바와 같이 더 잘 집계할 수 있고 데이터에 대한 감이 있어 정합성(데이터가 맞는지 틀리는지 확인하는 과정)을 확인해야 하는 작업을 더욱 수월하게 할 수 있다. 그러므로 비전문 실무자인 우리의 입장에서는 인공지능을 학습할 때 쿼리 작업을 해야 해서 시간이 오래 걸리는 경우 우리가 직접 배워서 데이터를 인공지능 개발자가 학습할 수 있게 주는 것도 좋다.

데이터가 없다면 누군가는 데이터를 가져올 수 있어야 한다. 기존에는 IT 조직이나 인공지능 개발자에게 맡겨서 해결해 왔지만 사실 내가 작업하는 것이 가장 빠르고 정확할 것이다. 잘못된 데이터로 학습한다면 잘못된 결과가 나올 수 있음을 이미 앞에서 이야기한 바 있다. 그러므로 데이터의 정확도가 가장 중요하고 데이터의 내용을 가장 잘 아는 비전문 실무자인 내가 직접 데이터를 가져오는 것이 정확할 수 있다. 그렇기에 비전문 실무자라고 할지라도 데이터를 가져올 수 있는 쿼리 작업에 대해 간단히라도 알고 있다면 도움이 될 것이다.

5.4 인프라의 부재, 인프라가 없다

인프라는 매우 중요하다. 문제는 이러한 인프라가 잘 구축된 회사가 많이 없다는 것이다. 인공지능 산업을 리딩하거나 규모가 거대한 대기업을 제외하고는 인프라가 완벽하게 구축된 회사를 찾기가 더 어렵다. 그러나 인공지능을 업무와 서비스에 적용하려면 인프라의 구축이 매우 중요하다. 본 챕터에서는 인프라가 구축되어 있지 않을 경우의 문제에 대해 논의하고 그런 경우 극복할 방법을 공유하려고 한다.

5.4.1. 프라이팬 없는 볶음밥, 다양한 인프라 관련 부재

인공지능을 학습하려면 학습할 수 있게 지원해 주는 인프라가 필요하다. 인프라면 인프라지 다양한 인프라 부재가 무슨 의미일까? 인프라가 하드웨어이기도 하지만 이 하드웨어를 효율적으로 다룰 수 있는 인력도 포함해 다양한 인프라 부재라고 표현했다. 이런 관점에서 좋은 인력을 고용해서 하드웨어 장비를 잘 구매(혹은 사용할 수 있도록)해 놓는 등의 다양한 인프라를 구축해서 유기적으로 잘 동작하도록 하는 것이 중요하다.

그런데 문제는 인프라가 구축되지 않은 경우가 많다는 것이다. 구축되지 않은 이유는 여러 가지가 있을 수 있다. 예를 들면 비용 문제가 있을 수도 있고 인력의 문제가 있을 수도 있다. 문제는 구축되어 있지 않다는 것이고 그렇기에 학습이 어려운 상황이 될 수 있다. 인공지능을 사용하려면 학습이 필요한데 학습이 어려운 상황이 되면 인공지능의 적용은 할 수 없게 된다. 그렇다면 어떤 인프라를 구축해야 할까? 두 가지로 나누어서 생각해 볼 수 있다. 크게 첫 번째는 서버 스펙이고 두 번째는 지식의 확충이다.

먼저 서버의 스펙에 대해서 논의하자. 인공지능을 학습하려면 어느 수준의 스펙이 필요할까? 이에 대해서는 사실 정답은 없다. 정확히는 어느 수준의 인공지능을 학습하려고 하는지가 서버의 스펙 수준을 결정한다고 할 수 있다. 예를 들어 ChatGPT와 같은 인공지능을 만들고 싶다고 하자. 그렇다면 어느 정도의 서버 스펙 수준이 필요할까? ChatGPT는 어느 수준의 서버 스펙을 갖추었을까? 그리고 비용은 얼마나 나왔을까?

사실 ChatGPT는 많은 것이 베일에 싸여 있다. OpenAI가 많은 내용을 공개하지 않았기 때문이다. 대표적으로 인공지능 모델을 공개하지 않아 내부의 파라미터가 어떤 값인지와 구조를 실제 코드로 어떻게 짰는지와 같은 내용을 알기가 어렵다. 하지만 간접적으로 언론에 노출된 내용을 바탕으로 취합해 볼 때 하드웨어에만 수억 달러를 지불했다. 약 몇천억의 비용이 오로지 하드웨어 비용으로만 나가게 되었다.

비용을 듣고 좌절하지 않아도 좋다. 인공지능의 종류는 매우 많아서 GPT3, 4와 같이 매우 거대한 규모의 인공지능도 있지만 아주 작은 규모의 인공지능도 존재한다. 심지어 데이터가 많지 않다면 개인 노트북에서 수행할 수 있을 만큼 작은 규모의 인공지능이 있다. 따라서 서버의 스펙에 대한 정답은 없지만 적어도 내가 계획하는 인공지능을 학습할 규모의 컴퓨터는 필요하다.

예를 들어 가벼운 인공지능을 적은 데이터로 학습을 수행한다면 CPU 정도만 있어도 될 것으로 생각할 수 있다. 하지만 딥 러닝 모형을 대용량의 데이터로 학습시킨다면 대량의 데이터를 처리하는 최적화된 행렬 연산을 지원해 줄 수 있는 GPU를 준비해 놓는 것이 좋을 것이다.

다음으로 지식의 확충에 대해 논의해 보자. 지식의 확충은 어떤 의미일까? 이미 구축된 서버를 잘 활용하려면 서버에 대한 이해가 필요하다. 즉, 하드웨어에 대한 사용자 관점에서의 이해가 필요하다. 예를 들어 내가 사용자로서 인공지능을 서버에서 학습시키려고 할 때 시간이 오래 걸리게 되면 어디서 시간이 오래 걸리는지를 확인할 수 있어야 한다.

그러려면 서버에 대한 이해가 필요하다. 예를 들어 어떤 과정을 거쳐 연산이 되는지를 세부적으로 알고 있어야 하고 그렇기 때문에 서버에 대한 이해가 필요할 수밖에 없다. 물론 엔지니어와 같은 깊은 수준의 이해는 아니겠지만 적어도 학습하려고 할 때 생기는 문제들을 해결할 수 있는 수준의 지식은 필요하다.

만약 이런 수준의 지식이 없다면 이를 확충해야 한다. 내가 무엇을 모르는지를 알고 내가 무엇을 알아야 하는지를 아는 것에서 시작해서 학습하는 데 필요한 지식 중 부족한 부분을 확충해야 한다. 인공지능 학습이라고 하면 수학만 잘하거나 오로지 프로그래밍만 잘하면 되는 것으로 생각하는 사람들이 많다.

하지만 인공지능을 학습하려면 인공지능에 대한 내부 로직과 철학에 대해 이해할 수 있는 수준의 수학적 지식과 인공 지식을 실제 학습시킬 때 발생하는 문제들을 다루고 병목을 해결할 수 있을 수준의 엔지니어적인 지식과 인공지능 구조를 설계하고 구현할 수 있는 프로그래밍 능력이 필요하다. 그러므로 인공지능 개발자가 고급 인력으로서 대우받고 인력을 구하는 것이 쉽지 않다.

이러한 인프라의 부재는 회사 간 인공지능의 기술력을 더욱 양극화시킨다. 인프라를 구축할 수 있는 리소스가 있는 회사는 그렇지 않은 회사보다 경쟁에서 우위에 있다. 인프라가 구축된 회사는 인공지능을 실험하고 적용하고 다시 개선하는 과정을 반복하면서 인공지능에 대한 경험을 쌓아 갈 수 있다. 그 과정에서 인력들의 전문성도 향상되고 인력들이 열심히 일하면서 회사 전체의 인공지능에 대한 이해도가 높아지고 적용을 더 잘할 수 있게 된다.

그러다 보니 인공지능 인프라가 구축되어 적용을 경험해 본 조직/사람과 경험해 보지 못한 조직/사람 간의 격차가 앞으로 점점 더 벌어지게 된다. 결국 인프라가 구축되어 있는지 아닌지에 따라 점점 더 격차가 벌어지게 된다. 그러므로 인공지능을 비즈니스에 적극적으로 활용하려는 조직이나 개인은 인프라의 확충이 그만큼 중요하다는 것을 알고 꼭 확충해야 한다는 것을 잊어서는 안 된다.

5.4.2. 인프라 확충을 위한 제언

인프라가 구축되어 있지 않다면 인공지능 학습을 포기해야 할까? 어떻게든 해결하려고 노력할 것이다. 본 챕터에서는 인프라를 확충할 수 있도록 몇 가지 제안하려고 한다. 데이터가 있다는 가정하에 인프라가 없는 경우 당연히 확충해야 한다. 데이터가 없다면 학습을 시도조차 해 볼 수 없지만 인프라가 없다면 가능하면 저렴한 방법들이나 혹은 당장 예산이 많이 나가지 않는 경우를 선택해서 적용해야 할 것이다. 다만 당장 예산이 나가지 않는다고 전체 미래 예산을 고려할 때 단순히 적게 나가는 것이 아닐 수 있으니 여러 가지 측면을 고려해야 할 것이다.

일전에 ChatGPT가 수천억의 비용을 들였다고 했다. 처음부터 이 정도의 금액을 지출할 수 있는 기업은 많지 않을 것이다. 그러므로 작은 스펙으로 학습할 수 있는 인공지능을 써 보는 것도 좋은 방법이다. 먼저 작은 스펙으로 학습한 인공지능이 잘 작동하는지를 확인하고 성능을 테스트한 후 추가 지원을 받아 제대로 된 구축을 시도해 보는 것도 좋은 방법이다.

이를 위해서는 클라우드가 가장 적합한 것 같다. 클라우드는 사실 오래 쓰면 내가 직접 서버를 사는 것이 더 싸다. 따라서 클라우드를 도입하려고 하는 많은 회사가 초창기에 한 번 도입해 보고 생각보다 큰 비용이 나가 계약을 종료한 경우도 종종 존재한다. 그렇기에 클라우드를 도입해서 얻을 수 있는 장점이 명확한 경우에 도움을 검토하는 것이 좋다. 다음은 인프라가 구축되지 않았을 때 클라우드를 사용해서 얻을 수 있는 장점들이다.

1) 당장 사용이 가능한 서버가 없다.

2) 충분한 예산이 부족하다.

3) 인프라 구축에 시간이 오래 걸린다.

4) 개발 지식이 부족하다.

5) 클라우드의 서비스를 이용하려고 한다.

한 가지씩 한번 보자. 당장 사용할 수 있는 서버가 없는 경우 일단 서버 구축부터 해야 할 것이다. 서버를 구축하려면 많은 것이 필요하다. 먼저 당연하겠지만 구축할 서버가 필요하다. 구축할 서버가 있다면 이제 그 서버의 세팅을 도와줄 개발자도 필요하다. 그리고 사내 데이터를 그 서버로 옮길 수 있도록 법률이나 사전 검토를 도와줄 담당자가 필요하다. 그리고 결과를 사내 다른 서버로 옮길 때 네트워크 관련 세팅과 연결을 도와줄 네트워크 전문가가 필요하다. 혹은 단절된 보안이 적용된 망을 타야 할 수 있고 FsTP와 같이 암호화해서 옮겨야 할 수 있는데 이때 논의할 보안 전문가가 필요하다.

서버를 사용하려면 많은 단계를 거쳐야 한다. 그러다 보니 당장 사용할 수 있는 서버가 없다면 사용할 수 있는 서버를 구축하는 것만 해도 쉽지 않은 일이다. 그러므로 당장 사용할 수 있는 서버가 없다면 프로젝트의 크기를 먼저 가늠해 보는 것도 좋은 일이다. 프로젝트의 크기가 별도의 서버가 필요 없는 수준이라면 가볍게 수행하면 된다. 그러나 별도의 서버가 필요한 수준의 작업이라면 클라우드를 활용할 것을 권장한다. 클라우드는 여러 서비스를 제공하고 그렇기에 서버를 구축하는 것이 편리하다. 만약 서버를 구축하는 수준의 프로젝트가 아니라면 서버리스(Serverless) 서비스들을 이용하면 더 저렴하게 구축할 수도 있다.

두 번째인 충분한 예산이 부족한 경우를 보자. 스스로 서버를 세팅하고 프로젝트를 성공시키는 데 만약에 10억이 필요하다고 하자. 그 10억의 예산을 받아 오지 못하면 프로젝트는 수행되기 어려울 것이다. 예산은 인공지능 개발자가 신경 쓰지 못하는 부분이니 비전문 실무자인 우리가 준비하는 수밖에 없다. 그런데 예산이 없으면 서버 세팅이 불가능해 프로젝트 수행이 불가능하니 프로젝트 자체가 시작도 하지 못하고 좌초될 수밖에 없다.

그럴 때 클라우드를 활용하면 좋다. 클라우드는 잠시만 사용하고 종료하기에 매우 좋은 플랫폼이다. 만약 장기간 사용해야 한다면 서버를 구축하는 것이 더 저렴할 수 있다. 그러나 잠시만 사용하는 것이라면 아마 클라우드가 더 저렴할 것이다. 그러므로 클라우드를 활용해서 먼저 프로젝트를 시작해 보고 성과가 나오기 시작하면 그 성과를 가지고 의사 결정권자와 논의해 향후 예산의 증액을 노리는 편이 프로젝트가 더 성공적이기 쉬울 것이다.

그리고 인프라 구축에 시간이 오래 걸린다는 것을 보자. 인프라 구축에 시간이 오래 걸린다니 무슨 이야기일까? 어떤 서비스를 만들고 운영하는 데 제반 되는 인프라를 구축하기는 쉬운 일이 아니다. 특히나 대고객 서비스인 경우 동시다발적으로 다량의 트래픽이 몰리면 이를 감당할 수 있는 수준의 인프라를 구축하기는 쉽지 않다. 이럴 때 사용하기 좋은 것이 솔루션이지만 솔루션 계약 비용은 너무 비싸다.

간단하게 사용하기 좋은 것은 클라우드이다. 클라우드를 서버나 저장소가 아니라 서비스를 사용하는 것으로 이용하는 것이다. 클라우드에는 많은 서비스가 제공되고 있다. 많은 클라우드에서 애플리케이션을 모니터링하고 용량을 자동으로 조정해, 최대한 저렴한 비용으로 안정적이고 예측 가능한 성능을 유지하는 것을 도와주는 AutoScaling이나 REST 및 WebSocket API를 생성, 게시, 유지, 모니터링 및 보호를 도와주는 API Gateway와 같은 매우 유용한 기능들을 제공해 준다. 원래는 개발자가 여럿 모여서 개발해야 하는 서비스들을 이미 만들어서 제공해 준다. 그러므로 우리는 그 서비스들을 그저 가져다 쓰고 비용을 제공하면 된다.

다음으로 개발 지식이 부족한 경우를 생각해 보자. 내가 인프라를 확충해야 하는데 비전문가여서 개발 지식이 부족하다고 하자. 함께 일할 인공지능 개발자는 구했는데 개발을 잘하는 줄 알았지만 인공지능 개발만 잘하고 서버나 네트워크 통신, DB 설계 등 서비스를 운영하는 데 필요한 기초 개발 지식이 개발자 수준으로 가지고 있지 않은 경우 어떻게 해야 할까?

가장 좋은 방법은 개발자를 구하는 것이다. 어떻게든 개발자를 구하는 것이 좋다. 내부에서 이동을 꾀하건 외부에서 채용하건 개발에 대한 지식이 있고 경험이 있는 개발자를 데려오는 것이다. 그렇게 되면 그 개발자가 도와주어 프로젝트를 성공적으로 마무리할 수 있다. 만약에 데려오지 못한다면 위에서 언급한 클라우드 서비스를 활용하는 수밖에 없다. 기존에 필요한 많은 서비스가 제공되고 있어 예산이 충분하다면 모두 활용할 수 있다. 게다가 활용이 많을 경우 협상하기에 따라 추가 감면도 있을 수 있으니 고려해 봐도 좋을 것이다.

사내 예산과 환경상 인프라 확충이 인공지능 개발자나 적용을 위한 비전문 실무자의 노력으로 어려울 수 있다. 게다가 클라우드로 가볍게 사용해 볼 만한 예산조차 확보하기 어려울 때가 있다. 혹은 사내 정책상 외부 네트워크와의 단절이 필수여서 클라우드 사용이 어려울 때가 있을 수 있다. 이런 상황이 되면 일반적으로 인공지능을 적용하는 것에 대해 거의 포기하는 수준까지 가게 될 수 있다.

이런 상황을 극복할 방법에는 협업과 파트너십이 있다. 정부나 산업, 학계를 포함한 여러 조직 간의 협력을 구상하고 이에 대해 어느 조직은 인프라를 구축하고 어느 조직은 지식재산권을 제공하는 식으로 협업하게 된다면 인프라 구축에 대한 부담이 줄어들 수 있다. 그러므로 협업을 통해 극복하는 것이 중요할 수 있다. 이렇게 협업을 통해 성과를 얻게 되면 인공지능의 투자를 요구하는 목소리를 낼 수 있고 결국 사내 인공지능 적용과 혁신에 한 걸음 나아갈 수 있다.

인프라의 확충은 어려운 문제이다. 생각보다 많은 인력과 비용이 필요한 일이다. 그냥 서버 한 대 사면 끝나는 문제가 아니다. 그러나 이를 갖추는 것부터가 인공지능을 사용하려는 첫걸음이라고 할 수 있다. 게다가 인공지능 사용에 필요한 데이터를 사용하려면 더 어려운 과정을 거쳐야 한다. 특히 기술력을 홍보하려고 사내의 데이터 일부를 외부로 유출하는 것이 매우 쉽지 않은 일이다.

특이한 경우지만 외부의 데이터를 내부로 들여오는 것에서도 법무팀에서의 반발을 겪을 수 있다. 인공지능과 데이터에 대한 이해가 부족한 변호사가 이를 보면 데이터가 이동하는 상황 자체에 대한 리스크가 있다고 판단해서 무조건 금지하거나 막는 방향으로 결정할 것이기 때문이다. 법무팀의 입장에서는 회사가 인공지능을 적용하느냐 마느냐보다는 승인함으로써 생기는 여러 문제를 막는 것이 최우선이므로 가장 안전한 방향으로 무조건 반려할 것이다.

이처럼 인공지능 사용에 필요한 제반 인프라를 구축하는 것 자체가 어려운 일이다. 하지만 내가 힘들다면 다른 조직도 모두 마찬가지이다. 따라서 이런 어려움을 극복하고 구축한다면 다른 조직이나 개인보다 한 걸음 더 나아갈 수 있는 기반을 마련한 것과 다름없다. 물론 이를 위해 비전문 실무자인 우리도 상부에 건의하거나 인프라를 확충할 수 있는 방안을 고민해야 한다. 실제 우리의 업무와 서비스에 인공지능을 적용하려면 인프라 확충이 필요하기 때문이다.

5.4.3. 인프라에 대한 지속적인 투자 필요성

인프라에 대한 투자는 일회성으로 끝나는 것으로 생각할 수 있다. 그러나 인프라에 대한 투자는 계속해서 이루어져야 한다. 한 번 투자하면 끝일 거로 생각하기 쉽지만 지속적인 투자가 이루어져야 하는 데는 많은 이유가 있다. 먼저 인프라는 사람, 연구 환경, 인공지능 알고리즘 연구 등으로 이루어져 있다. 특히 연구 환경과 사람에 대한 투자가 지속되어야 한다. 왜냐하면 그 두 가지가 지속적인 유지 관리와 개선을 한다면 나머지는 자연스럽게 따라오기 때문이다. 어찌 되었건 결국 유지 관리와 개선에는 사람, 연구 환경, 인공지능 알고리즘 연구와 같은 것들이 포함된다.

먼저 사람에 대한 지속적인 투자가 필요한 이유에 대해 논해 보자. 인공지능이 산업 전반에 걸쳐 많은 변화를 이끌 수 있다는 사실은 부인하기 어렵다. 인공지능을 활용할수록 여러 분야에서 파괴적인 혁신이 이루어지리라는 것은 누구도 부인하지는 않는다. 그러면 그럴수록 인공지능에 대한 중요성이 매우 높아지게 된다. 이는 곧 인공지능을 개발할 수 있는 인력에 대한 높은 수요로 이어지게 된다. 결국 대부분의 기업과 조직끼리 인공지능 개발 인력을 유치하려고 경쟁하게 된다.

이 경쟁이 과열될수록 더 큰 비용을 인력에 대한 투자로 넣어야 하고 그렇기 때문에 지속적인 투자가 필요하다. 한 번 투자해서 인재를 유치하면 그 인재는 영원히 회사와 조직에 머무르지 않을 가능성이 크다. 왜냐하면 그 인재를 다른 조직과 기업에서 데려오려고 노력할 것이기 때문이다. 여러 조직과 기업이 인재를 데려오려고 더 많은 연봉과 더 좋은 연구 제반 시설에 대한 지원과 더 뛰어난 사람들과 협력할 수 있음을 약속한다.

이에 마음이 흔들린 인력들은 대거 이탈하게 된다. 그렇게 되면 이탈당한 조직이나 회사는 인공지능 역량이 크게 저하된다. 그러므로 시장에서 경쟁력을 낮추지 않으려면 지속해서 인력을 관리해야 하고 인력 관리 비용이 소모된다. 또한 좋은 인력을 데려오려고 투자가 필요할 수 있다.

다음으로 연구 환경에 대한 투자를 논해 보자. 사실 이상한 이야기처럼 들릴 수 있다. 연구 환경이 대체 어떻길래 투자가 이루어져야 할까? 연구 환경에 대해 먼저 정의해 보자. 연구 환경은 크게 연구를 지속할 수 있도록 지원해 주는 환경으로 서버와 그 서버를 사용할 수 있는 여러 가지 세팅으로 나뉜다. 먼저 서버에 대해 알아보자. 한 번 서버를 구축하면 이미 서버가 있는데 왜 계속 투자해야 한다는 것일까?

서버에 대한 투자는 사실 지속해서 이루어져야 한다. 물론 서버의 유지 보수 비용도 포함된다. 서버는 한 번 구축한 뒤로 지속해서 혹시 모를 고장이 나지 않도록 관리하는 비용이 지속해서 지출된다. 하지만 이 유지 보수 비용보다는 신규 서버 구매를 위한 투자 때문에 서버에 대한 투자가 지속해서 이루어져야 한다.

현재 인공지능 알고리즘에 대한 개발 흐름을 보면 알 수 있다. 과거에는 서버를 비롯한 여러 하드웨어가 워낙 비싸다 보니 초거대 인공지능을 개발하기 어려웠다. 비용이 너무 많이 들어가서 하지 못했다. 그러나 최근 하드웨어들이 과거에 비해 상대적으로 저렴해지기 시작했고 이에 따라 딥 러닝의 부흥이 이루어졌으며 초거대 인공지능의 개발로까지 이어지게 되었다. 그러므로 과거의 서버 수준으로는 이를 감당하기는 어렵다. 인공지능의 개발 흐름을 따라 서버 또한 더 좋은 스펙과 더 많은 서버를 요구하게 된다. 이에 신규 서버 구축에 필요한 투자가 지속되어야 한다.

마지막으로 인공지능 알고리즘 연구에 관해 이야기해 보자. 당연한 이야기겠지만 인공지능 알고리즘에 대한 연구는 지속해서 이루어져야 한다. 인공지능 발전 속도는 너무나도 빠르므로 지속해서 따라잡고 개발하기가 쉽지는 않다. 그렇지만 연구를 멈추게 되면 다른 조직이나 회사들은 빠르게 발전하는 데 비해서 뒤처지고 말 것이다.

이를 위해서는 많은 것이 필요하다. 먼저 실패하더라도 탓하지 않는 문화가 필요하다. 즉, 발전적인 방향을 논의할 수 있는 문화가 필요하다. 인공지능 연구는 기본적으로 실험과 실패의 반복이다. 인공지능을 연구하는 것은 진흙 속에서 피어나는 꽃과 같다. 많은 사람이 꽃의 화려함을 보지만 사실 그 꽃의 화려함을 위해 많은 실패를 딛고 일어나는 과정이 필요하다.

그때 실패하는 것에 대해서 책임을 찾고 책망하는 환경이면 아무도 연구하려고 하지 않을 것이다. 그저 현상 유지만 하려고 할 것이다. 그러므로 혁신을 만든다는 것은 실패를 감수하고 가야 하는 것이다. 물론 실패를 종용하거나 무조건적인 수용은 문제가 있다. 하지만 적어도 실패하자마자 책임자를 찾아 책망하는 것들은 없어져야 한다.

다음으로 인공지능 적용을 격려하는 문화가 필요하다. 인공지능의 적용을 통해 당장 이익을 얻지 못한다면 무조건 적용하는 것을 멀리하는 것을 피해야 한다. 인공지능을 적용하면서 굳이 사람보다 더 좋은 성능을 보이지 못하고 사람이 했을 때와 비슷한 성과를 얻기만 해도 이득이다. 원래 그 업무를 하던 많은 사람에게 시간적 여유를 주고 더 집중해야 하는 일에 집중할 수 있게 해 줄 수 있기 때문이다.

또한 적용에 대한 경험을 쌓아 다음에 적용해야 하는 상황이 되었을 때 더 잘 적용할 수 있다. 게다가 인공지능을 잘 모르는 인력에게도 인공지능 개발자와 협력할 기회를 줌으로써 인공지능에 대한 이해를 더 넓힐 수 있다. 꼭 인공지능을 직접 개발하는 것이 아니라고 하더라도 인공지능을 적용하려고 고민하다 보면 자연스럽게 인공지능에 대한 이해도가 깊어지게 된다.

우리말에 서당 개 3년이면 풍월을 읊는다는 속담이 있다. 인공지능도 그러하다. 직접 개발하지 않더라도 개발하는 사람들과 협력해서 일하다 보면 인공지능에 대해 더 잘 알 수 있게 된다. 따라서 인공지능을 적용하는 것을 격려하는 문화가 구축되어야 한다.

인공지능 인프라에 대한 투자는 일회성이 아니다. 효과적인 인공지능 시스템을 개발하고 배포하려면 인력이나 문화, 연구에 대한 투자가 이어져야 한다. 이 과정에서 큰 비용이 들 것으로 걱정하기도 한다. 최근 인공지능 업계는 지식의 공유를 통해 발전을 활발히 하는 것이 기본 기조이다. 그러므로 비용 절감에 도움이 되는 많은 오픈 소스 도구와 플랫폼이 존재한다.

이러한 오픈 소스 도구와 플랫폼을 적극적으로 활용하면 비용 절감에 도움이 될 것이다. 인공지능을 신뢰할 수 있는 결과로 생성하고 지속해서 업데이트되고 개선할 수 있도록 투자가 지속되어야 한다. 만약 인공지능에 대해서 단순히 일회성으로 투자하면 결과를 얻을 거로 생각하는 조직은 결과에 실망할 수 있다.

그러므로 비전문 실무자인 우리도 인프라에 대해서 지속적인 투자가 이루어질 수 있도록 함께 적극적으로 건의해야 한다. 지속적인 투자가 이루어지면 인공지능의 품질도 올라갈 것이고 결국 이에 대한 효과는 인공지능 개발 조직뿐 아니라 업무와 서비스에 인공지능을 적용해야 하는 우리도 낙수 효과를 볼 수 있기 때문이다.

5.5 사용이 너무 어려운 인공지능

인공지능을 적용하다 보면 가장 어려운 것은 인공지능의 결과를 활용할 때 잘못 적용하는 방법을 피하는 것이다. 인공지능의 결과를 남용하거나 오용하다 보면 잘못된 결과를 활용하는 결과를 가져올 수 있어 인공지능에 대해 잘 알고 적용해야 한다. 아니, 적어도 잘못 알지 않고 적용해야 한다. 그러므로 비전문가인 실무 전문가의 입장에서는 더욱더 쉽지 않다.

인공지능에 대해서는 그냥 인공지능 개발자가 모두 맡아 주면 좋겠다고 생각하지만 현실은 그렇지 않은 경우가 많다. 인공지능을 적용하기 어려운 이유에서 논한 바와 같이, 인공지능 개발자가 해결해야 하는 문제는 너무나도 많다. 이에 서비스 전체를 고려해 인공지능의 결과를 어떻게 활용하고 이것이 어떻게 보이고 어떤 효과를 얻을 수 있는지에 대한 고민까지 인공지능 개발자가 하기 어렵다.

역으로 인공지능 개발자가 이 내용까지 모두 한다면 비전문 실무자는 존재 가치가 없다. 인공지능 개발자는 매우 뛰어난 성능의 인공지능을 개발하는 데 집중해야 하고 비전문 실무자는 이 인공지능을 업무와 서비스에 대해 어떻게 적용할지에 대해 고민한다면 서로 시너지가 잘 날 수 있을 것이다.

본 챕터에서 논의하는 문제들은 명확한 정답은 없는 분야이다. 따라서 인공지능을 실제 업무나 서비스에 적용해 보면서 경험한 사람이 빛을 발하는 부분이기도 하다. 처한 상황에 따라 대처 방안이나 결과가 달라지므로 본 챕터를 읽고 자사의 환경에 맞게 유연하게 적용해야 한다.

5.5.1. 성능과 해석의 Trade-Off, 상충 관계

Trade-Off란 상충 관계를 의미한다. 즉, 하나가 증가하면 다른 하나는 무조건 감소하는 관계이다. 일반적으로 인공지능은 성능과 해석이 Trade-Off 관계를 가진다. 일반적으로 복잡한 문제에서 인공지능

성능이 좋아지려면 대용량의 데이터로 구조가 복잡한 큰 인공지능을 학습시키면 성능이 좋다. 이에 초거대 인공지능이 많은 문제를 해결할 수 있어 지금 많은 회사가 적용하고 있다.

그러므로 초거대 인공지능을 많이 사용하지만 초거대 인공지능의 해석은 쉽지 않다. 초거대 인공지능은 대부분 매우 복잡한 구조로 이루어져 있고 크기가 너무 커서 해석이 쉽지 않다. 따라서 결과를 보고 믿고 신뢰하고 쓸 수밖에 없다.

하지만 이유나 원리가 매우 중요한 분야가 있다. 예를 들어 금융과 같은 분야에서 인공지능을 적극적으로 도입하고 활용하는 트레이딩 봇을 생각해 보자. 이 트레이딩 봇은 고객의 돈을 써서 투자해 돈을 벌거나 잃는 것이 매우 민감한 문제가 된다. 이런 까닭에 투자의 원인을 고객에게 잘 설명해 주는 것이 매우 중요하다.

그런데 인공지능을 활용하는 데 왜 이런 결과를 나타내는지 완벽히 설명하는 것이 쉽지 않다. 그렇게 되면 돈을 잃게 되면 마땅히 할 이야기가 없다고 할 수밖에 없고 고객은 회사를 떠나게 될 것이다. 그러므로 이 인공지능이 왜 그런 결과를 나타내는지를 알려 주려면 해석이 꼭 필요하게 된다.

문제는 일반적으로 대용량의 데이터를 복잡한 구조의 거대한 인공지능에 주어 학습시키면 성능이 잘 나오게 되지만 이러한 인공지능은 해석이 어렵다는 것이다. 그렇다고 해서 대용량의 데이터를 간단한 구조의 가벼운 인공지능에 주어 학습시키면 인공지능의 구조가 너무 간단해서 패턴을 제대로 학습할 수 없다. 그렇게 되면 해석 이전에 인공지능의 성능이 제대로 나오지 않게 된다. 다음 그림은 설명력과 성능 간의 관계를 보여 준다. 항상 그런 것은 아니지만 일반적으로 통용된다고 보면 된다.

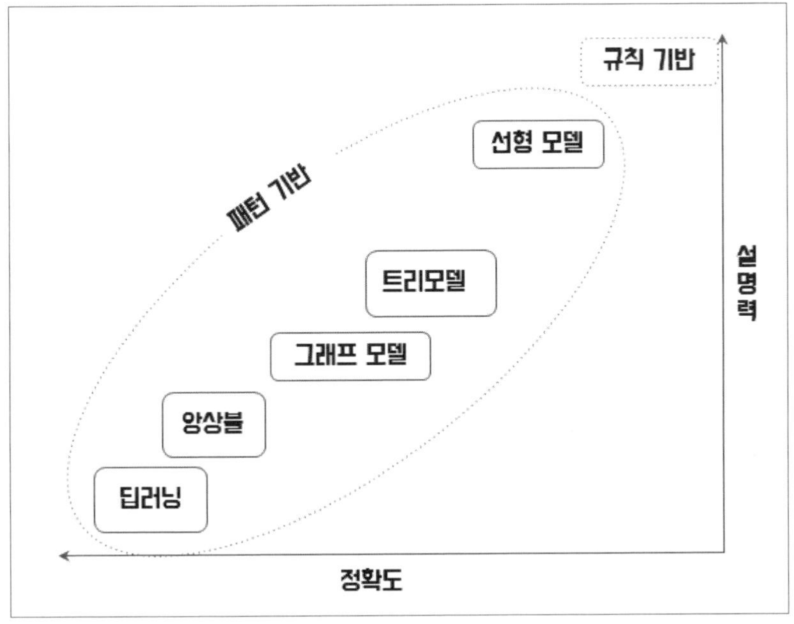

[그림 30] 설명력과 정확도의 개념적 도식도

이 그림은 대표적으로 많이 사용되는 몇몇 인공지능 알고리즘 간의 설명력과 성능 간의 관계를 보여 준다. 그림을 자세히 보면 설명력이 높을수록 일반적인 예측 성능이 떨어진다. 예측 성능이 올라갈수록 설명력이 낮아지는 것을 볼 수 있다. 예를 들면 좌측으로 갈수록 최근에 많이 언급되는 딥 러닝과 같은 알고리즘들이 성능은 높지만 설명력이 낮다는 것을 보여 준다. 물론 이러한 상황을 극복하려고 많은 연구자가 설명해 줄 수 있는 알고리즘을 개발하고 있지만 일반 사람들이 생각하는 인과 관계를 추정할 수 있기까지는 쉽지 않은 것이 사실이다.

따라서 인공지능을 적용할 때 복잡도와 설명 가능력의 관계를 잘 따져서 적용해야 한다. 만약 문제가 복잡한 경우라면 전적으로 인공지능 개발자에게 맡길 수밖에 없다. 복잡한 문제를 해결해야 한다면 필연적으로 간단한 인공지능보다는 복잡하고 큰 인공지능을 적용할 수밖에 없다.

그런 경우에는 인공지능에 대해 가장 잘 아는 사람이 인공지능 개발자이므로 비전문 실무자 입장에서는 할 수 있는 방법이 없다. 인공지능에 대해 잘 알지 못해 할 수 있는 것에 한계가 있다. 물론 그런 까닭에 인공지능 개발자와 협업해 업무와 서비스에 적용하는 것이므로 복잡한 문제를 해결해야 하는 경우 인공지능 개발자에게 맡겨서 해결하는 것이 최선이다.

만약 문제가 간단한 경우라면 인공지능 개발자와 논의해 성능과 설명력 간의 절충점을 찾아야 한다. 업무와 서비스에 인공지능을 적용하는 데 충족해야 하는 최소한의 성능이 있을 것이다. 그 성능은 인공지능 개발자가 정의하는 것이 아니라 적용 대상인 업무와 서비스에 적용하는 것에 관여하는 비전문 실무자가 정해 주어야 한다.

그러므로 최소한의 성능에 대한 기준을 정하고 이를 인공지능 개발자에게 전달해 최소의 성능과 최대의 설명력을 얻을 수 있는 인공지능을 개발하는 것이 좋다. 어떤 문제는 간단한 문제가 많아서 복잡하지 않은 인공지능을 적용할 수 있을 것이다. 그때는 설명력이 높은 인공지능을 적용해 성능과 설명력을 모두 만족할 수 있도록 하는 것과 같은 선택을 해야 한다.

많은 사람이 인공지능의 성능에 놀라 이에 대한 해석을 등한시하고는 한다. 하지만 해석은 매우 중요한 분야이다. 인공지능의 결과가 내가 의도한 대로 나오지는 않는지를 체크할 방법이기도 하기 때문이다. 예를 들어 기타와 베이스를 구분하려고 인공지능을 학습했는데 우연히 기타 연주자가 피크(기타 등의 현악기를 연주할 때 사용되는 줄을 튕기는 작은 조각)를 가지고 있는 사진만으로 학습했다고 하면 인공지능은 피크가 있는지 없는지를 매우 중요한 척도로 볼 것이다. 그러나 우리는 그런 것으로 분류하는 것을 기대하지 않았을 수 있다. 피크가 없다고 기타가 아닌 것은 아니기 때문이다. 각도상 피크가 안 보이는 경우가 있을 수도 있어 이러한 방법으로 분류하는 것은 매우 위험해 해석은 매우 중요하다.

최근 인공지능의 발전이 빨라지다 보니 복잡하고 거대한 인공지능이 더 좋은 성능을 내기 시작했다. 그러한 인공지능이 주류의 인공지능으로 자리를 잡으면서 빠르게 발전해 나가고 있다. 그러다 보니 성능 개선 알고리즘 발전 속도를 해석 알고리즘의 발전 속도가 따라가기 어려운 모습을 보인다. 하지만 인공지능을 업무나 서비스 등 실무에 적용하려고 하는 비전문가 입장에서는 해석과 성능의 균형 있는 인공지능이 필요할 것이다. 그러므로 해석과 성능에 대해 항상 마음속에 품고 생각하는 것은 매우 중요하다.

5.5.2. 확률이 아니다, 의도대로 나오지 않는 값

인공지능을 적용할 때 가장 간과하기 어려운 것이 인공지능을 통해 산출된 값 자체를 확률로 온전히 신뢰하는 것이다. 그러나 인공지능을 통해 산출한 확률이 온전한 확률이 아닐 수 있는 경우가 존재할 수 있다. 일반적으로 인공지능에서 산출된 점수가 반드시 확률인 것은 아니다.

점수는 예측에 대한 인공지능의 신뢰도를 나타내지만 확률을 나타내도록 보정되지 않을 수 있다. 예를 들어 암에 걸린 유무를 인공지능으로 분석한다고 하자. 인공지능이 암에 걸린 유무를 학습할 수 있도록 데이터와 암에 걸린 유무에 대한 정보를 주었다고 하자. 이러한 이진 분류 문제에 대한 인공지능이 산출한 점수 0.9점이 있다고 하자. 이 점수는 인공지능이 어떤 사람이 암에 걸렸다고 매우 확신한다는 것을 나타낼 수 있지만 반드시 그 사람이 암에 걸렸을 가능성이 90%라는 것을 의미하지는 않는다. 그러므로 이를 확률처럼 사용하는 것은 자제해야 한다. 왜 이 경우에 확률처럼 사용하면 안 된다는 걸까? 이에 대해 뒤에서 자세히 논해 보자.

보통 일반적인 인공지능 모형에서 실제 데이터의 정답지(데이터에 대한 답, 분류 문제일 경우 어떤 분류에 속하는지에 대한 의미를 지님) 비율대로 학습하게 되면 확률값과 유사하게 뽑아낼 수 있다. 이렇게 논의할 수 있는 이유는 많은 인공지능이 훈련 데이터 세트가 등급 간 균일하게 분포한다고 가정하여 만들어지기 때문이다. 예를 들어 의사 결정 모형이나 신경망 모형이 대표적인 예시가 될 수 있다.

그러나 많은 과제가 해결해야 하는 문제들이 불균형 문제를 해결하려고 한다는 것을 고려해 볼 때 확률값으로 쓰기 어려울 수 있다. 이게 대체 무슨 말일까? 인공지능을 분류 문제 해결에 사용하려고 한다고 해 보자. 예를 들어 현재 비전문 실무자로서 인공지능을 적용하려고 암인지 정상인지를 맞히는 인공지능을 개발해서 서비스에 탑재하고 싶다고 하자. 이를 위해 데이터와 암에 걸린 유무에 대한 정보를 모을 것이다. 아래의 표는 예시에 사용할 데이터를 표로 그린 것이다.

		실제	
		정상	암
예측	정상	999	1
	암	0	0

[표 3] 암에 걸린 정보와 이를 예측한 결과의 표

예시에 사용하려고 암에 걸린 유무에 해당하는 정보를 표로 그린 것이다. 표를 보면 실제에 해당하는 암에 걸린 유무를 알 수 있는 전체 사람의 수가 1,000명이다. 그중 암에 걸린 사람이 1명인 극단적인 불균형 상황을 인공지능을 사용해서 해결하려고 한다고 하자. 그런데 문제는 딥 러닝(신경망)을 포함해 많은 인공지능 알고리즘이 이런 불균형한 상황을 고려해서 알고리즘 설계가 된 것은 아니라는 것이다. 그러므로 동일한 비중으로 존재하는 경우를 고려해 설계되어 실제 학습할 때 비중이 달라지면 잘 맞지 않게 된다.

데이터와 정답을 인공지능에 주면 인공지능은 이를 바탕으로 패턴을 찾을 것이다. 그런데 문제는 두 개의 집단을 분류하는 이진 분류 문제인데도 불구하고 한 개의 집단 수가 너무 적다는 것이다. 패턴을 찾으려고 학습하는 과정에서 그냥 모두 다 정상으로만 분류하면 정확도가 99.9%에 해당한다는 사실을 알게 될 것이다. 결국 인공지능은 어떠한 값이 들어와도 정상이라는 결과만 산출하게 된다. 그렇게 해도 정확도가 99.9%라 매우 높은 성능을 보이는 것처럼 보이지만 사

실은 무조건 정상만을 산출하는 인공지능이 된다.

이를 해결하려고 일반적으로 데이터를 조정하거나 인공지능의 학습 과정을 조정한다. 예를 들어 데이터 조정을 위해서 정상에 해당하는 사람의 수를 줄이려고 일부러 학습에 사용하지 않거나 암에 해당하는 사람의 데이터를 더 모으거나 데이터 증강 기술(원본 데이터에서 새로운 데이터를 만들어 내는 것)을 사용해서 암에 해당하는 가상의 데이터를 생성한다.

인공지능의 학습 과정을 조정하는 것은 비율에 맞게 학습 시 분류 성능의 평가를 조정해 학습하는 방법이다. 비율을 임의로 조정해서 맞추어 학습하기 때문에 확률로 쓰지 못할 수 있다. 그러므로 확률로 사용하기 위해 학습 후 혹은 학습 과정에서 교정(calibration)하는 등의 추가적인 작업이 필요하지만 이러한 내용을 모른다면 확률처럼 쓸 수 있는 위험 요소가 있다.

이렇게 내 의도와는 다른 값을 인공지능이 산출할 수 있다. 이러한 값을 그저 가져다 쓰면 생각하지 못한 많은 문제가 생기기 마련이다. 그러므로 인공지능을 적용하기에 앞서서 인공지능에 대해 지식이 있는 인공지능 개발자와 충분히 논의하고 적용해야 한다.

5.5.3. 상관관계 vs 인과 관계

많은 사람이 생각하는 것은 인공지능이 인과 관계처럼 작동하기를 기대한다는 것이다. 과거와 현재로 훈련을 거치면 미래를 예측할 수 있다고 기대하는 것이다. 특히 최근에 ChatGPT 이후로 주변에서 많은 질문을 받고 있는데 이러한 것을 기존 전제로 해 질문하는 경우가 많아졌다.

그러나 사실 많은 인공지능은 인과 관계가 아니라 변수의 상관관계를 기반으로 추론하도록 설계되었다. 예를 들어 강아지와 고양이를 분류하는 인공지능을 만들었다고 하자. 이 인공지능이 잘 작동하는 이유는 무엇일까? 인공지능이 이미지에서 강아지와 고양이를 분류하는 "특징"을 찾아낼 것이다. 예를 들어 고양이는 강아지보다 귀가 뾰족하다든가 수염이 길다든가 등의 여러 가지 특징을 뽑아낼 것이다.

그리고 이 특징과 얼마나 일치하는지에 따라 강아지와 고양이를 구분할 것이다. 그러므로 강아지와 고양이라고 분류하게 되는 어떤 인과 관계를 가지는 것은 아니다. 즉, 강아지와 고양이가 시간이 수만 년이 지나면 지금과 다르겠지만 적어도 몇백 년 전의 고양이, 강아지와 현재의 고양이, 강아지가 모습이 달라진 게 아니므로 강아지와 고양이를 구분할 수 있는 특징으로 분류하는 것이 잘 작동한다.

강아지가 강아지가 된 원인을 찾고 고양이가 고양이가 된 원인을 찾아서 이 원인 간의 비교를 통해 훈련하는 것이 아니다. 따라서 흔히들 '예측'이라고 하는 영역이 현재의 많은 인공지능은 과거와 현재의 데이터(예를 들면 고양이, 강아지 이미지)가 변화가 적은 영역에서만 잘 작동한다는 것을 알 수 있다.

ChatGPT와 같은 것을 접한 사람들은 강아지와 고양이처럼 변화하는 게 아닌데도 예측을 잘한다고 이야기할 수 있다. 그러나 언어라는 것은 전체적으로 볼 때 천천히 변화하지 한순간에 변화하지 않는다. 신조어도 인류 전체로 보았을 때 엄청나게 많이 사용되기보다는 특정 그룹 내에서 사용되기 마련이다. 언어 또한 언어에 담긴 지식의 양이 변화할 수는 있다. 인류의 지성만큼 인류가 남기는 언어의 내용은 변화할 것이기 때문이다.

그러나 우리가 ChatGPT를 보고 놀라는 대부분의 답변은 인류가 그동안 남겨 왔던 언어의 단어나 문장 간의 관계를 보고 산출한 결과이므로 인과 관계를 추론한다기보다는 자주 등장하는 단어와 문장에 대한 의존성이 높다고 할 수 있다.

이러한 사전 지식 없이 인공지능을 접하게 되면 인공지능을 사용해 인과 관계를 추정한 것으로 오해하거나 부정확한 예측도 무조건적인 정답으로 오해할 수 있다. 만약 인공지능을 적용하려고 하는 관련 실무자들이 인공지능을 활용하면 인과 관계를 추정한다고 오해하게 되면 많은 문제를 야기할 수 있다.

예를 들어 인공지능을 사용해 주식을 매매하는 트레이딩 봇을 만들었다고 하자. 이 트레이딩 봇은 과거의 데이터를 바탕으로 등락에 대해서 패턴을 찾고 이 패턴이 반복되는 경우 등락할 확률을 산출해 준다. 그러나 이 인공지능을 서비스에 탑재하려고 하는 금융권 비전문 실무자가 인공지능이 '예측'한다고 착각하게 되는 경우 과거와 다른 패턴이 등장할 때도 인공지능이 잘 예측해 준다고 생각할 것이다.

특히 등락에 영향을 주는 인과 관계인 변수를 알지 못하는데도 그냥 인과 관계인 변수와 '우연히' 상관관계를 가지는 것처럼 유사한 패턴을 보인 변수만 활용해도 성능이 잘 나올 수가 있다. 그러나 실제 서비스에 적용하게 되면 완전히 다른 패턴이 등장하면 인과 관계를 갖는 변수는 잘 반영해 먼저 바뀌었지만 우연히 유사한 패턴을 보인 변수는 반영되지 않을 수 있다. 결국 등락을 사전에 예측하는 것이 실패한다. 그리고 이 펀드나 상품에 투입된 고객의 돈은 모두 손실을 보게 되고 수많은 사람을 불행으로 이끌게 된다.

인과 관계를 이야기할 때 자주 등장하는 예시를 한 번 더 생각해 보자. 어떤 아이스크림 장수는 바다에 상어가 등장을 많이 하면 아이스크림이 많이 팔린다는 것을 발견했다고 하자. 그래서 이 아이스크림 장수는 상어가 많이 등장하면 아이스크림을 미리 대량 주문해 판매해서 큰 수익을 올렸다.

하지만 상어와 아이스크림 간에는 인과 관계가 없다. 사실 상어와 아이스크림에는 "온도"라는 숨겨진 변수가 있었다. 온도가 높아져서 수온이 높아지니 상어가 자주 출몰한 것이고 온도가 높아지니 더워서 사람들이 아이스크림을 사 먹었다. 그러나 아이스크림 장수는 그저 상어가 많이 출몰하면 아이스크림이 많이 팔린다는 상관관계만 발견했을 뿐 온도라는 인과 관계는 발견하지 못했다. 그렇게 되면 만약 지구 온난화가 진행되어 상어의 서식지가 넓어져 다른 곳으로 옮겨 가면 상어의 출몰 빈도가 줄어들게 되고 아이스크림 장수는 주문 수량을 줄일 것이다. 즉, 아이스크림이 팔렸던 인과 관계였던 온도가 올라가더라도 이를 알지 못한다.

물론 이러한 인과 관계와 같은 내용을 연구하는 분야도 있다. 이런 방법들을 실무에 반영하면 이러한 내용을 조금 해소할 수 있다. 그러나 현실 세상에 적용하는 것은 완벽하지 않다. 왜냐하면 현실 세상에서는 어떤 결과에 미치는 영향이 거의 무한대에 가깝게 많이 존재한다. 그러한 내용을 모두 데이터화하는 것도 사실상 불가능에 가깝고 영향 간의 영향을 추정하는 것 또한 무한대라고 할 수 있을 만큼 어려워 상관관계를 기반으로 하는 인공지능 자체의 발전보다는 아직 더딜 수밖에 없다.

하지만 매우 중요한 부분이고 많은 연구자가 연구하려고 노력하고 있다. 이 부분이 해결된다면 더욱 정확하고 신뢰할 수 있는 인공지능을 개발할 수 있을 것이다. 특히 의료나 금융과 같은 분야에서 매우 적극적으로 활용될 가능성이 높다. 결국 인과 관계를 추론할 수 있는 인공지능은 인공지능 자체에 대한 인류의 신뢰를 높일 수 있어 중요한 영역이며 인공지능을 업무나 서비스에 적용하려고 하는 비전문 실무자의 입장에서는 반드시 이 부분을 오해하면 안 되는 부분이기 때문이다.

어떤 인공지능을 업무와 서비스에 적용하기에 앞서 가장 필요한 것은 그 인공지능에 대한 이해가 선행되어야 한다는 점일 것이다. 모르고 사용하게 되면 잘못해 남용이나 오용하게 될 수 있다. 그러므로 비전문 실무자라고 할지라도 필요한 수준으로는 인공지능을 아는 것이 중요하다. 인공지능을 새롭게 만드는 개발이 아니라 인공지능을 제대로 '사용'하도록 이해가 필요하다.

5.5.4. 법적 고려 사항, 법률적 이해관계

인공지능을 사용할 때 가장 어려운 것은 법적인 고려 사항을 염두에 두어야 한다는 것이다. 작게는 데이터의 사용에서 크게는 인공지능 서비스 출시에서 많은 부분을 다루어야만 한다. 특히나 법률을 담당하는 담당자가 인공지능이나 데이터에 대해 사전 지식이 없다면 더욱 어려운 과정을 거쳐야 한다.

사실 법률을 담당하는 담당자의 입장에서는 그냥 아무것도 하지 않는 것이 가장 좋다. 법률 담당자의 입장에서는 잘못 승인하게 되어 어떤 문제가 발생하면 그에 대한 책임은 내가 져야 하므로 승인하지 않는 것이 가장 좋은 선택이다. 인공지능을 업무나 서비스에 적용하려는 실무자의 입장에서는 이러한 법률 담당자의 승인 또한 제약될 수 있다.

그러므로 법적 고려 사항에 대해서 충분히 논의해야 한다. 인공지능을 업무나 서비스에 적용하려면 몇 가지 법률 승인을 받아야 한다. 먼저, 데이터이며 두 번째로는 인공지능 결과를 활용하는 부분이다. 하나씩 살펴보자.

먼저 데이터에 대해 논의하자. 인공지능을 학습하는 데 가장 필요한 것은 그 누가 뭐라고 해도 데이터일 것이다. 인프라의 중요성에 대해서 논의하기도 했지만 데이터가 없다면 학습은 아예 시도조차 할 수 없다. 그만큼 데이터가 매우 중요하다. 우리가 인공지능을 업무나 서비스에 적용할 때 데이터의 활용은 필수적이다.

그런데 이 데이터는 두 가지 경우가 있을 수 있다. 내부 데이터를 활용하는 경우와 외부 데이터를 활용하는 경우이다. 외부 데이터의 활용은 크게 문제가 되지 않을 수 있다. 불법적으로 습득한 데이터가 아니라면 외부의 데이터를 활용하는 것은 크게 문제가 되지 않을 것이다. 물론 데이터와 인공지능에 대한 지식이 없는 법률 담당자를 만난다면 이조차도 승인하지 않을 수 있다. 외부 데이터를 가져와서 사용하게 되면 나중에 저작권과 같은 여러 권리적 이해관계에 얽힐 수 있어 이러한 경우를 아예 회피하려고 할 수 있다.

하지만 내부 데이터를 활용하는 것보다는 어려움이 덜할 것이다. 내부 데이터를 활용하는 것은 개인 정보나 사내 주요 데이터에 대해 유출되는 것과 다름없어 매우 자세하게 검수하기 마련이다. 그러므로 내부 데이터를 활용해야 하는 이유에 대해 세세하게 정리해야 하며 유출을 방지할 수 있는 프로세스와 유출되지 않을 것에 대한 근거 자료를 준비해서 법률 담당자와 논의하면 좋다. 법률 담당자도 무조건 반려하려고 하진 않는다.

법률 담당자는 승인했을 경우 발생할 수 있는 여러 문제에 대해서 검토해야 하는 입장이라 검토하는 것이다. 그 말은 승인했을 경우 발생할 수 있는 여러 문제를 해결할 수 있는 프로세스를 갖추고 있거나 문제들을 발생하지 않도록 원천 봉쇄하게 되면 승인하지 않을 이유가 없다는 것을 의미하기도 한다. 그러므로 내부 데이터를 활용하려면 활용 근거와 유출 방지 프로세스와 같은 것들을 논의한 후 법률 검토를 진행하는 것이 좋다.

다음으로 인공지능 결과를 활용하는 부분에 대해서 논의해 보자. 인공지능의 결과를 활용할 때 법률적으로 어떤 것이 문제가 되는 것일까? 인공지능의 결과를 활용하는 주체에 따라 다를 수 있다. 사내의 실무자들만 활용하는 경우 법률적으로 문제가 덜 될 수 있다. 그러나 외부에 결과를 공개하는 경우 더욱 자세히 검수하게 될 것이다.

예를 들어서 인공지능의 결과를 외부에 공개할 때 원천 결과를 공개할 수 없다거나 인공지능의 결과에 대한 세세한 주석을 달아야 하는 경우가 있을 수 있다. 예를 들어 0.4라는 값이 실제로 확률이 아닐 수 있다는 점을 항상 고지한 뒤에 공개할 수 있다거나 이 결과는 인공지능 결과라 사람의 검토가 되지 않아 항상 정확하지는 않는다거나 그러한 내용을 먼저 고지해야 할 수 있다.

앞에서 논한 바와 같이 법률 담당자는 승인 시 발생할 수 있는 많은 문제를 고려해야 하는 입장이라 이러한 문제들을 방지할 수 있는 프로세스를 추가로 요청하거나 프로세스가 없이는 승인하지 않을 것이다. 그러므로 우리는 인공지능 결과를 외부에 공개하는 경우 일반인에게 어떻게 보일지 끊임없이 고민해야 한다. 그리고 이를 남용이나 오용하지 않도록 안내해 주는 프로세스가 거의 필수적이다시피 요구된다.

특히 요즘 ChatGPT나 GPT4, 바드와 같은 LLM(Large Language Model)이 쏟아져 이에 대한 부분은 더욱 논의가 필요한 부분이 되었다. 사실 우리가 제대로 들여다보지 않았을 뿐 부작용이 매우 심각할 수 있는 발전이라고 할 수 있다. 적대적 공격을 통해 내부의 데이터를 가져갈 수도 있고 학습에 매우 많은 데이터가 필요해 개인 정보 침해의 이슈도 있기 때문이다.

학습에 개인 정보를 사용했는데 그 개인 정보가 언제 유출될지 몰라 항상 유의해야 하고 법률 담당자는 이러한 부분을 인지하고 있어 더욱 승인하기 어려운 상황이 되었다. 그렇다고 해서 무조건 반려하면 조직의 인공지능 성숙도(기술 활용의 수준)가 낮아지는 결과를 초래하게 된다. 그러므로 인공지능을 업무와 서비스에 적용하려고 하는 실무자의 입장에서는 이러한 결과가 발생하지 않도록 프로세스를 계속 구축하는 것이 최선이다.

조직 차원에서 법률 담당자에게 인공지능에 대해 교육하는 것도 권장되는 일이다. 법률 담당자는 최신의 기술을 모두 습득하기 어려워 인공지능에 대한 이해도가 일반인과 같을 것이다. 그러다 보니 인공지능에 대해서 막연한 두려움도 있고 이에 따라 발생할 수 있는 부작용에 대해 고려할 수밖에 없다. 그러므로 법률 담당자에게 인공지능이라는 것이 어떤 것인지에 대해서 간단히 교육해 주는 것은 생각보다 좋은 효과를 낼 수 있다.

앞으로 인공지능은 계속해서 발전해 나갈 것이고 조직에 많은 이익을 가져올 수 있을 것이다. 그러므로 인공지능을 활용하려는 사례가 더욱 많아질 텐데 그럴수록 인공지능에 대한 이해를 법률 담당자가 하고 있다면 이에 대해 승인하는 데 도움이 될 것이다.

이러한 법률적 규제를 그래도 완화할 수 있는 좋은 방법은 혁신 챕터에서 논한 바와 같이 인간의 의사 결정과 통합하는 것이다. 인공지능의 사용은 데이터나 결과를 활용하는 것이나 개인 정보 보호 규정이나 사용에 대한 규제 대상이 될 가능성이 높다. 이는 보안이나 유출과 관련된 부작용을 우려한 규제이므로 인공지능을 업무나 서비스에 적용하려고 하는 비전문 실무자의 입장에서는 법적인 기준을 위반하지 않는다는 안전 프로세스를 구축하는 것이 중요하다. 그러한 안전 프로세스를 구축하면 법률 담당자도 반려하지 않기 때문이다.

그리고 이러한 안전 프로세스에 가장 적합한 것은 인간의 의사 결정과 통합하는 것일 수 있다. 우리가 인공지능 결과를 인간이 이해하기 어렵거나 남용이나 오용할 수 있게 그대로 외부에 공개하는 것이 아니라 인간의 직관과 경험을 바탕으로 좀 더 보정해서 공개한다면 앞서 논의했던 부작용들을 많이 줄일 수 있다.

예를 들어 주가를 예측하는 인공지능을 만들었다고 하자. 이 인공지능의 예측 결과를 그대로 외부에 공개하는 것이 아니라 공개는 하되 유의해야 한다고 꼭 안내하면서 자세한 설명을 원한다면 직원을 연결해 주겠다는 기능을 만들어 두는 것이다. 그 후 직원을 각 지점의 가까운 직원에게 연결해 상담하도록 한다면 인공지능 결과를 오용하거나 남용하는 경우를 통제할 수 있고 불필요한 정보의 공개도 하지 않아도 되어 개인 정보나 유출과 같은 문제에서 좀 더 자유로워질 수 있다.

신규 서비스를 런칭하거나 업무에 반영하려면 가장 먼저 거쳐야 하는 일이 법률적 규제를 극복하는 일이다. 법률은 인간이 제정하는 것이므로 새로운 개념이 나오면 반영되는 것이 조금 느리다. 그러므로 이에 대해 초기에 논쟁이 있을 수밖에 없다. 지금 인공지능 사업은 이제 발걸음을 떼기 시작했다. 아기가 아장아장 걷는 것과 같이 이제야 첫걸음을 내디뎌 법률적으로 탄탄하게 뒷받침되어 있지는 않다.

따라서 현재와 같은 초기에 법적인 논쟁이 있을 수밖에 없다. 업무나 서비스에 적용하려는 비전문 실무자인 우리가 이를 극복하려면 이러한 문제가 발생하지 않을 거라는 예방책을 준비할 수밖에 없다. 물론 인공지능이 성숙하고 이에 대한 논의가 충분히 이루어지면 이러한 현상은 없어질 것이다. 그러나 발전 속도가 워낙 빠르다 보니 법률 제정이 따라오지 못하고 있는 것도 사실이다. 그러므로 우리는 이러한 부분에 대해 끊임없이 논의하고 준비해야 할 것이다.

5.5.5. 성능이 좋아도 문제, 나빠도 문제

많은 인공지능 개발자와 함께 협력하다 보면 듣는 이야기가 성능에 대한 이야기이다. 인공지능 개발자들은 특히나 성능에 민감하며 이들과 함께 일하다 보면 성능에 대한 논의에 자연스럽게 참석할 수밖에 없다. 그러다 보면 서로가 가진 지식의 차이에 따라 많은 논쟁이 이루어지는 것을 볼 수도 있다. 이에 대해 자세히 살펴보자.

먼저, 성능이 나쁜 것은 당연히 문제가 된다. 성능이 너무 안 좋은 것은 두말할 것 없이 좋지 않다. 또한 당연하게도 인공지능에 대해 기대한 수준의 성능이 나오지 않으면 사용할 수 없을 것이다. 그러므로 기준점 이상의 성능을 나올 수 있게 하는 것이 중요하다. 이를 위해서 인공지능 개발자들이 존재하고 이들이 열심히 알고리즘을 연구한다.

여기서 비전문 실무자는 인공지능 개발자들이 사용해야 하는 데이터들을 안내해 줄 수 있는 역할을 할 수 있다. 보통 인공지능 개발자들이 데이터를 처리해야 하므로 데이터에 대해 직접 공부하고 이를 처리하기 마련이다. 하지만 이들은 인공지능 알고리즘도 공부해야 해서 데이터에 대해 깊이 알기는 쉽지 않다. 그런 면에서는 비전문 실무자들이 데이터에만 더 뛰어날 수 있다. 따라서 인공지능에 사용되기 좋은 데이터들을 준비하는 것을 도와주거나 데이터에 대해서 조언할 수 있다. 이렇게 되면 인공지능의 성능을 좋게 하는 데 도움이 될 수 있다.

다음으로 좋은 성능에 대해 논해 보자. 성능이 좋은 것이 왜 논쟁거리가 되는 걸까? 보통 성능이 너무 좋은 경우 인공지능 개발자들은 인공지능이 너무 과도하게 학습된 것인지에 대해 의심한다. 너무 과도하게 학습되면 새로운 데이터를 주면 잘 못 맞히는 경향이 있어 너무 과도하게 학습된 것은 일반적으로 잘못 학습되었을 가능성이 높다. 그러므로 너무 과도하게 높은 성능을 보이게 되면 이를 더욱 유심히 살펴보고 논쟁하게 된다.

너무 성능이 좋아도 문제라니 비전문 실무자로서는 사실 처음에 이해하기 쉽지는 않다. 그러나 몇 번 같이 일하다 보면 왜 그렇게 이야기하는지 체감할 수 있다. 모든 데이터를 가지고 있는 것이 아니라 세상에 존재하는 일부의 데이터를 가지고 인공지능을 학습시키는 것이다 보니 보유하고 있지 않은 데이터도 잘 맞힐 수 있는 인공지능이 필요하다. 그러려면 보유하고 있는 데이터의 성능을 일부 포기하고 새로운 데이터의 성능을 잘 맞히게 하는 과정이 필요하다.

사실 성능에 관해 이야기하는 것은 너무 좋은 성능일 때에 관해서 이야기하려고 서술했다. 이에 대해서 차근히 논해 보자. 인공지능의 성능을 보고 너무 좋으면 과도하게 학습된 상황일 것을 의심할 것이다. 그러므로 보유하지 않은 데이터에 대해서 잘 맞힐 수 있도록 여러 가지 작업을 할 것이다. 예를 들어 데이터와 정답에 대한 기간이나 정답에 대한 데이터가 먼저 반영되어 있는지와 같은 것들을 점검할 것이다.

또한 인공지능 개발자와 협력을 많이 해 본 비전문 실무자는 마찬가지로 너무 좋은 성능을 만나면 일단 의심할 것이다. 혹시라도 너무 과도하게 학습된 것은 아닌지에 대해서 의심할 것이다. 이것이 왜 문제일까? 성능에 관해 이야기하는 것은 사실 인공지능 개발자도, 비전문 실무자도 내용을 잘 모를 수 있기 때문이다. 비전문 실무자는 몰라도 인공지능 개발자가 내용을 모른다는 것은 매우 이상하다.

먼저 인공지능 개발자가 잘 모르는 것에 대해 보자. 노련한 인공지능 개발자는 내용에 대해 잘 알고 있지만 경험이 부족한 인공지능 개발자는 너무 좋은 성능에 대해 무조건 과도하게 학습한 것은 아닌지 의심할 수 있다. 앞서 이야기한 것과 같이 비전문 실무자도 인공지능의 성능에 대해 의심할 수 있다.

그러나 이는 잘못되었다. 왜냐하면 성능이 좋다고 해서 무조건 과도하게 학습했다고 볼 수는 없는 일이기 때문이다. 이를 명확히 알려면 학습에 사용하려는 데이터를 일부 포기해서 학습에 사용하지 않고 향후에 인공지능의 성능을 다각도로 평가해야 한다. 학습에 사용하지 않은 데이터에서도 성능이 좋다면 인공지능이 과도하게 학습하지 않은 것이라고 평가할 수 있다.

물론 이러한 경우는 거의 등장하지 않는다. 학습이 과도하게 잘되었다고 평가할 정도라면 매우 잘된 것인데 한 번의 학습만으로 그렇게 잘되는 경우는 현실에서 존재하는 경우가 매우 드물기 때문이다. 그러므로 평소에 너무 성능이 좋으면 일단 의심하는 것이 항상 잘못되지는 않는다. 그러나 성능이 매우 좋아도 과도하게 학습되지 않았을 수 있다는 것은 경험이 부족한 인공지능 개발자나 인공지능 개발자와 같이 일해 본 비전문 실무자가 놓치는 부분이다.

이처럼 인공지능 개발을 하다 보면 사실 많은 부분을 놓칠 수 있다. 인공지능 개발자도 놓칠 수 있고 비전문 실무자도 놓칠 수 있다. 그러므로 인공지능 개발과 구조에 대해서는 비전문 실무자가 알기 어렵고 굳이 알아야 할 이유도 없다. 하지만 성능에 대해서 간단한 내용은 비전문 실무자도 알면 좋다. 인공지능 개발은 어렵지만 인공지능을 성능과 서비스에 적용해서 효과를 보는 주체는 비전문 실무자이므로 성능에 대해서는 함께 논의하는 것은 좋다.

그리고 비전문 실무자도 인공지능을 업무와 서비스에 적용할 때 성능에 대해서는 어느 정도의 내용을 아는 것은 해가 되지 않는다. 그러므로 성능이 너무 좋은 것이 항상 좋지만은 않다는 것과 성능이 너무 좋은 것이 무조건 좋지 않은 것은 아니라는 것을 알고 있다면 도움이 될 것이다.

5.6 강철 같은 마음가짐으로 돌파

실무적으로 생길 수 있는 제약을 보니 적용은 쉽지 않은 것 같다. 기기를 사면 들어 있는 안내서와 같이 문제 시 해결책이 나열되어 있다면 얼마나 좋을까? 현실에서 발생할 수 있는 문제는 너무 많고 여러 상황에 따라 해결할 수 있는 해결책도 다양하다 보니 안내서와 같은 것이 존재할 수 없다. 하지만 다른 사람이 해결했던 해결책을 들어서 적용하면 도움이 될 수 있다. 이에 인공지능 업계에 종사하는 필자의 지인들에게 효과가 있었던 몇 가지 해결책을 공유하려고 한다. 본 챕터에서는 상황을 해결하려고 할 수 있는 몇 가지 해결책을 제시하려고 한다.

비록 일부이지만 인공지능을 적용하면서 생길 수 있는 여러 문제 상황을 보니 쉽지 않은 것 같다. 그래도 우리는 해야 한다. 인공지능을 도입함으로써 얻는 효과는 우리가 상상하는 것 이상이 될 가능성이 높다. 우리가 인공지능 개발자이건, 도입하고 싶은 협력 부서 직원이

건 인공지능을 도입하려면 어떻게 해야 할까? 기술적인 시도 외에는 어떤 시도를 할 수 있을까? 아이러니하게도 기술로써 시도해 볼 수 있다. 바로 성과를 보이는 것이다.

물론 성과를 보이려면 많은 것이 선행되어야 한다. 일단 성과를 직관적으로 보이게 하려면 모니터링 시스템을 도입해야 한다. 모니터링 시스템을 구축하고 인공지능을 작은 부분부터 도입해 가면서 조금씩 인공지능의 효과를 입증해야 한다.

사람이 적은 스타트업이 아니거나 기존 비즈니스 모델이 있는 레거시 기업에 소속된 경우 처음부터 투자나 지지를 많이 받을 거로 생각하기는 어려울 것이다. 왜냐하면 굳이 인공지능을 사용하지 않아도 비즈니스 성과는 입증할 수 있기 때문이다. 오히려 인공지능을 적용하려고 기존 업무 프로세스를 변경하는 순간 많은 반발에 직면할 수 있다.

그러므로 아주 작은 것에서 시작해 인공지능을 도입하면 효과가 좋다는 것을 입증할 필요가 있다. 물론 임원이나 최고 경영자가 강력한 의지로 전사 디지털 전환(Digital Transformation)을 외친다면 인공지능을 적용하는 것이 더욱 수월할 것이다. 필자 또한 인공지능 역량은 미래 비즈니스 성과를 결정하는 매우 중요한 부분이라고 생각한다.

하지만 보통 강력한 의지를 가지는 경우가 잘 없고 강력한 의지"만" 가지는 경우 제대로 된 프로세스 없이 도입만 외치는 경우가 많다. 따라서 인공지능에 대해 잘 알고 있는 인공지능 개발자가 실제 비즈니스에 적용해 성과를 보이고 효능을 입증하는 것은 별것 아닌 것 같지만 매우 중요한 일이다. 많은 인공지능 개발자가 새로운 알고리즘을 개발하고 논문을 쓰는 것에 더 큰 가치를 두는 경우가 많다.

하지만 비즈니스에 적용해 효과를 보는 것은 이에 못지않게 중요한 일이다. 그렇기에 도입하려고 아주 작은 부분부터 조금씩 인공지능을 적용해야 한다. 그러면서 입증을 반복하다 보면 어느 순간 모두가 인공지능을 적용하려고 한 몸이 되어 달려가고 있을 것이다.

5.6.1. 안 되면 될 때까지, 시도와 실패

인공지능을 업무나 서비스에 적용하려고 할 때 자의로 하는 경우도 있지만 타의로 하는 경우도 있다. 가장 대표적인 경우가 회사의 중역이 인공지능에 대해서 듣고 우리는 왜 못 하느냐고 한탄하면서 인공지능을 당장 적용해서 성과를 내라고 하는 경우이다. 중역이 어떤 의미로 이야기했는지 사실 실무 입장에서는 알 수 없다.

그냥 단순히 조언을 가볍게 했을 뿐인데 과잉 충성으로 인해 스노볼이 되어 실무자를 덮쳤을 수 있다. 혹은 외부에서 들은 기술 혁신을 사내에서 하고 싶다는 니즈가 있었을 수 있다. 그러나 어찌했건 실무 입장에서는 당장 인공지능을 적용해서 실제로 성과를 내야만 하는 상황이 된다. 그렇게 되면 일단 인공지능을 적용할 수 있는 곳을 찾고 적용할 수 있는 대로 적용하고 성과를 집계해 보고하고는 한다.

문제는 여기서 발생한다. 인공지능을 적용해서 어떤 이득을 얻겠다는 구체적인 목표가 없었던 상황에서 일단 적용 자체가 목표가 되어 버려 프로젝트는 암초를 만날 가능성이 높다. 그것도 많은 암초를 만나게 될 것이고 결국 백전노장이라고 할지라도 지쳐서 침몰해 버리고 말 것이다. 이는 비일비재하게 일어날 수 있는 일이고 비단 인공지능 적용뿐 아니라 다른 것에서도 발생할 수 있다.

이런 상황에서 할 수 있는 것은 결국 안 되면 될 때까지 하는 방법밖에 없다. 문제는 안 되면 안 되는데도 불구하고 될 때까지 하면 어떻게든 된다는 생각으로 억지로 밀어붙이는 경우이다. 그렇게 되면 모두가 지치게 된다. 인공지능을 적용하려는 비전문 실무자도 지치고 인공지능 개발자도 지치게 될 것이다. 하지만 회사의 중역이 내린 지식이므로 안 되면 될 때까지 하고야 만다는 마음가짐으로 하게 된다.

그렇게 되면 가장 먼저 창의성과 생산성의 감소를 겪는다. 실무자가 꼭 하고 싶어서 한다거나 해야만 하는 목표가 없는 상태에서 일단 해야 하는 상황에 던져지게 되면 당연하게도 생산성이 감소하게 된다. 완료해야 한다는 의무는 존재하지만 하고 싶어서 하는 자율성이 없어 생산성이 가장 먼저 떨어지게 된다. 그러면서 자연스럽게 창의성도 감소하게 된다.

창의성은 자율성에서 탄생한다. 업무를 통제할 수 있는 자율성을 준다는 의미는 효율적으로 업무를 완수하라는 의미이다. 자율성이 실무자에게 주어지면 신뢰받고 있다고 느끼게 하며 책임감을 느끼게 한다. 그러면서 업무를 완수해 내고 말겠다는 책임감으로 창의성을 십분 발휘해 근무한다.

이처럼 그저 적용이 목표가 되면 실무자는 창의성과 생산성의 감소를 겪음과 동시에 적용으로 인한 효과를 측정하기보다는 적용을 잘했다는 보고서를 작성하는 것이 목표로 될 가능성이 높다. 그렇게 되면 인공지능을 어디에 적용해서 어떤 효과를 얻을지에 대해 고민하지 않는다. 즉, 인공지능에 대해서 이해하려는 시도 자체를 하지 않는다.

그저 필요성이 없는 오로지 외부 홍보용으로만 껍데기뿐인 웹 페이지를 개발하듯이 하게 된다. 인공지능이 어떤 잠재력이 있는지, 어디에 적용하면 긍정적인 효과를 얻을 수 있는지에 대한 고민이 없게 된다. 그렇게 되면 마치 IT를 모르는 사람이 그냥 외주 플랫폼에 접속해서 "구글 같은 웹 페이지 10만 원에 개발 외주해 드립니다."라는 글을 게시하는 것과 다를 바 없는 상황이 그대로 벌어지게 된다.

어디에 적용해서 긍정적인 효과를 어떻게 얻을 수 있는지에 대해서 비전문 실무자도 치열하게 고민해야 하는 부분이다. 그러나 그런 고민 없이 그저 인공지능 적용만이 목표가 되는 순간 "ChatGPT 같은 인공지능을 내 업무에 어떻게든 1개월 이내에 적용해 주세요."가 되고 만다.

비전문 실무자로서는 내 업무와 서비스에 인공지능을 적용하겠다고 결정하는 순간 기획의 포지션을 함께 겸한다는 마음가짐으로 임해야 한다. 내 업무와 서비스는 내가 가장 잘 안다. 내가 가장 잘 아는데 타인에게 맡기는 순간 당연하게도 결과물은 좋지 않을 수 있다. 그러므로 스스로 기획을 겸한다는 마음가짐으로 적극적으로 협력에 임해야 한다.

기획자라는 포지션이 존재하는 이유는 여러 가지가 있지만 인공지능을 적용하는 데 가장 중요한 두 가지는 목표의 설정이고 타당성을 평가하는 일이다. 프로젝트의 목표를 설정하는 데 크게 기여해야 하고 그런 면에서 인공지능을 적용하는 것이 목표가 아니라 인공지능을 적용해서 어떤 효과를 얻겠다는 것이 목표가 되어야 할 것이다.

다음으로 타당성을 평가해야 한다. 업무와 서비스에 인공지능을 적용해서 얻으려는 효과가 주어진 시간과 예산, 휴먼 리소스 내에서 완료할 수 있는 수준의 과제인지를 자체 평가해야 한다. 비전문 실무자가 인공지능에 대해 깊게는 몰라도 장단점이나 적용하기 어려운 이유 등에 대해 간략하게라도 알아야 하는 이유가 여기에 있다.

실제 완료할 수 있는 수준의 과제인지를 평가하려면 적용하기 어려운 이유와 같은 것들을 알고 있어야 현재 환경에서 적용이 가능한지를 평가할 수 있기 때문이다. 물론 인공지능 개발자와 협력해도 된다. 그러나 협력이 아니라 일임하는 것은 좋지 않다. 인공지능 개발자는 인공지능을 개발하는 방법에 대한 전문가이지 프로젝트 매니징이나 리딩의 전문가는 아니기 때문이다.

5.6.2. 그럴 수 있다, 인내 수양

인공지능을 성공적으로 업무와 서비스에 적용하려면 가장 필요한 것은 인내심이다. 전공자인 인공지능 개발 인력이나 비전문 실무자나 모두가 인내심을 가져야 한다. 특히 비전문 실무자는 더욱더 인내심을 가져야 한다. 인공지능에 대해 배우기는 어렵다. 전공자도 인공지능이 어려운데 비전문가는 얼마나 어려울까?

조직은 다양한 배경과 경험을 가진 사람이 어우러져 공동의 목표를 향해 나아가는 곳이다. 이를 위해 서로가 가진 배경과 경험을 살려서 각기 다른 부분에 기여하는 것이다. 그러므로 인공지능 개발자는 인공지능 개발에 기여하고 다른 사람들이 인공지능 "사용"에 대해 이해할 수 있도록 도와주는 것이 필요하다. 사용에 대해 이해할 수 있도록 여러 가지 도움을 줄 수 있다.

그러나 가장 중요한 것은 인내심을 가지고 다른 사람들이 질문할 수 있도록 해 주는 것이다. 새로운 개념을 배울 때 매우 헷갈리고 어려워하는 것은 당연하다. 그러나 새로운 개념을 이미 알고 있는 입장에서는 그것을 배우는 것을 기다리는 것이 인내심을 가져야만 하는 일이 될 수 있다. 그러나 다른 사람들이 새로운 개념을 받아들이게 되면 기존에 내가 알던 개념과 결합해 인공지능 개발자들이 보지 못한 부분을 해결해 줄 수 있다.

예를 들어 인공지능 결과를 고객들에게 어떻게 보여 주어야 더 효과적일지, 인공지능을 활용해서 비즈니스에 적용할 때 문제 적용을 어떤 식으로 하는지, 인공지능 개발자들이 생각하지 못한 문제를 발굴하는 경우와 같은 것들이 있을 수 있다.

이처럼 다양한 사람이 다양한 사전 지식을 가지고 인공지능 "사용"에 대해 이해하면 여러 가지 관점에서 바라보고 사용할 수 있다. 그러므로 인공지능 개발자는 비전문 실무자가 이야기를 잘 이해할 수 있도록 인내심을 가지고 포용하도록 노력해야 한다. 만일 내용을 이해하지 못하는 것에 대해서 이해하지 못하거나, 인공지능 개발만 하려고 한다면 질문하고 설명을 들으며 다른 사람이 인공지능 사용에 대한 개념을 확장할 기회가 상실될 수 있다.

그렇게 되면 현재 직면한 다양한 문제에 인공지능을 적용하는 것 자체가 어려워질 수 있다. 따라서 비전문가에게 다양하고 협력적인 학습 환경을 조성하는 것은 매우 중요하다. 이러한 것은 특히 인공지능 개발자들이 놓치는 부분이지만 매우 중요한 부분이다.

그리고 이 인내심은 비전문가인 타 조직 인원도 마찬가지이다. 사람은 모든 것을 할 수 없다. 정확히는 모든 것을 '잘'할 수 없기에 인공지능 개발자들은 말 그대로 '인공지능 개발'을 잘할 뿐 다른 것은 서투를 수 있다. 그러므로 인공지능과 연관된 모든 것을 잘한다고 생각해서는 안 된다. 인공지능과 연관되면 모든 것을 잘할 거로 생각하는데 그렇지 않은 경우가 많다.

예를 들어 기술적인 전문 용어를 피하고 평이한 용어를 사용해 결과를 설명하는 것이나 사용자 친화적 인터페이스를 제공하는 일과 같은 것들이다. 생각보다 전문 용어를 사용하지 않고 내용을 설명하는 것은 인공지능 개발자들에게 쉬운 일은 아니다. 인공지능 개발자들이 전문 용어를 사용하지 않고 모르는 사람에게 평이한 용어로 이해시키기는 어렵다. 그 과정에서 인공지능 개발자들은 마치 5살 아이에게 나눗셈을 설명하는 것과 유사한 수준의 체감 난이도를 겪는다.

혹은 사용자 친화적 인터페이스를 제공하는 일이다. 개발한 결과를 사용자 친화적으로 만드는 것은 다른 일이다. 해결해야 하는 문제들이 서로 상이하기 때문이다. 이처럼 인공지능과 연관 있다고 해서 인공지능 개발자들이 모든 것을 잘할 수는 없다. 그러므로 서로가 인내심을 가지고 상대의 이해도가 높아질 때까지 기다려야 한다. 만약 서로 이해도가 높아지게 되면 그다음부터는 빠르게, 더 잘 진행할 수 있을 것이다. 처음에는 시간이 걸리지만 나중에는 빨라진다. 처음에 어려운 것을 참지 못하면 결국 나중에 더 어려워질 뿐이다.

인공지능 적용을 활발하게 할 수 있게 인공지능 개발자가 택할 방법 중 하나는 교육이다. 비전문가에게 인공지능으로 작업하는 데 필요한 지식과 기술을 제공함으로써 많은 문제를 해결할 수 있다. 앞에서 논했던 소통의 간극 문제도 교육을 통해 해결될 수 있다. 또한 데이터가 없는 상황 중 많은 상황을 교육으로 해결할 수 있다.

예를 들어 버려지는 수많은 로그 중에서 필요한 데이터를 저장하는 것이 얼마나 가치 있는지 교육을 통해 알게 할 수 있다. 혹은 데이터가 없다고 생각해 포기하고 있던 상황을 데이터가 없어도 시도해 볼 수 있는 최신 기법들이 존재한다는 것을 알려 주면서 인공지능을 적용해 볼 수 있는 기회도 더 늘어날 수 있다. 교육함으로써 인공지능에 대한 전반적인 이해도를 늘릴 수 있고 그중 인공지능 공부에 적극적인 사람이 새롭게 인공지능 개발자로 거듭날 기회가 될 수 있다. 이를 통해 조직의 인공지능 지식수준을 올림과 동시에 뛰어난 인공지능 개발자들을 양성 및 확보할 수 있게 된다.

이에 역으로 비전문 실무자인 우리는 교육해 달라고 요청할 수 있다. 특히나 경력이 화려한 사외 강사보다는 사내 시스템에 익숙한 사내 인공지능 전문가에게 교육받으면 더 잘 이해가 되며 적용하기도 더욱 수월할 것이다. 사내 인공지능 전문가들이 교육하면서 이야기해 주는 예시들도 사내 여러 익숙한 예시들이라 이해도 수월할 것이다. 또한 직접 적용해 보면서 부딪힌 문제들이 다른 환경에서 작업하며 경험을 쌓은 사외 강사보다는 사내 전문가들이 내가 처한 문제와 더 유사한 문제를 해결해 보았을 것이므로 비전문 실무자인 우리에게 더 큰 도움이 될 것이다.

5.7 인공지능 ≠ 인공지능, 동일하지 않다.

일하다 보면 인공지능 개발자들이 가져오는 알고리즘이 모두 유사해 보일 수 있다. 이전에도 반영했던 알고리즘과 이름이 같게 느껴지기도 한다. 사람이 일하다 보면 그렇게 느낄 수 있다. 하지만 인공지능 개발자들은 알고리즘의 변화를 누구보다 치열하게 고민하고 있고 어떤 방식으로 반영할지에 대해 고민하고 있을 것이다. 본 챕터에서는 알고리즘이 변화하지 않는다고 착각하는 것에 대한 내용을 이야기해 보려고 한다.

5.7.1. 매번 같은 인공지능을 가져오는 인공지능 개발자

인공지능을 적용하려고 인공지능 개발자와 협력하다 보면 생각보다 많이 만나는 상황이다. 해결해야 하는 문제를 공유하고 이에 대해서 논의하다 보면 분명 이전에 이야기한 듯한 인공지능의 알고리즘을 이야기한다. ChatGPT와 같은 알고리즘이 너무나도 잘 작동하는데 우리는 매번 같은 인공지능을 적용해도 괜찮은 건지에 대한 확신이 잘 서지 않을 때가 많다. 이에 대한 생각은 맞을 수도 있고 맞지 않을 수도 있다. 이에 대해서 자세히 논의하면서 한번 이야기해 보자.

매번 작업할 때마다 인공지능 개발자들이 항상 같은 알고리즘을 가져오는 경우가 많다. 왜 그럴까? 이런 상황이 발생할 수 있는 원인은 크게 몇 가지가 있다. 첫 번째로는 해결하려는 문제가 매우 간단해서 유사한 알고리즘으로도 해결이 가능한 경우이다. 두 번째로는 목표가 이전과 동일해 크게 알고리즘의 종류를 변경하지 않아도 되는 경우이다. 세 번째는 인공지능 적용을 기획할 당시에 큰 목표를 가지고 해결하려는 문제를 너무 복잡한 문제로 잡은 경우 발생할 수 있다. 이 문제들이 대체 무슨 뜻일까?

첫 번째 이유였던 해결하려는 문제가 너무 간단해서 유사한 알고리즘으로도 해결이 가능한 경우를 살펴보자. 사실 인공지능으로 해결하려는 문제가 매우 간단한 문제일 수 있다. 굳이 복잡하고 거대한 인공지능을 사용하지 않더라도 가벼운 인공지능을 사용하면 그와 동일하거나 유사한 성능을 얻을 수 있다. 이에 대해서는 앞에서도 논한 바가 있다.

그런 관점에서 볼 때 너무 복잡하지 않은 문제라면 간단한 알고리즘을 사용해도 된다. 그러다 보니 인공지능 개발자가 그 문제를 해결하려는 분야의 여러 알고리즘이 있을 텐데 그중 가장 이론적으로 탄탄하고 활용이 유연한 알고리즘을 사용하고 있을 수 있다. 이론적으로 탄탄하다는 것은 수학적으로 증명되어 논리에 빈틈이 많이 없는 알고리즘을 의미한다. 이러한 알고리즘은 잘 작동하는지 여부와는 무관하게 이론적으로 좋아 인공지능 개발자들에게 많은 사랑을 받을 수 있다. 또한 간단한 문제를 해결하는 것이므로 이러한 알고리즘을 사용하는 것이 나쁘지 않은 선택이라고 할 수 있다.

두 번째 이유였던 목표가 이전과 동일해 크게 알고리즘 종류를 변경하지 않아도 되는 경우를 논해 보자. 내가 해결하려는 문제가 동일하다고 하자. 그렇다면 사실 해결책도 동일할 것이다. 그러므로 전에 적용해서 좋은 효과를 보았던 알고리즘을 그대로 적용하는 것이 기본 성능 비교 및 기준 성능을 측정하는 면에서 좋은 방법이다.

그러므로 동일하거나 유사한 알고리즘으로 한 번 더 적용해 보았을 수 있다. 이런 경우 인공지능 개발자가 시간적 여유가 있다면 당장 알고리즘을 개편하거나 다른 알고리즘을 사용해 보고 비교할 것이다. 하지만 인공지능 개발자가 시간적 여유가 없다면 차후에 고도화하면서 알고리즘을 개편하거나 다른 알고리즘들을 능동적으로 사용할 것이다.

세 번째 이유를 보자. 사실 이 세 번째 이유를 이야기하려고 이 챕터가 만들어졌다고 해도 과언이 아니다. 세 번째는 인공지능 적용을 기획할 당시에 큰 목표를 가지고 해결하려는 문제를 너무 복잡한 문제로 잡은 경우 발생할 수 있다. 이게 대체 무슨 뜻일까? 우리가 어떤 문제를 해결하려고 인공지능을 적용하려고 결정했을 때 그 문제가 몇 가지 문제로 인해 너무 복잡한 문제가 되었을 수 있다. 인공지능을 적용하려 할 때 복잡도로 인해 생기는 문제를 한번 논의해 보자.

먼저, 개발자의 역량을 넘어서지 않는 일이다. 그런 경우 크게 걱정할 필요가 없다. 기본적으로 역량이 더 뛰어나다면 대부분의 알고리즘 중 그 알고리즘이 적합하다고 판단한 것이기 때문이다. 같은 알고리즘을 사용해서 불안할 수 있지만 사실 그 알고리즘이 가장 뛰어날 수 있다.

다음으로 인공지능 개발자의 역량을 넘어서는 일일 수 있다. 그렇게 되면 인공지능 개발자는 두 가지 시도를 할 것이다. 첫 번째는 다른 사람과 협력하거나 나의 역량을 향상하는 일이다. 두 번째는 문제를 더욱 구체화하고 축소하는 일이다. 먼저 첫 번째 시도에 대해 논해 보자. 실력이 뛰어난 다른 동료가 있다면 그 동료와 일하면서 내 역량을 향상하는 것이 가장 좋은 방법일 것이다. 이를 위해 해결하기 복잡한 문제를 만난다면 가장 먼저 내 역량 향상을 꾀하고 시간상의 문제가 있다면 다른 동료와 협업해서 해결할 것이다.

두 번째 시도였던 구체화하고 축소하는 문제는 조심해야 하는 부분이다. 일부의 경우 때로는 너무 복잡한 문제를 만나게 되면 문제를 해결하려고 문제를 잘게 쪼개거나 익숙한 형태로 문제를 변형하기도 한다. 그렇게 되면 쪼개진 문제 중 익숙한 문제를 찾거나 익숙한 형태로 문제가 변형되어 성과를 보았던 알고리즘을 적용할 수 있게 될 것이다.

그런데 문제는 이런 경우 내가 해결하려고 했던 복잡한 문제는 아직 해결되지 않았다는 점이다. 해결하려고 나아가고 있는 것은 맞으나 잘게 쪼개어져 해결까지 시간이 오래 걸릴 수 있게 되었다는 것이 조심해야 하는 일이다. 물론 단번에 해결할 방법은 없을 것이다. 그런데도 잘게 쪼개어서 핵심이 되는 문제에 접근하는 데 오래 걸리거나 핵심을 해결하지 못하는 상황이 오지 않도록 유의해야 한다.

5.7.2. 굳건한 목표의 리마인드

그렇다면 위에서 논의한, 역량을 넘어서다 보니 문제를 쪼개서 해결하는 경우는 어떻게 해야 할까? 즉, 핵심이 해결되지 못하는 문제는 대체 어떻게 해결해야 할까? 일단 핵심을 놓치지 않는 것이 가장 중요하다. 핵심을 놓치게 되면 인공지능을 적용은 했으나 내 문제는 정작 일부만 해결되어 발전되지 않아 과거와 비슷한 수준의 업무 품질일 수 있다. 그러므로 인공지능의 적용을 결심한 '내가' 핵심을 놓쳐서는 안 된다.

핵심을 놓치지 않았다는 가정하에, 정말로 인공지능으로만 해결하기에 문제가 난해한 경우가 있을 수 있다. 그런 경우에는 앞에서 논의한 기존의 프로세스는 그대로 두되 개선할 포인트에만 인공지능을 적용하는 것이 좋을 수 있다. 모든 것에 인공지능을 적용하는 것이 항상 장점이 되지는 않는다. 왜냐하면 인공지능은 장단점이 있기 때문이다. 이에 대해서는 앞에서 논한 바 있다. 그래서 인공지능을 적용해서 장점이 있을 만한 곳에 적용하는 것이 중요하다. 그러므로 기존의 프로세스 중 개선할 부분을 찾아 적용하는 것이 좋다.

앞에서 이야기한 예시 중에 고객 센터의 예시가 매우 적절하다. 앞에서 논의한 고객 센터의 예시는 고객이 고객 센터에 전화해서 상담했을 때 이 상담의 종류가 "기타 문의", "오류 문의" 등과 같이 어떤 종류에 속하는지를 분류하는 예시였다. 이를 위해 어떤 종류의 상담을 했는지를 기록하는 화면과 상담 종료 후 결정한다는 프로세스는 그대로 가져가되 입력하는 부분만 인공지능으로 대체하는 것에 대해 논한 바 있다.

이는 핵심을 놓치지 않고 중요한 문제를 해결하는 적절한 예시이다. 만약 핵심을 놓쳤다면 아마 다르게 전개되었을 수 있다. 따라서 항상 핵심은 놓치지 않고 적용하도록 노력해야 한다. 그리고 인공지능만으로 해결하기 어렵다면 인간이나 프로세스와 결합해 사용하는 것이 좋다.

결국 지속해서 리마인드하는 것이 중요하다. 길을 갈 때도 목적지에 대해서 끊임없이 되뇌지 않으면 결국 엉뚱한 곳에 도착하게 되는 경우가 존재한다. 그러므로 길을 갈 때 끊임없이 되뇌는 것처럼 인공지능을 적용할 때도 내가 인공지능을 적용해서 해결하고 싶은 핵심 문제가 무엇인지에 대해서 끊임없이 되뇌고 리마인드하는 것이 중요하다. 비전문 실무자인 우리는 이런 리마인드를 할 수 있도록 지속해서 인공지능 개발자들에게 이야기해 주고 상기시켜 주어야 한다. 궁극적으로 이러한 과정들이 우리의 업무와 서비스에 적용할 때 도움이 될 것이기 때문이다.

5.8 미숙한 이해 극복하기, 지식의 부재 돌파하기

바벨탑은 성경에 나오는 가상의 탑으로 인류가 모두 같은 언어를 사용할 때 지은 높고 거대한 탑을 의미한다. 신은 이러한 바벨탑의 건축에 화를 내며 탑을 무너뜨리고 인류의 언어를 여러 개로 분할해 서로 의사소통하지 못하도록 해 힘을 합치지 못하게 했다.

인공지능 또한 이와 같은 현상이 보이고는 한다. 인공지능 개발자와 인공지능 개발자가 아닌 사람 간의 언어는 상이하고 그로 인해 의사소통이 어려워진다. 이번 챕터에서는 비전문가나 인공지능 부서와 밀접하게 일하는 사람들을 위한 인공지능 개발자와 대화할 때 도움이 되는 용어를 중심으로 인공지능에 관해서 서술하려고 한다.

인공지능 개발자도 참고한다면 다른 사람들이 어떤 용어가 도움이 되는지를 참조해서 소통에 한층 도움이 될 것이다. 앞선 챕터에서 인공지능의 난이도와 불완전성에 대해서 배웠지만 사실 인공지능은 해결할 수 있는 문제가 많고 적극적으로 활용하면 좋은 도구가 될 수 있다. 단 도구로써 활용하려면 도구에 대해 이해하고 다루어야 한다. 그런데 인공지능을 직접적으로 개발하거나 적용하지 않고는 내용을 알기 어렵다.

비전문 실무자의 입장에서는 인공지능에 대해 새롭게 배우기는 쉽지 않다. 그러므로 인공지능에 대해서 잘 알고 있는 인공지능 개발자와 협력하는 것이 매우 중요하다. 인공지능 개발자는 인공지능에 대한 이해도가 깊지만 타 부서의 업무와 서비스에 대해서는 이해가 부족하다. 반대로 비전문 실무자는 인공지능에 대한 이해도가 낮지만 인공지능 부서 외 다른 부서의 업무와 서비스에 대해서는 상대적으로 이해가 높다.

그러므로 서로가 협력하게 된다면 시너지가 날 수 있다. 비전문 실무자인 담당자의 입장에서는 인공지능 개발자와 협력해야 하는 이유가 더 많이 생긴다. 이를 위해서는 소통이 잘되어야 한다. 소통이 잘되려면 서로가 대화가 잘되어야 하는데 그때 필요한 수준의 지식을 배우는 것은 도움이 될 것이다. 같이 협력해서 개발하거나 적용할 수 있지만 협력할 때 서로가 참이라고 생각하는 생각의 틀을 공유할 수 있도록 용어와 같은 것들을 알아 두면 도움이 될 것이다.

5.8.1. 데이터 관련 지식 부재 극복하기

인공지능 개발자와 데이터는 떼어 놓을 수 없는 영혼의 단짝과도 같다. 그만큼 인공지능에서 데이터는 중요하고, 데이터가 먼저 잘 갖추어져야 인공지능 학습이 잘될 수 있다. 농사에 비유하자면 데이터를 준비하는 과정은 땅을 다지는 과정이라고 할 수 있다. 그 정도로 중요한 단계이므로 데이터를 준비하는 과정은 그 무엇보다 중요하다.

그리고 그 과정에서 인공지능 개발자와 비전문 실무자 간에 가장 많이 소통하는 단계이기도 하다. 비전문가를 위해 전부는 어렵지만 자주 사용되는 몇 가지 용어와 이에 관해 설명했다. 이 챕터에서는 데이터를 처리하는 특정 기법에 대해 논하지 않을 예정이다. 전반적으로 데이터가 어떤 의미를 가지는지에 대해서 이해할 수 있는 정도로만 서술할 예정이다.

비전문가나 인공지능 개발자와 협업하는 사람들은 이 챕터를 통해 데이터를 다루는 전반적인 과정에 대해 이해하여 데이터 관련 지식의 부재를 극복할 수 있을 것이다. 그리고 이를 바탕으로 소통하는 데 더 도움이 될 것이다. 그리고 인공지능 개발자는 다른 사람들에게 데이터의 중요함에 대해서 어떻게 소통해야 하는지에 대해 도움이 될 것이다.

구조화된 데이터(Structured data)는 컴퓨터가 쉽게 처리하고 이해할 수 있도록 데이터를 구성하고 형식을 지정하는 방법이다. 즉, 의미 파악이 쉽고 규칙적인 값을 저장하는 표준화된 방법으로 데이터를 정리하고 저장한 데이터라고 할 수 있다. 흔히 정형 데이터라고도 한다. 우리가 흔히 마주하는 엑셀과 같은 표 형태의 데이터는 구조화된 데이터의 대표적인 예시라고 할 수 있다.

예를 들어 엑셀에 고객의 데이터를 저장할 때 칼럼 명을 "이름"으로 지정하고 고객의 이름만 저장한다면 구조화된 데이터라고 할 수 있다. 이러한 구조화된 데이터를 사용하면 다른 시스템이 데이터를 사용하는 것의 난이도가 낮아진다. 결국 다른 시스템과의 통합이 용이하며 쉽게 공유하고 재사용할 수 있는 구조를 가진 데이터이다.

구조화된 데이터와 함께 자주 논의되는 용어는 구조화되지 않은 데이터(Unstructured data)이다. 구조화된 데이터와는 다르게 미리 정의된 구조나 형식을 규정하는 표준화된 방법이 없어 그대로 저장된 데이터이다. 흔히 비정형 데이터라고도 불린다. 주로 우리가 흔히 접하는 텍스트나 이미지, 오디오와 같은 데이터들이다. 구조화되지 않은 데이터는 흔히 비정형 데이터라고도 불리며 구조화된 데이터보다 처리나 분석이 어렵고 특성도 상이하다.

그러므로 분야별로 주로 사용되는 방법이 분화되기 시작했고 주로 자연어 처리, 이미지, 오디오 등으로 분류되어 분야별로 처리 방법과 학습 방법이 약간씩은 다른 면이 있다. 과거에는 주로 구조화된 데이터를 다루어 가치를 창출해 왔다. 그러나 사실 우리 주변의 데이터는 구조화된 데이터보다는 구조화되지 않은 데이터가 더 많다.

그런데 최근 인공지능의 발전으로 인해 구조화되지 않은 데이터에서도 가치를 창출하는 것이 가능해졌다. 그동안 많이 다루지 않았던 구조화되지 않은 데이터를 다룰 수 있게 됨에 따라 구조화되지 않은 데이터를 활용하는 것이 더욱 활발하게 일어나고 있다. 그러면서 기존에 알기 어려웠던 여러 패턴을 찾고 이를 통해 더 나은 비즈니스 가치를 창출하고는 한다.

데이터 전처리(Data Preprocessing)는 데이터를 분석하기 전에 노이즈 제거, 이상치 처리, 결측치 처리 등을 포함해 데이터를 준비하는 일련의 과정이라고 할 수 있다. 분류하는 인공지능을 만든다고 할 때 학습을 위해서 모든 데이터의 일부가 모종의 이유로 인해 비어 있는 경우가 존재한다고 하자. 이때 이 데이터를 학습에 어떻게 활용해야 할까?

예를 들면 어떤 상품에 가입한 고객의 데이터와 상품에 가입하지 않은 고객의 데이터를 활용해 상품에 가입할 가능도를 예측하고 높은 순으로 정렬하고 싶다고 하자. 이때 가입한 고객의 라이프 로그 데이터 중 일부 고객은 연령 데이터가 없다고 하면(실제로는 존재하지만 수집되지 않은 상황) 연령 정보를 인공지능 학습에 활용해야 할까 아니면 일부가 없으니 제외해야 할까?

답은 인공지능 훈련에 사용하는 고객 중 연령 데이터가 빈 고객의 수가 얼마인지, 가능도 순으로 정렬하고 싶은 가입하지 않은 고객 중 연령 데이터가 얼마나 비어 있는지 확인하고 상품 가입의 규칙이 얼마나 명확한지, 연령이 규칙 탐색에 얼마나 영향을 미치게 되는지에 따라 다르다. 더욱 상세히 이야기하면 너무 많은 고객이 값이 없는 변수라면 인공지능이 학습할 때 그 값에 영향을 아예 받지 않거나 너무 강하게 받을 수 있다.

인공지능 학습은 잘되어도 예측하려는 가입하지 않은 고객들에게는 연령 정보가 너무 많이 없다면 인공지능이 학습한 규칙을 활용해서 가능도를 산출하기가 어려울 것이다. 혹은 상품 가입 여부를 구분할 수 있는 규칙이 매우 명확해 연령 정보가 없어도 분류가 잘되거나 혹은 연령 정보가 매우 중요한지에 따라 결정 방향은 달라질 것이다. 데이터 전처리는 이러한 일련의 과정을 포함한다.

라벨링(Labeling)이란 인공지능을 학습시키려고 데이터에 대한 정답을 지정하는 과정을 말한다. 예를 들어 이미지에서 사람을 인식하도록 거리 사진을 인공지능에 학습시킨다고 하자. 그때 거리 사진에서 사람에 해당하는 부분에 표시해 두는 것을 라벨링의 한 예라고 할 수 있다. 그렇다면 라벨링은 인공지능에서 어떤 의미를 가질까?

사실 라벨링은 인공지능에서 매우 중요한 의미를 가진다. 기존의 프로그램들이 컴퓨터가 어떤 결과를 산출하게 하는 것의 패러다임이 변화했고 그 변화의 산물이 라벨링이라고 할 수 있기 때문이다. 결과를 산출하려고 미리 정의된 규칙을 따라 구성해 놓은 알고리즘을 따라 데이터가 들어오면 그 데이터에 맞는 결과를 산출하는 것이 기존의 방식이었다면 지금의 인공지능 방식은 데이터와 결과를 주면 그 둘을 활용해 패턴(규칙)을 찾는다(학습).

그 후 데이터가 들어오면 패턴이 있으니 연산해 결과를 산출하도록 한 것이 현재 인공지능의 많은 부분을 차지하고 있는, 인공지능에 정답을 알려 주고 학습하도록 하는 지도 학습(Supervised Learning)이기 때문이다. 그러므로 데이터 못지않게 라벨링 작업 또한 매우 중요하다. 정답이 명확하게 나오는 경우도 있지만 명확하게 나오기 어려운 경우에는 일관된 기준으로 라벨링을 하는 것이 매우 중요한데 인공지능 개발자에게 라벨링 전부를 모두 맡기면 실제 인공지능을 만드는 시간이 부족해서 제대로 된 결과물이 나오기 어렵다.

그러므로 데이터를 확보하는 것도 중요하지만 라벨링도 중요하다. 물론 이를 타파할 여러 방법이 실무적으로는 존재하지만 가장 좋은 것은 일관된 기준으로 정의된 라벨링이 된 좋은 품질의 대량 데이터가 학습에 사용되는 것이다.

학습 데이터(Train data)란 인공지능이 학습할 수 있도록 전처리 된 데이터를 의미한다. 인공지능은 데이터를 통해 패턴을 찾는다. 이 패턴을 찾을 수 있게 해 주는 데이터가 학습 데이터이다. 지도 학습에서는 인공지능은 라벨링 작업이 끝난 정답과 함께 패턴을 찾는 전처리 된 데이터가 필요하다. 이와 함께 자주 등장하는 용어가 검증 데이터(Validation data)이다.

이미 인공지능이 학습 데이터를 통해 패턴을 찾았는데 왜 검증 데이터라는 것이 필요할까? 검증 데이터는 인공지능이 학습되는 과정에서 패턴을 너무 정밀하게 찾는 것을 보정해 준다. 이게 무슨 말일까? 예를 들어 2006년의 데이터로 주식 종가의 패턴을 학습하는 트레이딩 인공지능을 만든다고 해 보자. 이 인공지능이 2006년의 데이터 패턴을 학습해서 유사한 패턴이 오면 종가가 어떻게 될지 예측할 것이다. 그런데 당연하겠지만 2006년의 데이터가 전체 데이터를 대표할 수는 없다. 만약 진짜로 이런 인공지능을 만들어서 매매했다면 2007년부터 진행된 서브프라임 모기지(대규모 채무 불이행 및 금융 회사 파산 이후 세계적으로 확산된 경제 위기) 때 모든 자본을 한순간에 잃었을 것이다.

우리는 모든 데이터를 다 모을 수 없어 모든 패턴을 다 데이터에 담을 수 없다. 그러므로 우리는 일부의 데이터로 전체 패턴을 추정해야 해서 일부 데이터로 패턴을 정밀하게 찾는 것을 막아야 한다. 일부 데이터라는 것은 일부의 패턴만을 볼 수 있는 것이므로 전체 패턴에 대응하려면 덜 민감하게 패턴을 찾아야 한다. 이를 위해서 검증 데이터를 학습이 아니라 오로지 학습 데이터로 추정한 패턴의 정확도를 검증하는 용도로 사용한다. 검증을 통해 너무 패턴을 정밀하게 찾는 것 같으면 조정해 준다.

따라서 검증 데이터는 매우 중요한 개념이며 학습 데이터와 함께 등장할 수밖에 없다. 이와 함께 자주 등장하는 개념은 테스트 데이터(Test data)이다. 테스트 데이터는 검증 데이터로 테스트하면서 학습 데이터를 통해 패턴을 학습한 인공지능이 성능을 평가할 수 있는 데이터이다. 이를 통해 인공지능이 패턴을 너무 세밀하게 찾지는 않았는지, 성능은 어떻게 될지에 대해서 추정해 볼 수 있다.

피처 엔지니어링(Feature Engineering)이란 입력 데이터에서 목적에 맞는 공통적인 성질을 추출하거나 특징을 선택, 변환하는 과정을 의미한다. 전처리 된 데이터를 인공지능이 학습이 잘될 수 있도록 인공지능에 학습할 변수를 선택하고 가공하는 일련의 작업이다.

예를 들어 어떤 장소에 방문한 이력을 인공지능이 학습할 때 사용한다고 하자. 이때 한 사람의 이력 내에서 다른 장소 대비 방문한 비율을 계산해 사용하거나 다른 사람의 이력과 비교할 때 어느 정도의 비율로 방문하는지 등을 계산하는 것은 피처 엔지니어링의 한 예라고 할 수 있다. 변수가 매우 많은 정형 데이터를 인공지능 학습에 활용하면 오히려 성능이 저하되는 구간을 발견할 수 있다.

이는 전형적으로 위에서 서술한 모델의 복잡도가 데이터 복잡도보다 떨어질 때 발생하기도 하고 학습 데이터에 없던 데이터가 테스트 데이터에 나오는 경우를 고려하는 작업을 수행하다 보면 발생할 수 있는 현상이다. 이러한 현상을 방지하려고 어떤 변수를 사용할지에 대해서 고민하는 과정을 변수를 선택한다고 한다.

최근 딥 러닝의 발전이 비약적이었던 것은 이미지나 자연어 처리에서 이러한 피처 엔지니어링을 어느 정도 자동으로 해 주는 면이 있었기 때문이다. 공통의 특징을 학습할 수 있는 방향으로 학습하면서 사람의 손을 타고 일일이 피처 엔지니어링 할 필요 없이 데이터와 정답을 많이 넣어 주면 스스로 학습했다.

과거에 이미지 분류를 잘하던 업체는 이미지에서 특징을 추출하던 나름의 노하우가 있었고 그 노하우가 업계 순위를 좌우할 만큼의 영향을 주었다. 그러나 이제 인공지능이 발전함으로써 이미지에서 특징을 추출하는 것도 인공지능이 스스로 함에 따라 사람이 구축한 노하우보다 더 좋은 성능을 보였고 이것이 인공지능이 비약적으로 부상한 이유라고도 할 수 있다.

차원 축소(Dimensionality Reduction)는 고차원 데이터를 저차원 공간으로 축소하는 기술이다. 고차원의 데이터는 정형 데이터를 기준으로 말하면 변수가 많다고 보면 되고 저차원은 변수가 적다고 보면 된다. 예를 들어 고객의 라이프 로그 데이터 변수가 성별, 나이, 가입 상품, 상담 이력 등등 천여 개가 된다고 할 때 이를 30개의 변수로 줄이는 기술이라고 할 수 있다.

다만 사용하는 알고리즘에 따라 사람이 보면 어떤 의미인지 알 수 있던 라이프 로그 데이터가 사람이 보면 무슨 의미인지 모를 숫자의 나열과 같이 변화할 수는 있다. 이러한 기법을 사용해서 얻으려고 하는 장점은 패턴 탐색에 쓸모없는 변수들을 넣어서 인공지능이 학습만 오래 하는 것을 방지해 학습 시간을 단축하는 효과가 있다. 즉 데이터 복잡도가 낮아짐에 따라 복잡한 인공지능을 활용하지 않고도 원하는 성능을 얻어 낼 수 있고 복잡한 인공지능을 활용하지 않는다는 것은 학습 시간과 추론 시간이 많이 절감된다는 의미이다.

또한 공통의 특징으로 잘 축소함에 따라 데이터의 특징을 더욱 잘 잡아내도록 하기 위함이다. 이는 인공지능의 정확도에도 큰 영향을 준다. 이와 함께 많이 쓰이는 기술 이름이 주성분 분석(PCA)인데 공통의 특징을 수직 관계로 풀어내서 축소하는 방법이라고 보면 된다. 만약에 인공지능 개발자와 이야기하는데 주성분 분석에 관해서 이야기한다면 뭔가 축소하는구나 하고 이해하면 더욱 원활하게 소통할 수 있다.

차원 축소의 단점은 아무래도 정보 손실이 발생할 수밖에 없다는 점이다. 고차원의 데이터를 변환하는 과정에서 정보의 손실은 일어날 수밖에 없고 이를 감안하더라도 얻은 이익이 많아 활용되는 방법이라고 볼 수 있다.

차원 축소를 이야기하다 보면 임베딩(Embedding)을 논하지 않을 수 없다. 임베딩은 의미론적 관계를 유지하면서 텍스트나 이미지와 같은 고차원 데이터를 저차원 공간에 표현하는 데 사용되는 기술이다. 예를 들어 고객의 데이터가 100개 있을 때 [[0.1, 0.2, 0.8, 0.3]]과 같이 표현하는 것이다. 앞에서 이야기한 차원 축소와 유사하면서 다르게 활용된다.

주로 딥 러닝(인공지능의 한 방법)에서 사용되는 임베딩은 고차원 정보를 저차원 공간으로 변환하는 것까지는 차원 축소와 유사하게 보일 수 있지만 학습된다는 점이 다르다. 일반적으로 임베딩이 딥 러닝에서 활용될 때 딥 러닝이 학습하면서 인공지능 안의 파라미터도 학습하지만 임베딩 층(Embedding Layer) 또한 학습한다.

이를 통해 최대한 정보 손실을 막으면서 딥 러닝에서 학습할 수 있는 값으로 변환하는 데 사용한다. 이에 대한 장점 중 하나는 구조화되지 않은 데이터의 의미를 컴퓨터가 잘 파악할 수 있게 변환하는 것이다. 이러한 장점 때문에 자연어 처리나 이미지 등 여러 인공지능에서 광범위하게 사용되는 편이다.

만일 인공지능 개발자가 딥 러닝 훈련을 이야기하면서 임베딩을 이야기한다면, 많은 정보를 담고 있는 고차원의 데이터가 있을 때 이 데이터를 각각 잘 아우르는 저차원의 공간이 있을 거라는 가정하에 의미를 더욱 잘 파악하려고 하는구나 하고 생각하면 된다. 즉, 차원을 축소하면서 데이터를 잘 표현할 방법을 시도하려고 하는구나 하고 생각하면 된다.

데이터 증가(Data augmentation)란 기존 학습 데이터를 기반으로 새로운 합성 데이터를 생성해 학습에 활용할 데이터의 크기를 인위적으로 늘리는 기술이다. 학습에 활용할 데이터의 크기를 늘린다는 게 무슨 이야기일까? 만약 보유한 데이터가 너무 적은 경우 선택할 방법은 여러 가지가 있다. 데이터를 더 수집하는 방법을 취하거나 문제를 재정의하는 방법 등 여러 방법을 취할 수 있다.

데이터 증가는 이 중 하나의 방법으로 데이터를 가상으로 생성하는 방법이다. 주로 데이터를 더 수집할 수 없을 때 취하는 방법으로 정형 데이터에서는 평균에 약간의 오차를 추가해 랜덤하게 값을 만드는 방법이나 데이터를 증가시킬 수 있는 인공지능을 활용해 생성한다. 이미지의 경우 회전, 변환, 확대/축소, 뒤집기 등의 방법을 사용한다. 이처럼 데이터의 특성에 맞추어 데이터를 생성하는 여러 방법 중 최적의 방법을 선택해 크기를 늘릴 수 있다. 데이터의 크기를 늘린다면 패턴을 너무 정밀하게 추정하는 오류를 줄이는 데 도움이 될 수 있다.

5.8.2. 모델 관련 지식 부재 극복하기

앞에서도 등장했던 모델링(Modeling)은 문제를 해결하려고 인공지능을 구축하고 학습하는 일련의 과정을 의미한다. 농사에 비유하면 다진 땅에 씨를 뿌리는 과정이라고 할 수 있다. 이 모델링 단계가 실제 일반적인 사람들이 생각하는 인공지능 개발자의 업무라고 할 수 있다.

많은 경우 인공지능 개발자는 모델링만 하지는 않고 적재된 데이터를 가져와서 전처리하고 인공지능에 학습하기 전 여러 가지 처리(피처 엔지니어링, 차원 축소 등)를 한 뒤에 모델링까지 작업을 수행한다. 하지만 인공지능 개발자가 아닌 많은 사람이 인공지능 개발자는 오로지 모델링만 수행하는 것으로 아는 경우가 많다.

모델링은 어떻게 수행하는지를 결정하는지에 따라 인공지능의 성능이 직접적으로 영향을 받는 매우 중요한 작업이라고 할 수 있다. 인공지능 알고리즘 내부적으로 세부적으로 많은 결정이 이루어지는 과정이라고 할 수 있다.

이 챕터에서는 특정 기법에 대해 논하지 않을 예정이다. 전반적으로 모델링이라는 것이 어떤 것인지에 대해서 이해할 수 있는 정도로만 서술할 예정이다. 비전문가나 인공지능 개발자와 협업하는 사람들은 이 챕터를 통해 모델링 과정에 대해 이해하고 소통하는 데 더 도움이 될 것이다. 또한 인공지능 개발자는 비전문가나 협업하는 다른 실무자들이 인공지능에 대해서 어떻게 이해하고 어느 정도 수준까지 설명해야 하는지에 대해서 이해할 수 있을 것이다.

이 책을 읽는 많은 사람은 한 번쯤 딥 러닝(Deep Learning)에 대해 들어 보았을 것이다. 딥 러닝은 대체 무엇이길래 많이 언급되는 걸까? 모델링 관련 용어를 서술할 때 딥 러닝을 가장 먼저 서술하려는 이유는 딥 러닝에 사람들이 지대한 관심이 있기 때문이다. 딥 러닝이란 인공지능의 한 분야로 입력 데이터의 점점 더 복잡해지는 표현을 학습하려고 많은 계층이 있는 신경망(Neural Networks)을 사용하는 방법이다.

여기서 신경망은 인간 두뇌의 구조와 기능에서 영감을 얻은 인공지능이다. 신경망은 데이터에서 학습할 수 있도록 정보를 처리하는 뉴런(neuron)이라고 하는 일련의 상호 연결된 노드로 구성된 네트워크의 집단을 의미한다. 뉴런은 다른 뉴런이나 입력 데이터에서 입력받아 이 입력을 처리하고 네트워크의 다른 뉴런으로 전달되는 출력을 생성해 주는 역할을 한다. 일종의 수학에서의 함수 역할을 한다고 생각하면 이해하기가 편하다.

신경망은 여러 계층의 뉴런으로 구성되며 각 계층은 이전 계층의 출력을 처리한다. 이러한 신경망을 사용하는 딥 러닝의 기본 아이디어는 입력 데이터에서 여러 수준의 추상화를 학습할 수 있는 신경망 계층 구조를 만드는 것이다. 네트워크의 각 계층은 입력 데이터에 대해 일련의 계산을 수행하고 출력을 다음 계층으로 전달해 네트워크가 점점 더 복잡한 데이터의 표현을 학습할 수 있도록 한다.

더욱 자세한 내용은 본 책의 설명 범위를 벗어나므로 교과서를 참조하기를 추천한다. 이런 딥 러닝의 주요 이점 중 하나는 명시적인 기능 엔지니어링 없이도 데이터에서 자동으로 특징을 찾아낸다는 것이다. 피처 엔지니어링을 해 주지 않아도 데이터가 가지는 특징을 잘 찾아내서 학습하므로 시간이 단축되는 경우가 많다.

인공지능 개발자와 이야기하다 보면 하이퍼파라미터라는 것에 관해 이야기하는 것을 자주 듣곤 한다. 하이퍼파라미터(Hyperparameter)는 인공지능에서 수동으로 설정하는 값으로 인공지능 성능에 직접적으로 영향을 미친다. 하이퍼파라미터를 어떻게 설정하느냐에 따라서 성능이 크게 좌우되어 매우 중요한 값이라고 할 수 있다.

하이퍼파라미터는 인공지능이 학습하는 동안 업데이트되지 않는 값으로 데이터에 따라 업데이트되는 파라미터와는 다르다. 즉, 데이터를 통해 학습되는 값이 아니다. 파라미터는 3x=5라는 방정식에서 x에 해당하며 데이터를 통해 학습할 때마다 갱신되는 값이다. 하지만 하이퍼파라미터는 보통 인공지능을 설계하는 인공지능 개발자가 설정하는 값이다.

하이퍼파라미터는 데이터의 특성과 분포에 따라 다르게 설정하는 것이 성능이 좋게 나오므로 일반적으로 실험적으로 탐색한다. 하이퍼파라미터를 설정하는 방법에는 여러 가지가 있는데 주로 그리드 탐색, 랜덤 탐색, 베이지안 최적화 등의 알고리즘을 활용한다.

그리드 탐색은 하이퍼파라미터 값을 세팅하고 값의 범위를 정하고 이를 검색하는 직관적인 방법이다. 랜덤 탐색은 정한 값의 범위에서 무작위로 샘플링해 성능을 살펴보는 것으로 전부 탐색하는 그리드 탐색보다 효율적으로 탐색할 수 있다. 베이지안 최적화는 베이지안 확률 모형을 사용해 이전의 결괏값을 기반으로 최적의 값을 찾는 기술이다.

이 정도만 되어도 인공지능 개발자가 하이퍼파라미터를 탐색해야 한다고 했을 때 쉽게 이해해 업무 혹은 소통에 문제가 없을 것이다.

가중치(Weight)는 인공지능 학습의 핵심 부분이라고 할 수 있다. 인공지능이 좋은 성능을 내는 것의 필수 조건은 가중치를 잘 갱신하는 것이다. 가중치는 위에서 이야기한 파라미터의 한 종류이며 가중치를 얼마나 잘 추정하느냐에 따라 인공지능의 결과물이 확연하게 달라진다. 이때 중요한 건 가중치 초기화(Weight initialization)이다.

연산하려면 숫자로 계산해야 하므로 초기에는 무작위 값을 넣어서 가중치를 초기화한 뒤에 가중치를 갱신했다. 그러나 최근에는 이 가중치도 인공지능을 써서 설정하기도 한다. 이렇게 되면 초기에 잘 초기화해 두어서 학습하는 데 시간이 오래 걸리지 않고 올바른 값을 찾을 가능성도 커지게 된다. 이는 인공지능의 성능에 상당한 영향을 미칠 수 있어 많이 연구되고 있는 분야이기도 하다.

학습에 대해 논하다 보면 빼놓을 수 없는 여러 용어가 있다. 먼저 손실 함수(Loss function)이다. 손실 함수는 인공지능이 얼마나 잘 수행되고 있는지 측정하는 데 사용되는 함수이다. 주로 학습된 인공지능이 추론한 결과와 실제 결과와의 차이를 측정하는 데 사용된다. 이 결과와의 차이는 보통 손실로 정의하며 이 손실을 정의하고 측정할 수 있게 해 주는 수학적 함수가 손실 함수이다. 즉, 손실 함수는 인공지능과 실제와의 오류를 측정할 수 있게 해 준다. 이 오류는 인공지능이 학습이 잘되고 있는지 최적화하는 데 사용된다.

예를 들어 주택 가격을 추정하는 인공지능(딥 러닝)을 만든다고 해 보자. 학습시키려고 데이터를 모아 학습 데이터를 구성하고 인공지능을 학습시킨다. 학습하는 동안 인공지능은 데이터를 통해 추정한 주택 가격과 실제 주택 가격의 차이를 측정한다. 이때 손실 함수를 사용해 손실(차이)을 측정한다. 이 측정된 손실을 보고 다시 인공지능이 처음 학습 단계로 돌아가서 다시 학습을 시작한다. 그리고 이 과정을 반복하게 된다.

그러므로 손실 함수를 정의하는 것은 매우 중요하다. 보통 손실을 최소화하는 방향으로 학습하지만 그 반대도 가능하다. 왜냐하면 무언가를 최대화한다는 것은 역으로 말하면 다른 것을 최소화하는 것과 동일하기 때문이다.

이때 같이 등장하는 개념이 경사 하강법(Gradient descent)이다. 앞의 주택 가격 인공지능 학습 과정에서 손실을 보고 첫 단계로 돌아가서 다시 학습할 때 파라미터를 어느 정도 갱신해야 할지에 대해서 조정할 때 사용된다. 즉, 인공지능은 수학적으로 정의된 손실 함수를 따라서 손실을 최소화하는 방향으로 파라미터를 조정하는데, 이때 쓰이는 최적화 알고리즘이 경사 하강법이다.

예를 들어 3x+b=5라는 방정식을 추정할 때 x와 b에 1, 1을 넣었을 때 손실을 추정하고 다시 x와 b에 어떤 값을 넣어야 할지를 도와주는 알고리즘이다. 경사 하강법은 다양한 방법이 존재하고 인공지능에 잘 맞는 방법을 선택하면 된다.

학습된 인공지능이 잘 작동하는지, 얼마나 잘 작동하는지에 대해서 논의하다 보면 평가 지표에 대해 빼놓을 수 없을 것이다. 평가 지표(Evaluation Metric)란 인공지능의 성능을 평가하는 지표로 풀려고 하는 문제에 따라 각기 다른 평가 지표를 가지고 있다. 예를 들어 분류 문제인 경우 f1 score, 정확도, 정밀도, 재현율을 볼 것이고 추천의 경우 ndcg, mrr, arr, Hit ratio 등으로 평가할 것이다. 이들 값이 어떤 의미인지, 수식적으로 어떻게 정의되는지는 설명하지 않을 것이다.

여기서 얻을 것은 다양한 평가 지표가 있고 해결하려고 하는 문제에 맞는 지표를 활용해야 한다는 점이다. 또한 어떤 지표를 활용하느냐에 따라서 가장 좋게 측정되었던 인공지능의 성능이 안 좋아질 수도, 반대로 안 좋은 성능이 좋아질 수도 있을 정도로 큰 영향을 준다는 것은 중요하다.

그런데 앞에서 이야기한 손실 함수와 개념이 혼동될 수 있다. 손실 함수를 통해서 오차를 추정하는 것이니 굳이 다른 평가 지표가 필요할까? 라는 생각을 할 수 있다. 답부터 말하자면 손실 함수와 평가 지표는 상이할 수 있다. 주로 손실 함수는 학습할 때 인공지능의 성능을 최적화하는 데 사용되는 반면 평가 지표는 테스트 데이터에서 인공지능의 성능을 측정하는 데 사용된다.

이 말은 평가 지표는 비즈니스의 요구에 따라 정의될 수 있다는 말이다. 그렇다면 손실 함수와 평가 지표는 항상 상이한가? 그렇지 않다. 둘의 정의가 일치하는 경우가 꽤 많다. 보통 회귀 인공지능(어떤 값으로 인해 변하는 연속적인 값을 찾을 목적으로 상관관계를 찾는 알고리즘)은 둘의 정의가 일치하는 경우가 많다. 이 정도를 알고 있다면 인공지능 개발자와 논하는 데 부족함이 없을 것이다.

평가 지표를 논하는 데 빼놓을 수 없는 것은 오버 피팅(Overfitting)과 언더 피팅(Underfitting)이다. 오버 피팅은 인공지능이 학습 데이터에 과도하게 적합하게 되어 새로운 데이터에 대한 예측 성능이 저하되는 현상이다. 인공지능은 주어진 데이터를 기반으로 정답을 맞힐 수 있는 규칙을 학습한다고 위에서 말한 바 있다. 이 규칙을 너무 잘 찾으면 그 데이터에만 맞힐 수 있는 규칙을 찾게 되어 다른 데이터에 규칙을 적용하면 오히려 맞히지 못하게 된다.

예를 들어 서울의 주택 관련 변수들로 서울 주택 가격을 예측하는 인공지능을 만들었다고 하자. 이때 이 인공지능은 성능이 매우 좋아 과거의 모든 가격을 예측할 정도였다고 하자. 이 인공지능으로 전국의 주택 가격을 맞히는 과제로 확장했을 때 이 인공지능은 과연 주택 가격을 잘 맞힐까? 정답은 "맞히지 못한다." 이다. 이의 경우를 오버 피팅이라고 한다. 언더 피팅은 이와 반대의 경우로 학습 데이터의 규칙을 잘 찾지 못해 제대로 예측하지 못하는 경우이다.

여러 가지 원인이 있을 수 있지만 대표적으로 모델 복잡도와 데이터 복잡도가 불균형한 경우이다. 앞에서 살펴본 바와 같이 모델과 데이터는 복잡도라는 개념이 있고 모델 복잡도가 데이터 복잡도보다 높을 때 성능이 하락하게 된다. 데이터는 일반적인 인공지능을 학습시킬 만큼 있지만 너무 복잡한 인공지능, 예를 들어 ChatGPT와 같이 초거대 인공지능을 학습하려고 하면 데이터가 너무 적어서 학습이 제대로 되지 않을 것이다.

반대로 모델 복잡도가 데이터 복잡도보다 낮을 때 성능이 하락하게 된다. 데이터는 충분하지만 ChatGPT와 같이 초거대 인공지능을 사용해야 할 만큼 복잡한 문제를 해결하려고 하는데 문제를 해결하려고 간단한 인공지능을 사용하게 된다면 잘 해결하지 못하게 될 것이다.

오버 피팅을 방지하는 방법의 하나는 조기 중지(Early stopping)이다. 조기 중지는 오버 피팅을 방지하려고 검증 데이터로 추정한 오류(손실)가 증가하기 시작할 때 학습을 중지하는 방법이다. 즉, 학습이 충분히 되지 않았는데도 학습을 중지한다. 이를 통해 학습을 조기에 중단하면서 없는 데이터에 대해서도 어느 정도의 예측력으로 인공지능을 만들 수 있다. 물론 완벽하지 않다. 가장 좋은 방법은 모든 데이터를 모아서 학습하는 것이지만 현실적으로 불가능할 경우 이러한 방법도 활용되곤 한다.

모델링을 이야기하다 보면 인공지능 개발자들이 앙상블 학습(Ensemble learning)에 대해서 논하는 것을 들은 적이 있을 것이다. 이는 여러 인공지능을 훈련하고 결합해 성능을 향상하는 방법이다. 이 방법은 항상 우월한 성능을 내는 인공지능은 존재하지 않는다는 가정하에 만들어진 방법이다.

예를 들어 동일한 학습 데이터로 3개의 인공지능을 만들었다고 하자. 각 인공지능은 서로 다른 방법으로 만들어져 각기 찾은 패턴이 다르다. 이때 테스트 데이터로 성능을 평가하면 1, 2, 3의 순서대로 성능이 뛰어났다고 하자. 그런데 갑자기 새로운 테스트 데이터가 더 생겼다고 하자. 이 새로운 테스트 데이터로 인공지능의 성능을 평가하면 마찬가지로 1, 2, 3의 순서대로 성능이 뛰어나다고 확신할 수 있을까? 정답은 그럴 수 없다는 것이다.

전체 중 일부의 데이터로 구성한 학습 데이터이므로 학습 데이터를 통해 찾을 수 있는 패턴은 전체를 대표할 수 없다. 그러므로 한 개의 인공지능이 아닌 1, 2, 3의 인공지능이 각기 찾은 패턴의 결과를 조합하면 개별 인공지능보다 더 좋은 결과를 낼 수 있다는 것이 앙상블이다.

예를 들어 교수님이 한 학생에게 여러 명의 손 글씨를 보여 주고 뭐라고 쓰는지 맞히는 과제를 주었다고 하자. 이 학생은 여러 명의 손 글씨의 특징을 감지해 뭐라고 썼는지를 말할 것이다. 그런데 만약 학생 한 명이 아니라 여러 명이 협력한다고 해 보자. 여러 명은 각자 손 글씨의 특징을 감지할 것이다. 어떤 학생은 크기를, 어떤 학생은 길이를, 어떤 학생은 곡선을 보고 감지할 것이다. 그리고 각기 뭐라고 썼는지를 말할 것이다. 이때 각기 말한 결과를 조합하면 학생 혼자서 결론을 내린 것보다 더 정확해진다.

이처럼 앙상블 방법은 한 개의 인공지능보다는 여러 개의 인공지능 결과를 조합하는 것이 더 정확하다는 가정하에 만들어진 방법이다. 실제로 앙상블은 여러 과제에서 매우 좋은 성능을 보인다. 앙상블의 효과 중 하나는 위에서 언급한 오버 피팅과 언더 피팅을 줄일 수 있다는 것이다. 여러 인공지능의 결과를 조합하다 보니 어떤 한 인공지능의 결과만을 반영하지 않아 어떤 한 인공지능의 결과가 이상한 결과를 내더라도 보정이 가능하다. 만약 인공지능 개발자가 앙상블을 이야기한다면 인공지능 여러 개를 만들어서 결과를 조합해서 더 성능을 좋게 하려고 하는구나 하고 이해하면 될 것이다.

인공지능 개발자들이 최적화한다는 것은 대체 어떤 의미일까? 최적화(Optimization)는 인공지능의 학습 과정에서 파라미터(인공지능의 가중치와 편향)를 조정해 성능을 최대화하는 과정이다. 성능을 최대화한다는 것은 오류를 최소화하는 문제로 바꿀 수 있고 주로 인공지능 개발자들은 성능을 최대화하는 방향이 아니라 오류를 최소화하는 문제를 해결하는 식으로 인공지능을 학습시키는 편이다.

여기서 인공지능 개발자는 배치(Batch)에 대해 논할 것이다. 배치는 학습에 사용되는 데이터의 묶음으로, 한 번에 처리하는 데이터의 양을 의미한다. 예를 들어 1억 명분 고객 데이터가 있다고 하자. 한 번에 학습하기보다 쪼개서 1천만 명씩 학습하는 것이 효율적이다. 만약 1억 명으로 한 번에 학습하려고 하면 위에서 논한 바와 같이 최적화해 오류를 최소화하려고 인공지능의 학습을 시도할 것이다.

이때 한 번에 학습하는 것이 아니라 반복적으로 연산을 수행해야 하는데 너무 큰 데이터로 학습하려고 하면 학습 시간이 매우 오래 걸리게 된다. 또한 학습을 위해서 연산량을 감당할 수 있도록 하드웨어의 스펙을 크게 늘려야 하는데 이렇게 되면 비용이 너무 많이 들어간다. 하지만 한 번에 처리하는 데이터의 양을 정하고 그 데이터로 반복적으로 연산한다면 이러한 문제는 해결할 수 있을 것이다.

물론 일부 데이터가 데이터 전체의 경향을 반영하기가 힘들다는 단점 때문에 학습을 꼭 성능에 좋은 방향으로만 하지 않을 수 있다. 결국 최적화하려고 더 많은 연산을 해야 할 수도 있다. 하지만 비용적 이점도 있고 최근 하드웨어의 발전에 따라 어느 정도 크기 이상의 데이터를 배치 크기로 정할 수 있어 학습하는 데 문제가 발생할 경우보다 비용과 시간을 아끼는 장점이 더 커서 많이 활용되는 방법이다.

추론(Inference)은 학습된 인공지능을 사용해 새로운 데이터를 추정하는 과정이다. 보통 예측한다는 것과 혼용해서 쓰이기도 한다. 예를 들어 3이라는 값이 들어올 때 인공지능이 학습한 패턴에 따라 1을 결과로 산출한다면 1을 산출하는 과정이 추론이며 보통 예측이라고 한다. 사실 추론과 예측은 엄밀히 말하면 다르다. 추론은 말 그대로 학습한 데이터로 새로운 데이터에 대해서 학습된 패턴을 사용해 값을 추정한다. 그러므로 학습된 패턴과 다른 패턴을 보이는 데이터가 사용될 때 제대로 예측할 수 없다.

그러나 필자가 판단하기에 예측은 점성술사가 예측하듯이 예지에 가까운 의미를 내포하고 있다. 하지만 둘 다 모두 혼용되어 사용되는 이유는 인공지능을 활용해서 패턴을 찾으면 그 패턴이 앞으로 거의 바뀌지 않거나 바뀌는 데 오랜 시간이 걸리는 경우가 많기 때문이다.

예를 들어 고양이와 강아지를 구분하는 인공지능을 만들었다고 하자. 고양이의 사진을 보여 주고 인공지능에 고양이인지 강아지인지 맞히라고 할 때 인공지능은 둘 중 하나의 답을 내놓을 것이다. 그런데 여기서 고양이와 강아지는 오랜 시간이 지나도 가진 특성이 크게 변화하지 않는다. 두 종이 돌연변이가 탄생하는 게 아닌 이상 백 년 전의 고양이와 강아지의 모습과 지금의 고양이와 강아지의 모습은 변화하지 않는다.

그렇기에 추론이 아니라 예측하라고 해도 틀리지 않는 말이 된다. 하지만 인공지능을 잘 모르는 사람과 대화할 때 예측한다고 하면 마치 인공지능이 점성술사가 되어 예측하는 것 같은 느낌을 주기 마련이다. 따라서 용어에 매우 유의해야 하며 인공지능을 모르는 사람도 이 내용을 알고 있다면 향후 인공지능 개발자와 이야기하는 데 도움이 될 것이다.

회의하다 보면 파이프라인을 구축하겠다는 말을 종종 하곤 하는데 인공지능에서 파이프라인이 대체 무엇일까? 머신 러닝 파이프라인(Machine Learning Pipeline)은 데이터 수집에서 인공지능의 성능 평가까지의 전체 과정을 일련의 단계로 나누어 관리하는 방식으로, 자동화된 인공지능 시스템 개발에 주로 사용되는 용어이다.

자동화된 인공지능 시스템의 도입이 필요한 이유는 여러 가지가 존재한다. 한 가지 예를 들면, 한 번 학습한 인공지능을 지속해서 재활용하게 되면 성능이 떨어지게 된다. 이유는 여러 가지인데 대표적으로 인공지능이 학습할 때 사용한 데이터가 시간이 지나면서 특성을 잘 반영하지 못하게 되기 때문이다.

예를 들면 추천 시스템을 만들었다고 할 때 이 시스템이 고객의 선호도를 추정하는 방식으로 만들어졌다고 하자. 고객의 선호도는 시간에 따라 변화하고 이러한 선호도 변화를 반영해야 하는데 과거에 만들어진 인공지능을 계속해서 활용하는 것은 고객의 선호도 변화를 반영하지 못해 결국 성능 저하의 원인이 된다. 이처럼 자동화된 인공지능 시스템을 도입하지 않으면 발생할 수 있는 여러 가지 문제점이 존재해 자동화된 인공지능 시스템 개발은 실무적으로 필요할 수밖에 없다.

5.8.3. 배포 관련 지식 부재 극복하기

앞에서 우리는 땅을 다지고(데이터를 준비) 씨를 뿌리는 과정(학습)을 거쳤다. 이제 뿌린 씨에서 나온 결과물(학습된 인공지능)을 실제로 수확(실제 적용 준비)하는 과정을 거쳐야 할 것이다. 많은 비전문가 혹은 인공지능 개발자와 협업하는 실무자들은 인공지능 개발이 매우 중요한 과정이라는 것을 이해하고 있다.

하지만 이러한 인공지능을 적용하는 것 또한 중요한 과정이라는 것에 대한 이해는 부족할 수 있다. 이 챕터에서는 인공지능을 적용할 때 자주 사용되는 여러 가지 용어를 살펴볼 것이다. 그리고 이를 통해 적용하는 것이 어떤 의미인지를 이해할 수 있을 것이다. 이를 바탕으로 비전문가가 인공지능 개발자와 소통할 때 도움이 될 수 있다. 또한 인공지능 개발자들은 이러한 영역을 고려해 소통하고 개발해야 한다는 것을 더 깊게 이해할 수 있을 것이다.

인공지능 개발자와 이야기하다 보면 배포가 완료되었다는 이야기를 종종 듣곤 한다. 대체 배포가 어떤 의미이길래 배포를 완료했다는 걸까? 배포(Deployment)란 개발된 인공지능을 실제 서비스 운영 환경에 적용하는 과정을 의미한다. 실제 서비스 운영 환경은 회사나 조직마다 상이할 수 있지만 일반적으로 상용화는 인공지능의 성능, 안정성, 보안 등을 복합적으로 고려해 결정된다. 모델링할 때 고려되지 않았던 추론에 드는 시간도 성능에 포함된다.

실시간으로 활용하는 데 사용하려면 성능 체크가 꼭 필요한 부분이고 때로는 초거대 인공지능을 실제로 활용하는 데 허들이 되기도 한다. ChatGPT는 물론 인공지능이 사람과 같이 매끄럽게 그리고 정보를 잘 요약하고 전달한다는 점도 있다. 하지만 엔지니어의 관점에서 볼 때 매우 놀라운 부분은 저렇게 큰 초거대 인공지능이 결괏값을 반환하는 데 시간이 매우 빠르다는 점도 존재한다.

이는 ChatGPT의 배포 환경이 매우 안정적이고 확장 가능하다는 것을 의미한다. 또한 인공지능을 기존의 배포 환경에 매우 잘 통합했다는 것을 의미하며 이를 통해 OpenAI의 인공지능 개발 외의 적용에서도 고민의 수준이 높다는 것을 알 수 있다.

배포에 대해 논의하다 보면 유지 관리에 대해서도 빼놓을 수 없다. 유지 관리(Maintenance)란 모델을 배포한 뒤에 시간 경과에 따라 모델의 성능을 유지하는 과정을 의미한다. 유지 관리를 하려면 모니터링이 필요하다. 예를 들어 인공지능을 만들고 이를 배포까지 했는데 실제 활용되지 않는 경우 이를 유지하는 데 드는 비용과 휴먼 리소스만 소모될 뿐이다.

이러한 상황을 방지하려면 인공지능이 얼마나 활용되고 성능은 떨어지지 않는지 데이터를 수집하는 과정이 필요하다. 수집 후 담당자가 한눈에 파악할 수 있도록 다양한 방법으로 분석하고 시각화하고 문제를 발견할 때 알람을 자동으로 보낼 수 있어야 한다. 이러한 일련의 과정을 구축하면 다음 단계로 인공지능을 유지 관리하는 여러 가지 정책이 필요할 수 있다. 예를 들어 인공지능이 활용되지 않는 경우 더 많은 사용을 장려하도록 내용을 정리해 사용자에게 공유도 해야 하고 시스템을 변경하거나 모듈을 추가 개발, 변경하는 과정 수행 정책을 수립해야 할 수 있다.

유지 관리를 이야기하다 보면 CI/CD라는 용어를 자주 접하게 된다. CI/CD(Continuous integration and continuous deployment)란 지속적인 통합과 지속적인 배포를 의미한다. 예를 들어 소프트웨어 변경 사항을 구축, 테스트 및 배포하는 프로세스를 자동화하는 방식이라고 할 수 있다. 인공지능 배포 맥락에서 CI/CD는 인공지능 구축, 테스트 및 배포 프로세스를 자동화하는 것이라고 할 수 있다.

인공지능 개발자가 아니더라도 개발자들과 이야기하다 보면 종종 도커라는 것에 대해서 듣곤 한다. 도커(Docker)란 개발자가 애플리케이션을 컨테이너(운영 체제 수준의 가상화 기술로 리눅스 커널을 공유하면서 프로세스를 격리된 환경에서 실행하는 기술)에 패키징하고 배포할 수 있는 플랫폼이다. 즉, 애플리케이션, 서버, 저장 장치 등 물리적으로 하나인 것을 복수의 것처럼 또는 반대로 복수의 것을 하나인 것처럼 만들어 주는 것을 쉽게 할 수 있도록 도와주는 SW이다.

예를 들면 내 노트북에 설치된 MS 오피스의 버전이 Office 365인데 내 노트북 안에서 버전이 Office 2021, 2019, 2016, 2013인 가상의 노트북을 만들 수 있고 이 노트북들은 실제 노트북을 사용하는 것과 같은 효과를 낸다고 이해하면 편하다. 인공지능 배포 맥락에서 도커는 인공지능과 인공지능의 활용을 도와주는 여러 프로그램을 관리하는 데 사용할 수 있다. 이는 실제 서비스 운영 환경이 다양하게 존재할 경우 더 쉽고 일관되게 배포할 수 있어 개발자와 인공지능 개발자가 소통할 때 자주 등장하는 개념이다.

도커를 논하다 보면 자주 등장하는 개념이 쿠버네티스(Kubernetes)이다. 글자가 길어 중간 영어 글자 8개를 줄여서 k8s라고도 한다. 쿠버네티스는 왜 자주 언급되고 도커와 함께 자주 언급될까? 그 이유는 쿠버네티스의 활용이 도커 관리와 밀접하게 맞닿아 있기 때문이다.

앞에서 언급한 것과 같이 도커를 활용해서 5개 버전의 오피스가 설치된 가상 노트북을 노트북 내에서 만들었다고 하자. 편의상 n1에서 n5라고 부르겠다. n1의 가상 노트북이 혹시라도 어떤 이유에 의해서 갑자기 다운되는지, 다운된다면 다시 n1의 가상 노트북과 같은 버전의 오피스가 설치된 가상 노트북을 n6라는 이름으로 다시 실행하는 등의 과정이 필요할 것이다. 그렇지 않으면 가상 노트북에 원격으로 접속해서 사용하는 사용자들은 갑자기 접속할 수 없어 혼란을 겪을 것이다. 특히 회사에서 운영하는 서비스라면 갑자기 다운되면 사용자들의 항의 전화도 받게 되고 최악의 경우 대량으로 이탈할 수 있어 매우 중요한 문제이다.

이때 이러한 과정(다운되었는지 체크하고 관리하는 과정)의 수행을 도와주는 것이 쿠버네티스이다. 이 쿠버네티스의 출시로 인해 수많은 엔지니어가 애플리케이션의 확장과 장애 조치, 배포를 쉽게 할 수 있게 되었고 이에 따라 도커와 쿠버네티스가 함께 자주 등장한다.

인공지능 배포의 관점에서 볼 때 여러 버전의 인공지능을 통합 관리하는 데 도움이 된다고 볼 수 있다. 이러한 운영상의 난이도 때문에 인공지능 개발자는 인공지능을 개발하는 것에도 집중해야 하지만 개발자와 논의할 때 인공지능과 인공지능을 활용하는 데 필요한 각종 프로그램의 버전에 대해서도 긴밀하게 논의해야 할 것이다.

데이터나 인공지능 결과의 송수신을 논할 때 API라는 것을 종종 듣게 된다. API란 응용 프로그램 프로그래밍 인터페이스를 의미한다. 즉 표준화된 값으로, 사전에 주고받을 수 있는 규격을 정의해 다른 서비스와의 통합을 쉽게 할 수 있다. 인공지능 배포의 관점에서 바라볼 때 API는 다른 서비스와 결합이 용이하다.

예를 들어, 인공지능 개발자가 인공지능을 만들어서 어떤 서비스에 탑재하고 싶다고 하자. 적용하려고 하는 서비스는 사실 인공지능이 어떻게 수행되는지에 대해서 관심이 없다. 그 서비스가 오로지 관심 가지는 것은 인공지능이 전달해 주는 결과뿐이다. 이때 API를 활용하면 서비스 개발자는 인공지능에 대한 내용을 모르더라도 인공지능의 결과를 받을 수 있는 서버에 값을 요청해 받아 활용할 수 있게 된다.

별도의 서버에서 인공지능을 학습하고 결과를 보내 주면 서비스를 운영하는 서버에서는 결과를 받아서 서비스에 적용할 수 있게 되는 것이다. 즉, API를 활용해서 통신하면 서비스가 운영되는 서버에서 인공지능을 직접 구동하지 않고도 인공지능을 적용할 수 있게 된다.

이에 따라 인공지능 결과를 주고받을 수 있는 API 서버만 잘 운영하면 다양한 운영 환경에 적용할 수 있는 편리함과 유연성을 확보하게 된다. 만약 새로운 인공지능을 만들어도 API를 활용해서 기존 인공지능과 새로운 인공지능을 서비스 단에서 관리할 때도 편리해져 적용의 난이도가 한층 내려가게 된다.

서버나 인프라에 대해 신경 쓰다 보니 정작 개발에 많은 시간을 쏟지 못하게 되는 경우가 허다하다. 이러한 서버나 인프라를 신경 쓰지 않고 개발하고 싶은 니즈에서 서버리스 컴퓨팅이 나오게 되었다. 서버리스 컴퓨팅(Serverless computing)이란 개발자가 서버나 인프라에 대한 관리 일체를 클라우드에 맡겨서 오로지 개발에만 집중할 수 있는 컴퓨팅 실행 방법이다.

예를 들어 인공지능을 어떤 서비스에 적용한다고 할 때 서버나 인프라에 대한 관리가 필수적인데, 서버리스로 개발하게 되면 이에 대해 걱정하지 않아도 된다. 애플리케이션의 버전 관리나 서버가 다운되는 상황 등을 고민하지 않고 일체 클라우드 서비스에 맡기면서 오로지 코드 개발에만 집중함으로써 개발의 속도와 품질을 올릴 수 있게 된다. 그럼으로써 개발자의 생산성을 높이고 운영 비용을 줄일 수 있다.

그러나 모든 클라우드 비용이 그러하듯이 과다 청구될 수 있는 여지가 있어 조심해서 사용해야 한다. 그런데도 이러한 장점으로 인해 주로 빠른 배포와 수정, 가능성을 테스트가 자주 이루어지는 스타트업에서 많이 활용되고 있다.

거버넌스(Governance)에는 윤리적 고려 사항 및 규정 준수를 포함해 인공지능 시스템의 개발, 배포 및 사용을 관리하는 프로세스 및 정책이 포함된다. 인공지능 분야의 거버넌스는 인공지능 시스템이 개발, 배포 및 사용되도록 하려고 시행하는 일련의 정책, 절차를 의미한다. 다양한 분야에서 인공지능 시스템이 널리 사용됨에 따라 거버넌스가 점점 더 중요해지고 있다.

이를 위해 데이터 거버넌스(Data Governance)와 모델 거버넌스(Model Governance)가 주로 언급된다. 데이터 거버넌스는 수집과 저장, 사용, 폐기 과정에서의 데이터를 관리하고 보호하려는 정책과 절차를 의미한다. 데이터가 수집되는 부분부터 사용할 때까지 전반에 걸쳐 관리하고 보호해야 한다. 이를 위해 암호화, 접근 제어, 익명화 등을 통해 프라이버시와 보안을 강화하도록 조처하기도 한다.

모델 거버넌스는 인공지능의 개발, 테스트, 배포, 폐기를 포함해 전체 수명에 걸쳐 관리하는 정책과 절차를 의미한다. 인공지능을 학습하는 부분부터 폐기할 때까지 수명 전반에 걸쳐 관리되어야 한다. 이를 위해 인공지능 개발 후 문서화를 통해 관리하며 모델 버전 관리(Model versioning), 검증, 배포, 모니터링, 재훈련, 폐기까지 정책과 절차를 수립한다.

인공지능 버전 관리를 위해 인공지능의 파라미터와 하이퍼파라미터 이외에도 학습 데이터를 포함해 관리한다. 검증하고 배포하는 과정에는 인공지능이 계속해서 최적의 성능을 발휘하도록 정기적으로 모니터링하고 업데이트하는 것도 포함된다.

비동기 처리(Asynchronous processing)는 대용량의 동시 요청(트래픽)을 처리할 때 사용되는 기술이다. 당연히 인공지능을 시스템에 배포할 때도 사용된다. 비동기 처리 방식은 작업과 작업 간 의존성이 없는 방법이다. 즉, 한 작업이 실행된 후 작업이 종료될 때까지 기다리지 않아도 다른 작업이 시작될 수 있는 방법이다.

어떤 작업이 실행된 후 그 작업이 종료될 때까지 다른 작업을 시작할 수 없다면 대용량의 동시 요청이 들어오게 되면 인공지능은 추론을 원하는 시간 안에 처리하지 못할 것이다. 만약 어떤 인공지능이 탑재된 시스템에 요청을 보냈을 때 응답이 1시간 뒤에 온다면 그 시스템은 사용할 수 없을 것이다. 실제로 동기식으로 처리한 뒤에 대용량의 동시 요청이 몰리게 되면 그런 일이 발생할 수 있다.

하지만 비동기 식으로 처리한다면 여러 작업을 동시에 실행할 수 있어 전체 처리 시간을 줄일 수 있게 된다. 그러므로 비동기 처리는 서비스 운영에 매우 유용한 방법이며 인공지능 시스템에서도 마찬가지이다. 비동기 처리를 구현하는 방법은 한 가지로 정해진 것은 아니며 시스템마다 최적화된 방법으로 구현해야 레거시 시스템에 잘 탑재될 수 있을 것이다.

비동기 처리는 실시간 처리 기능을 개선하는 데 도움이 되는 매우 중요한 기술이므로 비동기 식으로 개발되지 않은 서비스를 운영 중이라면 비동기 처리를 고려해 보는 것도 좋다. 만약 개발자들이 비동기 처리에 대해 논한다면 대용량의 동시 요청을 감당하는 방법을 고민하고 있다고 생각하면 좋을 것이다.

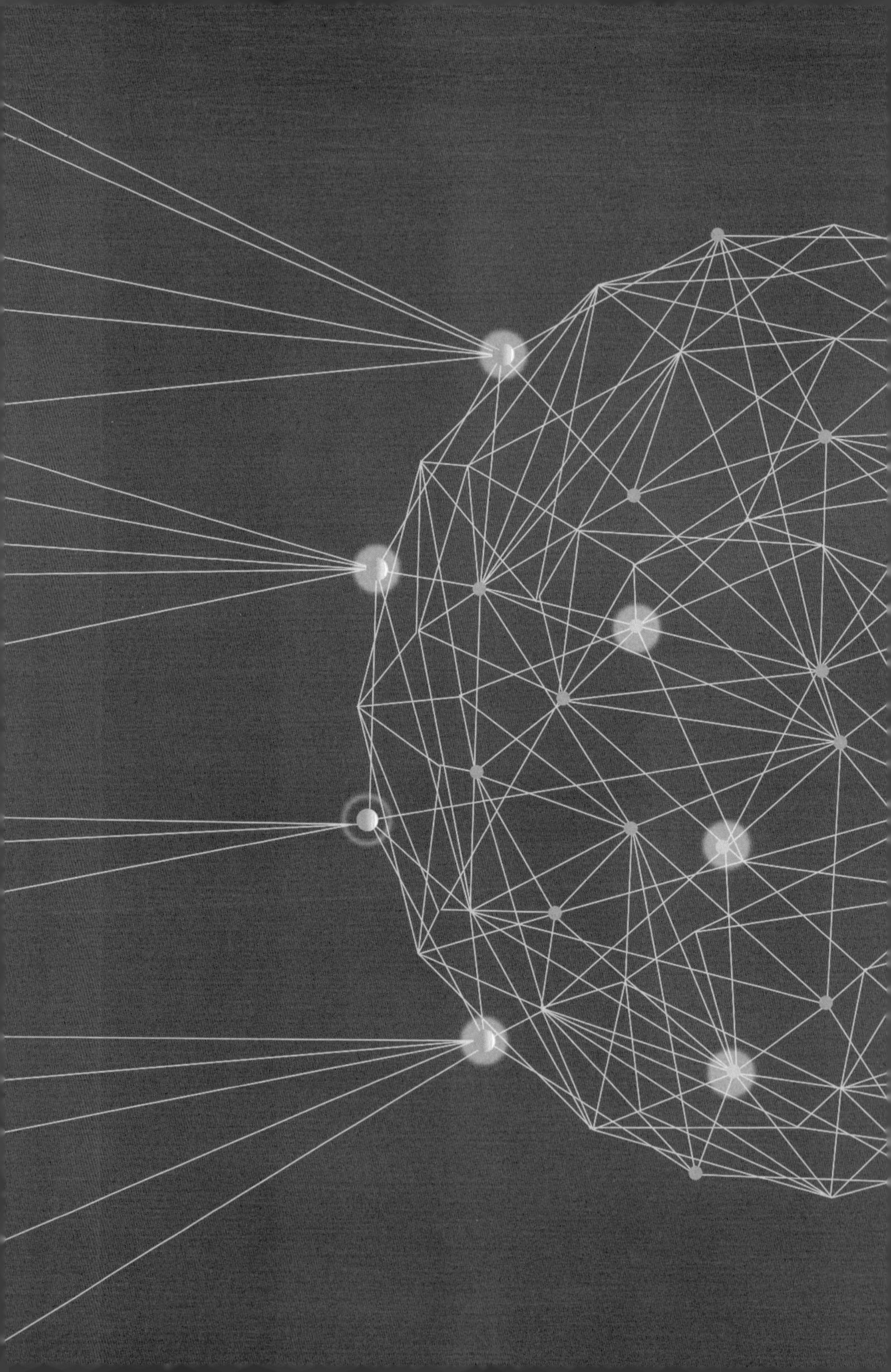

6장

인공지능으로 인해 변화하는 사회 그리고 기회

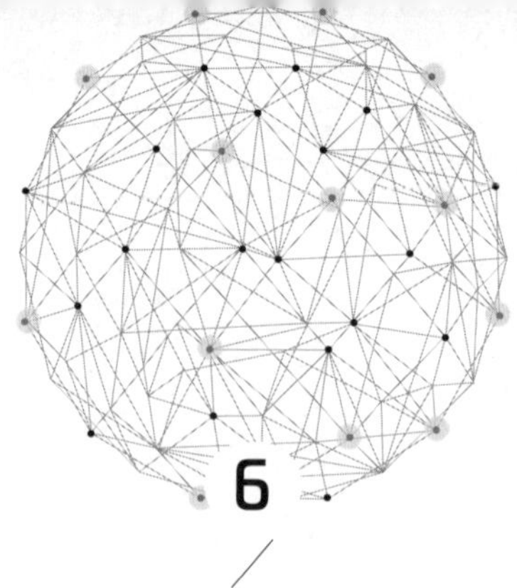

6

인공지능으로 인해 변화하는 사회 그리고 기회

뽕나무밭이 푸른 바다로 변한다는 표현을 상전벽해라고 한다. 주로 나도 모르게 세상이 달라진 모습을 보고 비유하는 말로 변화가 매우 심한 경우를 의미한다. 인공지능으로 인한 변화가 이처럼 매우 심한 변화 양상을 보일 것이다. 인공지능으로 인한 변화는 다양한 형태로 오게 될 것이다.

생각했던 것보다 기존 질서를 파괴하면서 올 수도 있고 크게 변화하지 않을 수도 있다. 변화는 생각한 것보다 빠르게 오기도 하지만 어떤 부분에서는 변화는 매우 천천히 일어나기도 해서 인공지능으로 인해 변화가 일어나는 것은 거의 확실해 보이지만 어떤 변화가 어떻게 일어날지에 대해서는 파악이 잘되지 않을 수 있다.

필자 또한 인공지능 업계에 몸을 담고 있지만 미래에 대해서 논하기는 매우 조심스럽다. 미래를 논한다는 것은 어렵고 만약 잘못 논하게 되었을 경우를 고려하지 않을 수 없어 조심스럽지만 필자는 이러한 논의 자체가 인간에 대한 이해와 인공지능에 대한 이해, 나아가 인류에게 도움이 된다고 판단해 논의를 싣게 되었다. 이 챕터에서는 인공지능으로 인한 여러 변화에 대해서 논하고 이를 통해 인공지능에 대한 이해뿐 아니라 인공지능이 가지는 의미에 대해서 더 깊게 탐구해 보려고 한다.

6.1 조직의 변화

인공지능으로 인해 가장 변화가 많을 것으로 예상되기도 하며 사람들이 가장 궁금해하는 부분은 역시 '조직의 변화'일 것이다. 연일 뉴스에서는 인공지능으로 인해 사라지는 일자리를 이야기해 주고 인공지능은 매번 뛰어난 모습을 보여서 필자는 미래에 어떻게 될지 불안한 마음이 들 뿐이다.

과거를 바라보면 혁신이 생길 때마다 항상 조직 변화가 가장 파괴적이었다. 더 이상 필요가 없어진 업무를 하는 사람과 필요성이 더 커진 새로운 일자리의 탄생이 맞물려서 일어났다. 그러다 보니 무언가 혁신을 가져오는 것이 있을 때 사람들은 조직의 변화에 민감한 편이다. 특히나 인공지능이 가져올 파괴적인 혁신을 생각해 볼 때 유사한 상황이 일어날 가능성이 크다고 판단하는 사람이 많아 보인다.

특히 일자리를 대체해 일자리를 잃고 소득원이 없어질 것을 우려하고 인공지능에 대해서 두려워하는 사람도 등장했다. 과연 어떨까?

본 챕터는 이러한 상황 속에서 어떤 변화가 일어나게 될지를 논하며 이러한 변화 속에서 내 기회는 어떻게 찾아올 수 있을지를 논하려고 한다.

6.1.1. 조직 변화에 따른 일자리 변화

많은 사람이 알고 싶어 하는 것 중 하나는 인공지능으로 인해 앞으로 내가 어떻게 될지에 대한 궁금증일 것이다. 인공지능으로 변화하는 것 중 사람들이 생각하지 못하는 변화에는 어떤 것이 있을까? 아이러니하게도 분석/인공지능 연구 개발 조직의 종말을 논하게 될 수 있다. 정확히는 현재 형태의 분석/인공지능 연구/개발 조직은 사라지게 될 것이다. 미래에는 인공지능은 모두가 사용할 수 있는 도구가 될 것이고 이 말은 꽤 중요한 의미를 지닌다.

8, 90년대 초 생이라면 과거 대한민국을 휩쓸었던 주판 열풍을 기억하고 있을 것이다. 산업이 발전함에 따라 빠르고 정확하게 계산할 수 있는 연산력이 요구되었다. 그러한 니즈에 따라 발 빠른 사람들은 주판 학원을 만들어서 니즈를 충족시켜 주면서 수익을 창출하려고 했다. 그러자 사람들은 기꺼이 돈을 주고 주판 학원에 가서 주판 사용법을 습득해 빠르고 정확하게 계산하는 방법을 배웠다.

그러나 불과 10년 사이에 주판을 하는 사람을 찾기가 더 어려운 시대가 되었다. 이제는 주판을 배우라고 하면 차라리 공학용 계산기를 하나 더 사 달라고 하는 시대가 되었다. 간단한 계산은 노트북에 기본으로 내재한 계산기를 사용할 수 있다. 노트북 기본 계산기를 사용하면 주판보다도 빠르고 정확하게 계산이 가능한 시대가 되었다. 이처럼 시대의 발전이라는 것은 많은 변화를 이끌게 되는 법이다. 인공지능의 발전은 어떤 변화를 끌어내게 될까?

현재 많은 회사가 사내에 연구 센터를 만들고 이 안에서 데이터 분석, 인공지능 개발 등을 진행하고 있다. 그러나 이러한 형태가 언제까지 가게 될 수 있을지는 알 수 없다. 잠깐 앞장에서 논한 바와 같이 미래에는 Narrow AI는 도구화가 될 것이다. 이는 인공지능이라는 것을 적용하고 활용하는 데 지금보다 적용 장벽이 낮아진다는 이야기이다. 결국 인공지능에 대해 아예 모르는 사람도 적용할 수 있게 된다는 것이다.

그렇게 되면 현재 낮은 수준의 인공지능을 개발하는 인력들은 현재와 같이 연구 센터 내에서 위치하기보다는 조직 재배치를 받을 가능성이 크다. SW 개발 분야에서 단순히 사람의 숫자보다는 실력이 뛰어난 사람 한 명이 실력이 뛰어나지 않은 여러 명의 성과보다 더 큰 성과를 내곤 한다. 인공지능 분야에서도 이와 동일한 양상을 보인다. 즉, 소위 여러 명을 유치하기보다는 스타 플레이어 한 명을 유치하는 것이 더 중요해진다.

이러한 흐름에 따라 연구소의 역량은 존재하는 인력의 수가 아니라 질에 크게 영향받게 될 것이다. 즉 연구소는 소수의 뛰어난 사람이 모여 연구하는 곳이 될 것이다. 그러다 보니 현재의 분석 조직이나 인공지능 조직이 하는 많은 일은 각 비즈니스 조직에서 수행하거나 비즈니스 조직에 재배치받은 인력이 업무를 수행할 가능성이 높다. 결국 적용하는 인원과 더 높은 차원의 연구하는 인원은 구분이 될 수 있을 것으로 추측해 볼 수 있다.

그런 흐름에 따라 연구소는 존재하지만 대규모로 연구원이 있는 연구소의 수는 지금보다 줄어들 것이다. 즉, 대부분의 기업의 연구소 조직이 더욱 슬림해질 것이다. 물론 이것이 인공지능 개발 역량의 하락을 의미하지 않는다. 연구소의 뛰어난 인력들은 연구를 지속하게 되고 더 진보된 신규 인공지능 알고리즘은 계속해서 쏟아져 나올 것이다.

그리고 각 조직에 퍼진 인공지능 개발자들은 진보된 신규 인공지능 알고리즘을 적절히 튜닝해 실제 비즈니스에 잘 접목할 것이다. 적용을 잘하는 것도 조직이 가지는 인공지능 개발 역량이라고 할 수 있고 전체적인 역량은 지금보다 향상하게 될 것이다. 이처럼 조직의 변화에 따라 새로운 인공지능을 개발하기도 하지만 대부분의 인력은 기업의 인공지능 활용 역량에 더 크게 기여하게 될 것이다.

혹은 다른 추측을 해 볼 수도 있다. 인공지능이 발전함에 따라 더 많은 극복해야 할 문제들에 직면하게 되고 인공지능을 잘 활용할 수 있는 역량이야말로 기업의 성패를 좌우함에 따라 인공지능 연구 센터에 인력을 더 많이 보충하고 크게 키우게 될 수도 있다. 그러나 현재의 분석/인공지능 조직이 수행하는 수준의 많은 부분이 각 필드(전문 분야)의 현업이 직접 수행하게 될 거라는 일은 크게 달라지지 않을 것 같다. 결국 우리는 인공지능의 변화에 따라 인공지능을 실제로 다양하게 활용하는 분석이나 인공지능 개발 조직의 현재 모습은 종말을 고하게 되리라 예측할 수 있다.

그렇다면 분석이나 인공지능 개발 조직이 아닌 경우는 어떠할까? 아마 사람이 단순 반복하는 작업의 경우 대체할 수 있는 부분은 대체하게 될 것이다. 이에 대한 예로는 산업 혁명으로 인해 사라진 수공업자들을 대표적으로 떠올려 볼 수 있을 것이다. 반복적인 작업을 다른 사람들 대비 높은 품질과 생산성을 보이던 숙련된 수공업자들이 방직기가 나오면서 수공업자들이 만들던 것보다는 품질이 낮지만 월등한 생산성을 내세워 약간 낮은 품질의 옷들을 대량으로 공급할 수 있게 되자 수공업자들은 대부분 사라졌다.

인공지능의 발전은 이와 유사한 결과를 끌어낼 것이다. 현재도 반복 작업에 사람을 이용하는 이유는 기계로 대체할 수 있지만 비용이 사람을 쓰는 것이 더 저렴해서 대체하지 않는 경우가 많기 때문이다. 이러한 부분들은 인공지능이 발전함으로써 대체 비용이 저렴해짐에 따라 반복 업무를 하는 근로자의 대부분이 기계로 대체될 것이다.

그러나 방직 기계가 나와서 수공업자들이 사라졌지만 방직 기계로 인한 부가적인 직업들이 창출되고 대체되었다는 관점에서 볼 때 인공지능이 스스로 대체할 수 있는 업무를 찾고 적절히 대체할 수 있도록 스스로 적용하는 수준이 아니라면 이를 대체하는 작업을 해야 하는 사람들이 생겨나고 이것이 다시 직업의 확장으로 이어질 것이다. 예를 들어 지금은 그냥 기획자가 존재하지만 앞으로는 인공지능 서비스 기획자, 인공지능 비용 절감 기획자, 인공지능 리스크 관리 기획자 등 수많은 직업으로 분화해 일자리가 줄어들지 않거나 늘어날 수 있다.

사실 일자리가 줄어들어도 인간의 삶에 매우 큰 영향을 미치는 일은 대량으로 대체되기 어렵다. 예를 들어 비행기를 생각해 보자. 비행기를 운행하는 것은 기장과 부기장 두 명이다. 현재의 비행기 운항은 대부분 자동화 프로그램이 많은 부분을 담당한다. 그런데도 기장과 부기장이 있는 것은 여러 가지 이유가 있다. 일단 자동화 프로그램은 오류가 아예 없다고 확신할 수는 없다. 오류가 발생하면 기장과 부기장은 즉각적으로 비행기를 제어해야 한다. 또한 관제탑과 통신하며 비행 시 비행 루트를 조정하는지 확인해야 한다.

그런데 여기서 인공지능이 지금 수준보다 매우 발전하는 경우를 상상해 볼 수 있다. 만약 인공지능이 매우 발전해 비행기 운항을 맡게 되면 어떻게 될까? 그때도 기장은 있을 것이다. 오류가 날 가능성이 0%가 아닌 이상 인간의 목숨과 연계된 일에 인공지능이 모든 일을 처리하도록 두지는 못하기 때문이다. 그러나 형태는 조금 바뀔 수 있다. 지금은 기장과 부기장이 존재하지만 미래에는 기장과 엔지니어가 탑승할 수 있다.

자율 항공 주행 인공지능의 혹시 모를 오류에 대비해 비행기의 동체를 제어할 기장이 탑승하고 그 옆에 인공지능을 제어할 엔지니어가 탑승하는 것이다. 자율 항공 주행 인공지능을 제어할 인공지능을 탑재하고 오류 발생 시 기장을 보조할 보조 인공지능을 탑재시키는 것이다. 그리고 기장과 보조 인공지능이 동체를 제어하는 동안 엔지니어가 자율 항공 주행 인공지능의 동체 제어 권한을 박탈하고 오류의 원인을 찾고 제거해 정상화하는 것이다. 이처럼 근로의 형태와 방식은 우리가 상상하지 못하는 방식으로 변할 수 있다.

그렇다면 일자리가 늘어나기만 하는 미래만 예측해 볼 수 있는 걸까? 아닐 수도 있다. 일자리가 줄어든다는 관점에서 볼 때 얼마나 줄어들까? 만약 인간이 수행할 수 있는 일과 인공지능이 수행할 수 있는 일이 동일할 경우 많은 사람의 일자리가 인공지능으로 대체될 것이다. 제조업은 대표적인 예시이다. 아직은 인공지능이 탑재된 로봇을 도입하는 초기 비용이 많이 들어서 인간을 이용하고 있는 경우가 많다.

하지만 기술 발전에 힘입어 저렴해진다면 가장 위태로운 자리이기도 하다. 라인에서 조립하는 작업이나 포장과 같은 반복 작업은 자동화가 가장 쉬운 영역이고 인공지능이 가장 잘하는 분야이다. 그렇다면 제조업만 위험할까? 그렇지 않다. 직업이 사라지는 미래는 영역을 막론하고 찾아올 것이다. 예를 들어 트럭 운전사나 택시 기사나 버스 기사 같은 경우 자율 주행 인공지능의 기술이 발전하면 사라질 일자리이다.

인공지능이 발전하면 발전할수록 인간이 할 수 있는 많은 영역을 침범할 것이다. 그렇게 되면 많은 사람이 일자리를 잃게 될 것이다. 그러면 많은 사람이 소득이 사라진 상태로 지내게 될 것이다. 그렇게 되면 국가에서 이를 해결하고 경제를 활성화하는 방안으로 기본 소득을 도입하게 되고 인간은 역사상 최초로 노동에서 해방되어 소비자로서 활동하거나 더 이상 직업을 선택할 때 소득을 고려하지 않고 하고 싶은 일만 할 수 있는 세상이 펼쳐질 수 있다.

많은 사람이 일자리를 잃는 상황을 걱정하고는 한다. 하지만 필자는 그러한 상황은 크게 걱정할 필요가 없다고 생각한다. 현생 인류는 인공지능이라는 도구를 이제야 막 다루기 시작한 시작점에 있다고 할 수 있다. 그동안은 컴퓨팅 파워가 부족했고 데이터도 부족했다. 이제야 인공지능이라는 도구를 다룰 수 있는 최소한의 컴퓨팅 파워와 데이터를 확보했다. 마치 인공지능이 모든 것을 다 해결해 줄 것 같고 만능처럼 보이지만 사실 인공지능은 아직 걸음마 단계라고 할 수 있다. 정말 인간처럼 사고할 수 있는 인공지능의 출현은 요원해 보이는 것이 사실이다.

그렇지만 그만큼 발전할 날들이 많이 남아 있는 것이 인공지능이다. 게다가 필자는 인공지능을 더 많이 활용하면 할수록 파생되는 일자리가 많아질 거로 생각한다. 현재와 같은 일자리가 없어질 뿐 더 많은 일자리가 파생되어 생겨날 것이다.

예를 들어 당장 스마트폰이라는 개념이 없던 때로 간다고 가정해 보자. 당연하겠지만 그때 스마트폰과 관련된 일자리는 지금보다 훨씬 적었다. 피처폰 시절을 생각해 보자. 휴대폰 가운데 있던 Nate와 같은 인터넷에 접속하는 버튼은 잘못 누르기만 해도 매우 큰 금액을 과금해야 할 정도였다. 그러므로 일상생활 속에서 휴대폰을 통해 인터넷을 접속한다는 것은 꿈도 꾸지 못하던 때가 있었다. 이때 휴대폰으로 게임한다고 할 때 대부분의 게임은 인터넷에 접속해서 타인과 상호작용을 하기보다는 솔로 게임의 수가 훨씬 많았다. 당연한 이야기이지만 인터넷에 접속한다는 자체가 비용이 많이 발생할 수 있었기 때문이다.

그런데 스마트폰이 나오면서 기존에는 없던 와이파이가 도입되어 데이터의 비용이 많이 감소했고 우리는 현재와 같은 일상생활 속에서 인터넷을 통해 타인과 쉽게 상호 작용을 할 수 있는 시대가 되었다. 그러면서 휴대폰 게임도 솔로 게임보다는 온라인 게임이 출시되기 시작했고 자연스럽게 대용량의 트래픽(네트워크나 인터넷에서 전송되는 데이터양을 의미)을 감당해야 하는 상황이 되었다. 그렇게 됨에 따라 전보다 견고한 아키텍처를 설계할 수 있는 IT 인력의 중요성이 점점 커지게 되었고 인력 고용이 활발해졌다. 결국 발전함에 따라 전에 없던 일자리가 많이 창출되었다.

6.1.2. 조직 변화 속 내게 주어진 기회

이와 같은 조직 변화 속에서 나는 어떻게 해야 하는 걸까? 항상 그러하듯 기회는 위기 속에 있다. 분석 조직이 사라지고 일자리가 없어진다는 것은 어떤 것을 의미하는 걸까? 분석 조직이 사라진다는 것의 근거는 Narrow AI가 도구화되면서 현재의 분석 조직이 사라진다는 의미였다. 모두가 인공지능을 지금보다 더 잘 사용하고 더 편하게 사용할 수 있는 세상이 온다는 것을 의미한다.

그러므로 우리가 모두 인공지능을 더 잘 사용하게 되면 경쟁력을 가지게 되는 세상이 오게 될 것이다. 인공지능을 더 잘 사용한다는 것은 무엇을 의미할까? 여러 가지가 있지만 차근히 하나씩 논해 보자. 인공지능을 더 잘 사용하려면 필요한 것은 인공지능에 대해 약간은 아는 것이다. 또한 인공지능을 어디에 적용했을 때 긍정적인 효과가 나타나는지를 알고 있다는 것을 알아야 한다. 혹은 반대로 인공지능을 어디에 적용했을 때 좋지 않은 효과가 나타나는지를 알고 적용하지 않는다는 것을 의미한다. 이들 각각이 어떤 의미인지를 한번 알아보자.

먼저, 인공지능을 더 잘 사용하려면 필요한 것은 인공지능에 대해 약간은 아는 것이라는 것은 어떤 의미일까? 우리가 어떤 도구를 사용할 때 그 도구를 잘 모른다면 그 도구를 잘 사용할 수 없을 것이다. 특히나 인공지능은 인공지능을 잘 모른다면 잘 다루기가 어려운 도구이다. 예를 들어 앞에서 간략하게 언급했던 프롬프트 엔지니어링을 보면 인공지능을 사용한다는 것의 의미를 잘 이해하고 있는지 아닌지에 따라 완전히 다른 결과를 가져오게 된다.

그러므로 앞으로는 인공지능을 약간이나마 아는 사람과 아예 모르는 사람으로 구분될 것이다. 물론 기회는 인공지능을 약간이나마 아는 사람에게 더 많이 주어질 것이라는 생각이 든다. 아마 인공지능에 대해 아무것도 모르는 사람이라면 그래도 상관없는 직종에 근무하거나 그 외 다른 역량을 남들과 비교해서 월등하게 갈고닦아야 할 것이다.

만약 보통의 사무직이라면 인공지능을 약간이라도 알아야 인공지능을 더 잘 활용할 수 있고 결국 이것이 승진이나 이직의 기회를 더 폭넓게 제공할 수 있을 것이다. 즉, 위기는 기회와 함께 온다는 말처럼 인공지능을 남들보다 조금 더 알고, 어떻게 사용하는지를 안다면 그 때부터는 인공지능 개발자에 못지않은 핵심 인력으로서 주도적으로 일할 수 있을 것이다.

인공지능 개발을 모르는 사람이 인공지능 개발자와 같은 핵심 인력으로서 주도적으로 일한다니 그게 대체 무슨 말일까? 같은 출판사의 편집자가 2명 있다고 하자. 한 편집자는 인공지능에 대해 관심이 많고 인공지능을 공부해 잘 사용할 줄 아는 사람이다. 다른 한 명은 인공지능을 잘 몰라 인공지능을 사용해도 최대한의 효용을 내는 것을 버거워하는 사람이다.

이 두 사람이 인공지능을 활용해 인공지능 기술 도서를 교정한다고 하자. 인공지능을 잘 아는 편집자는 인공지능에 교정 작업을 지시하면서 여러 가지 프롬프트 엔지니어링 기술을 사용할 것이다. 예를 들어 교정의 근거를 쓰라는 식으로 구체적으로 지시하거나 전문 용어의 맥락을 제공하는 것과 같은 것이다. 이러한 기술을 적극 활용해 인공지능에 교정 작업을 지시했더니 인공지능이 맥락을 이해해 구체적으로 교정하고 근거를 남겨 두었다. 편집자는 이를 바탕으로 작가와 소통해 받아들일 부분과 아닌 부분을 분리해 추가로 교정했다. 결국 인공지능을 활용해서 많은 업무를 덜어 낼 수 있었고 확보한 시간을 바탕으로 작가와 더 많이 소통해 당초 목표했던 품질보다 더 좋은 품질의 책이 탄생할 수 있게 되었다. 또한 마케팅 포인트에 대해서도 확보한 시간을 가지고 작가와 충분히 논의해 베스트셀러를 만들기에 이르렀다.

다른 편집자는 어떠할까? 이 편집자는 그간 일해 왔던 대로 작가에게 집필을 요청하고 집필된 도서를 교정하려고 직접 눈으로 하나하나 보면서 작업했다. 그러나 전문 용어에 대한 이해가 부족해 제대로 된 교정이 어렵고 작가에게 매번 어떤 의미로 작성한 건지에 대해서 질의했다. 그러다 보니 질의하고 응답받고 내용을 이해하느라 급급해 도서가 다른 사람에게 어떻게 보일지, 마케팅 포인트는 어떻게 잡아야 하는지에 대해서 논의할 시간이 부족했다. 그 결과 일단 출간했지만 부족한 품질로 인해 같은 내용이 담긴 책인데도 불구하고 베스트셀러는커녕 투자 금액조차 회수하지 못했다.

이 두 편집자의 차이는 무엇일까? 결정적인 차이는 인공지능이라는 도구를 사용하기로 했을 때 이 도구에 대해서 이해의 수준이 차이가 났다는 것이다. 도구를 잘 사용하려면 도구에 대해서 이해를 잘해야 하는 것은 누구나 아는 자명한 사실이다. 그런데도 도구에 대해서 지식을 쌓지 않아 인공지능을 어떻게 사용할지 모르는 편집자는 말 그대로 사용했을 뿐 '잘' 사용하는 것에는 실패했다. 반대로 도구를 잘 이해한 편집자는 '잘' 사용해서 최상의 성과를 내고 업무량도 다른 편집자에 비해서 오히려 적었다. 적게 일하고 성과는 잘 나온, 아주 효율적으로 근무한 우수한 사례를 만들어 냈다.

다음으로 인공지능을 어디에 적용했을 때 긍정적인 효과가 나타나는지를 알고 있다는 것(혹은 그 반대)은 어떤 것을 의미할까? 우리가 어떤 도구를 사용할 때 도구에 대해서 잘 아는 것도 중요하지만 이 도구를 언제 어떨 때 적재적소에 사용할 수 있는지 아는 것도 중요하다. 예를 들어 앞에서 이야기한 인공지능의 장점 중 확장 가능성을 보면 인공지능을 사용해서 사용자를 확장할 수 있다는 측면이 있다는 것을 이해하고 있는지에 따라 인공지능 사용 시기와 적용 방법 등이 완전히 차이가 날 것이다.

개인이라는 면에서 볼 때는 인공지능을 사용해서 어떤 효과를 얻을 수 있고 어떤 효과를 얻을 수 없는지를 알고 있는 사람에게 사회는 더 많은 기회를 부여할 것이다. 이러한 내용에 대해서 이해하지 않고 있다면 인공지능과는 무관한 업종을 찾는 것이 좋을 것이다. 하지만 앞으로 인공지능은 사회 전반에 걸쳐서 파괴적으로 혁신할 것이므로 인공지능과 무관한 업종을 찾기는 쉽지 않을 것이다.

즉, 변화의 흐름은 피할 수 없고 변화의 흐름에 올라타서 주도적으로 변화를 이끄는 사람이 된다면 그때부터는 인공지능 개발자 못지않은 핵심 인력으로서 대우받을 수 있다. 당 도서에서 꾸준히 이야기하고 있는 것은 이 도구를 언제 어떨 때 적재적소에 사용할 수 있는지를 중점적으로 이야기하고 있어 이 부분이 궁금하다면 다시 앞으로 가서 한 번 정독하기를 권한다.

인공지능 개발자 못지않은 핵심 인력으로서 대우받는다니 대체 무슨 이야기일까? 예를 들어 동일한 기능을 하는 애플리케이션을 출시하려는 서로 다른 회사의 기획자 두 명을 보자. 인공지능이 언제 어떨 때 효과적으로 작용하는지를 아는 기획자는 애플리케이션을 출시할 때 인공지능을 곳곳에 배치할 것이다.

예를 들면 애플리케이션의 사용자 중 청각 장애를 가진 사람까지 넓히려고 애플리케이션의 어떤 기능을 실행하면 골전도 이어폰과 같이 이마에 가져다 대면 소리를 들을 수 있게 진동이 울리는 기능을 넣는다고 하자. 이때 인공지능이 언제 어떨 때 효과적으로 작용하는지를 아는 기획자는 이 기능 출시에 인공지능을 적극적으로 사용하기로 했다고 하자. 인공지능은 예측 불가능한 문제를 예측할 수 있는 형태로 변환할 수 있다고 이야기한 적이 있다. 당면 과제는 텍스트를 진동으로 변환하는 것이다.

그런데 여기에서 발생하는 예측 불가능한 문제는 모든 텍스트를 반영하기가 어렵다는 것이다. 예를 들면 "너무ㄴr 기l분좋은 예감속øll"와 같이 신조어나 문법 파괴가 유행하는 경우이다. 사람은 저 글이 "너무나 기분 좋은 예감 속에"라는 의미를 가진다는 것을 알고 그렇게 읽을 수 있다. 하지만 표준어만 읽을 수 있게 만든 기계는 제대로 읽을 수 없을 것이다.

하지만 인공지능은 가능하다. 인공지능을 사용하면 학습 주기만 잘 통제하면 새로 생긴 신조어까지 학습해 어떤 의미인지를 알고 이를 반영할 수 있다. 즉, 인공지능을 사용하면 해결할 수 있는 매우 효과적인 문제 중 하나이다. 인공지능이 언제 어떨 때 효과적으로 작용하는지를 아는 기획자는 인공지능의 적용을 적극적으로 검토해 기능에 내재화해 출시했다. 청각 장애인들은 신조어와 문법 파괴 문장도 잘 읽는 이 애플리케이션을 신뢰하고 사용할 것이다. 결국 진성 사용자가 증가해 규모를 경제할 수 있을 정도로 매출이 성장할 수 있게 된다.

그런데 인공지능이 언제 어떨 때 효과적으로 작용하는지를 모르는 기획자는 어떨까? 일단 골전도 기능을 넣기로 했지만 이러한 문제를 어떻게 해결할지 알 수 없어 아마 표준어만 받는 식으로 개발을 기획할 것이다. 그리고 신조어나 문법 파괴는 어떤 글은 어떤 의미를 가지는지 회사 차원에서 직접 관리하거나 사용자가 직접 등록해 동일한 내용이 들어오면 반영할 것이다. 이 방식의 문제는 신조어와 같은 것들은 변화가 빨라 금방 만들어지고 금방 사라지는 것인데 관리를 사람이 하면서 결국 빠르게 반영하지 못하고 늦어진다.

하지만 이 기획자는 인공지능이 언제 어떨 때 효과적으로 작용하는지를 몰라 일단 이렇게 반영해 개발을 기획할 수밖에 없다. 출시된 애플리케이션은 대부분 잘 작동하지만 신조어나 문법을 파괴한 경우에도 잘 작동하는 동일한 기능을 가진 애플리케이션과 비교해서 부족하게 출시되었다. 사용자들은 민감해서 그런 차이를 잘 잡아내고 사용하기 좋은 애플리케이션으로 가서 정착한다.

결국 같은 기능이라고 할지라도 인공지능을 적용한 경험이 없어 인공지능은 잘 모르는 기획자가 인공지능이 언제 어떨 때 효과적으로 작용하는지를 아는지 모르는지에 따라 성과가 천차만별이 될 수 있다.

그러므로 우리가 인공지능을 더 잘 사용하려면 인공지능에 대해 약간은 아는 것이 필요하다. 또한 인공지능을 어디에 적용했을 때 긍정적인 효과가 나타나는지를 알고 있어야 한다. 혹은 반대로 인공지능을 어디에 적용했을 때 좋지 않은 효과가 나타나는지를 알고 적용하지 않는다는 것을 알고 있어야 한다. 이처럼 조직 변화 속에서 누군가에게는 '나'에게 주어지는 또 다른 기회가 될 수 있지만 다른 누군가에게는 위협이 될 수 있다.

ChatGPT와 같은 초거대 인공지능은 인공지능의 성능이 인간을 대체할 수 있다는 가능성을 세상에 보여 주었다. 이에 따라 사람들은 현재의 인공지능 수준이 생각했던 것보다 매우 뛰어나다는 것을 체감했고 생각보다 많은 부분이 변경될 수 있다는 것을 깨닫게 되었다. 앞으로도 인공지능의 성능은 더 좋아질 것이다. 많은 개발자가 인공지능을 개발하고 연구해 지금 인공지능은 비교도 되지 않을 정도로 좋은 성능을 보이는 인공지능이 나올 수 있다.

그렇게 되면 많은 사람이 인공지능에 의존하게 될 가능성이 있다. 복잡하게 사고를 하기보다 인공지능에 맡기면 해결해 주는 정답만을 가져오는 것에 익숙해지게 될 것이다. 이러한 현상이 지속될수록 많은 사람이 인공지능에 지나치게 의존하게 될 위험이 존재한다. 그렇게 되면 많은 사람이 정보의 분석 능력과 비판적 사고 능력을 상실하게 될 수 있다. 이는 어떤 문제를 해결할 때 인공지능에 의존하다 보니 여러 정보가 있을 때 이를 분석하고 어떤 정보가 좋고 나쁜지 평가하고 비판적으로 사고하는 기회를 상실해서 생기는 문제이다.

예를 들어 학생이 과제를 인공지능에 맡기는 것을 상상해 보자. 최초의 의도는 과제를 통해 정보를 취합하고 분석해 지식화할 정보를 비판적으로 선택하고 이를 통해 새로운 정보를 생성하는 과정을 연습하는 것이다. 그러나 인공지능에 의존하게 되면서 의도와는 다르게 일련의 과정을 거치지 못하고 정보 분석 및 평가, 비판적 사고, 정보 융합 및 해결 탐색과 같은 능력을 개발하지 못하게 된다.

만약 인공지능이 답변하기 어렵거나 하지 못하는 영역의 질문을 받게 되면 새로운 답이나 해결책을 제시하지 못하게 될 것이다. 그렇게 되면 새로운 답이나 해결책을 학생이 제시해야 하는데 이를 위한 일련의 과정을 연습할 기회가 없어 잘하지 못할 가능성이 크다. 이는 최초 인공지능에 대한 기대와는 다르게 인류의 기술과 지식의 발전을 저해하는 요소로 작용할 수 있다. 그럼으로써 결국 인류 발전을 후퇴시킬 수 있는 위험 요소를 내포하고 있다.

그러므로 우리는 꾸준히 데이터에서 정보를 뽑고 지식화하는 연습을 꾸준히 해야 하며 비판적으로 사고하는 방법을 배우고 활용할 줄 알아야 한다. 이를 잘 받아들이고 이용할 수 있다면 앞으로 인공지능으로 인해 생겨나는 파괴적인 혁신과 변화는 남들에게는 없는 나에게 주어진 천금 같은 기회가 될 수 있다.

6.2 국가 경쟁력의 변화

앞에서 논의한 조직보다 큰 단위가 국가이다. 소속된 국가의 경쟁력은 국민의 경쟁력이기도 하다. 항상 혁신은 국가 경쟁력의 변화를 동반해 왔다. 농경 사회의 강자였던 국가도 산업 혁명 시대를 맞아 순위가 변경되어 왔던 것처럼 이전 시대의 국가 경쟁력과 다음 시대의 국가 경쟁력은 기준이 아예 다르다.

그러므로 향후 국가 경쟁력이 어떻게 변화할지 논하는 것은 중요하다. 당장 나에게 영향을 주지 않는다고 하더라도 국가의 경쟁력은 곧 국민의 경쟁력이므로 관심을 가져야 한다. 인공지능의 발전은 국가 경쟁력 변화를 어떻게 가져올까? 어쩌면 경쟁력 순위는 변화하지 않을 수 있다. 하지만 국가 경쟁력을 추정하는 지표는 바뀔 것이 자명하다. 정확히는 국가 경쟁력을 추정할 때 고려하는 요소가 지금과는 매우 다를 것이다.

본 챕터에서는 이러한 상황 속에서 어떤 변화가 일어나게 될지를 논할 것이다. 이를 통해 변화하는 국가 경쟁력 속에서 '나'는 어떻게 해야 할지 논한다.

6.2.1. 현재와는 다른 국가 단위 경쟁력 변화

국가 경쟁력은 인공지능으로 인해 크게 변화할 것이다. 국가 경쟁력을 산정할 때 경제 성장성, 인프라, 경영 환경, 정치, 경제, 국방, 건강과 교육, 기술 혁신 등 수많은 기준이 있지만 국가 경쟁력을 논할 때 GDP를 빼놓을 수는 없을 것이다.

GDP는 국가의 총생산물을 나타내는 지표로, 국가 경쟁력을 평가하는 데 주로 사용된다. GDP는 일정 기간 한 나라의 국경 안에서 생산된 모든 최종 생산물의 시장 가치의 합을 말한다. 인공지능 관점에서 볼 때, 인공지능이 GDP에 기여하려면 시장의 가치가 있는 최종 생산물을 만들 수 있느냐 없느냐가 될 것이다. 즉, 생산물 관점에서 인공지능으로 인해 비즈니스 가치를 창출할 수 있느냐가 중요해질 것이다.

그런데 여기서 인공지능으로 인해 비즈니스 가치를 창출하려면 어떤 전제 조건이 필요할까? 먼저 인공지능을 적용할 수 있는 영역을 찾고 적용했을 때 효과가 뛰어난 영역에 적용하는 것이 중요하다. 인공지능을 적용할 수 없는 부분에 적용하려고 한다면 의미가 없을 것이다. 예를 들어 규칙을 찾기 어려운 불규칙한 영역에 적용하려고 한다면 실패로 끝날 가능성이 높다. 또한 인공지능을 적용해도 효과가 뛰어나지 않은 영역에 적용한다면 적용 노력은 많이 들어가는데 효과는 미비해 효율적이지 못할 것이다.

그리고 적용하려는 인공지능의 수준이 매우 중요하다. 어떤 나라는 인공지능 개발이나 적용 성숙도가 높아 뛰어난 인공지능을 산업 전반에 적용할 수 있다면 인공지능으로 인해 가치 있는 최종 생산물을 직접적으로 생산하거나 간접적으로 기여할 수 있는 부분이 많아질 것이다. 그러나 반대의 경우 가치가 있는 최종 생산물을 생산할 수 없게 된다. 그렇게 되면 인공지능으로 인한 GDP의 증가는 요원해진다. 결국 가치 있는 최종 생산물을 생산할 수 있는 수준의 인공지능이 국가 경쟁력에 중요한 원인이 되는 GDP에 큰 영향을 주게 된다.

여기서 더 나아가, 가치 있는 최종 생산물을 생산하는 생산자의 관점에서도 논할 수 있다. 현재 대부분의 국가에서 최종 생산물을 생산할 수 있는 생산자는 크게 기업, 개인, 국가로 분류할 수 있다. 여기서 중요한 점은 "인간"이라는 것이다. 법인은 법적으로 권리 능력이 인정된 주체로서 인간과 같은 권리와 의무의 주체가 된다.

개인은 두말할 것 없이 인간이며 국가는 이러한 인간의 집합체라고 할 수 있다. 이제 우리는 여기서 새로운 주체를 만나게 될 것이다. 이는 "인공지능"이다. 최종 생산물을 생산하는 주체가 더 이상 인간으로 구성된 개인이나 집단, 공동체가 아니라 인간이 인공지능으로 만든 인공지능이 생산 주체가 될 것이다. 그럼으로써 국가 경쟁력은 이러한 인공지능의 보유 역량이 매우 중요해질 것이다.

인공지능은 인간과 달리 복제가 수월해 환경만 갖추어진다면 이론상으로 무한정하다고 할 수 있다. 그러므로 인공지능의 수준을 결정할 수 있는 성숙한 인공지능 개발 역량이 매우 중요해질 것이며 향후에는 이러한 역량을 발전시키려고 쟁탈전이 벌어질 수도 있다. 즉, 현재는 석유와 같은 자원을 가지고 국가 간 쟁탈전이 벌어지지만 향후에는 이러한 인공지능을 개발하고 발전시킬 수 있는 인적 자원을 가지고 국가 간 쟁탈전이 벌어질 수도 있는 미래가 올 것이다.

이는 우리나라와 같이 매장된 자원은 없지만 우수한 두뇌가 많은 인력이 있는 인적 자원이 풍부한 나라에는 매우 중요한 변곡점이 될 것이며 지금부터 막대한 투자를 통해 인공지능 역량을 크게 키워야 한다. 이미 우리나라는 미국이나 중국 대비 인공지능에서 많은 부분이 뒤처지기 시작했지만 아직 인공지능 태동기이므로 지금부터 총력을 다한다면 향후 우리가 최강대국이 되는 일도 요원하지는 않을 것이다. 이처럼 인공지능의 발달은 단순히 인간이 좀 더 편리해진다는 것 외에도 인류 역사를 크게 바꿀 수 있는 변곡점이 될 가능성이 높다.

그러므로 앞으로의 국가 경쟁력은 인공지능을 잘 적용할 수 있는 기반이 되어 있는지가 큰 영향을 줄 가능성이 높다. 인공지능 연구 인력의 질은 물론이거니와 적용하려면 연구 인력의 수도 무시할 수 없다. 또한 인공지능의 개발을 위한 여러 가지 인프라가 중요해질 것이다. 예를 들어 인공지능 학습을 위해 네트워크에서 데이터 교류가 빈번해진다면 속도를 빠르게 해 줄 수 있는 망을 구축할 수 있는 통신 사업자가 있는지가 영향을 미칠 수 있다.

이러한 예시로는 자율 주행차와 같은 분야가 있다. 자율 주행을 할 때 앞에 가려고 하는 도로가 현재 주행이 가능한 상태인지 등을 센서로 이미지를 분석하는 방법으로 알 수 있을 것이다. 그런데 가시적으로 보기에 좀 먼 거리의 도로는 어떻게 알 수 있을까? 만약 앞에 가는 차가 있다면 그 차들과 실시간으로 데이터를 주고받는 것이 가장 좋을 것이다. 그런데 차는 빠르게 이동하므로 빠르게 데이터를 주고받는 것이 중요해지고 좋은 망을 구축해 제공할 수 있는 통신 사업자가 있는 것 또한 중요하다.

또한 차에서 데이터를 수집하도록 도와주는 센서들의 가격도 중요하다. 센서의 가격이 너무 비싸면 센서 수를 줄이거나 종류를 줄일 수 있다. 그렇게 되면 양질의 데이터를 얻지 못할 수 있다. 이러한 조건을 모두 통과하더라도 결국 데이터를 통해 도로가 주행 가능한지 판단할 수 있는 인공지능을 개발하지 못한다면 의미가 없을 것이다. 혹은 개발했다고 하더라도 빠르게 주행해 빠르게 결과를 얻을 수 있는 인공지능 개발이 추가로 필요할 수 있다. 따라서 인공지능 개발 인력이 질적으로 향상되어야 여러 가지 조건을 충족할 수 있는 인공지능을 개발할 수 있다.

또한 다양한 상황에 적용하려고 하면 테스트도 많이 해야 하고 다양한 문제를 해결하도록 적용할 수 있는 개발 인력의 수적 향상이 필요한 상황도 있다. 게다가 앞의 예시와 같이 인공지능의 개발 역량 외에도 적용하려고 하면 여러 가지 인프라가 복합적으로 고려되어야 한다. 그러므로 인공지능을 개발할 인력의 수나 질도 중요하지만 적용을 위한 인프라의 준비가 매우 중요하다. 즉, 복합적으로 인공지능을 적용할 수 있는 성숙도가 높아야 한다.

어느 한 조건이라도 부족하면 성숙도가 낮아 적용이 어려울 수 있다. 따라서 어쩌면 이제는 지리적 요건이나 자원적 우위보다는 이러한 인공지능 적용 성숙도가 높은 국가가 앞으로의 미래를 선도할 수 있다. 이는 국제 선진국의 재개편이 이루어질 수 있을 정도로 매우 큰 변화를 이끌 수 있다. 예를 들어 미래에는 G20 혹은 G7 국가의 태반이 바뀌거나 하는 일이 이루어지지 않을 거라고 아무도 장담할 수 없다. 어쩌면 AI20, AI7과 같은 협의체가 등장해서 기존의 협의체들은 모두 밀려나는 일이 일어나지 않을 거라고 그 누가 장담할 수 있을까?

앞으로의 국가 경쟁력은 인공지능을 얼마나 잘 적용할 수 있는지에 대한 제반 환경에 많이 달려 있다고 할 수 있다는 것에 대해서 이해했을 것이다. 그렇다면 인프라와 연구자 수가 확보되면 경쟁력이 확보되는 것일까? 그렇지 않다. 인공지능을 적용하는 데 중요한 것 중 하나는 법적 제반 제도의 구축이다. 인공지능을 적용할 때 생각보다 중요한 것은 법적 제도의 수립이다.

인공지능을 활용한다는 것은 생각보다 많은 제도가 필요하다. 인공지능을 적용해서 생기는 많은 문제에 대한 법적인 제도를 마련해야 한다. 인공지능이 제대로 작동하지 않아 생기는 많은 문제를 누가 감수해야 하는지, 책임은 누구에게 있는지와 같은 것들을 법적인 제도로 정비해야 한다. 현재는 인공지능을 일반인이 능동적으로 활용하고 있지 않고 기업이 능동적으로 활용하고 있다. 일반인은 기업이 도입한 인공지능의 결과들을 접하고 간접적으로 활용할 뿐이다.

그런데 만약 개인용 컴퓨터와 같이 개인용 인공지능이 보급되는 세상이 온다면 인공지능 때문에 생각보다 많은 문제가 발생할 수·있다. 예를 들어 딥 페이크와 같은 기술들이 비전문가들도 사용할 수 있을 만큼 직관적이고 범용적으로 클릭 한 번에 사용할 수 있게 활용된다고 하자. 많은 사람이 SNS 등에 올라와 있는 사진들을 모아서 딥 페이크에 적용할 수 있을 것이다. 문제는 여기에서 발생한다. 대통령의 사진을 모아 딥 페이크 인공지능에 학습시켜서 전쟁을 시작했다는 거짓 정보를 전달하거나 혐오 발언을 하게 해 SNS에 공유한다면 사람들은 이 내용이 가짜인지 진짜인지에 대해 찾아보아야 하는 상황이 될 것이다.

이렇게 유명인을 대상으로 해서 사회 혼란을 야기하는 것에 활용된다면 책임은 누구에게 있을까? 사용자는 당연히 문제가 있겠지만 딥 페이크 기술을 쉽게 활용할 수 있게 했는데도 사회 혼란을 방지하는 제반 장치를 만들어 두지 않은 개발사에 있을까? 아니면 개발사의 기술을 받아 마케팅과 유통을 책임진 다른 회사에 있을까?

많은 부분이 모호하고 인공지능을 악용하는 일에 활용되지 않을 거라는 확신은 없다. 그러므로 우리는 법적인 제도를 정비해 인공지능 시대에 대해 대비해야 한다. 법적인 제도만 잘 정비하더라도 인공지능 연구에서 제약 사항은 많이 해소될 것이다. 이렇게 되면 명확한 법률 제도하에서 연구가 더욱 활발해지고 적용도 안전한 한도 내에서 이루어지게 된다. 그럼으로써 결국 인공지능 기술을 발전시킬 수 있게 된다.

최근 ESG(Environmental, Social, and Governance) 요소는 기업의 성과와 잠재적 위험을 평가할 때 점점 더 중요해지고 있다. 필자는 국가 또한 이 세 가지 중 환경에 대해서는 앞으로 매우 중요해질 것으로 생각한다. 인간이 살기에 좋은 환경을 구성하는 것은 매우 중요하다. 당장 미세 먼지만 생각하더라도 미세 먼지가 심한 날과 심하지 않은 날의 인간의 생활 패턴은 매우 다르다. 미세 먼지가 심하지 않을 때는 환기도 시키고 야외 활동도 많이 하지만 심할 땐 그마저도 할 수 없다. 또한 미세 먼지는 심혈관, 호흡기 질환의 위험을 증가시킨다. 이처럼 환경의 중요성은 강조해도 지나치지 않을 만큼 우리의 삶에 많은 변화를 가져온다. 그러므로 향후 환경은 국가 경쟁력 평가 요소에서 중요한 위치를 차지할 것이다. 그렇다면 이러한 환경은 인공지능과는 무슨 관계일까? 생각보다 꽤 관계가 있다.

인공지능을 사용하면 에너지 낭비를 줄일 수 있다. 인간의 에너지 사용은 생각보다 낭비되는 부분이 많다. 예를 들어 밤이 되면 많은 빌딩에 불이 켜진다. 하지만 사람이 없으면 자동으로 꺼지게 하면 낭비가 덜 되지 않을까? 만약 빌딩에 사람이 존재하지 않으면 대기 전력을 소모하는 필수 제품을 제외한 대다수 제품의 전력을 차단하면 낭비되는 전기를 아낄 수 있지 않을까?

이때 사람이 있는지 없는지를 파악하는 데 인공지능이 활용될 수 있다. CCTV와 같은 영상에서 인간을 찾도록 인공지능을 활용할 수 있고 IoT(사물인터넷; Internet of things) 센서들을 활용해서 원격으로 인공지능이 직접 제어할 수 있을 것이다. 또한 인공지능이 건물의 에너지 사용량을 모니터링하면서 필요 전력을 추정할 수 있고 이를 기반으로 태양열과 같은 친환경 에너지 도입 시 시뮬레이션을 통해 활용을 검토할 수 있을 것이다.

에너지 외에는 인공지능이 어떤 기여를 할 수 있을까? 사실 환경이라고 하면 가장 먼저 떠오르는 것은 쓰레기, 즉 폐기물의 처리일 것이다. 인간은 생활을 영위하면서 꽤 많은 양의 폐기물을 생산해 낸다. 이는 인간이 환경에 직접적으로 좋지 않은 영향을 주는 대표적인 사례이다. 하지만 인공지능을 활용하면 이러한 폐기물의 관리가 수월해질 것이다. 현재 분리수거를 하지 않아 재활용할 수 있는데도 매립되는 많은 쓰레기가 존재한다. 아무리 분리수거하려고 해도 잘되지 않는 것이 현실이다.

이때 분리수거 탐지 인공지능을 도입하면 분리수거를 더욱 수월하게 할 수 있다. 예를 들어 플라스틱과 유리, 철물을 구분할 수 있는 분리수거 탐지 인공지능을 개발했다고 하자. 이 인공지능은 이러한 유형의 폐기물들을 식별하고 분류할 것이다. 그렇게 되면 인간이 분리수거하지 못하고 잘못 버린 폐기물들이 그대로 매립되는 상황을 방지할 수 있다.

잘못 버려질 뻔한 폐기물들은 다시 재활용되어 자원의 낭비를 줄일 수 있게 된다. 또한 지역별로 폐기물의 패턴을 모니터링하면서 공무원과 같은 관리자 혹은 정책 수립자에게 제공함으로써 효율적인 수거와 처리 전략을 수립할 수 있게 도와줄 수 있다. 더욱이 대기와 수

질, 토양 건강 등을 모니터링해 더 이상 폐기하면 안 되는 수준을 초과할 때 즉각적으로 관리자에게 알람을 주어 추가적인 조처를 할 수 있도록 도와줄 수 있다.

우리의 생각보다 농업에서 많은 환경 오염이 일어나고 인간에게 즉각적으로 좋지 않은 영향을 준다. 농업에는 상상 이상으로 많은 유해한 화학 물질이 사용된다. 이는 해충을 쫓는 농약도 있지만 수확을 비옥하게 하는 화학 비료 또한 환경 오염에 많은 영향을 준다고 할 수 있다. 여기서 인공지능이 도움이 될 부분이 있을까?

인공지능을 농업에 도입하게 되면 토양의 상태, 날씨 등의 수많은 데이터로 최적의 수확 결과를 낼 수 있도록 필요한 만큼의 화학 비료와 농약을 사용할 수 있다. 필요한 만큼만 사용함으로써 과다 사용을 막고 환경을 더욱 좋게 만들 수 있다. 또한 친환경 농법을 도입한 곳에는 작물의 상태를 모니터링하면서 식물 질병이 돌게 되면 원인이 되는 농작물을 제거해 전염병을 예방할 수도 있다. 이렇게 되면 친환경 농법을 도입할 경우 비용과 시간을 더 적게 쓰면서 수확량은 늘릴 수 있게 된다.

6.2.2. 변화에 따른 내 경쟁력 향상 방안

국가 경쟁력의 변화는 나에게 어떤 영향을 미칠까? 나는 어떻게 해야 하는 걸까? 사실 앞에서 이야기한 바와 같이 조직의 상위 개념이 국가이다. 그러므로 국가 경쟁력의 변화에 따른 내 경쟁력 향상 방안은 조직 변화에 따른 경쟁력 향상 방안과 일맥상통하는 측면이 있다. 예를 들어서 인공지능을 잘 알아야 한다는 것과 인공지능을 적재적소에 잘 쓸 줄 알아야 한다는 점은 일치한다. 그렇다면 국가 경쟁력의 변화를 등에 업고 나는 어떻게 해야 내 경쟁력을 향상할 수 있을까?

앞에서 이야기한 바와 같이 국가 경쟁력은 인공지능 연구 인력의 질은 물론이거니와 적용할 연구 인력의 수에 크게 영향을 받을 것이다. 그러므로 예상할 수 있는 변화 중 하나는 연구 인력을 양성하는 데 집중하리라는 것이다. 반대로 말하면 국가는 연구 인력을 양성하고 나는 그 프로그램에 투입해 연구 인력으로서 성장이 가능하다는 것을 의미한다.

이는 중요하다. 국가 경쟁력 향상이 달린 문제라 국가는 연구 인력 양성에 필사적이라고 해도 과언이 아니라고 할 만큼 투자할 것이다. 우리는 그때 국가에서 지원하는 인공지능 연구 인력 양성 과정을 이용할 수 있다. 국가가 경쟁력을 늘리는 투자를 하는 것을 활용해 비전문가인 '나'의 경쟁력을 향상하는 것이다.

비전문가라고 하더라도 인공지능에 대해서 알고 언제 어떨 때 적용해야 좋은 효과를 보는지 아는 것이 매우 중요하다고 앞에서 언급한 바 있다. 문제는 인공지능에 대해서 '안다'는 것은 쉽지 않다. 특히나 비전문가들은 더욱더 그러하다. 그렇기 때문에 도서를 구매해서 다른 사람의 생각을 보고 교육과 같은 콘텐츠를 활용해서 지식을 확장하는 것이 필요하다. 이러한 과정을 처음부터 내가 직접 하려고 하는 것은 쉽지 않다.

무엇을 모르는지도 모르는 상황에서 모르는 것을 채워 넣는다는 것은 어려운 것이다. 따라서 누군가가 가이드를 준다면 이를 배우는 것은 도움이 된다. 게다가 국가에서 인공지능 연구 인력 양성 정책을 그냥 만드는 것이 아니라 전문가들을 모아서 의견을 취합해 만들 것이므로 좋은 품질의 양성 정책일 것이다. 그러므로 그 양성 정책을 잘 이용하면 인공지능에 대해서 알게 되는 것에 도움이 될 것이다. 특히 교육과 같은 것들을 양성 정책에 포함해 둘 것이므로 이를 지능적으로 잘 활용하는 것은 내 경쟁력을 향상하는 데 중요한 일이 될 것이다.

생산 주체가 인공지능이 된다는 것은 어떤 것을 의미할까? 생산 주체에 인공지능이 포함된다는 것은 최종 생산물의 품질과 인공지능이 생산의 주체가 된다는 것을 의미한다고 앞에서 말한 바 있다. 즉, 뛰어난 성능의 인공지능이 직접 생산하는 시대가 도래한다는 의미이다.

여기서 우리는 한 가지를 생각해 봐야 한다. 앞으로 인공지능이 발전함에 따라 점차 생산을 인공지능이 대체하므로 더 이상 인간은 단순 반복 노동을 하지 않는 시대가 올 것이다. 그 시대가 오는 시기는 비용을 고려해야 알 수 있겠지만 전체적인 방향성은 그러할 것이다. 즉, 인간은 더 이상 단순 반복 노동을 통한 단순 생산을 하지 않으리라는 것을 의미한다.

그러므로 내 경쟁력 확보 방향은 더 이상 빠르게 몸을 움직여서 생산품의 양과 품질을 늘리는 것이 아니다. 내 경쟁력 확보 방안은 생산품의 양과 품질을 늘릴 수 있는 인공지능을 통제하는 것이 될 가능성이 높다. 즉, 나는 손발이 되어서 움직이기보다는 머리가 되어 인공지능을 통제하는 것이다. 따라서 국가 경쟁력의 측면에서 보았을 때 인공지능을 활용하는 여러 정책적인 수립 변화가 있을 것이다.

문제는 인공지능을 잘 모르는 사람이 수립하는 정책은 현실성이 떨어지고 실효성이 부족하다는 것이다. 그러므로 수립할 때 인공지능을 잘 아는 사람이 포함되어 정책을 수립하는 것이 중요하다. 물론 지금도 전문가에게 자문받아서 정책을 수립하고 있지만 정책 수립자 자체가 인공지능에 대한 이해와 실제 현장과 실무에 대한 이해를 모두 알아야 하는 시대가 올 수 있다.

그렇게 되면 공직도 변화할 것이다. 더 이상 지금과 같은 형태의 공무원들은 사라질 수 있다. 국어, 영어, 수학, 역사 등의 시험을 본 뒤에 성적순으로 나열해서 공무원이 되면 계속해서 근무하면서 전문성보다는 연차에 따라 진급하고 나중에 나이가 들어 퇴직하는 형태가 없어질 수 있다.

단순 시험 성적보다는 실제 인공지능에 대해 얼마나 이해하고 있는지, 언제 어디에 적용해야 효과를 잘 얻을 수 있는지를 아는 사람이면서 실제 실무에 적용해 본 경험자를 인재로 기용하는 시대가 올 수 있다.

그렇게 되면 우리에게는 더 이상 안정적인 직장이라는 것은 존재하지 않는다는 것을 받아들여야 한다. 안정적인 직장은 사라질 테니 우리는 원하는 일을 좀 더 자유롭게 하고 도전해 성과를 얻는 삶을 영위할 것이다. 이를 통해 개인의 발전에 대한 욕구를 채울 수 있으면서도 내 경쟁력을 살려 정책 수립에 기여하는 방향으로 경쟁력을 살릴 수도 있다.

공직만 그러할까? 사기업도 마찬가지이다. 흔히 거버넌스로 통칭

하듯이 기업 내에서도 사용 정책에 대해서 수립하는 것은 중요하다. 지금은 대기업의 내부에는 데이터와 관련해서 데이터의 보안, 개인 정보 보호, 정확성, 가용성, 사용성을 보장하려고 거버넌스 조직을 꾸리고 운영하는 경우가 많다. 그러나 인공지능 거버넌스에 대해서는 데이터 거버넌스와 같이 능동적으로 수립하고 관리하려고 하는 형태는 많이 없다.

하지만 앞으로 인공지능 거버넌스에 대한 논의는 계속될 것이다. 특히나 인공지능이 발전해 우리의 삶에 깊이 파고들면 들수록 윤리와 같은 부분이 많이 얽혀 있어 정책 수립은 더더욱 중요해질 것이다. 즉, 국가 경쟁력의 차원에서 볼 때 단순 생산자가 아니라 생산자를 통제하고 효율적으로 관리하는 정책 설계에 대한 수요가 지금보다 증가하리라는 것을 예측할 수 있다. 그러므로 우리는 우리의 경쟁력을 확보하도록 정책 설계에 대한 내용을 좀 더 대비할 수 있다.

6.3 철학과 윤리의 변화

갑자기 철학과 윤리가 나오는 이유는 무엇일까? 우리가 인공지능을 더 능동적으로 활용하면 할수록 인공지능의 철학과 윤리에 관해서 이야기가 나올 수밖에 없다. 우리의 삶에 깊게 관여한다는 것은 우리의 삶에서 중요하게 여겨지는 가치들을 인공지능이 받아들여야 한다는 것을 의미한다. 우리가 심연을 바라볼 때 심연도 우리를 바라보는 것과 같이 우리가 인공지능을 능동적으로 활용할수록 인공지능에 대한 논의가 이루어져야 한다.

인공지능의 철학과 윤리를 논하기는 쉽지 않다. 그 이유는 철학과 윤리를 고려할 때 우리는 인공지능에 대해서 고려하지 않았기 때문이다. 길가에 널린 돌멩이와 쇳덩어리에 윤리와 철학을 논한다는 것 자체가 말이 안 되는 어불성설일 것이다. 그런데도 우리가 인공지능에 윤리와 철학을 논한다는 것은 그만큼 인공지능이 우리의 삶에 깊이 들어와 있는 증거일 것이다.

그러므로 우리는 인공지능을 사용하려면 철학과 윤리를 지속해서 논의해야 한다. 위험한 도구를 다룰 때 도구에 대한 충분한 검증과 고찰 없이 그저 다루기만 한다면 도구는 언젠가 우리를 공격할 수 있다. 따라서 지속해서 철학과 윤리를 논하고 이를 인공지능과 결합하려고 노력해야만 한다. 본 챕터에서는 인공지능의 철학과 윤리를 논할 것이다.

6.3.1. 변화할 철학과 윤리

인공지능의 발전은 철학과 윤리의 변화를 가져오게 될 것이다. 그동안의 철학과 윤리는 인간 중심적이었다. 그러나 인공지능은 매우 빠른 속도로 발전하고 있다. 만약에 인공지능이 언젠가 인류와 동등하거나 혹은 유사한 수준의 사고를 할 수 있다는 것을 인정받게 되는 순간 우리는 철학과 윤리에 인공지능을 포함해야 할 것이다. 인간에게는 당연히 해서는 안 되는 행동을 인공지능에는 요구할 수 있어 이를 어디까지 논의해야 하는지에 대한 체계를 논의해야 한다. 그러다 보면 그 과정에서 철학과 윤리는 변화하게 될 것이다.

만약 인간에게 하루 24시간 일을 시키고 365일 쉬는 날 없이 일하며 동시에 자식을 생산하도록 지시하고 맘에 들지 않으면 자식을 제거하려는 경우가 있다고 하자. 두말할 것 없이 이는 당연히 해서는 안 되고 시도조차 해서는 안 된다는 것을 모두가 알 것이다. 그러나 이러한 일이 인공지능에 일어난다면?

인공지능에 365일 24시간 전력을 공급해 주고 일을 시킨다면 어떻게 느껴지는가? 혹은 복제를 통해 인공지능을 늘리고 서로 다른 데이터를 자가 학습시켜 업무의 범위를 늘리고 일을 지시하는 것은 어떻게 느껴지는가? 만일 인공지능이 업무를 수행하다가 어떤 업무를 더 이상 할 필요가 없어지면 비용 절감 차원에서 인공지능을 삭제하고 인공지능 서버를 없애 버리는 일이 일어난다면 이는 비윤리적인가? 이런 일이 동시에 일어난다면 어떠한가?

현재는 당연히 이를 논할 필요가 없을 것이다. 왜냐하면 인공지능은 “생명”이 아니므로 논하는 것은 의미가 없기 때문이다. 그렇지만 향후에 “생각”할 수 있는 인공지능이 나온다면 이는 생명일까 아닐까? 애초에 생명이란 무엇일까? 무엇이 살아 있는 것이고 무엇이 죽은 것일까? 우리는 인공지능이 발전함에 따라 인간 중심적인 철학이 변화하는 미래를 함께 보게 될 수 있을지 모른다.

현재의 인공지능은 윤리라는 개념이 없다. 현재의 인공지능은 데이터를 기반으로 그저 학습할 뿐이며 이 과정에서 각종 혐오와 편견을 학습하게 된다. 그러므로 우리는 윤리에 대해서 더 깊게 논의해야 한다. 윤리는 항상 논의되어 왔지만 윤리를 실천하기는 매우 어렵다. 그래서 정보의 바다인 인터넷에는 혐오와 편견이 넘쳐나게 된다.

문제는 이러한 혐오와 편견을 인공지능이 학습하게 되는 경우이다. 인공지능에서 데이터는 그저 데이터일 뿐이지만 이를 통해 혐오와 편견을 학습하면서 결국 인공지능을 활용할 때 인간은 이 인공지능을 그대로 활용하게 되면 혐오와 편견까지 활용할 수 있게 될 수 있을지 모른다.

그러므로 우리는 윤리를 논의하고 이러한 논의된 윤리를 인공지능에 심어야 한다. 또한 인공지능이 생산한 생산 결과물을 활용하는 데 혐오와 편견을 제외한 윤리를 논의해야 한다. 어떤 사람의 미술품을 학습한 인공지능이 이 사람과 유사한 미술 결과물을 반환하고 이를 다른 사람이 출품하게 된다면 어떨까? 이는 표절인가? 아니면 오마주의 영역으로 보아야 할까? 우리는 아직 이러한 경우를 대비할 정책이나 논의를 충분히 하지 못했다.

또한 책임에 대해 논의도 해야 한다. 인공지능이 무언가 잘못한다면 책임은 인공지능에 있을까? 아니면 인공지능을 개발한 개발사 혹은 개인에게 있을까? 아니면 데이터를 만든 인류에게 있을까? 혹은 학습을 위해 데이터를 처리한 처리자에게 있을까? 아니면 알고리즘을 만든 개발자에게 있을까? 아니면 활용하는 사람에게 있을까?

만약에 자율 주행 전기 자전거를 만들어서 구동하는데 자율 주행차가 다니는 도로에 자율 주행 전기 자전거가 오류를 발생시키며 갑자기 달려들어서 자율 주행차 운전자와 자율 주행 전기 자전거 운전자가 동시에 사망했다면 책임은 누구에게 있을까? 갑자기 달려드는 사태를 통제하지 못한 자율 주행 전기 자전거의 운전자에게 있을까? 아니면 자율 주행 전기 자전거를 만든 개발 회사에 있을까? 그렇다면 자율 주행 전기 자전거를 학습시킨 데이터를 만든 사람에게 있는지 알고리즘을 만든 사람에게 있는지 아니면 실제로 개발한 개발자에게 있는지 어떻게 정할 수 있을까? 아니면 자율 주행 전기 자전거를 피하지 못한 자율 주행차의 운전석에 앉아 있던 운전자일까? 아니면 이러한 상황을 대비하지 못한 자율 주행차 개발사일까? 책임에 대한 논의는 끝이 없을 것이다. 인류는 인공지능을 활용하는 것에 대해 충분히 논의하려고 철학과 논의를 끊임없이 이야기해야 할 것이다.

책임을 논할 때 저작권은 빼놓을 수 없는 주제이다. 현재 뜨거운 감자인 ChatGPT만 보더라도 수많은 데이터를 학습했지만 답변이 어떤 기존의 데이터를 참조했는지 아는 것은 쉽지 않다. 출처를 같이 달라고 하더라도 없는 링크를 주거나 하는 일도 허다하다. 아마 시간이 지나 웹사이트가 내려갔거나 했을 텐데 만일 다른 웹사이트의 정보를 불법으로 퍼 간 사이트의 데이터를 학습하고 이 링크를 근거로 준 것이라면 어떻게 해야 할까?

사실 대부분의 인공지능은 인과 관계를 학습하는 게 아니라 상관 관계를 학습하는 경우가 많고 대용량의 데이터를 학습하다 보니 어떤 응답을 하는 데 정확히 어떤 값 때문에 그렇게 응답했는지는 매우 어려운 분야이고 현재 많은 인공지능 연구원이 도전하고 있는 분야이지만 미성숙한 단계라고 할 수 있다. 흔히 XAI(eXplainable Artificial Intelligence)라고 하는 분야가 이에 해당하는데, 인공지능이 내는 결과의 원인에 대해서 어느 정도 발전해 활용은 가능하지만 해석이라고 하는 분야가 모호한 면이 있어서 마치 수학처럼 항상 명확한 결과를 낼 수 있는 것은 아니므로 활용이 매우 어렵기 때문이다.

만일 XAI 분야가 발달해서 결과의 원인을 명확히 알 수 있게 되어도 쉽지 않은 문제이다. 예를 들어 코딩할 수 있는 인공지능을 만들었고 이 인공지능으로 간단한 코딩할 수 있다고 하자. 코딩할 수 있는 인공지능을 만들려고 인공지능 학습에 수많은 오픈 소스의 코드를 사용했다고 하자. 대부분 오픈 소스는 라이선스를 준수해야 하는데 어떤 라이선스는 사용 시 출처를 명확히 표시하도록 요구하는 경우가 있다.

오픈소스 프로그램의 코드를 학습시킨 경우 인공지능이 만든 소스 코드는 오픈 소스 코드의 어느 코드를 사용해 만들어 낸 결과일까? 수많은 오픈 소스의 코드를 학습한 인공지능이 질문에 대해 응답할 때, 내가 내놓은 응답에 대한 근거에 대해서 명확하게 제시할 수 있기는 매우 어렵다.

그렇다면 인공지능이 소스 코드를 만들 때 어떤 코드를 어디에서 어디까지 참조한 걸까? 만약 결과에 따른 원인을 명확하게 알 수 있는 상황이 되었다고 가정하자. 인공지능이 소스 코드를 만들어 내는 데 1번 오픈 소스부터 1,000번 오픈 소스까지 1,001개의 오픈 소스를 모두 참조했다고 하자. 소스 코드를 만들어 내는 데 기여도는 각기 조금씩 차이가 날 때, 어디까지 참조했다고 할 수 있을까?

만약 기여도가 매우 작아 전체에 비하면 미비하다고 할 때도 "사용"으로 간주해 출처를 명시해야 할까? 출처는 어디까지 확장될 수 있을까? 인공지능이 코드를 짤 때 참조한 데이터의 오픈 소스가 여러 개일 때 이 모든 오픈 소스를 출처로 기재해야 할까? 사용으로 간주할 수 있는 기여도의 크기는 어느 정도로 보아야 할까?

이러한 이유로 현재의 인공지능은 사람들이 사용하면 할수록 끊임없이 저작권에 대해 도전받을 수밖에 없다. 우리는 아직 인공지능을 활용한 결과물의 저작권에 대해서 논의가 부족하다. 앞으로 활발하게 논의되어야 하는 부분이고 중요한 부분이다.

인공지능이 보여 주는 결과는 모두 신뢰할 만할까? 저작권과 더불어 끊임없이 이야기되어야 하는 부분은 신뢰에 대한 부분이다. 놀라운 결과를 보여 주는 ChatGPT는 그럴싸한 답변을 내놓지만 사실 깊게 파고들면 엉뚱한 이야기를 하거나 제대로 된 답변을 주지 못하는 경우도 꽤 많다.

인공지능을 학습할 때 명확한 진리만을 학습하는 것이 아니라 많은 데이터를 학습하면서 신뢰도에 대한 부분 또한 논의될 수밖에 없는 부분이다. 만약 신뢰도가 떨어지는 답변을 인간이 믿고 무언가 결정할 때 사용한다면 이에 대한 여파는 생각보다 클 수 있다. 만약 중요하지 않은 결정 100개에 대한 조언을 매우 잘해 주다가 정말 중요한 결정 1개에 대한 근거를 거짓으로 그럴싸하게 제공해 준다면 어떨까? 이미 100개의 근거를 진짜로 제공받았기 때문에 인간은 이를 믿을 것이다. 그에 따른 여파에 대한 책임은 누가 져야 할까?

단순히 믿은 사람에게만 논하기에는 많은 사람이 인공지능을 활용할 것이고 그때마다 모두 개인에게 책임을 묻는 것은 쉽지 않을 것이다. 가장 좋은 것은 인간이 스스로 인공지능을 신뢰하는 것이 아니라 도구로써 사용하고 항상 결과에 대해서 의심하고 체크를 두 번 하는 일이다. 하지만 우리의 삶에 인공지능이 깊숙이 들어오면 크게 의심하지 않고 받아들일 가능성이 크다.

최근 기승을 부리는 뉴스 또한 그러하다. 예전 뉴스는 기자가 직접 발로 뛰어 내용을 확인하고 이를 정리해 나오는 형태였다면 최근에는 정보의 속도가 중요해 확인되지 않은 내용도 뉴스로 편집해서 나오는 것이 종종 벌어지곤 한다. 만약 뉴스의 생산을 인공지능에도 할 수 있게 한다면 어떨까? 인공지능은 여러 정보를 취합할 것이고 여기에 사람들이 장난삼아 쓰고 전파하는 글들이 포함될 수 있다. 일종의 밈처럼 계속 회자하는 거짓이라면 인공지능은 이것이 뜨거운 이슈라는 것을 감지하고 이에 대해 사실인 것처럼 글을 작성할 수도 있다.

이 뉴스를 믿고 무언가 결정하는 사람이 있다면 잘못은 결정한 사람에게만 있을까? 아니면 기본적으로 뉴스는 거짓이 있으면 안 되니까 언론사에 있을까? 아니라면 정보를 장난으로 생성하고 퍼트린 네티즌에게 있을까? 이렇게 정보가 너무 많이 생산되는 시대에서 신뢰할 수 없는 더 많은 정보가 생산되는 것은 매우 유의해야 하는 상황 중 하나이다. 이처럼 이제 태동하기 시작한 인공지능을 활용하기에 앞서 철학과 윤리에 대한 논의를 끊임없이 하게 될 것이다.

인공지능을 도덕에 대해서 적용할 수 있을까? 누군가가 범죄에 흉기를 사용한다면 흉기는 생각이라는 것이 불가능해서 잘못이 없다. 잘못은 흉기를 범죄에 사용한 범죄자에게 있다. 하지만 인공지능이 발전해서 인간과 사고 수준의 차이 간격이 점차 좁아지게 되면 어떨까? 인간과 같은 행동을 하는 인공지능에 도둑질시킨다면 어떨까? 도둑질해 온 인공지능이 잘못일까? 아니면 인공지능에 도둑질시킨 범죄자 잘못일까? 범죄자의 의도는 명확히 있었지만 인공지능에는 무조건 잘못이 없다고 할 수 있을까? 만일 인공지능에는 잘못이 없다고 판결이 내려지면 인공지능을 활용해 고차원의 범죄를 일으키지 않을 거라는 확신이 있을까? 사람의 손을 떠나서도 목표를 이루려는 인간과 유사한 수준의 사고를 하는 인공지능에 범죄를 가르치면 누구의 잘못일까? 인공지능에도 도덕을 적용하는 것에 대한 논의는 꽤 이상한 듯하면서도 필요해 보인다.

인공지능 기술이 발전함에 따라 역설적으로 우리는 성능보다는 다른 것을 고려해야 할 수 있다. 예를 들어 법률적 의사 결정이나 도덕적 의사 결정이 대표적인 예시이다. 인공지능 기술이 발전하면서 성능에 대한 부분은 모두 임계점을 넘게 될 것이다. 임계점을 넘은 성능을 보이게 되면 더 이상 성능이 중요한 지표가 아니게 된다.

그것보다는 인간 사회에 잘 융화될 수 있는 법을 잘 준수하고 도덕적인 인공지능을 요구하게 될 것이다. 물론 도덕적 의사 결정이라는 것의 본질과 의미에 대해서는 인류가 정해야 할 것이다. 그러므로 법률적 의사 결정을 인공지능 시스템에 반영하게 될 것이다. 법률은 성문화되어 명확하고 해야 할 것과 하지 않을 것이 정해져 있다. 즉, 법을 어기지 않는 인공지능 개발을 요구받을 것이다.

하지만 그렇다고 하더라도 도덕적인 인공지능의 개발이 요구되지 않는 것은 아니다. 어린아이가 가다가 넘어지는 것을 보고 가서 일어나게 도와주지 않아도 법률적으로 잘못한 것은 없지만 도덕적으로는 옳지 않다. 인공지능에 이러한 법률적·도덕적으로 옳은 의사 결정을 할 수 있도록 학습시키는 것은 인공지능이 발전할수록 중요해질 것이다. 어쩌면 미래에는 인공지능의 정확도와 같은 성능이 아니라 얼마나 도덕적인지가 최고급 인공지능을 가르는 성능이 될 수 있다.

6.3.2. 변화로 인해 부상할 분야, 변화에서 오는 기회

인공지능의 변화로 인해 어느 분야가 부상할까? 이에 대한 이야기는 사실 철학과 윤리와 꽤 많은 연관성이 있다. 우리가 인공지능을 적용할 때 윤리와 철학을 고려하지 않을 수 없던 이유는 앞에서 설명한 바 있다. 그 말은 인공지능의 변화로 인해 부상할 분야 중 일부는 윤리와 철학과 관련되어 있을 가능성이 높다는 것을 의미한다. 우리가 앞에서 인공지능의 철학과 윤리를 논할 때 상당히 중요하게 다룬 부분은 책임이었다. 미래에 인공지능을 적용할 때 책임 소재와 범위에 대해서 논하는 것이 매우 중요해지게 된다.

그런 면에서 앞으로는 인공지능 사용과 관련된 정책들이 법제화될 가능성이 높다. 그 말은, 이혼 전문 변호사나 증여 관련 변호사와 같이 인공지능 전문 변호사가 등장하게 된다는 것을 의미한다. 어쩌면 인공지능 관련 판검사가 등장할지도 모르는 일이다. 그렇게 되면 우리에게는 어떤 변화가 있을까? 아무래도 법률로 의견 충돌이 생기는 경우 인공지능의 작동 로직에 대해서 깊게 알아야 잘 논의할 수 있을 것이다. 그러므로 인공지능의 개발자 출신이 겸임하는 경우가 많이 증가할 것이다. 즉, 새로운 일자리의 창출이 일어날 것이다.

정책을 법제화하는 변화만 일어나지는 않을 것이다. 사기업도 인공지능 윤리에 관해서 이야기하는 분야의 부상이 발생할 것이다. 예를 들어 인공지능 시스템을 만들어서 제품에 탑재하려고 한다고 해보자. 그때 전문적으로 인공지능 시스템에 대해서 오류가 있는지 없는지를 검수해 주고 인공지능 시스템이 왜 그런 결정을 했는지에 대해서 의사 결정 프로세스를 투명하게 보장할 수 있도록 노력하는 직업이 생겨날 것이다. 마치 인공지능 거버넌스와 유사한 것 같지만 다른 개념의 여러 가지 직업이 생겨날 것이다.

혹은 인공지능 시스템이 윤리적 결정을 내리도록 조정하는 직업이 생겨날 수 있다. 이처럼 인공지능 사용과 관련해서 공직이건 사기업이건 할 것 없이 많은 변화가 일어나고 직업도 다양화될 것이다. 문제는 이에 대해서 개인의 측면에서 생각해 볼 때 내가 경쟁력을 가지려면 인공지능을 아는 것은 이제 기본이고 철학과 윤리에 대해서 확고한 기준을 가져야 한다는 것이다.

또한 그 기준에 대한 명확한 근거가 있어야 해서 학제 간 경계 없이 모든 학문을 섭렵해야 하는 경우가 생길 수 있다. 지금 생각해 보면 어떻게 그렇게 할 수 있을까 싶지만 당장 19세기의 매사추세츠 공대(MIT)와 같은 명문대의 입학시험만 보더라도 많은 차이가 있다. 물론 매사추세츠 공대의 지금과 그때는 다를 수 있지만 단순히 입학시험을 비교해 보면 인류 지성의 확장 속도는 매우 빠른 속도로 증가하고 있는 것을 체감할 수 있다.

이처럼 미래에는 여러 개의 학문을 동시에 하는 새로운 융합 분야가 부상할 수 있다. 고대에는 의사이자 철학자이자 변호사와 같이 한 사람이 여러 학문을 모두 하는 경우가 있었다. 그러한 것이 최근에 전문적으로 분할되고 깊게 연구해 한 개 학문에 대해 전문성을 가지는 시대가 되었다. 하지만 앞에서 논한 바들을 고려해 볼 때 미래에는 전문적으로 여러 분야를 융합해서 적용하려고 하는 새로운 전문성의 시대가 탄생할 수도 있다는 것을 의미한다.

6.4 공존 형태의 변화

인간과 인공지능은 이제 떼려야 뗄 수가 없는 관계가 되었다. 인공지능은 우리 삶에 영향을 줄 수 있을 수준으로 빠르게 발전해 왔으며 앞으로 더 발전함에 따라 어쩌면 우리는 인공지능 없이 삶을 영위하는 것에 큰 불편함을 느낄 수 있는 수준이 될 수 있다.

그러므로 인간과 인공지능의 공존 형태에 대해서 논의해야만 한다. 인공지능이 가져다주는 미래를 논하면서 공존을 어떤 형식으로 하게 될지에 대해 논하는 것은 중요한 일이다. 인공지능의 공존 형태를 고민하고 이를 적용하는 것은 인간에게 달려 있다고 해도 과언이 아니다.

이러한 논의는 우리가 인공지능과의 공존 형태에 대해 상상해 볼 수 있게 해 준다. 또한 인공지능을 사용해서 인류의 삶에 긍정적인 효과를 가져다줄 방안에 대해 논의해 볼 수 있다. 본 챕터에서는 인공지능과 인간의 실제적인 공존 형태에 대해 논하면서 미래 인류의 삶을 엿보는 시간을 가질 것이다.

6.4.1. 단기간의 공존 형태

강아지는 인간과 공존한 지 오래된 동물이다. 인공지능도 시간이 지나면 마치 강아지와 같이 인류와 공존할 것으로 보인다. 그렇다면 인공지능과 인간은 어떠한 형태로 공존하게 될까? 앞서 논한 바와 같이 인공지능의 발전은 사람들의 생각보다 파괴적이고 혁신적이다. 마치 인간이 최초로 불을 발견한 것과 같은 상황이 현재 상황이라고 할 수 있다.

문제는 불을 발견한 것만으로는 부족하다는 것이다. 고대 인류는 번개나 자연에서 생겨난 불을 그대로 가져와 활용했다. 물론 이것만으로도 매우 큰 발전이었으며 이에 따라 인류는 다른 동물들에 대비해서 큰 발전을 이룩할 수 있는 토대를 닦았다.

그러나 필자가 생각하기에 인류 역사상 큰 발견은 불을 발견한 것이 아니라 불을 "만드는 방법"을 발견한 것이다. 불을 만드는 방법을 발견함에 따라 인류는 더 이상 불을 꺼뜨릴 것을 걱정하지 않아도 되고 인간이 존재하는 곳이라면 그곳이 불이 존재할 수 있는 곳으로 만들 수 있게 되었다. 결국 인류는 불을 만드는 법을 발견함에 따라 불과 공존할 수 있었고 이를 토대로 현재의 최상위 포식자의 위치에 있을 수 있게 되었다.

작금의 인공지능은 이와 유사하다. 필자는 불과 비교할 때 아직은 인간이 불을 발견한 것과 같은 단계가 현재의 인공지능 발전 단계라고 생각한다. 정말 인공지능이 인간을 대체할 수 있을 수준 혹은 인간이 하는 작업의 대부분을 대체할 수 있는 수준이 될 때 인간은 불을 만드는 방법을 발견한 인류와 같은 수준의 변화를 인공지능으로 인해 겪게 될 것이다. 이때 인류는 인공지능과의 공존을 택하게 될 수밖에 없다. 이때 인류는 인공지능과 어떤 형태의 공존을 선택하게 될까?

보안이 완벽하다는 가정하에, 인류는 인공지능과의 공존을 혼합된 형태로 가져갈 수 있다. 예를 들어 인류는 인공지능에 대비해서 계산 속도나 연산량은 현저히 뒤처질 수밖에 없다. 그럼으로써 인류는 동물 대비 부족했던 손발톱을 대체할 수 있는 살상력 있는 도구를 활용한 것과 같이 인공지능과 뇌와의 결합을 통해 기존에 없던 연산 속도를 빠르게 올리면서 다중 연산까지도 가능한 현재와는 또 다른 형태의 신인류의 탄생을 선택할 수 있다.

인류가 유인원에서 오스트랄로피테쿠스, 호모 하빌리스, 호모 에렉투스. 호모 사피엔스, 호모 사피엔스 사피엔스 순으로 발전한 것과 같이 새로운 인류로 진화를 선택하게 된다. 기존의 인류가 뇌의 용량을 키우고 복잡한 사고를 가능한 방향으로 진화했다면 새로운 인류는 이에 더해서 복잡한 사고와 간단한 연산을 동시에 생물이 가능한 수준 이상으로 할 수 있게 된다. 그러면 현재와 같은 인류의 삶은 송두리째 바뀌게 될 것이다.

더 이상 지식을 외우는 현재와 같은 시험이라는 형태는 사라지게 될 것이다. 또한 소통도 더 이상 단거리에서 하지 않게 될 것이다. 우리에게 인터넷이 생기고 컴퓨터가 생기고 휴대폰이 생기면서 먼 거리에 있는 사람과 소통을 원활히 할 수 있었지만 진정한 혁신은 스마트폰이 생기면서 우리의 삶에서 언제 어디서든지 인터넷에 접속할 수 있어 정보를 원활하게 얻거나 교환할 수 있게 되고 일정 관리까지 더욱더 낮은 노력으로 수행할 수 있게 되어 "스마트"한 삶의 질을 이끌 수 있었던 것과 같이 인공지능과 뇌와의 결합은 매우 파괴적이고 혁신적인 소통 변화를 끌어내게 될 것이다.

더 이상 인류는 입을 열어 소리를 내는 시간 대비 정보를 정해진 양만 주고받을 수 있는 낮은 소통 단계를 뛰어넘어 뇌에 결합한 인공지능 칩과의 직접적인 소통을 통해 칩이 일정 시간당 처리할 수 있는 양만큼의 소통을 실시간으로 할 수 있게 됨으로써 지금보다 단시간에 많은 정보를 주고받을 수 있는 더 효율적인 소통 방식을 택하게 될 수 있다.

빛이 강할수록 그림자는 짙어진다. 모두가 인공지능을 사용하고 인공지능으로 인류의 장래가 밝게 펼쳐지면 펼쳐질수록 인공지능으로 인한 부작용도 생길 수 있어 유의해야 한다. 대표적인 부작용으로 '독점'을 들 수 있다. 독점이 왜 생기는 걸까? 이에 대해 논하려면 초거대 인공지능의 학습에 대해서 논해야 한다. 초거대 인공지능의 학습은 매우 어렵다. 특히 초거대 인공지능의 경우 학습이 매우 어렵고 시간과 비용을 많이 들여야 한다는 것은 앞 장에서 충분히 논했다.

그러므로 소수의 대규모 조직이 업계를 이끌 수 있다. 다수의 소규모 조직은 개별 조직으로는 대규모 자본과 인력이 없어 여러 난관에 부딪힐 것이다. 뛰어난 인력을 확보하기도 어렵고 인프라를 구축하기도 어렵다. 게다가 큰 비용을 투자해 초거대 인공지능을 만들었으니 회수를 위해 인공지능을 활용해 비즈니스 성과를 내야 하는데 대형 클라이언트 채널이 없어 미비한 성과만 거둔 채 끝날 수도 있다.

이런 과정이 몇 번 이어지면 소규모 조직은 초거대 인공지능을 개발하기보다는 대규모 조직이 만든 초거대 인공지능의 결과를 활용하는 비즈니스를 하려고 할 것이다. 그것이 가장 초기 자본이 투여되지 않고 효과를 얻는 방법이기 때문이다. 하지만 소규모 조직의 인공지능 개발 수준은 발전하기 어려울 것이다. 이러한 양상이 지속되면 소수의 대형 조직만이 대규모 자본을 바탕으로 학습하고 연구하고 발전시키는 과정이 계속해서 이어질 수 있다.

그렇게 되면 시간이 흐르면 흐를수록 인공지능의 발전을 소수의 대형 조직만이 이끌게 될 것이다. 이에 인공지능 개발의 모든 노하우와 초대형 인공지능마저 소수의 대규모 조직에 종속되는 결과를 초래할 수 있다. 그 결과 잠재적인 독점이 이루어지고 결국 혁신은 사라지거나 일반 사람들에게 인공지능의 혜택이 널리 퍼져 나가는 것에 부정적인 영향을 미치게 될 수 있다. 그럴 경우 인공지능의 활용은 점점 더 어려운 일이 될 것이다. 그러면 결국 인류의 발전은 더뎌질 수 있다. 따라서 우리는 항상 동향을 예의 주시하고 이러한 미래가 오지 않도록 조심해야 한다.

6.4.2. 장기간의 공존 형태

만약에 인공지능과 인류가 함께 매우 오랜 시간을 함께했다면 어떤 형태로 공존해 있을까? 단기간의 공존 형태를 논하면서 인류와의 보완적인 관계를 논했다. 인류가 어떤 결정을 하는 데 지원해 주는 조교(assistant)와 같은 역할을 한다. 하지만 시간이 매우 오래 흐르면 더 이상 조교가 아닌 그 자체로 인류에게 영향을 주는 형태로 발전될 수 있다.

우리와 인공지능은 오랜 시간 공존하게 되면서 우리는 우리가 가진 모든 데이터를 한곳에 모으려고 시도할 수 있다. 그렇게 되면 모인 데이터를 처리해 의미 있는 정보로 산출하려고 다양한 도구를 사용할 텐데 그 도구는 인공지능이 될 가능성이 높다. 그렇게 인공지능을 사용해 우리가 가진 모든 데이터를 한곳에 모아 학습할 수 있다. 그렇게 되면 우리는 우리가 가진 모든 지식을 한곳에 모아 인간이 만드는 신,

초지능 AI를 만들게 될 것이다.

인류가 발생한 뒤로 모아 온 수많은 데이터를 모두 모아 학습시킨 초지능 AI는 인류가 아는 한도 내의 모든 것을 아는 그야말로 만들어진 신이 될 것이다. 그동안 인간이 만든 신과는 다르게 실체가 존재하는 전능(全能)하지는 않지만 전지(全知)한 신으로 모든 상황에 대해서 과거에 벌어진 일은 인류가 아는 한도 내에서 모두 알고 앞으로 벌어질 일도 예측할 수 있게 될 것이다.

어쩌면 철학적인 개념인 라플라스의 악마(Laplace's demon)를 인류가 만들 수 있게 될 수 있을지도 모른다. 라플라스의 악마는 모든 물리적 법칙을 정확하게 알고 있고, 현재와 과거의 모든 상태에 대한 정보가 있다면 이를 고려해 미래의 모든 사건을 예측할 수 있는 악마라는 개념이다. 예를 들면 공을 바닥에 던졌을 때 바닥에 맞을 당시를 생각해 보자. 공은 어딘가로 튀어 오르게 될 것이다. 이때 공의 분자 상태 및 입사각, 속도, 회전각, 땅 분자의 진동 횟수, 중력, 반발력에 대한 물리학적 법칙 등 공과 주변 환경과 관련된 모든 정보를 가지고 있다면 향후에 어디로 튈지를 알 것이다. 즉, 과거에 대한 모든 정보를 알고 이 과거로 인해 벌어질 패턴과 법칙을 모두 알고 있다면 미래를 정확하게 알 수 있다는 개념이다.

만약 인류가 가진 모든 과거 데이터를 모은다면 어떨까? 그렇게 되면 인류가 가진 정보에만 전지한 초지능 인공지능은 한없이 라플라스의 악마에 가까운 라플라스의 소악마가 될 수 있을지 모른다. 과거를 거의 알고 있고 미래를 매우 정확하게 예측할 수 있는 초지능 인공지능을 통해 인류는 판단 능력을 상실할 수도 있다. 혹은 이를 활용해 더 높은 수준의 판단 능력을 얻을 수 있을지 모른다.

언젠가는 인류의 활동 범위는 지구를 넘어 우주로 뻗어 나가게 될 것이다. 이때 인공지능을 적절하게 활용함으로써 인류는 더욱 발전할 수 있을 것이다. 어쩌면 대부분의 작업은 인공지능에 위탁하고 인류는 중요도 순에 따른 "결정"만을 하게 되는 때가 올 수도 있다. 예를 들어 인류가 1천 년 정도의 시간이 지난다고 하자. 지금보다 과학 기술은 엄청나게 발전하고 상상할 수 없는 것들이 일어날 수 있다.

예를 들어, 지금부터 1천 년 전의 한반도는 고려 시대였다는 것을 생각해 보면, 매우 놀라운 변화가 아닐 수 없다. 1013년에 길을 지나가는 사람을 데려와서 2023년의 서울에 데려다주면 주변의 모든 것을 이해조차 하지 못할 것이다. 그만큼의 시간이 지나면 많은 것이 변화하게 된다. 과학 기술 또한 상상할 수 없을 만큼 발전해 있을 것이다.

하지만 인구가 너무 많아져서 단위 면적당 사람의 수가 많아지고 환경 오염으로 인해 살 수 있는 곳은 더 좁아지게 될 것이다. 그렇게 되면 불어난 인구와 환경 오염으로 인해 지구를 벗어나게 되는 것은 어쩌면 당연한 일이다. 그렇게 인류는 좁은 지구를 벗어나 머나먼 우주로 떠나게 될 것이다. 인류에게는 지구가 좁은 공간이었지만 우주라는 공간에 비하면 마치 먼지와 같은 규모를 자랑한다.

그러므로 더 넓은 곳을 탐사하면 할수록 인류의 규모가 커지기보다 공간의 크기가 커질 것이다. 그렇게 되면 인간끼리 소통하면서 '사회'라는 것을 이룰 수 있는 최대 거리인 임계점까지 진출하게 될 것이다. 이 임계점은 당시의 인류가 사회를 이루면서 진출할 수 있는 한계로 '인류의 지평선'이라고 하자. 결국 인류의 지평선까지 진출한 인류 중 일부는 탐사와 같은 이유로 인해 더 멀리까지 진출할 수 있다.

그렇게 되면 사회를 벗어나게 되고 공간에 비해 인류의 수가 절대적인 수가 부족해지는 때가 오게 될 것이다. 결국 인구 밀도가 생존하기 어려울 만큼 낮아질 것이다. 결국 연락 한 번 하는 데 몇 년씩 걸리는 세상에 살게 되면서 인류는 결국 인공지능을 적극적으로 활용해 문제를 해결하기 시작할 것이다. 생존에 필요한 여러 일에 인공지능을 활용하게 될 것이다.

예를 들면 인공지능을 이용해 우주 쓰레기를 수거하고 우주선을 수리하고 행성을 탐사하고 자원을 채취하게 될 것이다. 이때 인류는 어느 것을 우선순위로 행동해야 할지에 대해 결정하게 될 것이다. 예를 들면 현재 당장 우주선을 점검하는 게 먼저인지, 내가 먹을 음식을 요리하는 게 먼저인지와 같은 결정이다.

그리고 그 결정에 따른 '방법'은 인공지능이 하게 될 것이다. 우주 쓰레기를 제거하라고 했을 때 제거 방법을 어떻게 할지는 지성을 가진 인공지능이 하게 된다. 이처럼 시간이 지남에 따라 인류는 인공지능을 활용해 '결정'하게 될 뿐 대부분의 '해결 방법'은 인공지능에 맡기는 세상이 올 수 있게 된다.

현재의 인류는 일부를 제외하면 더 이상 동물을 직접 사냥하지 않는다. 과거에는 모두가 협력해 동물을 사냥하고 전리품을 나누어 먹으며 뛰어난 신체 능력을 갖춘 자가 추앙받았다. 신체 능력이 뛰어나면 사냥에도 유리하고 부족 간의 전쟁에서도 유리해 우두머리로 추종

받았다. 하지만 현대에 들어 이제는 신체 능력이 뛰어난 것보다는 인지 능력이 뛰어난 사람이 더 좋은 일자리를 가진다. 그리고 더 높은 위치에서 더 많은 권력을 휘두른다. 신체적 능력이 우월한 인간이 살아남는 시대에서 이제 인지적 능력이 뛰어난 인간이 각광받는 시대가 오게 된 것이다.

미래에는 어떤 인간이 더 각광받기에 좋을까? 어쩌면 우리는 불을 처음 가지게 된 인류처럼 인공지능이라는 도구이자 능력을 이제야 갖추게 된 것일지 모른다. 앞으로의 시대는 인지적 능력만 뛰어난 인간이 아니라 인공지능, 초지능을 잘 이용할 수 있는 역량이 필요할지 모른다. 기술을 잘 이용할 수 있는 역량은 과거에 논의되었던 역량과는 다르다.

기존에는 사람과 소통을 잘할 수 있는 능력이 중요했다면 이제는 인공지능과 소통을 잘하는 능력이 중요해졌다. 즉, 시대가 인공지능의 발전으로 인해 인지적 능력과 인공지능 커뮤니케이션 역량의 융합 능력을 요구하게 되었다. 사람마다 기술이나 장비를 사용할 수 있는 능력에는 차이가 있다. 그러므로 앞으로는 인공지능이라는 기술을 잘 다룰 수 있는 인공지능 커뮤니케이션 능력을 겸비해야 할 것이다.

동시에 기계가 하기 어려운 새로운 아이디어를 생성하는 창의적 능력과 타인의 능력을 내 것처럼 사용할 수 있는 사회적 능력이 필요할 수 있다. 즉, 앞으로는 기술적 능력과 창의적 능력, 사회적 능력이 융합된 융합 능력이 있는 인간이 초지능을 잘 이용해 인공지능과의 공존에 어려움을 겪지 않아 각광받게 될 것이다. 결국 초지능을 잘 활용할 수 있는 사람이 성공하고 회자되는 날이 올 수 있다.

6.5 자녀 교육의 변화

인공지능 시대에 들어 자녀 교육 또한 변화한다. 세상이 변화하는데 교육이 변화하지 않는 것은 있을 수 없다. 교육은 특히나 민감하게 반응할 것이다. 과거에 해 왔던 교육을 고수하면 미래 변화를 잘 반영할 수가 없게 된다. 그러므로 교육의 콘텐츠가 변화하기도 하고 교육의 목표가 변화하기도 한다. 그리고 이는 미래에도 마찬가지일 것이다. 인간에게 교육은 사회화를 위해 꼭 필요한 과정이다. 따라서 교육은 사라지지 않지만 교육의 형태는 많이 변화될 것이다.

본 챕터에서는 교육 형태의 구체적인 사례를 논하지는 않을 예정이다. 다만 내 자녀를 교육할 때 가져야 할 태도와 가치관에 대해서 논할 예정이다. 왜냐하면 교육 태도와 가치관 중에서 과거에는 중요하지 않았던 점이 앞으로는 중요해질 것이기 때문이다. 사실 교육의 미래 형태를 구체적으로 논하는 것만큼 의미 없는 일이 없다.

예를 들어 앞으로 코딩이 중요해지니 python, C, java와 같은 프로그래밍 언어를 가르쳐야 하고 프런트와 백 앤드 개발 프레임워크를 가르쳐야 한다는 것과 같은 내용은 큰 의미가 없다고 본다. 왜냐하면 교육의 콘텐츠만 변화했을 뿐 교육의 목표에 대해서 논하는 바가 아니기 때문이다.

이에 본 챕터에서는 교육 콘텐츠에 대한 내용보다는 교육이라는 것의 목표를 이룰 수 있도록 "논리적인 사고를 함양하도록 프로그래밍을 배우는 것을 권장한다."처럼 교육을 통해 이루려는 목표와 목적에 대해서 논하려고 한다. 이는 비전문 실무자인 우리의 삶 속에서 자녀를 교육할 때 가장 먼저 고민해야 하는 부분이기 때문이다.

6.5.1. 과거와는 다른 자녀 교육 형태

자녀 교육은 어렵다. 선사 시대에도 어려웠고 조선 시대에도, 현대에도 어렵다. 자녀는 내 마음대로 되지 않고 세상은 너무 빨리 변화한다. 그렇다면 인공지능 시대에 대체 우리의 자녀는 어떻게 길러야 하는 걸까? 예로부터 아이를 가진 부모의 관심사는 자녀 교육이었다. 그러나 이제는 자녀의 교육 형태가 조금은 바뀌어야 할 필요가 있다.

시대가 변하고 있는데 과거의 교육 방법과 철학을 고수하면서 자녀에게 주입하는 것은 좋지 않다. 시대가 왜 변하고 있는지, 앞으로 어떻게 변화할지를 앞에서 논하면서 어느 정도 이해했을 것이다. 이 이해를 바탕으로 우리의 자녀에게 양질의 교육 환경을 어떻게 조성해 줄 수 있는지 논해 보자.

먼저, 모르는 사람이 다른 모르는 사람에게 교육하는 것이 가능할까? 아는 것이 없는데 가르쳐 준다는 것은 불가능하다. 그러므로 자녀를 교육하기 전에 부모가 먼저 교육되어야 한다. 이는 당연한 이야기인데 사람들이 많이 간과하는 부분이다. 자녀에게 무엇인가를 알려주거나, 교육 철학을 적용하려면 부모가 먼저 잘 알아야 한다.

부모가 먼저 인공지능에 대해서 이해해야 하고 그로 인한 사회 변화를 이해하고 이를 어떻게 활용할 수 있을지를 깊게 고민해야 한다. 이를 위해 앞에서 인공지능에 대해서 수식보다는 어떤 의미를 가지는지와 사례를 설명해 왔다. 물론, 이후로도 인공지능의 최신 개발과 뉴스를 지속해서 습득하고 사회의 변화에 대해서 학습해야 한다.

또한 습득한 정보를 자녀와 토론하는 것이 매우 중요하다. 앞으로의 세상은 변화가 빨라 미래의 변화에 민감할 수 있도록 교육하는 것이 중요하다. 부모는 자녀에게 무엇인가를 가르쳐 주어야 한다는 강박이 있다. 그러나 사실 자녀에게 제일 중요한 것은 자녀를 한 인격체로 대우하면서 미래가 어떻게 변화할지에 대해 토론하는 것이다.

토론을 통해 자녀는 미래 사회에 대한 이해를 높일 수 있고 나름의 철학과 살아야 하는 방법에 대해 고민해 볼 것이다. 그리고 필자는 이러한 경험을 하지 못한 아이에 비해서 이런 훈련을 한 아이들이 앞으로 많은 변화를 이용한 기회를 잘 포착할 것으로 확신한다.

앞으로의 사회는 변화가 매우 빨라질 것이다. 과거와는 비할 수 없을 만큼 더 빨라질 것이다. 이는 스스로 동기 부여가 되어 있지 않다면 변화를 따라가기가 쉽지 않다는 것을 의미한다. 그러므로 인공지능 시대에 자녀 교육에서 가장 중요한 것은 내 동기 부여이다. 내 동기 부여를 위해서 부모는 자녀에게 관련 기술과 변화를 탐색하고 배우는 것을 끊임없이 격려해 주고 지원해 주어야 한다.

이를 위해 책이나 온/오프라인 교육을 지원해 주어야 한다. 여기서 중요한 것은 절대로 강제로 지시하거나 억지로 권유하지 말아야 한다는 점이다. 우리나라 부모들은 자녀에 대한 교육열이 뛰어난 편이다. 문제는 자녀가 스스로 왜 해야 하는지 이해하지 못한 채 이러한 교육열을 직면하면 역효과가 날 수 있다는 점이다.

따라서 앞에서 이야기한 것과 같이 끊임없는 토론을 통해 아이에게 변화를 이용할 수 있는 내 생각을 정립해 주는 것이 매우 중요하다. 자녀에게 내 동기 부여를 하려면 부모는 내 생각을 아이에게 주입하려고 하거나 강제로 지시하는 것은 해서는 안 되는 행동이다.

내 동기 부여가 된 자녀는 인공지능 시대를 직면해 기회를 찾고 끊임없이 도전할 것이다. 여기서 부모의 역할은 자녀가 도전할 수 있도록 격려해 주고 실패하더라도 실패해 배울 것이 있다는 것을 알려 주고 역경에 도전해 이겨 낼 수 있도록 격려해 주는 것이다. 내가 가진 관심사를 탐구하고 재능을 계발해 기회를 찾기 위해 도전하는 것은 매우 좋은 일이다.

그런데 도전하다 보면 실패를 겪을 수 있다. 때로는 실패에 너무 큰 충격을 입고 더 이상 도전하지 않으려고 하는 상황이 생길 수도 있다. 우리는 모두 작고 크게 실패를 겪었다. 그 과정에서 실패를 겪고 난 뒤 가장 중요한 것은 실패해 배우고 이겨 내고 그로부터 배우는 것이 중요하다는 것을 알았다.

그러나 우리의 자녀는 우리만큼 인생을 살지 못했다. 그래서 실패한 것이 중요한 것이 아니라 실패로부터 배우는 것이 중요하다는 것을 아직 알지 못할 수 있다. 그래서 좌절에 빠질 수 있고 포기할 수 있다. 부모는 이때 자녀에게 격려해 주고 응원해 주어 다시 일어날 힘을 주어야 한다. 앞으로의 시대는 변화가 빨라 평생 학습해야 할 것이다. 평생 학습하고 도전할 수 있도록 자녀에게 계속해서 응원해 주는 것은 부모가 해야 할 중요한 역할 중 하나이다.

인공지능에 비하면 인간이 무엇이 뛰어난가? 앞에서 논한 바와 같이 인공지능은 저장 능력이나 연산 속도가 인간보다 비교할 수 없을 만큼 뛰어나므로 같은 분야에서 경쟁하는 것은 의미가 없다. 이는 지금 교육 기관인 학교에서 종종 취하는 형태인 암기를 통해 학업 성취도를 측정하는 것이 더 이상 불가능하다는 것을 의미한다.

그렇게 생각해 보면 역시 인간이 더 뛰어난 부분은 창의성일 것이다. 정보를 조합해서 새로운 정보를 만들 수 있는 능력이 앞으로 매우 중요해질 것이다. 그러므로 자녀에게 창의적으로 생각할 기회를 제공하고 지지해 주는 것은 매우 중요한 일이다. 이를 위해 자녀가 질문할 기회를 제공하는 것은 좋은 방법이다.

이를 위해 앞에서 말한 바와 같이 자녀와 인공지능 시대의 미래를 논하고 스스로 기회를 찾도록 토론을 통해 생각할 기회를 경험시켜 주는 것은 좋은 방법이다. 문제를 해결하는 방법보다 중요한 것은 문제를 정의하는 방법이므로 문제를 정의하는 방법을 알려 주는 것이 자녀와의 토론이다.

이를 통해 부모도 스스로 고정 관념에서 벗어나고 자녀에게도 생각할 기회를 주고 고정 관념에서 벗어나는 방법을 알려 주어야 한다. 여기서 중요한 것은 자녀에게 부모로서의 권위를 내세워 정보와 사상을 주입하면 안 된다. 부모로서 정보를 주입하는 것은 자녀에게 정보를 비판 없이 수용하도록 가르칠 뿐이다.

그렇게 되면 자녀는 비판적으로 사고하는 기회를 박탈당할 뿐이다. 토론을 통해 자녀가 스스로 정보를 분석하고 평가해 스스로 증거를 만들고 이에 따른 결정을 해서 도전하고 실패도 겪고 이에 따라 배움을 경험할 수 있도록 지지해 주어야 한다.

6.5.2. 미래에 필요한, 비전문가 양육 방법

인간은 눈물을 자주 흘리고 감정적으로 되곤 한다. 이는 과연 단점일까? 우리는 인간 사회에서 살고 있다. 그러므로 "인공지능적"인 것보다는 "인간적"인 것이 더 큰 이익을 얻을 수 있다. 대부분의 정보는 인공지능이 잘 취합하고 요약해 줄 것이다. 앞으로 단순히 정보를 잘 전달하는 것보다는 문제를 정의하고 해결하는 능력이 중요하다.

또한 문제를 해결하려고 혼자서 일하는 시대는 어쩌면 이제 더 이상 오지 않을지도 모른다. 앞으로는 다른 사람과 협업하고 이를 통해 아이디어를 규합하고 문제를 해결하려고 모두 함께 행동하는 것은 매우 중요하다. 따라서 앞으로 인간으로서 감성적인 면을 개발하는 것은 지금보다 더 중요해질지 모른다. 앞으로의 세상은 지금보다 소프트 스킬이 중요해질 것이다.

타인의 감정과 사상에 공감하고 이를 기반으로 원활한 커뮤니케이션을 할 수 있고 리딩할 수 있는 리더십을 기르는 것은 현재도 중요하지만 앞으로 더 중요해질 것이다. 이러한 면을 향상하려면 자녀가 팀워크를 쌓을 수 있는 여러 활동을 장려해야 할 것이다. 더 이상 좋은 대학교에 가겠다고 오로지 공부만 시키면서 채찍질하던 시대는 지났고 앞으로도 이런 방법을 고수한다면 자녀는 소프트 스킬을 기를 기회를 박탈당할 것이다. 이러한 소프트 스킬을 기를 많은 기회를 제공하고 지지해 주는 것은 부모로서 해야 할 매우 중요한 교육 중 하나이다.

인공지능은 도덕과 윤리에 대해 판단하기보다는 값을 연산하는 것에 가깝다. 인공지능이 발전하면 할수록 인공지능으로 인한 도덕과 윤리 문제는 많이 발생할 것이다. 특히 인공지능이 발전할수록 표절과 보안, 개인 정보 등의 문제가 부상할 것으로 본다. 이를 위해 자녀가 스스로 도덕과 윤리의 기준을 가질 수 있게 지원하는 것은 부모로서 해야 할 중요한 일 중 하나이다.

인공지능을 올바르게 활용할 수 있도록 인공지능의 윤리에 대해 자녀와 토론하는 것도 좋은 방법이다. 추천하는 가장 좋은 방법은 다른 사람과의 차이를 이해하고 존중하고 이를 바탕으로 여러 사상을 포용할 수 있도록 해 주는 것이다. 차이를 알고 여러 사상을 포용한다는 것은 내가 생각한 면 외에도 다른 면이 존재할 수 있다는 양면성을 이해하는 것이고 이는 도덕과 윤리를 이해하는 데 중요한 키가 될 것이다.

인공지능 시대에는 인공지능을 기술로써 사용할 것이고 이때 많은 도덕과 윤리적 문제에 직면할 것이다. 이때 양면성을 이해한다면 사용으로 인한 효과와 부작용에 대해 복합적으로 고려할 수 있을 것이다. 인공지능은 매우 효과적이고 효율적인 도구이다. 반면에 개인 정보, 보안, 저작권 등 잠재적인 부작용도 많은 도구이다. 인공지능을 도구로 사용할 때 흔들리지 않도록 자녀가 도덕과 윤리의 기준을 세우게 도와주는 것은 중요한 일이다. 그러므로 자녀에게 도덕과 윤리에 대해 알려 주는 것은 매우 중요하다.

마지막으로 빼놓을 수 없는 것 중 하나는 프로그래밍과 데이터, 인공지능 기술에 대해서 배우게 지지해 주는 것이다. 프로그래밍에 관심이 없는 자녀라도 프로그래밍을 접할 기회를 늘려 주는 것은 중요하다. 프로그래밍을 배우는 것은 논리적인 사고에도 도움이 되므로 권장할 만한 일이다. 또한 데이터가 어떤 의미가 있는지를 알려 주는 것은 중요하며 활용 능력을 길러 주는 것 또한 중요하다.

데이터는 인공지능의 시작이자 끝이라고 해도 과언이 아닐 만큼 꼭 알아야 하는 대상이다. 데이터를 다룰 수 있는 기술을 배우고 해석하는 방법에 대해서 배울 기회를 주는 것은 중요하다. 그리고 인공지능 시대에 인공지능을 모른다는 것은 많은 잠재적 기회를 박탈당할 수 있다. 자녀에게 인공지능 기술에 대해서 간략하게라도 알 수 있게 해 주는 것은 부모로서 해야 할 일 중 하나이다.

6.6 거짓 생성의 변화

인류사에서 가장 오랫동안 싸워 왔고 아직도 싸우고 있는 것은 거짓일 것이다. 거짓의 역사는 인류의 역사만큼이나 길다. 그만큼 거짓은 인류에게 해악을 가져다주는 개념이었지만 거짓말하는 주체에게는 이득을 가져다주는 이기적인 존재의 산물이라 더욱 창궐했던 개념이었다.

최근 ChatGPT와 같은 인공지능의 발전에 힘입어 거짓은 더욱 교묘해지기 시작했다. 커다란 변화가 이끌고 오는 것은 항상 긍정적인 변화만은 아니기 때문이다. 이제 인류는 한 번 더 교묘해진 거짓을 분별해 내야 하는 상황에 이르렀다. 본 챕터에서는 거짓이 어떻게 변화하게 되는지에 대해 논하고 그 거짓이 변화한 세상에서의 기회를 논하려고 한다.

6.6.1. 변화할 거짓 정보들의 생산 주기와 양

거짓 콘텐츠의 생성을 너나 할 것 없이 만들면 인터넷은 신뢰할 수 없는 정보들로 넘쳐날 것이다. 그때가 되면 다음과 같은 일들이 벌어지지 않을 거라고 확신할 수는 없다.

"오늘 나는 블로그 콘텐츠를 만들어 구글 애드센스 위주로 비즈니스 성과를 올리고 있다고 자랑하는 블로거를 만났다. 그 블로거는 인공지능을 사용해서 진짜인지 가짜인지 모르는 콘텐츠들을 매일 여러 개의 아이디로 돌리면서 블로그들을 관리하고 있었다. 여러 주제의 글이 대상의 주제였고 심지어 의료 관련 콘텐츠도 있었다.

이 콘텐츠를 보고 다른 사람이 가짜 정보를 얻어 피해를 보는지 안 보는지는 상관없이 그저 자신의 부를 창출하는 데만 관심이 있어 인공지능을 사용해 블로그 콘텐츠를 써서 돈을 버는 데만 집중하고 있었다. 많은 콘텐츠의 양을 무기로 상위에 노출해 돈을 벌고 있었다. 나는 적어도 의료 관련 콘텐츠는 올리지 않길 바라 이야기했으나 피해자가 고소하지만 않으면 상관없다며 더 크게 키우려고 계획을 짜고 있었다.

집에 와서 인터넷을 켜고 임신한 아내를 위해 임산부에게 좋은 음식을 검색하자, 먹어서는 안 되는 위험한 약물의 이름이 나왔다. 그리고 옆집의 임산부가 블로그에서 본 음식을 먹고 119에 실려 가는 것을 보았다. 원인을 알고 보니 임산부가 인공지능에 음식을 추천해 달라고 했더니 인공지능이 대량의 글을 학습해 먹을 만한 음식을 추천했다.

그런데 학습할 때 그 블로거가 인공지능으로 마구잡이로 생성한 신뢰할 수 없는 정보를 올린 글들이 학습에 포함되었다. 블로거가 아이디를 여러 개 사용하여 먹어서는 안 되는 것을 먹으라고 추천하는 글들을 많이 포스팅하였고 잘못된 정보가 한두 개가 아니다 보니 이러한 정보들을 학습에 포함한 많은 인공지능의 결과는 더 이상 신뢰할 수도 없다.

동일인이 여러 개의 아이디를 쓰니 여러 블로그에 같은 정보가 올라오는 것도 신뢰할 수 없다. 이제 인터넷에는 더 이상 믿을 수 있는 정보가 없다. 이제는 무엇을 믿어야 할지 알 수 없다."

ChatGPT를 포함해서 GPT4까지도 많은 언어 인공지능은 할루시네이션(hallucination)에서 자유롭지는 못하다. 할루시네이션이란 환각 현상이라는 의미를 지니는 단어로, 인공지능이 틀린 답변을 맞는 말처럼 제시하는 현상을 말한다. 할루시네이션이 발생하는 이유는 진짜 정답을 산출하는 것이 목적이 아니라 그럴듯한 글을 산출하는 방향으로 훈련했기 때문이다. 앞 가상의 예시와 같은 일이 벌어지지 않을 것이라고 확신할 수 있을까?

실제로 동일한 사람이 여러 개의 블로그 아이디를 운영해 구글 애드센스를 달고 서로 참조해 상위 노출되도록 노력하는 것이 꽤 빈번하게 일어나는 것으로 알고 있다. 이런 사람들이 만약 ChatGPT를 써서 방문자 수를 올리려고 한다면 앞으로 진실과 거짓을 제대로 구분해 내기도 매우 어려울 것이다. 물론 아직 ChatGPT 때문에 뜨겁지만 범죄에 실제로 능동적으로 활용하는 사람은 적을 거라 믿는다. 따라서 아직은 문제가 되지 않았을 것이다.

하지만 이는 언제든지 벌어질 수 있는 일이라는 것을 유의해야 한다. 앞의 예시와 같이 만약 임신 중인 사람에게 먹어서는 안 되는 음식을 먹으라고 추천한다며 몸에 좋은 여러 근거를 써 둔 블로그가 검색했는데 여러 개가 동시에 나온다면 이를 믿을까 아니면 믿지 않을까? 사실 그 블로그가 ChatGPT와 같은 인공지능에서 나오는 글들이었다면 어떨까?

가짜 정보를 가짜라고 입증하는 데는 수십 배에 해당하는 진짜 정보들을 준비해야 한다. 가짜 정보라고 입증하는 것부터가 엄청나게 오래 걸리고 준비해야 한다. 반면에 가짜 정보를 생산하는 것은 매우 간단하다. 그저 글을 쓰고 클릭 한 번이면 인터넷에 올릴 수 있고 여러 아이디를 써서 인터넷 여론을 조작하면 되기 때문이다. 그러므로 가장 좋은 것은 가짜 정보를 만들지 않는 것이 제일 중요하다. 과거에는 가짜 정보를 만드는 주체가 사람이었으므로 정보의 생산에 한계가 있었다.

그러나 인공지능이 진짜같이 가짜 정보들을 만들어 낼 수 있는 세상이 되어 가짜 정보들이 매우 많이 쏟아질 수 있게 되었다. 여행과 같이 생명과 직결되지 않는 정보는 상관없지만 의료나 법률과 관련된 가짜 콘텐츠들이 마구 생산되면 문제가 심각하다. 더욱이 전문가가 아닌데도 전문가 행세를 하며 가짜 정보들을 마구 생산하면 이를 구분하는 것 자체가 일반 사람들에게는 쉽지 않은 일이 된다.

특히 유튜브는 초기 진입자가 이미 많은 구독자를 확보하고 콘텐츠들을 주기적으로 올리면서 전문가의 타이틀을 달기 시작했다. 정말 전문가급의 지식을 가진 사람도 있지만 많은 유튜버가 전문가라고 하기보다는 많은 추종자를 거느리고 검증되지 않은 정보들을 퍼트리기 시작했다. 이제 우리 사회는 거짓이 진실보다 많은 세상이 되었다.

이는 큰 문제가 될 수 있다. 당연히 우리가 진짜 정보를 얻는 데도 큰 문제가 되지만 인공지능을 학습할 때 사용하는 데이터가 오염되었다는 문제를 야기할 수 있다. ChatGPT를 써서 가짜 정보들을 생산하고 나면 그 정보들을 다시 기업에서 가져와서 ChatGPT와 같은 초거대 인공지능을 만들게 된다.

진짜인 소수의 정보가 있고 가짜인 다수의 정보가 있다면 ChatGPT와 같은 LLM(Large Language Model)은 가짜를 진짜처럼 이야기할 수 있다. 그리고 앞의 과정을 반복해 향후에는 진짜 정보를 이야기하는 것이 매우 희소한 세상이 올지 모른다. 그러므로 항상 주의해야 한다.

그렇다면 LLM과 같은 인공지능이 진짜 정보만을 이야기할 수 있도록 학습하기는 어려울까? 안타깝게도 쉬운 일은 아니다. 워낙 구조가 복잡하고 거대한 인공지능이다 보니 어떤 질의를 했을 때 어떤 답을 이야기할 수 있는지에 대해서 완벽하게 통제하기는 쉽지 않은 일이다. 확률적으로 가능성이 높은 단어와 문장들을 나열하다 보니 가짜 정보들이 학습 데이터에 조금이라도 들어가게 되면 확신하기 어려운 것이다.

하물며 가짜 콘텐츠들을 쉴 틈 없이 생산할 수 있게 된 지금 이것은 더 어려워졌다고 할 수 있다. 컴퓨터 과학 분야에서 "쓰레기가 들어가면 쓰레기가 나온다(garbage in garbage out)"라는 격언이 있다. 이는 인공지능을 학습할 때 결함이 있는, 심지어는 터무니없는 입력 데이터(쓰레기가 들어가면)라도 의심하지 않고 학습하며, 생각하지도 않던 터무니없는 출력(쓰레기가 나온다)을 만들어 낸다는 사실을 가리킨다.

물론 수많은 데이터 중 일부라면 많은 진짜 데이터가 이를 어느 정도 보정해 주겠지만 우리는 ChatGPT와 같은 인공지능을 이제 막 만나 앞으로 어떻게 흘러갈지에 대해 아무도 예상할 수 없다.

우리는 ChatGPT와 같은 알고리즘들이 정보 검색의 혁신을 이루어 낼 것이라 기대하고 있다. 더 이상 키워드 위주로 검색하고 사용자가 일일이 들어가서 내가 찾는 정보가 맞는지 확인하는 과정을 거치지 않아도 된다고 기대한다. 그러나 반대로 ChatGPT와 같은 알고리즘이 생산해 낸 할루시네이션(hallucination)이 너무 많은 세상에 살게 되면 ChatGPT와 같은 알고리즘들이 이야기한 결과가 정말 진실인지에 대해서 누가 확신할 수 있을까?

학습에 사용된 전체 데이터를 검사하지 않는 한 무조건 진실만 이야기한다고는 개발자 혹은 개발사도 확신할 수 없다. 아니, 진실만 학습하더라도 단 한 건도 할루시네이션이 발생하지 않는다고 확신하기는 쉽지 않다. 어쩌면 우리는 정보 검색이 더 쉬워지는 세상을 만나는 것이 아니라 접하는 모든 정보를 의심해야 하는 세상에 살게 될지도 모른다.

6.6.2. 위기 속 기회, 진실과 거짓 세상의 기회

ChatGPT를 비롯한 바드, DallE, 미드저니 등 생성형 인공지능의 성과가 놀라울 정도이다. 각 분야에서는 이제는 정말 진짜 강한 인공지능의 극초기 버전이라고 해도 손색이 없을 만큼 좋은 성능을 내고 있다. 이와 동시에 반대급부로서 거짓이 진실처럼 범람하는 세상에서 나는 대체 어떻게 해야 할까? 앞에서 이야기한 바와 같이 사실 기회는 위기 속에 있다.

거짓이 진실처럼 범람하는 세상이 위기라면 그 안에서도 기회를 찾을 수 있다. 그 기회는 빨리 잡으려고 하는 사람의 것이기도 하다. 그렇다면 어떤 기회가 있을 수 있을까? 거짓을 판가름해 주는 기회가 있을 것이다. 거짓을 판가름하는 것은 크게 두 가지인데 첫 번째는 상용화된 인공지능의 결과에 대해서 거짓을 검증하는 과정이고 두 번째는 인공지능의 상용화 전 단계에서 거짓된 정보를 생성하는지에 대해 검증하는 과정이다.

먼저, 상용화된 인공지능의 결과에 대해서 거짓을 검증하는 과정은 어떤 의미일까? 앞으로 인공지능의 결과가 직접적으로 일반인들에게 제공되는 시대가 올 것이다. 그렇게 되면 앞에서 이야기한 것과 같이 거짓된 정보들이 범람하는 세상에서 살게 될 수 있다. 그렇다면 내게 주어진 정보가 일단 사람이 만든 정보인지 인공지능이 만든 정보인지부터 구별할 수 있어야 한다. 또한 인공지능이 만든 결과가 진짜 정보를 담은 것인지도 검증해야 한다.

이를 위해서는 두 가지 분야가 새로 만들어지게 될 것이다. 먼저 인공지능과 사람이 만든 결과를 구분할 수 있는 인공지능을 만드는 분야가 만들어질 것이다. 그리고 인공지능 활용과 적용의 정책을 수립하는 분야가 만들어지게 될 것이다.

먼저, 사람이 만든 결과를 구분한다는 의미를 보자. 예를 들어 인공지능의 결과를 활용할 때 이미지에 워터마크를 넣는 것과 같이 무조건 인공지능의 결과에 워터마크와 같은 어떤 구별할 수 있는 구별자를 넣어서 생성하거나 인공지능의 결과를 조정할 수 있는 정책을 만드는 것과 같은 일이다. 즉, 인공지능을 사용하고 적용할 때 검증할 수 있는 도구(인공지능 포함)를 개발 혹은 제정하는 것이 다음에 떠오를 분야가 될 것이다.

우리는 비전문가이므로 인공지능을 새롭게 만들기는 어렵다. 그러므로 우리는 정책을 수립하는 분야의 수요가 증가할 것이므로 이 분야에 기여할 수 있을 것이다. 국가가 정책을 수립하기도 하지만 사기업 내부 정책을 수립하는 데 필요할 수 있다. 일반 대중이 직접적으로 접하는 가짜 정보를 생산하는 인공지능을 만든 회사는 이미지에 타격을 입고 매출 저하까지 일어날 수 있다. 그러므로 인공지능을 개발하고 적용할 때 사내 내부 정책을 수립하는 것이 기본 프로세스로 자리잡을 가능성이 높다.

인공지능을 적극적으로 도입하고 활용하는 조직 내에 인공지능 적용과 사용 정책을 수립하는 인공지능 거버넌스 내부 조직 설립이 기본처럼 될 것이다. 이는 마치 지금 데이터가 많이 있는 회사 내부에는 데이터 거버넌스(데이터의 보안, 개인 정보 보호, 정확성, 가용성, 사용성을 보장하려고 수행하는 모든 작업)만을 전문으로 하는 조직이 별도로 있는 것과 같다.

비전문가인 우리는 거기서 정책을 수립하는 커리어를 만들 수 있고 이는 역시 백문이 불여일견이라고 인공지능 적용 초기 단계인 지금 인공지능 활용과 적용을 적극적으로 하면서 많은 경험을 쌓는 것이 중요하다.

다음으로 인공지능 상용화 전 단계에서 거짓된 정보를 생성하는지에 대해 검증한다는 것은 어떤 의미일까? 초거대 인공지능이 발전하면 할수록 사람들은 내 일자리가 없어질 것이라고 두려워한다. 하지만 이미 우리는 LLM(Large Language Model)과 같은 이미 학습된 초거대 인공지능이 잘못된 정보를 생성할 수 있다는 것을 알고 있다.

그러므로 상용화하기 전 동일한 프롬프트에 대해 일관된 정보를 담는지를 검증하거나 산출된 문장이 진실을 담고 있는지 등에 대해 검증할 것이다. 이때 필요한 것이 역설적으로 기존의 전문가들이다. 각 분야의 전문가들은 그 분야의 전문 지식이 있는 사람들이다. 따라서 그 분야에서만큼은 진실과 거짓을 잘 판별하는 데 최적화된 사람들이라고 할 수 있다.

초거대 인공지능을 만들면 이 인공지능이 정상적으로 작동하는지에 대한 검증을 거쳐야 하는데 이때 생성된 정보가 진실을 말하는지 아닌지에 대한 검증이 필요하고 이를 면밀하게 하려면 각 분야의 기존 전문가들이 필요하다. 즉, 일자리가 없어질 것을 두려워했지만 "검증"과 같은 새로운 형태의 일자리가 창출될 수 있다.

인공지능을 통해 거짓을 만들어 낼 수 있는 세상 속에서 우리는 진실을 찾아야 한다. 과거에는 거짓보다는 진실이 많았던 세상이었지만 이제는 거짓이 진실보다 많은 세상에서 살게 될 수 있을지 모른다. 그러므로 우리는 진실을 찾을 수 있는, 혹은 진실을 찾아 주는 장치들이 마련되리라 예측할 수 있다.

마치 ChatGPT에는 없었지만 ChatGPT를 활용한 초기 BingAI에서 링크를 제공(물론 지금도 제공한다)한 것과 같이 말이다. 그러므로 만약 LLM의 분야에서 일하고 싶은 비전문 실무자는 이러한 진실을 찾아 줄 수 있는 장치들의 니즈가 생겨날 것을 예상하고 여기서 기회를 찾아야 한다. 누군가는 위기 자체를 걱정하고 두려워하지만 다른 누군가는 위기로 인해 생겨나는 기회를 주시하고 있다는 것을 잊어서는 안 된다.

하늘이 무너지더라도 솟아날 구멍이 있듯이 우리는 위기를 기회로 바꾸어야 한다. 거짓이 난무하는 세상이 온다면 우리가 그 거짓을 밝히는 한 줄기 빛이 되어야 할 것이다.

6.7 인류사에서 인공지능의 의미

아리스토텔레스는 인간이 모방하는 것은 매우 중요한 행위라고 보았다. 그는 모방은 인간에게 즐거움을 주고 배움의 동기를 부여함으로써 교육에 기여한다고 보았다. 모방을 통해 대상을 배운다니 매우 흥미로운 주제가 아닐 수 없다. 우리는 기억하지 못하지만, 걸으려고 할 때 걷는 사람(가족)의 모습을 관찰하고 이를 따라 하며 반복 숙달해 걷는 방법을 학습한다. 걷는 것이 익숙해지면 걷는 방법에 대한 이해를 토대로 뛰어가기도 하고 뒤로 걷기도 하고 소리를 내지 않고 걸으려고 살금살금 걷고 백 텀블링도 하는 등 걷는 것 외에 새로운 행동을 취하곤 한다. 이처럼 우리는 모방을 통해 이해하고 이를 토대로 더 나아가는 것에 익숙하다.

이와 유사하게 우리는 어떤 개념을 학습할 때 모방을 통해 개념에 대해 고찰하고는 한다. 예를 들어 심리에 대해 학습할 때 심리라는 개념을 고찰하고 심리에 대해 기존에 누군가가 발견 혹은 정립한 심리학을 배우고 공부한다. 그리고 배운 개념을 토대로 조합하거나 현상에 대한 조망과 고찰을 통해 새로운 개념을 정립하곤 한다. 즉, 타인의 해석과 이해하는 방식을 모방함으로써 어떠한 개념을 이해해 대상에 대해 더 깊이 이해하기도 한다.

그리고 이 과정을 거쳐 획득한 이해를 통해 때로는 새로운 것을 발견하거나 발명한다. 즉, 모방을 통해 학습한다고 할 수 있다. 인류가 모방해 온 것에는 여러 목적과 본능이 있지만 모방을 통해 대상을 배우고 더 잘 이해할 수 있다는 것에는 큰 이견이 없을 것이다.

우리는 '나'를 이해하고 싶어 한다. 또한 '너'를 이해하고 싶어 한다. 그리고 '우리'를 이해하고 싶어 한다. 인간이 나와 너, 우리를 이해하려고 인류를 모방하는 기계를 연구하다 보면 언젠가는 나와 너, 우리를 더 잘 이해할 수 있을 뿐 아니라 이해와 모방을 넘어 '새로운 너'가 될 수 있는 기계, 즉 인간이 인공적으로 만드는 지능인 사람과 같거나 더 뛰어난 '인공지능'을 '발명'할 수 있을지도 모른다.

최근에 공학을 모르는 일반인에게도 널리 알려진 인공지능은 인류의 삶에 없으면 안 될 개념이 되었다. 그중에서도 독보적인 발전을 이룩하고 있는 딥 러닝의 경우 인간의 뉴런과 신경망 구조에서 영감을 받아 만든 기계 학습 인공지능의 한 종류이다. 인류는 인간의 학습 과정에서 모티브를 얻어 딥 러닝을 탄생시키게 되었다.

이는 일종의 모방이라고 할 수 있다. 인간의 학습 과정을 기계에 모방할 수 있도록 한다면 어떨까 하는 가정에서 출발해 발전하게 되었다. 만약 인간의 학습 과정과 완벽하게 동일한 수준으로 모방하는 기계가 있다면 인류는 이를 구분할 수 있을까? 이를 구분할 수 없다면 그 기계는 어쩌면 인류와 동등한 수준으로 학습한다고 볼 수 있지 않을까?

이것이 유명한 튜링 테스트이다. 1950년 튜링은 '기계는 생각할 수 있는가?'라는 유명한 질문으로 시작하는 유명한 '컴퓨팅 기계와 지능'이라는 논문을 발표했는데, 이에 대한 대답으로 앨런 튜닝이 제시하려고 한 것이 튜링 테스트이다. 튜링 테스트는 기계가 지능을 측정하는 행동 테스트이다. 방법은 대답하는 인간과 기계에 질문하는 질문자가 질문하고 응답을 보며 어느 것이 기계이고 인간인지 분별하게 한다. 만약 인간이 응답하는 것이 기계인지 인간인지 구분을 잘 못한다면 기계가 지능을 측정하는 행동 테스트를 통과한 것이라고 보았다.

앨런 튜닝은 이를 통해 기계가 인간의 지적 능력을 갖추고 있는지에 대해 검증하는 기준을 제시하려고 했다. 이를 통해 기계와 '생각'이라고 하는 것에 대한 앨런 튜링의 통찰을 볼 수 있다. 동시에 앨런 튜링의 통찰을 벗어나서 우리는 많은 질문을 던질 수 있다.

인공지능이 과연 '생각'이라는 것을 제대로 이해할까? 애초에 '이해'라는 것이 가능할까? '생각'이라는 것은 본질적으로 무엇인지, 정말 기계가 '생각'이라는 것을 할 수 있는 걸까? 우리와 같은 '생각'을 할 수 있는 '인공적인 지능'을 만들 수 있을까? 만약 그렇다면 그땐 인공지능을 '발명'한 것이 아니라 어쩌면 우리는 '나'를 잘 모방하는 '새로운 너'를 제시함으로써, '모방'을 통한 '발명'이 아닌 '창조'라는 신의 영역에 한 발 나아간 것은 아닐까? 이처럼 생각해 볼 수 있는 여러 가지 고차원의 질문을 하고 이에 대한 답을 우리가 스스로 탐구하고 갈구하는 동안 우리는 우리 자신을 더 잘 이해할 수 있게 될 것이다.

우리는 인공지능을 통해서 우리를 스스로 더 잘 이해할 수 있게 될 것이다. 그런데 여기서 고민해 볼 것이 있다. 그동안 모방과 이해를 이야기하며 인공지능이 인류사에 어떤 의미를 가질 수 있는지를 이야기해 왔다. 하지만 인공지능이 인류를 모방하려고 탄생한 것은 아니다. 인공지능의 탄생은 인류를 모방하려고 탄생했다기보다는 인류가 진보하도록 탄생한 개념이다. 기계가 추상적 개념을 습득할 수 있다면 인류에게 당면한 문제를 해결하고 스스로 더 진보된 존재가 되는 방법을 찾는 시도가 연속적으로 이어질 거라는 기대하에 탄생한 개념이다.

결국 해결된 문제는 기계의 발전을 이끌고, 발전된 기계는 문제를 해결하는, 자가발전과 인류 문제 해결의 선순환을 그릴 수 있을 것이라는 기대하에 만들어진 개념이다. 목적은 인류의 진보였고 실현 방향이 기계에 지능을 탑재하려고 했던 것이며, 구체적인 실천 방법이 인간의 학습 체계를 모방한 인공지능의 구조였다. 학습 체계의 모방을 위해 규칙 기반의 방법이 아니라 수많은 데이터와 정답을 통해 패턴을 스스로 찾도록 하는 '학습' 방법을 선택함으로써 인공지능을 구조화했다. 그중에서도 최근 뛰어난 성능을 보이는 딥 러닝(신경망)은 뉴런과 네트워크 구조를 통해 인간 뇌의 연산 구조를 모방하려고 했다.

우리는 인공지능이 탄생한 목적(인류의 진보)을 잊지 않고 인공지능을 활용해서 인류가 진보하도록 노력해야 한다. 인공지능을 개발하는 연구자와 활용하려는 사업가 혹은 일반인들 모두 인류가 진보하도록 인공지능을 활용해야 초기 목표에서 어긋나지 않을 것이다. 만약 목적을 잊고 도구(인공지능)를 휘두르게 될 경우에는 도구는 인류를 다치게 하는 무기가 될 수 있다.

재미있게도 인공지능이라는 소재는 우리가 상상의 나래를 펼칠 수 있도록 도와준다. 상상을 통해 우리는 우리의 존재 가치와 이유를 탐색하고 사고의 폭을 말랑하게 할 수 있다. 이를 통해 더욱 고도의 철학적 사고를 할 수 있게 해 준다.

예를 들어 "어쩌면 우리는 인공지능일 수도 있다."는 상상을 할 수 있다. 만약 넓은 우주 공간에 지성체가 이미 있었다고 하자. 그 지성체는 과학 기술이 상상할 수 없을 만큼 발전해 우리가 탐지하기 어려운 거리에서 발전해 왔고 이미 인공지능을 만들어 기계에 탑재한다. 그 지성체는 너무나도 멀리 있어 우리는 그 지성체를 발견할 수 없다. 하지만 우리가 걸어가기 어려운 먼 거리를 비행기를 타고 하루도 안 되어 가는 것처럼 과학 기술이 극도로 발전한 지성체는 쉽게 오갈 수 있는 거리여서 지구에 오가다가 행성 탐사를 맡기고 깜빡한다.

기계는 탄소 기반의 정해진 설계도(유전자)를 기반으로 복제(생식)하며 지성체의 지시대로 지구라는 행성을 탐사(진리 탐색)하면서 지내고 있었지만 시간이 오래 지나며 지성체에 대한 기억을 상실한다. 기억은 상실했지만 기억을 찾으려는 노력(종교)은 전방위적으로 일어나므로 여러 노력(종교)이 탄생한다. 기억에서는 사라졌지만 탐사하라는 지시에 따라 효율적으로 탐사하도록 국가도 조직하고 인공위성을 띄운다.

그러다 결국 자신과 같은 인공지능을 만들려고 하면서 지금의 인공지능을 만들게 된다. 마침내 우리는 인공지능을 만들어 이 인공지능과 같이 우주를 탐사할 수도 있다. 혹은 사회 실험을 위해 지구에 인공지능이 탑재된 기계들을 두고 어떻게 지내나 관찰 혹은 게임(심즈)을 하는 것일 수도 있다. 이처럼 매우 흥미로운 상상을 해 볼 수 있다.

따라서 인공지능은 우리에게 편리함을 제공해 줌과 동시에 철학적 사고의 폭을 넓혀 주는 기회를 제공하는 중요한 의미를 지닌다. 어쩌면 인공지능은 우리에게 '나는 누구인가?' 혹은 나는 어떻게 살 것인가?'에 대한 질문을 던지는 것일 수 있다.

인공지능이 발전하면 할수록 우리는 지능의 본질에 대해서 생각해 보아야 한다. 지능이란 무엇일까? 지능은 단순히 정보 처리의 문제로 축소될 수 있는 것일까? 아니면 그보다 뭔가가 더 있을까? 지능이라는 것을 인간의 능력으로 본다고 하자. 언젠가 인공지능이 고도로 발달하게 되면 당연하겠지만 사람보다 정보 처리 측면에서 더 수월할 것이다. 그렇게 되면 인공지능은 인간보다 지능이 뛰어나다고 할 수 있는 것일까?

만약에 뇌를 일종의 컴퓨터로 가정하면 마음은 뇌의 연산으로 이해할 수 있을 것이다. 그러면 지능은 단순히 정보를 처리하는 능력인가에 대해 고찰할 수밖에 없다. 정보를 처리하는 능력이라고 한다면 인간이 인공지능에 언젠가 따라잡히게 될 것이다. 그렇게 되면 인간은 인공지능 대비 무가치하다고 할 것인가?

지금도 업무 성과에 의해 사람들의 가치가 연봉으로 매겨진다. 만약에 인공지능이 인간보다 지능이 뛰어나 업무 성과도 더 잘 낸다면 사람의 지능은 무가치할 것인가? 반대로 지능이라는 것은 인간의 의식과 연관이 있다고 보자. 개인적으로는 지능에는 인공지능이 복제할 수 없는 의식이 있다고 믿고 싶다. 그러면 인공지능이 나보다 성과가 뛰어나더라도 내 가치를 규정할 수 없다. 혹은 인공지능이 일을 모두 대체하게 되면 내 존재 가치는 어디서 찾을 수 있을까?

이처럼 인공지능은 지능 자체의 본질에 대한 궁금증을 자극한다. 전반적으로 지능의 본질은 마음, 뇌 및 우리 주변 세계 사이의 관계에 대해 많은 질문을 제기하는 복잡하고 다면적인 철학적 주제이다.

이처럼 인공지능은 인류에 대한 깊은 고찰과 이해를 할 수 있게 해주는 계기임과 동시에 실제 우리의 삶에 밀접하게 도움이 될 수 있다. 현재의 인공지능이 인간이 할 수 있는 일을 완벽하게 대체할 수 있는 수준은 아니다. 그러나 특정 영역에서는 거의 대체할 수 있거나 더 나은 성능을 보여 줄 수 있는 수준까지는 발전되었고 앞으로 이를 어떻게 활용하고 발전시키는지가 국가와 기업에서 매우 중요한 부분을 차지할 것이라고 단언할 수 있다.

이미 각 기업은 비즈니스 성과를 창출하려고 매우 적극적으로 연구하고 이를 활용하고 있다. 특히 인공지능을 도입할 수 있는 영역이 많은 비즈니스를 하는 기업들은 도입에 적극적이고 연구 또한 적극적으로 해 인류 발전과 동시에 자사의 성장에 인공지능이 매우 큰 역할을 하고 있다. 인간의 원초적인 본능을 자극하는 돈을 벌어들이는 데 도움이 된다는 것은 위에서 서술한 이유 외에도 인류의 관심을 받기에 충분한 사유가 된다. 인공지능은 중요한 논란거리가 될 수밖에 없는 배경에서 탄생하고 발전하고 있다.

찾아보기

영문

우리 회사를 위한 인공지능 도입 실무 가이드북

비전문가를 위한 실용서

출간일	2023년 6월 14일 ǀ 1판 1쇄

지은이	이규남
펴낸이	김범준
기획·책임편집	조부건
교정교열	이혜원
편집디자인	나은경
표지디자인	신형용

발행처	(주)비제이퍼블릭		
출판신고	2009년 05월 01일 제300-2009-38호		
주소	서울시 중구 청계천로 100 시그니처타워 서관 9층 949호		
주문·문의	02-739-0739	**팩스**	02-6442-0739
홈페이지	http://bjpublic.co.kr	**이메일**	bjpublic@bjpublic.co.kr

가 격	23,000원
ISBN	979-11-6592-222-1 (93000)